Manfred Jelinski

DROGEN, SEX UND GUTE LAUNE

30 Jahre Jugend und wie man sie überlebt

Teil 1: die 60er Jahre

Edition Leuchtfeuer

Mitten im Film erlebt man einfach,
was passiert.
Nachdenken kommt später.

M. Jelinski

Für alle, die dabei waren. Vor allem für die, die es nicht überlebt haben. Und für meine Kinder, alle.

Geschmack ist so eine Sache, aber bunt ist wenigstens nicht langweilig.

Inhaltsverzeichnis

Disclaimer

Fast ist es heute üblich, sich gleich von vornherein von allem zu distanzieren. Das möchte ich hiermit nicht tun.

Ich möchte mich nicht davon distanzieren, dabei gewesen zu sein und mit allem zu tun gehabt zu haben. Wenn irgendetwas gleich zu Anfang festgestellt werden sollte, dann das.

Ich möchte mich aber davon distanzieren, die populistischen Meinungen der Historiker, die größtenteils offenbar nicht dabei waren, mitzutragen, weil ich anderer Meinung bin und das Jahrzehnt anders erlebt habe. „Die 60er Jahre" waren nicht „die 68er" und auch nicht unbedingt das „Jahrzehnt der Hippies". Es war viel komplexer. Es fällt schwer, sich davon zu distanzieren, aber: Damals hatte niemand wirklich einen Plan. Viel naiver als heute machte man alles, was sich so anbot. Dass im Hintergrund, von lokal bis weltpolitisch, diverse Süppchen gekocht wurden, die von der Jugend nicht durchschaut werden konnten, ist richtig. Ich distanziere mich deshalb von allen Ideologen und Ideologien.

Vorwort

In den vergangenen Jahren sagten viele meiner Besucher, als sie mein „Archiv" betrachteten: „Das ist ja eine kulturgeschichtliche Schatzkammer!"

Als ich nach einigen Diskussionen doch einmal meine alten Tagebucheintragungen las und die tausenden von Bildern und Andenken ansah, war ich mehr und mehr erstaunt, wie meine und vor allem viele öffentlich geäußerte Einschätzungen der damaligen Verhältnisse völlig falsch waren.

Irgendwie hatte ich im Laufe der Zeit auch die Geschichtsinterpretation der Nachgeborenen übernommen, die heute die Beurteilung bestimmt. Es stimmt, die 60er Jahre waren tatsächlich dadurch gekennzeichnet, dass man den „Muff unter den Talaren" abwerfen wollte. Die Kluft entstand zwischen der Eltern-(Kriegs-) Generation und der Kinder-(Nachkriegs-) Generation.

Aber die Jugendlichen waren auch nur aufgebrochen, alles zu erkunden, was es Interessantes gab, vor allem aber Drogen, Sex und Lebensformen.

Drogen waren Mittel, um die eingrenzende Elternwelt zu verlassen, auch wenn es beim Alkohol die gleiche Droge war, die auch diese konsumierten. Das änderte sich aber blitzschnell, als Haschisch und Designerdrogen verfügbar waren. Ich weiß noch genau, wie hilflos die Polizei dem gegenüberstand. Razzien waren völlig sinnlos, man traf sich dann eben woanders.

Was Sex angeht, war der Aufbruch ebenfalls bei beiden Geschlechtern gleichermaßen vorhanden. „Verführen" war das völlig falsche Wort, und wenn, dann machten es beide, Jungen genau wie Mädchen. Aus Neugierde. Und weil es dann die ersten Tanzlokale gab, in denen Jugendliche schon sehr jung ohne Ausweiskontrolle verkehren durften, gab es auch Verhältnisse zwischen 12- und 20-jährigen. Der Unterschied war nur, wenn etwas passierte, kam der (ältere) Junge/Mann vor Gericht. Ich habe tatsächlich Mädchen in diesem zarten Alter erlebt, die sich wie 16 darstellten und aus Spaß und Neugierde die älteren Jungen anmachten. Mehrfachbeziehungen waren nicht selten und von beiden Seiten initiiert.

Über allem schwebte die Suche nach neuen Konventionen, die für jeden lebenswert waren.

Die Korrumpierung dieser Naivität kam erst später, ich sage mal höflich: einige Zeit, nachdem Alice Schwarzer den Krieg zwischen den Geschlechtern erklärt hatte. Für mich und meine Altersgenossen war das aber ein nachträglich gepuschter Konflikt der Elterngeneration, der die angeklagten Verhältnisse nicht unbedingt nur sichtbar machte, sondern für meine Generation erst hervorrief.

Nein, tatsächlich, wir waren dafür viel zu naiv. Alle. Wir hatten keinen Plan. Wir waren auf der Suche und haben ausprobiert.

Nachdem ich nun vielen Aufarbeitungen der Vergangenheit gelauscht habe und auch viel davon gelesen, fand ich, dass es wenig Berichte von „unten" gibt. Von Leuten, die keine Popstars, keine bekannten Politiker wurden und auch nicht als Firmengründer erfolgreich. Ohne dies wird die Historie dünn. Aber ist es nicht vielleicht reizvoller, solche Dinge auch aus der unteren Ebene zu erzählen, die für jeden nachvollziehbar ist und vielleicht die eigenen Erinnerungen auffrischt?

Solche Bücher gibt es noch wenige, und sie bilden teilweise wunderbare Ikonen.

Eines haben nämlich die verfügbaren Berichte (und Beichten) gemeinsam: Irgendwann finden die Geschichten nur noch hinter großen Bühnen, in Luxushotels und auf Privatjachten statt. Oder, im anderen Fall, bei den gestürzten Engeln der Popkultur, im finalen Dialog mit tödlichen Drogen oder im Kampf mit erfolglosen Agenten.

Aber auch die basisorientierten Bücher sind zeitlich meist sehr eingegrenzt. Nach einer Sturm- und Drang-Zeit wurden die Leute entweder doch erfolgreich oder hatten Familie. Und nach wenigen Jahren intensiven Erlebens war dann Schluss mit lustig.

In diesem Moment stellte ich fest, dass ich über dreißig Jahre lang Jugendlicher gewesen war. Und als ich mir die Überschriften ansah, die inzwischen die Historiker an die entsprechenden Jahrzehnte pappen, fiel mir auf: Ich war dabei! Vor der Bühne, hinter der Bühne, zugedröhnt und schrecklich nüchtern, auf den Mädels und darunter, Haussuchungen und Gerichtsverfahren, mit dem Daumen unterwegs und schreiend sesshaft, Filme, Bands und Firmen. Immer passierte etwas. Ja, dachte ich, davon kann man doch erzählen. Auch aus der zweiten oder dritten Reihe. Da muss man kein Prominenter sein.

Und auch deshalb, weil es schön war, weil ich Glück hatte, denn schließlich habe ich es ja überlebt. Obwohl es manchmal knapp war. Ich habe einige Zeit nachgedacht, ob ich die Geschichte kontinuierlich aufrolle, aber es gab so viele unterschiedliche Ereignisse, die auf der Timeline eng miteinander verzahnt waren, dass ich besser nach Themen sortieren wollte, deren Ereignisse und Inhalte dann unter einer Kapitelüberschrift zusammengefasst werden konnten. Ich bin sicher: Das macht die Zeit und die Vorgänge verständlicher. Und es gibt im Anhang auch eine Zeittafel, wo man sich genau vergewissern kann, wann jedes Kapitel spielt.

Also dann: Hinein in die 60er Jahre, die für mich am 1. Mai 1971 endeten, nach einem Abenteuer, in dem wir praktisch die 80er Jahre in Berlin vorweglebten. Zehn Jahre zu früh ist man nicht der Kopf einer Bewegung sondern Ziel des geballten Unverständnisses.

Die Ersten beißen die Hunde.

Fummeln in der Dunkelkammer

Freitag, 14. Februar 1969.

Der Raum war klein, stockdunkel und roch durchdringend nach Bier. Der Geruch stammte von einem Holzkasten mit vielen leeren und wenigen vollen Flaschen. Und dunkel musste es sein, denn eigentlich war es meine Dunkelkammer. Das war alles völlig in Ordnung.

Nicht in Ordnung war aber, dass der BH klemmte. Peggy kicherte albern und drehte sich ein wenig zur Seite, was das Problem aber nur verschlimmerte. Sie hatte vorhin dreimal aus der Flasche mit dem billigen Weinbrand getrunken, drei Mark fünfzig im Intershop Friedrichstraße, gerade genug, wenn abends wieder eine „Filmbesprechung" angesagt war. Mechanik war eines meiner Lieblingsgebiete, also ärgerte mich der klemmende Verschluss umso mehr.

„Kriegsse nicht auf?", fragte Peggy unnötigerweise und das „st" verrutschte ihr zu einem flachen Zischlaut.

„Doch, klar, Moment noch!", gab ich zurück und versuchte die Ursache zu ertasten.

„Vorn is' kein Verschluss!", wies sie mich zurecht. „Geschieht dir ganss recht, die Reißverschlüsse von euch geh'n auch imma schwer!"

Der Vorhang am Eingang wurde zurückgeschlagen und ein leichter rötlichgelber Schimmer tastete sich durch die Dunkelheit.

„Lasst euch nich' stören!", sagte jemand, den ich als Noppi identifizierte. „War'n hier nich' noch'n paar Bier?"

Es klimperte ein paar Mal gläsern, dann gab es ein befriedigtes Knurren.

„Öffner ist auf der Bar", versuchte ich ihn loszuwerden.

„Weissichdoch." Noppi hatte auch eine Flasche mitgebracht, die vermutlich jetzt leer war. „Mach weita."

Dazu kam es aber nicht.

„Was ist denn das hier für eine Sauerei!", fragte eine kräftige Frauenstimme und es klang bedrohlich nahe. Meine Mutter!

Damit war das mechanische Problem in seiner Bedeutung weit nach hinten gerutscht. Hastig stopfte ich alles, was sich von mir außerhalb meiner Jeans befand, in diese hinein und zog den Reißverschluss hoch. Bei mir ging das immer. Komisch.

Dann ging ich mit einem unglaublich schlechten Gefühl nach draußen. Mitten im angrenzenden Fetenkeller stand meine Mutter, eine knochige, sehr energische Mittfünfzigerin, die Hände in die Seiten gestemmt und funkelte erregt alle an, die sich ebenfalls im Raum befanden. Hinter dem breiten Rücken von Toppi knöpfte sich Silvia gerade eilig die Bluse zu.

„Was macht ihr hier eigentlich?"

Ich war irritiert. War doch völlig klar, was wir hier machten. Nur warum meine Mutter reingekommen war, entbehrte jeglichen Verständnisses.

„Naja", versuchte ich, „wir haben uns die Filme von letzter Woche durchgeguckt. Willste auch mal sehen? Und dann haben wir besprochen, was als nächstes dran ist! Aber leider ist das Bier alle, ich hab grad geguckt!"

„Es ist zu laut!", beschwerte sich meine Mutter. Ich bemerkte, dass jemand die Musik abgestellt hatte. Zu laut? Naja, es war immer so laut, ich hatte nichts Besonderes mitgekriegt.

„Und was haben die da gemacht?" Sie deutete auf Manke und ein Mädchen, von dem ich nur wusste, dass es Elke hieß.

„Aber Mama, das ist doch seine Freundin!", versuchte ich redlich zu beschwichtigen. Und zu Manke: „Habt ihr wieder geknutscht?"

Der zuckte wortlos die Schultern, wie er es immer machte. Mir war es ein Rätsel, wie er Mädchen aufriss. Er sagte eigentlich nie etwas.

„Aber Mama, ist doch nicht so schlimm, wenn die mal knutschen. Sieht man doch überall!"

„Das ist doch ein Sodom und Gomorrha hier. Zu meiner Zeit hätte man uns windelweich geschlagen!"

„Ja, Mama, ich weiß. Aber heute ist das doch alles anders. Ist doch auch nicht schlimm, so ein bisschen rumknutschen."

Meine Mutter schwankte. Wahrscheinlich sah ich ziemlich zerknirscht aus.

„Auf jeden Fall ist jetzt Schluss und die verschwinden hier alle! Und wenn du die Bande rausgeschmissen hast, räumst du auf. Sauladen ist das hier!"

Und damit rauschte sie hinaus.

Betretenes Schweigen.

„Toppi hat so aufgedreht!", sagte Flipper nach einer Weile.

„Isch woll-de dass Lied hörn!", verteidigte sich Toppi mit unsicherer Stimme. „Das war gegn den Krieg un' die Imperjalistn! Aber wenn hier nüscht mehr losiss, fahr ick inne *Bazille*! Kommt wer mit?"

Alle schwiegen und glotzten betreten. Gegen Bob Dylan oder Frère Grignard konnte man wenig sagen, und die *Bazille* war eine politisch sehr links angesiedelte Kneipe, in der es inhaltlich aber meist um die Unterstützung Berliner Brauereien ging. Das allein war aber den meisten zu wenig.

„Na jut, denn nich!"

Beleidigt verließ er den Raum, rief noch einmal „Un' die Weltrevoluzjon wird doch siejn!" und war weg.

„Zwei Promille", sekundierte Etzel. „Man müsste ihm den Schlüssel abnehmen!"

„Ach was, der hat doch jetzt erst den richtigen Pegel!", winkte Noppi ab.

„Was hat er denn wieder drin?", fragte ich.

„Eine Flasche Lambrusco und einen halben Kasten Bier", konstatierte Etzel.

Alles klar. Und die Mädchenverteilung fand auch immer ohne ihn statt. Man konnte nicht genau sagen, ob erst keine Mädchen da waren, aber Alkohol - und dann keine Mädchen, wegen dem Alkohol. Jedenfalls kriegte Toppi nie eins ab und war irgendwann mal so dick, dass schon deshalb die Mädchen Abstand nahmen, wahrscheinlich aus Angst, er könnte mal oben liegen. Ganz klar, dass er Musik hören wollte. Und die Weltrevolution.

Wir beratschlagten kurz, was zu tun sei. Die Alternativen waren trostlos. Es war gerade erst halb zwölf. Und unsere Entscheidungsfreiheit war begrenzt. Denn die ältesten unter uns brachten es höchstens auf 20 Jahre, so wie ich. Damit waren wir rechtlich gesehen noch Kinder, denn erst mit 21 war man damals volljährig und konnte erst dann allein bestimmen, was man tun wollte.

Natürlich war das ein antiquierter, unhaltbarer Zustand. Heute lacht man darüber. Damals aber hatten wir es auszubaden: den Dissens zwischen gesellschaftlicher Entwicklung und einer Gesetzesstruktur, die nur sehr vorsichtig reformiert wurde. Von außen draufgeschaut war das verständlich. Nach dem Dritten Reich hatte man sich zwar eilig zur Demokratie bekannt, aber es saßen eben überall in den entsprechenden Instanzen Leute, fast durchgehend Männer, die unter Hitlers umfassender Indoktrination eine stramme Lebenseinstellung inhaliert hatten.[1] Reformen konnten gar nicht von Heute auf Morgen durchgeführt werden. Der gedmütigte Stolz nach dem verlorenen Krieg bestärkte das Gefühl, „damals war ja nicht alles schlecht" und so gab es eine allgemeine Verunsicherung, was man jetzt wie reformieren sollte. Wenn etwas geschah, dann zögerlich, nur auf Druck von bereits sichtbar unumkehrbaren Entwicklungen.

Deutschland war viele Jahre abgekapselt gewesen, eine Ära, in der die umgebende „freie Welt" Zeit genug gehabt hatte, alte Muster zu überleben. Nun wurde alles im Eiltempo nachgeholt: Musikstile, Jugendkultur, Lockerung der Sitten. Es ist unbestritten, dass gerade die Musik hier ein Revolutionsanstifter erster Güte wurde.

Rhythmen als Verpackung von politischen Informationen, eine perfide Art der Unterwanderung!

Und mit der aus wirtschaftlichen Gründen sich rasant entwickelnden Technik bekamen immer mehr Menschen die Möglichkeit, an diese Informationen zu gelangen. Die Massenproduktion machte Radioapparate und Schallplattenspieler schnell immer billiger, so konnten sie auch von Jugendlichen erworben werden.

Und so kam es, wie es kommen musste: Indem die Generation der Herrschenden durch Verkauf von Waren Profit machte, sägte sie an ihrem eigenen Ast überkommener Weltanschauungen. Ein wirklich hinterhältiger Schachzug der Evolution, denn die Verpackung der Informationen war auch für Ältere attraktiv. Die konservative Schlagermusik wehrte sich in den 50er Jahren noch tapfer gegen die neuen Rhythmen, aber nachhinein betrachtet war bereits Anfang der 60er klar, dass dieser Kampf verloren war. Das Rückzugsgefecht der überkommenen Kultur dauerte aber noch über zehn Jahre. Bis dahin gebrauchte meine Mutter noch oft den Terminus „Negermusik".

Es war also kein Wunder, wenn genau die 60er Jahre die Eruption bringen mussten. Und ich war dabei und erlebte das Ganze von Innen.

Natürlich hörte ich in den 50ern das, was meine Eltern hörten. Die Titel werden wahrscheinlich keinem Leser mehr bekannt sein. Die Sprache war Deutsch und die Texte handelten vom Leben, allerdings in einer Wortwahl, wie sie erst Kulturschaffenden jenseits der 50 gelingen. Ich bin jetzt noch viel älter, ich verstehe das.

---

[1] Laut offizieller Untersuchung vom Oktober 2016 auch von der hohen Politik wahrgenommen!

Viele der darin erzählten Geschichten vom Älterwerden und vom Schick-salsschläge hinnehmen fanden sich später auch in „meiner" Musik wieder, nur war es eben nicht der Förster oder die Magd, die das ertragen mussten. Was aber fehlte, war der Blick nach vorn und das Aufbegehren gegen die Botschaft, nun sei es eben so, wie es sei.

Der alte Förster, der alles verloren hatte, ging fatalistisch zum Sterben. Rübezahl erzählte inbrünstig, wie es damals war, in der alten Heimat, aus der man vertrieben wurde. Selbst die junge Liebe mündete inhaltlich in der Erkenntnis, „nun angekommen zu sein". Wir sind gekommen, um zu bleiben. Woher habe ich das gerade? Naja, man kann es auch anders mei-nen.

Die Stimmung in den Liedern war nicht unbedingt depressiv. Man sollte vielleicht lieber „getragen" oder „romantisch" sagen. Aber die Aufbruch-stimmung von Walzer, Foxtrott, Tango oder Polka kam aus Zeiten, in der es revolutionär war, beim Tanz Körperkontakt zu haben und nicht nur heimlich in der Kemenate.

Ich überlegte, dass da mehr sein musste.

In Filmen küssten sie sich schon, das waren aber meist ausländische Streifen. Bei uns auf der Straße war so etwas verpönt … na schön, zum Abschied auf dem Bahnsteig, oder wenn man aus der Kriegsgefangenschaft wiederkam, dann aber nicht so dauerhaft und möglichst nicht auf den Mund.

Meine Eltern liefen zusammen auch nur untergehakt.

Alles andere grenzte an Pornographie.

Händchenhalten und längere Mund-zu-Mund-Beatmung wurde zu ei-ner Konfrontation mit dem Establishment. *I wanna hold your hand* von den Beatles war 1963 fast noch obszön. Unglaublich, nicht wahr? Enge Pullover waren zwar nicht sittenwidrig, signalisierten für die Elterngene-ration aber sexuelle Verfügbarkeit. „Nutten!", sagte meine Mutter kurz und klar, wenn Mädchen so in unserer Nähe aufschienen. Ganz so einfach war das aber nicht – ich gab es aber bald auf, ihr das zu erklären.

Ohne Frage hatte die Jugend zu jeder Zeit den Wunsch, voranzugehen, anders zu sein, Neues anzufangen. Die eklatante Tiefe der Kluft zwischen den Generationen entstand in den 60ern aus der langen Einkapselung in strikter Nationalität. Und aus der Verfügbarkeit ausländischer Musik.

Die Versuche mit Rock' n' Roll in den 50er Jahren verstanden wir in den 60ern eher als Gymnastikübungen. Der Begriff des „Halbstarken" hatte die ersten Befreiungsversuche noch wirkungsvoll diffamiert. Nur „halb"-stark wollte niemand sein. Neue Ansätze mussten für die Jugendlichen her, die man nicht so leicht abwürgen konnte.

Zwei Möglichkeiten boten sich an. Aus Amerika kam der Outlaw, der keine Gesetze für sich als gültig anerkannte. Diese Wild-West-Idee lebte fort in den Kriegsheimkehrern, egal ob aus dem Zweiten Weltkrieg oder aus Korea. Die ausgemusterten amerikanischen Soldaten fanden sich plötzlich nutzlos und entwurzelt. Sie bildeten eine Gegengesellschaft, immer unterwegs, wie es das große, weite Land anbot. *Riding on the midnight ghost* [2], zusammen mit Jack Kerouac im Güterzug quer durch die Vereinigten Staaten, das konnte mich durchaus reizen.

Die andere Idee, sich aufzulehnen, kam aus England und war viel perfider. Man machte genau das, was die Erwachsenen verlangten. Nur viel besser. Und viel mehr. Man übertrieb, bis es unerträglich wurde.

Unerträglich für die Erwachsenen, die ja ab und zu auch mal fünf gerade sein lassen wollten.

Die Kleidung war überkorrekt, Anzug, Schlips, auch auf dem Fahrrad und dem Mofa. Und das Mofa musste natürlich verkehrssicher sein. Logisch. Dazu gehörten Beleuchtung und Bremsen. Bald gab es Fahrzeuge mit zehn bis zwanzig Lampen vorn und mindestens ebensoviel Rückspiegeln. Die Erwachsenen kochten, weil sie natürlich genau wussten, was gemeint war. Und die Jugendlichen konnten ihr Imponierverhalten physikalisch ausleben.

Ich selbst konnte mich nicht für einen Weg entscheiden. Ich versuchte beides, und noch einen dritten und vierten – doch davon später.

Natürlich war mir nicht bewusst, dass man diese Entwicklungen auch als einen Akt der Kolonisation durch die Siegermächte des Zweiten Weltkriegs auffassen konnte. Der Stamm von Wilden, in einem tradierten Selbstlauf gefangen, wurde von den Weißen befreit und nun missioniert. Aber es war genau das, worauf die damalige Jugend gewartet hatte, nachdem sie sich viele Jahre Kriegserlebnisse hatte anhören müssen.

Dass Krieg das allerletzte war, was man sich antun sollte, war völlig klar. Ansätze zur Lösung dieses Generalproblems „Nie wieder Krieg!" kamen von der Elterngeneration aber kaum. Im Gegenteil: Es herrschte der soge-

---

[2] Jack Kerouac wurde nach seiner Heimkehr aus dem Koreakrieg Landstreicher und schrieb viele beachtete Bücher „on the road". Er fuhr in Güterwagen kreuz und quer durch die USA auf der Suche nach einer Heimat, spirituell fand er sie im Zen.

nannte „Kalte Krieg", die großen Mächte der Erde belauerten sich mit Massenvernichtungswaffen. Die Antwort der Jugend war Liebe. Dieser dritte Weg, sich abzugrenzen, war dann, so glaubte ich wenigstens, der erfolgreichste.

Wie es sich für Jugend gehört, ging man wieder einen Schritt weiter. Oder zurück, wie man es sehen will. Die Gammler hatten es vorgemacht, sie bezogen sich bei der Kultivierung der Langhaarfrisur auf den „Freien Mann" des Mittelalters bis hin zu Jesus. Diese feinsinnigen Rückschlüsse sabotierten extrem jedes Zurechtweisungsgespräch.

Einen Zahn schärfer, wie man damals sagte, wurde es mit dem Liebesbegriff. Natürlich sollten sich alle lieben, Liebe war ja auch der Inhalt der Musikkultur der Elterngeneration. Liebe überwindet Grenzen und verhindert so vielleicht Kriege. Liebe ist gut! Also, machen wir sie doch gleich hier auf der Straße und alle mit jedem, dann ist Friede, oder?

Den Hinweis, dass Sexualität nicht gleichbedeutend mit diesem überhöhten Begriff der Gemeinsamkeit sei, konnte man prima mit Darwin und der modernen Wissenschaft kontern. Sexualität ist die Urform der Liebe, da war man wieder bei Jesus und den langen Haaren, wobei man natürlich nicht sagen durfte, dass Jesus vielleicht unter Umständen eventuell auch Sex gehabt haben könnte, obwohl er Liebe predigte. Das war dann doch ein Schritt zu weit.

Aber ohne Sex keine Fortpflanzung, kein Leben auf der Erde. Schließlich hat doch Gott selbst gesagt: „Seid fruchtbar und mehret Euch!"

„Oh, oh, oh, und wer soll das bezahlen?", war schon damals die egozentrisch-kapitalistische Antwort, denn man wollte nach Waschmaschine und Fernseher nun auch ein Auto.

„Komm mir ja nicht mit einem Kind an!" Einige Eltern versuchten es mit Einsperren. Das machte alles aber nur interessanter.

Später sah man achselzuckend ein, dass die einzige Lösung, sich von der immer drückender werdenden Verantwortung zu befreien, die Herabsetzung des Volljährigkeitsalters und die Einführung der Pille sein musste[3]. Aber so weit waren wir noch nicht. Erst einmal kam Weg Nummer vier: Ihr habt keinen Zugriff mehr auf mich, ich bin auf Droge!

---

[3] Die Mädchen von damals gaben später ihren 15-Jährigen Töchtern die Pille und die Jungs wurden später die ersten Streetworker. Wir aber waren zu dieser Zeit gerade erst 18/19 und mit 21 wurde man erst volljährig.

Heute ist Drogeneinnahme sicherlich oft eine persönliche Maßnahme, aus Verzweiflung entstanden und/oder um auf sich aufmerksam zu machen, um Hilfe oder Liebe zu erlangen. Damals war es Ausdruck eines Experimentierdranges.

Natürlich, wenn man deswegen aufgegriffen wurde, mussten sich die alten Herrschaften auch um einen kümmern! Und hatten damit den Salat! Sie mussten nun nett sein und sich fragen, was sie falsch gemacht hatten. Aber das war zu dieser Zeit nicht die Absicht! Man wollte gar nicht, dass sich die Eltern kümmerten, denn das hätte bei aller Liebe bedeutet, dass man in die geistig beengten Verhältnisse hätte zurückkehren müssen, die man gerade mühevoll verlassen hatte! Und bei manchen endete der Schrei nach Liebe in Prügel.

So war das. Ich kann mich gut erinnern.

Und alles, was damals passierte, muss man unter diesem Aspekt betrachten.

Wir wollten hinaus, weg von der Bevormunderei, neue Wege suchen, selbst entscheiden, was angegangen wurde und vor allem, wie man mit etwas umging. Und das Interessante war, dass (jedenfalls in meinem Umkreis) es keinen Unterschied gab, ob es Jungen oder Mädchen waren, die sich damit auseinandersetzten. Es war nur so, dass die Mädchen meist strikter von den Eltern an die Leine genommen wurden, denn schließlich und im Ernstfall "kamen sie mit einem Kind nach Haus".

Natürlich hatte sich dieses Bewusstsein langsam herausgebildet, der Drang nach Freiheit musste eine ganze Weile wachsen. Und man muss auch ganz klar sagen, dass alles vielleicht völlig anders angesehen worden wäre, wenn man damals schon mit 18 volljährig gewesen wäre und wie heute von allen Seiten bedrängelt; mit Fragen bombardiert, wie das so mit Beruf, eigenen Beinen, erfolgreichem Lebensmanagement aussähe!

Wenn ich den heutigen Druck auf die eigentlich noch Jugendlichen (Jugendstrafrecht kann immer noch bis 21 angewendet werden) betrachte, muss ich eingestehen, dass ich unter diesen Bedingungen vielleicht auch alles getan hätte, um das „Hotel Mama" nicht aufgeben zu müssen. Dunkle Hinterzimmer betrachtet man nicht als das Hauptproblem, wenn man ständig angehalten wird, sich gefälligst jetzt schon um seine Rentenversicherung zu kümmern.

Und so bedauere ich letztlich die Nachgewachsenen. Diese hoffnungsfrohe Aufbruchsmentalität von damals mit den kleinen Sensationen der vielfältigen Verbote, aber auch der Sicherheit, selbst mit wenig Geld über die Runden zu kommen, hat mir Erlebnisse gestattet, die heute nicht nachholbar sind. Das ist schade. Na, immerhin kann man noch davon erzählen.

Der Blitz der Erinnerung

Wenn ich Memoiren oder Biographien anderer Leute lese, frage ich mich oft, wie genau die wiedergegebenen Erlebnisse sind. Und woher sie die Daten haben. Ob sie vielleicht nur rekonstruiert sind.

Bei mir weiß ich es sicher. Ich habe Tagebuch geführt und Andenken aufgehoben. Fotos, Zettel, Sachen, um mich zu erinnern. Weil es schön war. Aufregend. Nacherlebenswert. Konnte ich einfach nicht wegschmeißen. Ich dachte immer, dann würde auch das Erlebte auf den Müll fliegen. Und irgendwie stimmte das auch.

Denn wenn man alle diese Dinge in die Hand nimmt, passiert etwas Erstaunliches: Plötzlich werden die Erinnerungsbilder scharf, Szenen, die vergessen schienen, tauchen wieder auf.

Mit einem Mal gibt es wieder Namen, Orte, Eindrücke, ganze Sätze. Das ist schon irre. Und ich genieße es, detailliert in mein Leben hineinschauen zu können.

Damit das alles nicht durcheinanderkommt, habe ich Ordner angelegt. Manche Inhalte sogar von Hand gebunden. Die Jahre 1965 bis 1979 sehen aus wie Bücher. Leider nicht so pedantisch, wie ich es manchmal dann gewünscht hätte. Aber dazu hätte man viel mehr Platz benötigt, und nicht nur ein Regal. Und natürlich Zeit, in der man auch durchaus andere Dinge tun konnte.

Nein, ich war nicht hyperaktiv, wie man heute mutmaßen würde. Ich habe nur nicht herumgesessen oder –gelegen. „Abchillen", sagt mein erwachsener Sohn dazu. Nein, das war nichts für mich. Auch Fernsehen war indiskutabel, das Programm etwas für die Elterngeneration.

Ich brauchte alles live. Filme musste ich selbst machen. Etwas abzubilden und zu manipulieren, das war sehr spannend. Vielleicht trifft mich heute der Blitz der Erinnerung, weil alles so intensiv war.

Und ich weiß ja, es ging gut aus. Nicht für jeden, aber für mich letztlich schon. Sonst würde ich das heute nicht schreiben können. Andere dagegen …

Ja, gut, handeln wir das schnell ab. Ich behalte Menschen lieber lebendig in Erinnerung als tot. Aber einige dieser Schicksale führen zu Rückschlüssen für die eigene Lebensführung. Die Erkenntnis ist einfach: Um etwas erzählen zu können, muss man es erleben. Das Geheimnis, viel zu erleben ist, dass man alt genug wird. Dazu muss man alle gefährlichen Situationen überleben. Man benötigt das Glück, sich nicht beim ersten Stolperer den Hals zu brechen. Auch nicht beim zweiten, beim dritten … und so weiter.

Einer meiner besten Freunde war Jacki.

Wir haben eine Menge zusammen ausgeheckt, seit ich ihn auf dem Gymnasium kennengelernt habe. Im Sandkasten machten wir chemische Experimente. Wo sonst? Dort konnte wenigstens nichts abbrennen. Jacki war auch der Star meiner frühen Filme. Die ungelenke Art, mit der er sich bewegte, wie er seinen viel zu langen, schmalen Körper zu beherrschen versuchte, ergab manchmal eine sehr unfreiwillige Komik. Aber er war hochintelligent und vor allem – witzig. Nie laut, immer bescheiden, hintergründig und konnte über den Dingen stehen. Leider war er, wie ich erst später erfuhr, Epileptiker. Und einer dieser Anfälle wurde ihm zum Verhängnis.

Er war 19, hatte Abitur gemacht und wollte studieren. Und wie es viele taten, nahm er auch einen Nebenjob an. In einer Fabrik für Leitz-Ordner. Man fand ihn leblos in einem Lagerkeller. Niemand war im entscheidenden Moment da gewesen, um Hilfe zu organisieren. Ich war sehr angefressen über die Art, wie es passiert war. So beiläufig, einfach *knips!* Und weg.

Dabei kannte ich das schon. Sieben Jahre vorher war mein Vater nach Feierabend nicht nach Hause zurückgekehrt. Stunden später klingelte ein Zeitungsreporter und erzählte, er wäre mit seinem Moped gegen einen Baum gefahren und sofort tot gewesen. Ich konnte das nicht glauben. Mit 40 km/h gegen einen Baum und sofort tot, was für ein Blödsinn! Auch, dass der gerade herrschende Sturm nachgeholfen hätte, war dafür nicht plausibel genug. Später stellte sich heraus, dass es genau umgekehrt war. Der Baum war auf ihn gefallen, als er gerade vorbeifuhr, genau aufs Genick.

Das war meine erste Lektion in Sachen Wahrscheinlichkeit. Dieser Fall hatte mathematisch gesehen kaum eine Existenzberechtigung. Aber es war passiert.

Nun gut, er war zu diesem Zeitpunkt 51, hatte den Russlandfeldzug im Zweiten Weltkrieg überlebt und dort auch viel erlebt. Aber es waren keine Inhalte, an die man sich gern erinnert. Krieg, Gefangenschaft, und dann die harten Jahre des Wiederaufbaus. Er starb, nachdem er ein paar Wochen vorher gesagt hatte: „Und dieses Jahr machen wir mal Urlaub. Die ganze Familie, zum ersten Mal!" Und dafür hatte er extra ein Auto gekauft. Aber das Benzin für das Moped war billiger. Hätte er einfach nur das Auto genommen, wo doch das Wetter sowieso keine Freude für Zweiradfahrer gewesen war!

Man kann also selbst etwas tun, um sein Leben zu verlängern. Ich bin dann auch nie Motorrad gefahren und ehe ich mich entschloss, den Schein für die gefährlichste aller frei verfügbaren Waffen, das Auto, zu bekommen, wurde ich 25. Diese gefährliche Lebensphase – jung und motorisiert – ging also folgenlos an mir vorüber.

Von Rockstars kennt man spektakuläre Abgänge im Drogenrausch. Haben sie deshalb besonders viel erlebt, wenn sie an einer Überdosis von allem Möglichen sterben? Wahrscheinlich nicht! Zu schnell zu viel von allem, das ist auch nicht das Konzept, dachte ich nach dem Tod von Janis Joplin und Jimi Hendrix. Und als Toppi, den ich schon im ersten Kapitel vorgestellt habe, starb, war er auch erst 25. Als seine durch übermäßigen Alkoholgenuss erworbene Leberzirrhose sein nahes Ende andeutete, sagte er: „Tut mir einen Gefallen, ja? Schreibt auf meinen Grabstein: *Er lebte, so schnell er konnte!"*

Er hatte es genau auf den Punkt gebracht. Eigentlich muss man das Leben nicht auffordern, sich zu beeilen. Man kann es passieren lassen.

Oder Yogi, der sich aus Langeweile auf Heroin einließ. Wir kriegten ihn nicht wieder von der Nadel runter. Viel älter war er auch nicht, als er daran draufging.

Also dachte ich, man kann viel machen, aber man muss sich nicht in die erste Reihe vordrängeln. Dort, wo die fetten Ereignisse versteigert werden. Besser ist es, sich erst einmal anzuschauen, was dort angeboten wird, und wie es sich auswirkt. Also sozusagen sich in die zweite Reihe zu stellen. Dort kann man immer noch viel erleben.

Natürlich ist es unmöglich, immer Zurückhaltung zu üben. Manchmal kann man einfach nicht Nein! sagen. Dann braucht man etwas Glück.

Und manchmal passt man einfach nicht auf. Dann wird es kritisch.

Das kenne ich auch.

Ich glaube, ich war 27 oder 28, jedenfalls fuhr ich einen Renault R4, da geschah eines jener Ereignisse, über die man später immer wieder den Kopf schüttelt.

Ich hatte getankt, die Tankstelle existiert inzwischen nicht mehr, Ringbahnstraße in Berlin-Tempelhof, und wollte bezahlen gehen. Ich zog also mein Portemonnaie und stiefelte los. Das nächste, an das ich mich erinnern kann, ist, dass ich mitten im Kassenraum stand. Um mich herum ein Haufen kleiner Glasscherben. Die Frau hinter dem Tresen hatte die Augen aufgerissen und schrie. Dann sagte sie sehr unsicher: „Sind Sie verletzt?"

Ich schaute sie ausgesprochen dumm an. Ich weiß schon, wann ich dumm dreinblicke!

Das war einer jener Momente.

Ich war einfach durch die frisch geputzte, aber leider geschlossene Glastür gelaufen. Ein Kung-Fu-Trainer wäre stolz auf mich gewesen, aber solch einen Lehrgang hatte ich nie absolviert. Ich hatte die Tür einfach nicht ernstgenommen. Kann ja mal vorkommen.

„Nein", sagte ich, „ich habe nichts. Keine Schramme. Es tut mir auch sehr leid. Ich bin aber versichert!"

Die Kassiererin hatte ihre Fassung wiedergefunden. Sie versuchte, mich zu beruhigen, aber ich war ja ruhig. Ich bedauerte lediglich mein Missgeschick. Ich gab ihr meine Adresse, aber es kam nichts. Keine Rechnung, kein Brief. Als ich dort eine Woche später wieder vorbeikam, hatte man neu verglast – und zwei von den beliebten Raubvogelschatten drauf geklebt. Ich habe die Tür auch nie wieder übersehen.

Aber kurze Zeit später schlug der Echo-Effekt zu. Sie wissen ja, alles im Leben passiert zweimal. Wahrscheinlich, damit man merkt, dass da was Wichtiges war.

Die Fenster in meinem Haus gingen nach innen auf und es war noch immer Sommer. Irgendetwas fiel mir auf den Boden. Ich bückte mich und suchte, krabbelte auf dem Teppich herum, und schließlich fand ich es. Also konnte ich mich wieder aufrichten.

Es gab ein paar undefinierbare Geräusche, ein heftiges Klirren und ich saß schon wieder inmitten von Glassplittern, diesmal aber mit einem Rahmen um mich herum.

Meine damalige Langbeziehung stürmte herein und rief – na, was wohl?

Nein, ich war nicht verletzt. Lediglich ein kleiner Splitter steckte in meinem Unterarm. Ich zog ihn heraus und betrachtete den winzigen Tropfen Blut, der aus der Wunde drang. Dann stieg ich aus dem Rahmen und beruhigte meine etwas panische Liebste.

Soll ich weiter erzählen? Ja, klar, dazu habe ich ja dieses Buch angefangen.

Zwei Jahre später, ich fuhr inzwischen einen Lieferwagen Marke „Hanomag", Hochkasten und „zum drin Wohnen" ausgebaut, passierte das nächste „Wunder" oder wie man es nennen sollte.

Wir waren auf dem Weg nach Hause, nachmittags um kurz vor sechs. Es war wieder Sommer. Ich hatte meine Freundin von der Arbeit abgeholt und mit ihr kam eine Kollegin, die mit einem Freund von mir verbandelt war. So ein Lieferwagen hat oft vorn drei Sitze und sie saß in der Mitte, aus irgendeinem Grund nicht angeschnallt. Ich weiß es noch, als wäre es gestern gewesen.

Wir fuhren im Berufsverkehr, vor uns tauchte die Ampel auf, an der wir rechts abbiegen mussten, zweihundert Meter von zu Hause. Die Ampel sprang auf rot, die Fahrzeuge um uns herum und vor allem vor uns bremsten. Ich tat es auch – und mein Fuß erreichte ungebremst den Wagenboden. Keine Bremsreaktion.

Die Situation war klar. Es würde einen furchtbaren Unfall geben. Wenn mir nicht etwas wirklich Gutes einfiel.

Mir war sofort klar, dass die Handbremse auch keine Hilfe bringen würde. Nicht bei dieser Geschwindigkeit. Ich sah mich um. Rechts gab es Straßenbäume und bis zum Gebäude der Gesamtschule erstreckte sich mindestens zwanzig Meter weit ein mit Büschen und Bäumchen bepflanzter Grünstreifen.

Ich passte genau die Abstände der Straßenbäume ab, riss das Steuer nach rechts und jagte über den niedrigen Bewuchs. *Klonk – klonk!* machte es unter dem Wagen. Jetzt zog ich die Handbremse. Der Wagen wühlte sich durch den Acker, weitere Büsche nahmen ihren Weg unter dem Boden durch, dann stand die Kiste still, kurz vor der Ecke auf dem Bürgersteig.

Ich schaute nach rechts. „Martina, Sigi, alles okay?"

Noch etwas bleich und wackelig stiegen wir aus.

„Jetzt brauche ich erstmal einen Schnaps!", sagte Martina.

Weder Insassen noch der Wagen hatten etwas Bemerkenswertes abbekommen. Nur aus der vorderen rechten Radkappe rieselte etwas Dunkles, Öliges.

Ganz klar: Der Radbremszylinder war geplatzt.

Die letzten 200 Meter fuhr ich im ersten Gang und mit Handbremse.

Noch ein paar Kostproben dieser Art? Da hätte ich einiges zu bieten, vielleicht mache ich es später noch, aber es genügt bis jetzt schon als Illustration für meine Aussage: Man muss schon überleben, um etwas erzählen zu können.

Vielleicht hat das Schicksal es gewollt, dass ich dieses Buch schreibe …

Nein, keine Angst, so will ich das Ganze gar nicht überfrachten. Machen wir die Kausalität ganz einfach: Weil ich überlebt habe, kann ich dieses Buch schreiben. Warum sollte ich es also *nicht* tun?

Um den Faden vom Beginn dieses Kapitels wieder aufzunehmen: Es ist alles da und sortiert. Aber wie soll ich es erzählen? Womit beginnen? Am Anfang, wie Sherlock Holmes sagen würde? Oder immer etwas thematisch?

Wenn einen alle Lehrer kennen

„In der Schule haben wir dich immer für einen Paradiesvogel gehalten!",
sagte Klaus zu mir, mehr als 30 Jahre später, anlässlich eines Klassentreffens. Seit dem Abitur machten wir jedes Jahr ein Klassentreffen. Die meisten habe ich besucht.

„Wieso?", fragte ich erstaunt zurück. Es war das erste Mal, dass einer
meiner Mitschüler so etwas sagte. Hatte ich etwas versäumt?

„Du hast immer solche Sachen gemacht. Immer irgendwas losgetreten.
Ich habe nie begriffen, warum du das gemacht hast."

Ich starrte ihn an und ich kann mich erinnern, dass es bei mir irgendwie *„Klick"* machte. Er hatte recht. Aber es war doch so einfach. Ich begriff nicht, warum er das nicht begriff.

„Warum hätte ich diese Sachen **nicht** tun sollen?", fragte ich zurück.
„Sie lagen doch förmlich auf der Straße. Man musste sie nur aufheben."

Er sah mich prüfend an.

„Eben. Mir wäre das alles zu viel gewesen. So ein Leben hätte ich nicht
führen können. Ich hab dir immer zugeguckt, und das hat mir gereicht."

Klaus hatte nach dem Abitur eine Lehre in einer Bank begonnen und es
zum Zeitpunkt des Gespräches schon seit einiger Zeit zu einer leitenden
Position gebracht. Wenn der gewusst hätte, wie es mir danach weiter er-
gangen ist! Manchmal hatte ich mich schon gefragt, ob er nicht alles viel
richtiger machte als ich, der ich immer irgendwie in der Luft hing. Kein
geregeltes Einkommen, ständig mit irgendwelchen Dingen beschäftigt,
die so wahnsinnig viel Zeit brauchten, wenn man sie ordentlich machen
wollte.

„Ja", stimmte Achim zu, den ich in der Schulzeit immer bewundert hatte, weil er so cool war und Gitarre spielte – sogar in einer eigenen Band.
Er hatte in Physik promoviert und forschte in den USA, kam also seltener
zum Klassentreffen. „Du warst immer vorn, du hast immer was losge-
macht!"

Naja, irgendwie stimmte das ja. Aber Paradiesvogel? In meiner Vorstellung musste ein Paradiesvogel wissen, dass er einer war. Mir war etwas
derartiges nie bewusst geworden. Erst in dem Moment, als Klaus das sagte, kriegte ich ein kleines inneres Filmkaleidoskop meines Lebens. Mög-

lich, dass ich tatsächlich während der Schulzeit ziemlich interessante Dinge erlebt hatte. Aber warum hatten die anderen dann nicht?

Vielleicht hatten sie immer ein Ziel vor Augen. Sie wollten etwas werden. Lehre machen, Studium abschließen, Geld verdienen. Dabei eine Familie gründen, Sicherheit finden. Irgend so etwas rumorte auch in meinem Hinterkopf. Es traf nur nicht ein. Irgendwie passierte immer etwas anderes.

Und das war schon in der Schule so. Auf dem Gymnasium, das ich besuchte, kannte mich wirklich jeder Lehrer. Auch die, bei denen ich keinen Unterricht hatte. Ganz nebenbei habe ich erfahren, dass ich sogar zu manchen Zeiten Diskussionsstoff im Lehrerzimmer abgeliefert habe. Und als wir 30 Jahre nach dem Abitur auch während eines Klassentreffens unsere Schule besuchten, kam das noch mal kurz zur Sprache. Unser ehemaliger Klassenlehrer, nun Direktor kurz vor dem Ruhestand, führte uns herum und sagte zwischendurch, als wir so darüber parlierten, wie viele Schülergenerationen er nun schon erlebt hatte und wie viele Schüler so in Erinnerung bleiben: „Natürlich erinnere ich mich an Sie, Jelinski, was glauben Sie denn?"

Ich muss gestehen, ich zuckte wieder einmal zusammen. Wie früher. Er hatte eine gewisse kaltschnäuzig-trockene Art, Bemerkungen zu machen, die öfter sehr humorvoll war, vorher aber schon getroffen hatte. Bevor man schmunzeln konnte.

Seine Fächer waren Geschichte, heute würde man sagen: politische Weltkunde und Sport. In beiden Fächern war ich weniger als mittelmäßig, wenn man den Zensuren trauen darf.

Aber ich passte auf, nicht zwischen die Mühlsteine zu kommen. Es gelang mir immer, Leistungen abzuliefern, die weder Angst vor einem Absturz aufkommen ließen, noch die Bemühung um Förderung.

Schularbeiten machte ich in den letzten Jahren fast nur noch in der Pause. Wobei ich nicht immer nur abschrieb, sondern gewisse Variationen einbaute. Bei Mathe war das natürlich selten möglich, aber ich weiß noch, wie ich dem einen oder anderen Mädchen von uns sagte, ihre Arbeit sei so schlecht, da müsste ich mir wirklich etwas selbst ausdenken. Und ob ich ihnen nicht ein paar Tipps geben dürfe. Das war nicht weiter schlimm, wir waren eine sehr kompakte Klassengemeinschaft, hielten zusammen und fast alle schrieben von irgendjemandem ab. Die Mädchen Mathe und Physik von den Jungs. Vielleicht ging das auf unsere beiden

Klassenfahrten zurück. Je eine fand in der zehnten und in der zwölften Klasse statt.

Die erste Fahrt ging in die Asse. Ja, genau dorthin, wo später ein Atommüll-Endlager errichtet wurde. Die Begleiter waren unsere Deutschlehrerin und unser Kunstlehrer. Eine sehr denkwürdige Kombination. Frau Benser, oder „Tante Helga", wie wir sie intern nannten, lotste uns zu einer Besichtigung ins VW-Werk und unser Kunstlehrer drehte einen Film mit uns. Damals gab es (bezahlbar) nur den 8mm-Film, der aus der Halbierung des 16mm-Films entstanden war. Super-8 gab es noch nicht. (Und der war dann erstmal noch teurer.)

Wir mussten richtige Spulen in die Kamera einlegen und dabei aufpassen, dass sich dabei nichts unbeabsichtigt abrollte, denn diese Teile wären ja dann belichtet gewesen.

Der Inhalt des Films war sowohl anspruchslos als auch geeignet, das Teamwork zu fördern. Ein gewisser Herr Brandes machte sich an die Frau eines anderen heran, was dieser aber nicht tolerieren wollte und nun Gangster engagierte, den Nebenbuhler umzubringen.

Diese entführten ihn aus einer lasziven Tanzveranstaltung und wollten ihn besinnungslos auf die Schienen legen, damit es so aussah, als sei er überfahren worden. Natürlich wird er von der Partygesellschaft im letzten Moment gerettet und die Gangster stürzen auf der Flucht in eine Schlucht, wo sie jämmerlich verenden. Man kann im Film deutlich sehen, wie der „tote" Bernd aus dem Grinsen nicht herauskam.

Dieses Projekt stärkte den Klassenzusammenhalt ungemein. Alle machten mit, jeder hatte eine Aufgabe. Am interessantesten war es aber, zuzusehen, wie die Mädchen sich von unserer auch recht attraktiven Deutschlehrerin zu leicht bekleideten Vamps herausstaffieren ließen. Und das Drehbuch sah Engtanz vor. Spannenderweise wiederholte sich die Paarzuordnung des Films bei der Abschiedsparty am letzten Abend. Wir hatten natürlich viel weniger Mädchen in der Klasse als Jungs, das war damals so, und so kam es, dass kaum eines ungeküsst nach Hause fuhr. Die Beziehungen hielten sogar über die Klassenfahrt hinaus und die ganze Team-Stimmung verschwand auch nicht wieder. Die Folge war dann auch die beschriebene „Zusammenarbeit" bei den Hausaufgaben.

Ich gehörte zum Kamerateam und das gefiel mir so sehr, dass ich nach der Fahrt die Film-AG in der Schule ins Leben rief. Wir saßen noch einige Wochen am Schnitt und an der Vertonung, dann kam die große Vorführung und ich hatte eine sensationelle Erkenntnis: Filme machen war die optimale Möglichkeit, Beziehungen zu Mädels anzubahnen und in jeder Hinsicht Aufmerksamkeit zu erringen. Besonders gut gefiel mir der Umstand, viele Menschen in einen dunklen Raum zusammensperren zu können, die dann gezwungen waren, sich alles anzutun, was man sich ausgedacht hatte.

Wahrscheinlich war dies der Startimpuls für meine Filmerlaufbahn.

Aber bis dahin passierten erstmal andere Dinge.

Heutzutage gibt es eine Menge von Angeboten, Workshops, Arbeitsgemeinschaften mit vielfältigen Themen, in denen sich die Schüler engagieren können. Das gab es damals nicht. Dass sich auf meine hartnäckige Verfolgung des Filmprojektes eine Film-AG bildete, war fast ein kleines Wunder. Gut, es gab Handball und Fußball, was meist in der Aufstellung einer Schulmannschaft gipfelte.

Obwohl ich sowohl in der Handball-Auswahl als auch in der Fußballmannschaft der Schule spielte, war das kein wirklicher Kick. Es war eigentlich nur nett. Früher, als ich im Verein spielte, war ich gern im Tor. Es stellte sich aber heraus, dass ich der Einzige im Altersbereich war, der rechts und links schießen konnte. Ich fand das nicht ungewöhnlich. Nur war halt der linke Fuß nicht so kräftig. Beim Elfmeter schoss ich doch lieber rechts, da konnte ich die Bälle besser anschneiden. Aber mit links Flanken schlagen zu können, verbannte einen auf die ungeliebte Linksaußen-Position. Die hatte ich dann sicher. Ich glaube, ich war immer in der Start-Elf, saß nie auf der Bank.

Nee, das war langweilig.

Viel spannender fand ich interaktive soziologische Prozesse im Alltag. Und weil ich ein Einzelkind war, musste ich mir eine Menge erst erarbeiten. Unter Umständen war das eine wichtige Triebfeder.

Nachdem der Film, den wir auf der Klassenfahrt gedreht hatten, endlich fertig war, bekam ich zum Geburtstag eine eigene Kamera. Und zu Weihnachten den Projektor. Weil die beiden Termine keine zwei Wochen auseinander liegen, war das eine logische Folge. Und sehr praktisch. Die ersten Rollen kehrten genau Heiligabend aus dem Entwicklungslabor in meinen Briefkasten zurück.

Ein neuer (Spiel-)Film war damit unausweichlich. James Bond erlebte damals gerade seine erste Blütezeit, ein weithin bekannter Knaller im Kino, also machten wir das auch. Wir, das war wieder einmal die ganze

Klasse. Fast alle machten mit, sodass es heute eine prima Erinnerung darstellt. Die Handlung war dem allgemeinen Erwartungsniveau angemessen. Ein Agent sollte wichtige Papiere aus Moskau holen, was leider aufgedeckt wird. Nachdem er sich mit diesen Unterlagen trotz aller Widrigkeiten zurück nach Hause durchgeschlagen hat, erfährt er, dass er nur als Ablenkungsmanöver benutzt wurde. Die richtigen Schriftstücke hatte man auf einem anderen Weg außer Landes gebracht.

Das Drehbuch gab einem Mitautor die Gelegenheit, den Unterschied zwischen CIA und sowjetischem Geheimdienst in flammenden Reden gegenüberzustellen. Fazit: Beide Ideologien sind bescheuert und mit ihnen deren Protagonisten. Der amerikanische Dienststellenleiter las in der Besprechung Comics und überließ den Rest seinem Untergebenen, sein sowjetischer Kollege benötigte eine Sekretärin, die ihm die politisch korrekten aber komplizierten Redewendungen vorsagen musste Wir hatten viel Spaß dabei. Am besten fand ich immer die Idee, den Agenten durch meinen besten, aber auch unsportlichsten Freund spielen zu lassen. Jacki war ungewöhnlich groß, dafür aber auch ungewöhnlich schlank und bewegte sich so liebenswert ungeschickt, dass ich daran nicht vorbei konnte.

Wir drehten im Winter, weswegen ich keine leicht bekleideten Szenen einbauen konnte. Dafür wirkte aber Schnee in einer Szene in Moskau glaubwürdiger, und Schnee hatten wir zum Jahresbeginn 1966 reichlich in Berlin. Das passte also. Und was ich sehr mochte, war, dass man als Regisseur unheimlich wichtig war.

Wenn ich nebenbei begann, Geschichten zu schreiben, lag es allerdings nicht daran, irgendeinem Mädchen imponieren zu wollen. Eigentlich war die Ursache, dass ich ein Heftklammergerät in die Finger bekam. Das ist natürlich kein ungewöhnliches Stück einer Büroausstattung, aber man muss bedenken, dass es Mitte der 60er Jahre nicht üblich war, so etwas im Privathaushalt zu haben. Die Technik, selbst Papiere zusammenzuklammern, kam gerade erst auf.

Ich suchte schon lange nach einer wirklich guten Möglichkeit, bei einer Klassenarbeit zu schummeln. Bücher unter der Bank waren zu auffällig, Tätowierungen auf dem Arm leicht nachweisbar. Die Toiletten wurden schon damals kontrolliert, Handtelefone waren noch ein feuchter Traum der Zukunft. Wenn man aber ein winziges Buch hätte, das man beim Schreiben in der linken Hand verstecken konnte ...?

Bereits der erste Test verlief erfolgreich, Zwei mal drei Zentimeter genügten vollauf, komplexe Matheformeln aufzuschreiben, besonders, wenn man viele Seiten zur Verfügung hatte. Und alles wurde von einer einzigen Heftklammer zusammengehalten!

Die Idee kam auch bei anderen an. Ich stellte so einige der kleinen Bücher her. Und weil das so prima lief, dachte ich daran, dass man vielleicht auch andere Dinge in diesem Format verbreiten konnte. Aus der Lehrerposition war ja nur zu erkennen, dass jemand in seine Hände starrte. Das war kein unüblicher Vorgang, wenn man darauf wartete, dass die Stunde vorbei ging. Manche starrten auch in dieser Art vor sich hin, wenn sie interessiert den Ausführungen des Lehrers lauschten. Und im Fall des Falles konnte man ein so winziges Buch schnell im Ärmel verschwinden lassen. So viel Geschicklichkeit hatte man damals noch.

Die erste Geschichte war ein Agenten-Krimi-Thriller, was sonst. Held war wieder 009, mein Freund Jacki. Ich kannte ja seine Eigenarten auch aus dem Film und musste mir deshalb kein eigenes Personalprofil ausdenken; das war sehr schön einfach. Spätere Werke nahmen dann andere Klassenkameraden aufs Korn und karikierten deren Vorlieben.
Die minimale Größe des Datenträgers veranlasste den Autor, zu einer kurzen, prägnanten Sprache zu finden. Die Titel mussten reißerisch sein. Das erste „Buch" trug den Titel: „Nachts ist es dunkel". Die Fortsetzung hieß: „Der schielende Diamant". Auch der Sex kam nicht zu kurz, was aber damals noch ein Tanz auf dem Drahtseil war. Besonders mit 16 oder 17, denn älter war ich noch nicht. Vier Jahre vor der Volljährigkeit nahm einen in diesem Alter kaum jemand ernst.

Als die Geschichten umfangreicher wurden, musste ich leider auch das Format vergrößern. Über die Vokabelheftgröße ging ich aber nie hinaus. Ich fühlte mich tief in der Trivial- und Schundromankultur verwurzelt. Für mich war eine Handlung immer nur Aufhänger für – genau: soziologische Interaktionen. Liebe, Hass und Egoismus. Das war stets unterhaltsam.

Schön war, dass ich eine alte Schreibmaschine geschenkt bekam, eine Continental von 1926. Ich habe sie immer noch. Leider hat mein ältester Sohn im zarten Alter von vier eine Taste abgebrochen. Ich habe keine Ahnung, wie er das gemacht hat. Ich schaffte das nie. Das Gerät ist unglaublich robust.

Eine Schreibmaschine ergibt ein lesbares Schriftbild, egal, welche Note man in Handschrift hatte. Endlich konnte man alles lesen. Nur ein bisschen aufpassen musste man beim Anschlag – zuviel Kraft hinterließ einen tiefen Eindruck. Wenn ich richtig gut drauf war, machte ein O jedes Mal ein kleines Loch in das Papier. Kein guter Ansatz für zweiseitige Beschriftung.

Aber noch etwas anderes gefiel mir an diesem Gerät: man konnte nicht mehr sehen, wer etwas geschrieben hatte. Das kam mir in der folgenden Zeit öfter zugute.

Meine Lieblingsillustrierte war zu dieser Zeit die „Pardon", das einzige Satiremagazin damals. Ich übernahm viele formale Vorlagen für Geschichten, Artikel oder Karikaturen.

Weil in der Schule die Lehrer die Instanz waren, mit der man sich mit größtem Interesse auseinandersetzte, mussten sie als Zielgebiet meiner satirischen Versuche herhalten. Besonders gut kamen fingierte Protokolle von Gesprächen im Lehrerzimmer an. Die meistgelesene war betitelt: „Zensurenkonferenz". Selbstverständlich habe ich alle bekannten Eigenarten der beteiligten Personen gnadenlos übersteigert und mit pädagogischem Unvermögen sowie speziellen Affinitäten zum Drogenkonsum kombiniert. Zitate und Verhaltensweisen waren aber wieder erkennbar aus dem Alltag entlehnt.

An dieser Stelle ein kleiner Einschub. Was ich logischerweise erst viele Jahre später erfuhr, war die Sichtweise der Lehrer im Hinblick auf meine Klasse. Unser früherer Klassenlehrer sagte uns bei einem Klassentreffen: „Ihr wart eine unheimlich kompakte Klasse. Die erste, die irgendwie zusammenhielt. Man kam einfach nicht dazwischen. Es war wie ein massiver Block, der einem als Lehrer gegenüber stand. Ihr wisst nicht, wie oft darüber im Lehrerzimmer geklagt wurde! Und solch eine Klasse gab es später auch nicht mehr."

Zu diesem Zeitpunkt waren mehrere von uns bereits selbst Lehrer. Einer an genau dieser Schule, ein anderer wurde dann Direktor einer Grundschule in Buckow, auch dort, wo er selbst beschult worden war. Diese Klassenkameraden nickten nachdenklich und wissend, mir war das völlig neu.

Damals aber war die Position als Schüler sehr genau definiert.

Die politische Stimmung, wenn man es einmal so nennen darf, die an dieser Schule herrschte, war eine Art unwillige Ergebenheit in die nicht zu ändernden Gegebenheiten. Was ein Lehrer entschied, musste man widerspruchslos hinnehmen. Persönliche Gespräche zwischen Lehrern und Schülern spielten sich immer mit erheblichem Gefälle ab, eine devote Haltung und grundsätzliche Zustimmung waren erforderlich, wollte man seine Noten nicht gefährden. Die ersten Lehrkräfte mit moderneren Ansichten kamen gerade erst in der Schule an. Bis zu diesem Zeitpunkt etwa hatten wir noch Pädagogen „vom alten Schrot und Korn".

Man kann durchaus sagen, dass ich in der ersten Jahrgangsstufe war, die diesen Generationswechsel konkret zu spüren bekam. Erstens weil man um die zehnte Klasse herum die Weichen für den Abschluss stellen musste und zweitens, weil kulturelle Umbrüche in der umgebenden Gesellschaft ebenfalls gerade die ersten Eruptionen hervorriefen. Und das kam, weil es plötzlich im Musikbusiness erfolgreiche und damit auch gut verdienende aufsässige Jugendliche gab, und man deshalb deren unorthodoxe Meinung abdrucken musste. Ein James Dean machte noch keinen Sommer, aber die Flut an Beatgruppen, die mit den Rolling Stones und Beatles über den gesellschaftlichen Wahrnehmungshorizont gespült wurde, änderte die Verhältnisse in wahnsinnig kurzer Zeit. Ich glaube, hier hat die profitorientierte Elterngeneration genau durch ihr Gewinnstreben den eigenen Abgang beschleunigt. Davon an anderer Stelle mehr.

An der Schule war eine offene Diskussion dieser Umbrüche noch sehr riskant. Besser, man hielt diesbezüglich den Mund und erklärte, dass man selbstverständlich der alten Oma Müller die Kohlen hochtrug und auch sonst um gute Taten nicht verlegen war. Die Schülermitverwaltung, kurz SMV, hatte im Prinzip nur zwei Funktionen: nach Tagesordnungspunkten zu suchen und sich selbst zu verwalten. Gewiss gab es einige, die sehr löblich die Meinung vertraten, gerade die Aufmüpfigen müssten dort einziehen, damit man etwas bewegen könnte.

„Hmm, die Zeugniszensur nach unten!", war mehr oder weniger die allgemeine Ansicht. Keiner hatte wirklich eine Vorstellung davon, was „man bewegen könnte". Also lieber nicht sagen, was man dachte.

Im Innern aber zwickte der Aufruhr.

Als Ventil schrieb ich also Zettel-Satire auf der Schreibmaschine für die manuelle Verbreitung. Eines Tages sah ich so etwas Ähnliches am Schwarzen Brett, der offiziellen Mitteilungstafel der Schule.

Hohoho, dachte ich, am Schwarzen Brett, was für eine Frechheit! Das hatte ich noch nicht gewagt, obwohl einzusehen war, dass man hier ein großes Maß an Aufmerksamkeit erfahren konnte. Ich fand diese Aktion bewundernswert; das Einzige, das mich störte, waren Abkupferungen meiner eigenen Satireinhalte. Nach einem ersten Grimm wurde mir ein Treffen mit dem Täter vermittelt, und siehe da: wir funkten auf der gleichen Frequenz. Reinhard war vielleicht ein noch etwas feinsinnigeres Gemüt als ich, und so einigten wir uns auf einen ziemlich kunstvollen Namen für unser Tun: SubDhaG. Ausgeschrieben bedeutete es: *Schüleruntergrundbewegung im Dienste der heiligen ausgleichenden Gerechtigkeit.* Und es gab noch weitere Mitstreiter.

Fortan fand sich jeden Tag etwas Neues am Schwarzen Brett. Und nicht nur dort: überall an den Flurwänden fanden sich Plakate und Aufkleber.

Schülertrauben standen jetzt darum herum, Lehrer ebenfalls. Ziemlich bald wurde es sehr gefährlich, Pamphlete anzubringen. Aber irgendwie gelang es immer wieder, ohne dass jemand dabei überführt wurde. Überall wurde darüber diskutiert.

Bald nahm die Aktionsgeschwindigkeit erheblich zu. Wer etwas lesen wollte, musste sich beeilen, denn die Zettel wurden von den Lehrkräften sofort entfernt.

„Das", so sprach mich eines Tages Wolfgang an, „könnte man doch auch in einer Schülerzeitung bringen!" Er war unser Klassensprecher und von Politikbegeisterung infiziert.

„Welche Schülerzeitung?", gab ich zurück.

„Wenn es eine gäbe!", beharrte er unerschütterlich. Ich weiß noch genau, wie er mich anschaute, von der Tragweite seiner Idee überwältigt. Ich schüttelte den Kopf.

„Wir haben aber keine!"

„Dann müssen wir eben eine haben. Früher gab es auch schon eine!"

„Ach, und warum gibt es sie nicht mehr?"

„Weiß ich nicht. Vielleicht, weil zu wenige dafür schrieben. Aber das wär' doch was für dich!"

Ich starrte ihn an und ich erinnere mich, ich wünschte, er würde recht haben. Vielleicht erst nach einiger Zeit, aber ja, eine Schülerzeitung, das fand ich angemessen.

„Wie geht so was? Wer muss sich dafür einsetzen?", fragte ich mit vorsichtiger Sympathie.

„Na, die SMV! Ich werde das da mal vortragen!"

„Der **Schlafm**ützenverein? Und wer soll dem zustimmen?"

„Die Lehrer, der Direx. Und der Vertrauenslehrer, der dann auch dabei eine Funktion hätte. Denn irgendjemand muss das ja überwachen."

Genau, dachte ich. Überwachen. Da könnt ihr mich schon mal gleich streichen. Laut aber sagte ich ungefähr: „Ja, dann macht das doch. Eine ist besser als keine. Vielleicht schreib ich dann auch dafür!"

Im Stillen schloss ich das aber schon aus, denn es würde bedeuten, jede Idee durch den Filter vorauseilenden Gehorsams oder möglicher Restriktionen schicken zu müssen. Das wird doch nix, dachte ich. Genau so ist bestimmt auch die letzte Schülerzeitung gescheitert.

Aber ich sollte mich irren.

Lehrerseits befürwortete man die Schülerzeitung sehr, allerdings unter der Maßgabe, dass dann „diese Zettelkleberei aufhörte!"

Und so geschah es. War mir sowieso zu gefährlich geworden.

Es entwickelten sich schon mal spontane Verhöre auf dem Gang: „Jelinski, das waren doch Sie?"

„Ich? Bestimmt nicht! Haben Sie mich denn gesehen?"

Nein, hatte sie nicht, unsere Mathelehrerin. Sie rückte sich die Brille grade, schaute mich scharf an und wir beide wussten, was wahr war. Aber zum Glück konnte man es nicht nachweisen.

Die Schülerzeitung erschien wirklich. Natürlich dauerte alles ein wenig, die Elternvertreter mussten auch noch zustimmen, aber schließlich gab es eine erste Ausgabe.

Nach reiflicher Überlegung hatte ich keinen Beitrag eingereicht. Mittlerweile bereitete ich mich nämlich auf das Abitur vor.

„Wir wollen diese unsere neue Schülerzeitung nicht als Repräsentationsblatt, nicht als Tummelplatz, „um es den Lehrern zu geben", auch nicht als Spielerei ansehen, sondern als Aufgabe!", schrieb unser Direktor im Vorwort.

„Aha", dachte ich, „gut, dass ich das weiß."

Direktor Segner war auch unser Deutschlehrer und ich wusste wirklich, was er meinte. Für eine Klassenarbeit hatte ich von ihm gerade eine Sechs bekommen, und zwar tatsächlich am Freitag, den 13. Oktober 1967, kurz, nachdem ich in einem Essay über eine Zensurenkonferenz besonders den Direktor als Alkoholiker entlarvte. Ich hätte nie gedacht, dass sich ein Lehrer einmal mit solchen Mitteln „rächen" könnte. Ehrlich gesagt, war ich maßlos enttäuscht, als ich das Heft öffnete und die Realität der Zensur akzeptieren musste. Ich weiß noch, wie die anderen in der Klasse scharf einatmeten, denn meine Klausur davor war eine Eins gewesen. Natürlich hatte man mich wegen der Satirezettel nicht überführen können, „obwohl es natürlich jeder wusste". Ich fand diese Rache unter der Würde eines Direktors aber ich lernte meine Lektion. Ich schrieb dann noch ein paar Zweien und hielt mich in Äußerungen, besonders in schon diesbezüglich vorverurteilten Medien zurück.

Ein halbes Jahr vorher musste ich mein Abitur nicht unbedingt durch einen unbedachten Artikel in Gefahr bringen. Auf dem Abschlusszeugnis stand dann eine Drei in Deutsch.

„Schade", sagte der Direx, „es hätte eine Eins sein können."

Was ich antwortete, weiß ich nicht mehr. Ich glaube, mit großer Mühe ohne besondere Emotionen in der Stimme: „Tja, so kann's gehen!"

Und eigentlich berührte mich die Geschichte nicht besonders, denn es gab genug andere Bereiche, in denen ich ohne Probleme meinen Lustgewinn beziehen konnte. Ich muss sagen, langweilig war es wirklich nie; neue Filmideen mussten realisiert werden und Mädels gab's schließlich auch noch.

So war ich dann auch in der zweiten Ausgabe der Schülerzeitung nicht vertreten, nur ein paar Ideen wurden von anderen verarbeitet, wie zum Beispiel absurde Eignungstests. Dann, nach der Abiturprüfung, wagte ich doch noch den Schritt: Einen Bericht über zwei „Beatlokale" in Berlins Innenstadt innerhalb der Artikelreihe zum Thema „Tanzen gehen".

Das eine Lokal war das *PopCorn*, das andere das *Closed Eye*. Wolfgang, jetzt ganz rege in der neu erwachten SMV, schrieb sicherheitshalber eine Einleitung dazu, in der er sich von diesen Lokalen distanzierte. Und sicherheitshalber auch gleich vom Autor.

„Heute stelle ich zwei Beatschuppen vor, die sich ohne Weiteres mit dem Titel "Extravagant" schmücken können. Da ich jedoch diese Art von Lokalen ablehne und diese auch nicht betrete, war ich auf die Mitarbeit anderer angewiesen. So hat sich freundlicherweise Manfred Jelinski, 13b, bereit erklärt, zwei Berichte zu schreiben, die ich hier ungekürzt veröffentliche ..."

Verräter, dachte ich.

„Das ist toll, dass du darüber schreibst!", hatte er vorher getönt. Aber irgendwie warnte mich mein Bauchgefühl und ich schrieb am Ende ganz vorsichtig: *„… einige (Gäste) starren in die Luft, an die Decke, ins Leere … Weil sie high sind. Wer die Leute kennt, scheint unter Umständen etwas Hasch und LSD abstauben zu können. Zu erreichen ist das Closed Eye mit dem A81 …"*

Obwohl ich quasi mein Abitur schon in der Tasche hatte, gab es dann tatsächlich eine Diskussion zu diesem Thema. Allerdings versandete diese in Mutmaßungen, die man schlecht als Begründung irgendwohin schreiben konnte.

Schließlich hatte ich mit Bedacht *„Wer die Leute kennt, **scheint unter Umständen** …"* geschrieben. Es stand nicht da, dass ich selbst jemanden in dieser Form kannte und deshalb auch keine weiteren Handlungen, wie beschrieben, vollzogen hätte. Und der ganze Artikel war auch künstlerisch angelegt, mit experimentellen Sätzen. Aber man kannte mich ja. Und die Zweifel an der Zulässigkeit meiner „Reifeprüfung" waren auch noch anderweitig fundiert.

Dazu ein Beispiel, dessen Brisanz heute kaum noch erklärt werden kann.

Weil ich mit meiner jeweiligen Freundin Samstagabends „ausging", brauchte ich Geld. Als Schüler war Jobben damals nicht einfach. Ich verdingte mich bei einer Zeitarbeitsvermittlung, die man hinter vorgehaltener Hand „Sklavenhändler" nannte (antreten um halb sechs morgens!). Ich machte Lagerarbeiten, lud LKW ab oder reinigte Baustellen. Egal, Hauptsache bezahlt. Mehrmals trug ich Prospekte aus oder verteilte diese auf der Straße.

Eines Tages sagte Peti, mit dem ich solche Torturen oft gemeinsam durchstand: „Hier sieh mal, drei Stunden für zehn Mark!"

Das war damals ganz ordentlich und deckte den Ausgeh-Abend. (Daran sieht man, wie sehr heute die Preise angezogen haben!) Was ich erst an Ort und Stelle feststellte, war der Inhalt der Arbeitsleistung: Zettel verteilen auf dem Kurfürstendamm. Es war eine Werbeaktion eines neu eröffneten Lokals, in dem Hobby-Fotografen für günstiges Geld und etwas Getränkeumsatz Aktmodelle ablichten konnten.

Eigentlich eine schöne Sache, dachte ich. So oder so. Und ich verteilte eifrig die Zettel. Ausgerechnet in dieser Zeit musste es unserem zweiten Direktor einfallen, einen Ku-Damm-Bummel zu machen.

„Was haben Sie denn da, Jelinski, geben Sie doch mal her!"

Das sind so die Zufälle, die man nicht braucht.

„Aber gern", lächelte ich. Ja, ich lächelte, ich weiß es noch. Ich wollte mir keine Blöße geben und warb noch mit ein paar positiven Einschätzungen für das Nackt-Lokal.

Hinterher, als ich das Peti erzählte, der natürlich nicht gesehen worden war, weil er die andere Straßenseite bedient hatte, waren wir uns über die Neutralität der Begegnung nicht mehr so sicher.

Am nächsten Morgen stieg ich mit gemischten Gefühlen die Treppe zum Hochparterre hinauf. Oben stand wie immer unser Oberstudienrat und musterte mit hinter dem Rücken verschränkten Armen die eintreffenden Schüler. Die tägliche Gesichtskontrolle, sicher eine Gewohnheit aus Kriegszeiten.

„Guten Morgen!", schmetterte ich betont freundlich.

„Morgen, Jelinski. Alles klar?", gab er zurück und grinste mich an.

„Aber ja, alles prima."

„Na, dann ist ja gut!" Und er drehte sich wieder dem anbrandenden Schülerstrom zu.

Das Bild, das man an der Schule von mir hatte, wurde noch durch die langen Haare abgerundet. Damals war es ein höchst prekärer Gesprächsinhalt, wie lang man als Mann die Haare tragen durfte. Jeder Zentimeter zählte und ich hatte einige Dezimeter zu bieten. Aber es war cool, alle bekannten Bands liefen so rum, so und noch viel „schlimmer". Für mich war die Haarlänge vor allem eine Dokumentation meiner Lebenshaltung.

Alle meine Klassenkameraden gingen vor den Abiturprüfungen zum Frisör und ließen sich einen Braver-Junge-Schnitt verpassen. Nur ich nicht.

Wir hatten uns vorher abgesprochen: Wir werden die erste Klasse sein, die sich nicht unterwirft! Ich hatte mich drauf verlassen. Aber die anderen fielen der Reihe nach um.

Als ich merkte, dass ich allein war, kam der Trotz hoch. Jetzt erst recht! Nur nicht unterkriegen lassen!

Deshalb leistete ich mir auch noch den Gimmick, am Tag der mündlichen Prüfung einen zerlegten Kicker mitzubringen. Ich baute das stabile Tischgerät im Vorbereitungsraum auf und es verkürzte die Wartezeit, bis man aufgerufen wurde, ungeheuer. Es machte auch lockerer. Einige saßen anfangs ziemlich blass herum, weil sie auf der Kippe standen. Aber das gab sich nach den ersten Toren. Die Verkrampfungen lösten sich, wir waren fröhlich und nur einer fiel durch, was aber schon vorher klar war.

Und ein Schelm, wer Böses dabei denkt, dass man mich als Letzten in die Prüfung rief, nachmittags um 16 Uhr.

Leider wurde ich zur Abiturfeier krank und konnte den Triumph, als einziger mit „einer Matte", wie man damals sagte, das Abizeugnis überreicht zu bekommen, nicht auskosten.

Aber, wenn man das alles bedachte, zuzüglich einiger anderer, noch nicht berichteter Aktivitäten, konnte man schon nachvollziehen, wenn ein Lehrer nach vielen Jahren sagte: „Jelinski? Klar kann ich mich erinnern!"

Raus aus den Ruinen!

Sicherlich wäre alles anders gelaufen, wenn ich irgendwo in der westdeutschen Provinz geboren worden wäre, oder gar in der *Ostzone* ... aber so war es ja nicht. Ich kam in Berlin zur Welt, natürlich in Schöneberg,[4] aber nicht im Monat Mai, sondern im tiefsten Dezember, zwei Wochen vor Weihnachten und – mitten in der Blockade. Eine schwierige, unübersichtliche Situation. Vielleicht das Karma für ein ganzes Leben.

Blockade – wer weiß heute noch, was das bedeutete!

Nach dem Zweiten Weltkrieg wurde Deutschland unter den Siegermächten aufgeteilt. Jeder bekam einen Teil – die Russen, die Engländer, die Franzosen und die Amerikaner. Und vielleicht um zu verhindern, dass jemals noch etwas Eigenes aus Deutschland kam oder wurde, teilten sie sogar die Hauptstadt auf. Berlin wurde zur Vier-Sektoren-Stadt (offizieller Sprachgebrauch).

Im Laufe der Zeit waren sich die Alliierten nicht mehr ganz so grün, und so gab es im Prinzip bald zwei Deutschlands: das eine, in dem die Russen den Kommunismus einführten, und das andere, in dem die drei anderen „Westmächte" zusammen versuchten, ein Grenzland vor dem sich bildenden „Ostblock" zu stabilisieren.

Zu essen gab es gerade so viel, dass die Überlebenden des Krieges nicht reihenweise wegstarben. Zahlungsmittel waren Lebensmittelmarken und Zigaretten.

Der gesellschaftlichen und wirtschaftlichen Organisation, die in „Westdeutschland" nach und nach umgesetzt wurde, standen die Russen, pardon, damals noch „Sowjets", mürrisch und misstrauisch gegenüber. Im Westen kümmerte man sich nicht um ihre Einwände und machte einfach voran. Zum Beispiel wurde in der „Tri-Zone" von Flensburg bis Berchtesgaden die Demokratie eingeführt und die D-Mark. Der westliche Teil von Berlin, mitten im Gebiet der sowjetischen Besatzungszone, machte da kräftig mit. Eigentlich sollte Deutschland doch bis zu einem Friedensvertrag gemeinsam ausgebeutet – äh, verwaltet werden.

---

[4] Schöneberg war damals wegen des Rathauses als Regierungssitz für West-Berlin, der vielen dort präsentierten ausländischen Politiker und nicht zuletzt durch den Schlager „Es war in Schöneberg, im Monat Mai..." der wichtigste Bezirk und wurde zum Synonym für den westlichen Teil der Stadt.

Die wirklichen politischen Hintergründe mögen etwas komplizierter gewesen sein, aber so, wie oben geschildert, sah es die Bevölkerung. Und um nun ihren Ansichten über die Verfahrensweise in Deutschland Nachdruck zu verleihen, sperrten die Sowjets im Juni 1948 einfach mal alle Landverbindungen von Westdeutschland nach West-Berlin. Kein Versorgungslastwagen kam mehr durch. Der Plan war, die drei Westmächte zu zwingen, diesen Stadtteil aufzugeben oder zum Verwaltungs-Nullpunkt zurückzukehren.

Die Sperren wurden auch nicht so bald wieder aufgehoben, nicht am nächsten Tag, nicht in der nächsten Woche und auch weiterhin nicht.

Das war ein echter Affront und Ruhm und Ehre waren damals noch beliebte Begriffe.

Sicherlich war es nicht das Herz für die etwas mehr als eine Million Stadtbewohner, sondern eher die Ehre, die die amerikanische Regierung dazu veranlasste, großspurig bekannt zu geben: „Dann versorgen wir West-Berlin eben aus der Luft!"

Aber nachdem sie die Franzosen und die Engländer überzeugt hatten, machten sie genau das. Im Ein-Minuten-Takt landeten DC-3-Frachtmaschinen auf dem zentralen Flughafen Tempelhof und brachten Kartoffeln, Milchpulver und Kohlen für die Bevölkerung.

Zu der gehörten auch meine Eltern und meine Mutter war im vierten Monat schwanger. Man sagt ja, auch die Zeit im Mutterleib prägt schon das Kind.

Sie wohnten in einem einzigen Raum in einem halb ausgebombten Haus im Schöneberger Kiez, genau dort, wo später in den 80er Jahren „die Szene" sich etablieren sollte, wo ich dann oft Nächte „durchfeierte".

Aber ich bin sicher, an so etwas haben meine Eltern nicht gedacht.

Als ich zur Welt kam, ging diese Blockade bereits ein halbes Jahr, ohne dass ein Ende abzusehen war. Kohlen wie Kartoffeln waren handverlesen – wenn sie zum Einsatz kamen. Manchmal wundere ich mich, wie ein Baby das überleben kann.

Aber mein Jahrgang war zahlenmäßig beachtlich und was mich später noch mehr erstaunte: Es gab auch genau so viele Geburten im nächsten Jahr! Das bedeutete doch, dass die Existenzangst das Sexualleben nicht zu lähmen vermochte!

Ich habe leider nie herausbekommen, ob man nun von einem unerschütterlichen Optimismus in die Sinneslust getrieben wurde oder die ganze Verzweiflung im Bett wegpoppte und es einfach an Verhüterli mangelte.

Ich glaube eher an Letzteres.

Einen Hinweis darauf, wie ich die ersten Jahre überlebte, kann man an meiner Affinität zu Milchpulver festmachen. Ich erinnere mich noch gut an „Carepakete", gespendet von der amerikanischen Bevölkerung, die ich im Alter von vier Jahren unnachgiebig auf Tüten mit vergilbt aussehendem Inhalt kontrollierte. Wasser gab es ja, und so wusste ich früh, „wie man Milch macht". Kühe lernte ich erst viele Jahre später kennen. Im Original, meine ich.

Heute ist es oft so, dass beide Elternteile arbeiten. Dann gibt man die Kinder in eine Krippe oder zu Tagesmüttern. Damit man sich auf die Arbeit konzentrieren kann.

Gute Idee.

Sicher kam man damals schon auf solche Gedanken, aber die Realisierung konnte niemand bezahlen. Und dass alle irgendwas machen mussten, um zu überleben, darüber sprach man nicht. Zum Glück gab es damals noch ein paar Großmütter. Ich hatte eine, mütterlicherseits, aber mehr auch nicht. So konnten meine Eltern wenigstens beide losziehen, Geld, Lebensmittelmarken oder Zigaretten heranzuschaffen.

Vor dem Krieg war mein Vater technischer Prüfer für Seidenstoffe. Nach dem Krieg gab's keine Technik mehr, Seide schon gar nicht. Während der Blockade machte er dunkle Geschäfte auf dem Schwarzmark am völlig zerstörten Potsdamer Platz. Das war nicht ungefährlich. Also ging er besser auf den Bau, dort wurden Leute gebraucht.

Meine Mutter verdingte sich als Haushaltshilfe. Sie kam bei einem Rechtsanwalt unter, wohin sie mich mitnehmen konnte. Es wurden sogar meine Pateneltern. Das war ein absoluter Glücksfall, anderen ging es nicht so gut.

Onkel Alfred sah ich fast nie, aber Tante Annie steckte mir öfter etwas zu. Das Erstaunlichste an der Situation aber war, dass die beiden Juden waren. Viele Jahre später, als beide schon tot waren, kam es mir erst zu Bewusstsein: Sie mussten natürlich irgendwie überlebt haben, ich hörte schon so Worte wie „Auschwitz" und „Versteck", aber was konnte ich damit anfangen. Auf jeden Fall waren sie außergewöhnlich lieb und nett, trotz allem, und auch netter als manche, die ich als „Verwandtschaft" kennen lernte.

Unglaublich, dachte ich später.

Auch mein Vater ist nie ausgerastet, obwohl er den Russlandfeldzug mitgemacht hat und verwundet wurde. Manchmal erzählte er von traumatischen Erlebnissen. Ich fand das nicht so schlimm, Gliedmaßen und Ohren, die sich bei minus 40 Grad verselbstständigten, beeindruckten mich nicht so sehr. Aus den gesammelten Grimms Hausmärchen, die ich damals las, war ich viel Heftigeres gewohnt.

Wenn ich heute Artikel zur Kindererziehung lese oder mit manchen Facebook-Mütter-Chats konfrontiert werde, muss ich versonnen lächeln.

Manchmal bin ich ziemlich genervt, wenn ich in ein Kinderzimmer komme. Was für Haufen von Spielzeug über den Boden verstreut sind, aus den Schränken quellen und im Müll landen, übersteigt meine Wahrnehmungstoleranz.

Ich nehme nur noch „Haufen" wahr. Aber die (meine) Kinder wissen sehr genau, was sie im Einzelnen besitzen. Ist das eine darwinistische Weiterentwicklung?

Ich hatte einen Teddy. Einen.

Später ein Feuerwehrauto aus Blech, das aber leider meinem Forschungsdrang nicht standhielt und drei kleinere Puppen. Das war es.

Mit den Puppen erfand ich Abenteuergeschichten. Ein Schuhkarton war ihr Auto. Später würde ich „Road Movie" dazu sagen. Die Kleider nähte, strickte und häkelte ich selbst. Wie das ging, brachte mir meine Oma bei. Stoff- und Wollreste gab es. Natürlich waren die Maschen mal etwas fest und mal etwas locker, schließlich war ich erst vier Jahre alt, aber die Sachen waren tragbar.

Ungefähr in dieser Zeit brachte ich mir fast gegen den Willen meiner Großmutter lesen und schreiben bei.

„Duuu, guck mal, schreibt man so ein A?"

Meine Großmutter half mir freundlich, aber ich glaube, ich habe sie manchmal sehr strapaziert. Sie war mich dann ja bald los, denn ich tauchte in den dicken Wälzer *Grimms Hausmärchen* ein. Nur manchmal nervte ich sie noch.

„Duuu, Omaaa, was ist denn ein Wechselbalg? Und warum muss man den im Topf kochen? Und kann man auf Babyknochen gut Flöte spielen?"

Stand alles in dem Buch. So grausam sind Märchen. Und nachhinein muss ich sagen: Sie bilden nur das Leben ab. Damals, kurz nach dem Krieg, war das alles nicht der Rede wert. Die Erwachsenen kannten es „Live und in Farbe".

Kaum war die Blockade zu Ende und ich ein halbes Jahr alt, kauften meine Eltern mit Hilfe der Schwester meines Vaters ein Grundstück draußen vor der Stadt, in Lichtenrade, dem südlichsten Zipfel von Berlin. Und sofort begann mein Vater, zu bauen. Auf seiner Arbeitsstelle hatte er „mit den Augen gestohlen" und wusste jetzt, wie man so etwas machte. Er besorgte sich eine Karre und eine Schaufel und los ging's. Die Planungsarbeit musste er noch an einen Architekten abgeben, was ihn maßlos ärgerte, weil es öfter zu Missverständnissen kam.

„Das hätte ich auch gekonnt", sagte er dann wütend. Später machte er auch die Zeichnungen für die weiteren Bauten und ließ den Architekten sie nur beglaubigen.

Er steckte ab, zehn mal zehn, und dann schachtete er aus, 1,20m tief, mit Karre und Schippe. Und dann begann er zu mauern. Alles allein.

Die Steine wurden beim ersten Mal mit einem Lastwagen angeliefert, Schutt von einer Ruine. Das bekam er günstig. Er stellte dann aber fest, dass zu viel wirklicher Schutt dabei war. Kaputte Steine, viel Putz dran.

Da kam er auf eine bessere Idee. Er besorgte sich einen Handwagen, lud ihn selbst mit ausgewählten ganzen Steinen voll und zog ihn nach der Arbeit von Hand von Schöneberg nach Lichtenrade. Heute würde ich sagen: unmenschliche Strapaze.

Danach war natürlich nicht Feierabend, sondern er mauerte drauflos. Im Herbst war tatsächlich der Keller fertig und im nächsten Jahr Küche und zwei Zimmer. Notdürftig bedacht und mit Kohleofen. Vorn sollte ein weiteres Zimmer entstehen, hinten das Treppenhaus. Aber das fehlte eben, und wir erreichten über dicke Bretter das Haus. Ich weiß noch, wie ich im Jahr darauf in der Endphase des Baues mit einem Hammer den Putz von den Ruinensteinen herunterklopfte. Das ging zwar langsam, wenn ich aber vier bis fünf Steine fertig hatte, trug ich sie zum Verwendungsstapel. Dafür bekam ich auch regelmäßig eine Rüge. Nicht für das Putzen, sondern, dass ich so viele Steine auf einmal tragen wollte. Aber man sollte mich doch als Mann wahrnehmen!

Natürlich wurde jede Mark dreimal umgedreht. Die Lebensmittel waren vergleichsweise teuer. Ich holte oft Milch in der Kanne. Der Liter kostete 45 Pfennig. Bei etwas über 100 Mark Wochenlohn ein ernsthafter Faktor. Fleisch war richtiger Luxus.

Deshalb kam meine Mutter auch auf die Idee, Hühner und Kaninchen anzuschaffen. Gemüse baute sie sowieso an, denn sie kam vom Land. Ihr Vater war Stellmacher in Schlesien gewesen, in einem Dorf namens Liegnitz in der Nähe von Breslau. Gegen Ende des Krieges mussten sie alles aufgeben und fliehen. Ihr Vater wurde von den einrückenden Russen erschossen, einer ihrer Brüder abtransportiert. Sie hat ihn nie wiedergesehen.

Irgendwie schaffte sie es, sich den Vergewaltigungen zu entziehen, die damals an der Tagesordnung waren und mit der Restfamilie zu fliehen. Ihre Mutter kam mit nach Berlin, ihr zweiter Bruder ging nach Karlsruhe.

Wie gesagt, sie hatte eine kleine Wohnung in Schöneberg, weil sie schon viel früher „in die Stadt" gezogen war und eine Stelle angenommen hatte. Allerdings war sie da schon Ende zwanzig gewesen. Sie lernte einen netten Mann kennen, verlobte sich, aber in den letzten Kriegtagen durchtrennte ein Bombensplitter seine Halsschlagader. Er starb in ihren Armen.

Nachdem mein Vater im Januar 1946 aus amerikanischer Gefangenschaft kam, warb er solange um meine trauernde Mutter, bis sie schließlich nachgab. So jedenfalls wurde es geschildert.

Wie wir den ersten Winter im unfertigen Haus überlebten, kann ich nicht nachvollziehen. Fakt ist, wir schafften es und mein Vater baute nun auch die restlichen Sachen an: das Zimmer für Oma und die Kellertreppe sowie das Dach.

Ich schlief in einem Kinderbett neben meinen Eltern, das war sehr nahe für einen unruhigen Geist wie mich. Ich konnte hören, wie sie sich neckten, sich kitzelten und schmusten, was sie aber irgendwie vor mir verheimlichen wollten.

Wenn ich aus meinem Bettchen heraus fragte, sagte meine Mutter nach einigem Stöhnen: „Vati ärgert mich schon wieder!"

Ich versprach ihr meine Hilfe, konnte aber nicht aus dem vergitterten Bett. Dafür aber erzählte ich die Vorfälle bei den Nachbarn, die sich köstlich amüsierten.

Wenig später rollten meine Eltern mein Bett in einen anderen Raum. Ich verlor meine Informationsquelle.

Das Überleben in den Nachkriegsjahren war nicht einfach, für heutige Generationen ziemlich gruselig, abgesehen davon, dass es lediglich Radio gab. Fernsehen kam erst 1953, und hieß in der Zeitschrift *Hör Zu!* noch „Der Zauberspiegel". Ich besitze zum Glück noch einige der frühen Jahrgänge. Demgemäß gab es auch elektrischen Strom. Was es aber in den Vororten nicht gab: eine Entwässerungsanbindung. Man sammelte Fäkalien in einer Auffanggrube, die natürlich oben geschlossen war, damit man nicht hineinfiel. Im ersten Jahr, so erinnere ich mich, gab es nur ein Plumpsklo, das an ein Gartenhäuschen angebaut war. (Das ist nicht zum lachen, es gab eben nichts Besseres! Noch im Jahr 2000 habe ich in Moldawien Schlimmeres erlebt!) Aber im nächsten Jahr waren auch Toilette und Bad fertig.

Was die Nahrungsmittelversorgung anging, würde man heute sagen, dass wir einen „Selbstversorgerhof" anstrebten. Es gab zwar kein Großvieh (Ziegen und Schweine lehnte meine Mutter ab, weil sie geruchlich auftragen würden), aber unser Garten wurde zur Landwirtschaft. 1000 Quadratmeter Fläche wurden zu 90% Gemüsebeet. Auf dem Rest stand ja das Haus.

Wir hatten alles: drei Kohlsorten oder vier, Karotten, Rüben, Radieschen, Zwiebeln, Salat, Spinat (Iiih!) und natürlich Kartoffeln. Dazu Äpfel, Birnen, Pflaumen und Pfirsiche, natürlich auch alle Arten Beeren. Was nicht gegessen wurde, fand den Weg ins Einmachglas. Im Keller stand ein riesiges Regal von Wand zu Wand und Boden zu Decke.

Und weil es damals Luxus war, übertrieb meine Mutter auch manchmal ein bisschen. 50 Quadratmeter Erdbeerbeet sind, wenn gerade Saison ist, allein schwer zu verkraften. Anfangs eine Leckerei, verkam das Aufessen in der Fülle schon damals für mich zur Pflichtübung. Das ging noch bis in die 70er Jahre so …

Auf jeden Fall lernte ich nebenbei, wie man etwas anbaut und natürlich, wie man Tiere versorgt.

Das Eiereinsammeln war eine sehr schöne Sache, allerdings mussten die Tiere auch manchmal geschlachtet werden. Das gehörte dazu. „Bevor sie zu zäh werden!", sagte meine Mutter und nahm sich das Beil. Nachdem ich ein paar Mal zugeschaut hatte, wie ein Huhn so kopflos davonrannte, die letzten Schritte aber nicht wie dieser Seeräuber Störtebeker an den Kameraden entlang, um sie zu erlösen, sondern einfach nur so bis zum Umfallen, schmeckte mir Fleisch nicht mehr. Huhn ging gerade noch, aber mit Kaninchen hatte ich erhebliche Probleme, weil ich ihnen auch in die Augen geschaut hatte und so verweigerte ich dann auch die Nahrungsaufnahme, was meine Mutter überhaupt nicht verstand.

Traumatische Erfahrung? Kann man so sehen. Später, mit vierzig, war ich sehr dafür, als der Regisseur einer meiner Spielfilmproduktionen unbedingt eine Tierschlachtung als Schock für die Zuschauer einbauen wollte.

Der Co-Autor sagte, er könne eine normale Hausschlachtung eines Kaninchens im Hof seiner Eltern filmen. „Super!", sagte ich.

Sollten die Leute, die so lüstern in die Tiefkühltruhe griffen, auch sehen, wo ihr Essen herkam! Traumabearbeitung!

So kann man eigene Wunden heilen, indem man bei anderen welche aufreißt.

Als ich fünf wurde, kamen meine Eltern zu der Ansicht, ich müsse andere Kinder kennenlernen. Bisher hatte ich nur einen etwas älteren Jungen in der Straße zum Spielen. Also: ab in den Kindergarten!

Diese Einrichtung war damals weit von dem entfernt, was man heute darunter versteht. Ein mehr oder weniger kahler Raum, immerhin mit Kindermöbeln einfacher Art versorgt und zwei Kisten Spielzeug. Eine mit Puppen und eine mit Bauklötzen. Das war es.

Von 8 bis 13 Uhr wurden wir verwaltet – von drei „Tanten" im „besten Alter". Ja, ich erinnere mich, dass wir auch manchmal zusammen gesungen haben, aber gemeinschaftliche Spiele gab es kaum. Schließlich waren wir über vierzig Kinder.

Das Singen habe ich innig gehasst. Erstens, weil es zusammen mit völlig albernen Fingerspielen durchgeführt wurde, und zweitens, weil man mir vermittelt hatte, ich könne sowieso nicht den Ton halten. Deshalb machte ich auch nicht mit. Damals gab's dafür Schelte und gelegentlich auch eine Ohrfeige. Aber das war ja noch wunderbar im Vergleich zu dem, was Kinder in richtigen Heimen erdulden mussten. Erst lange nach 2000 wurden diese Vorgänge ans Licht gebracht und bearbeitet. Damals hatte ich keine Vorstellung davon, was meine Mutter meinte, wenn sie sagte, ich käme ins Heim, wenn ich nicht parierte. Ich wusste nur, dass es etwas sehr Schreckliches sein musste. Schon, wie sie es sagte …

So war es für mich eine Art Befreiung, als der Tag der Einschulung nahte. Jetzt, dachte ich, würde es vorangehen! Diese albernen Kinderfingerspiele würden aufhören, wir würden tolle Bücher lesen und spannende Sachen erfahren. Die drei Bücher, die ich hatte, waren längst konsumiert: Neben *Grimms Märchen* waren es *Max und Moritz* und auch noch der *Struwwelpeter*. Ich kann mich erinnern, dass ich ziemlich skeptisch dem Leben an sich gegenüberstand. In dem einen Buch werden am Schluss die beiden Jungen von Enten gefressen und in dem anderen kamen die Kinder auch reihenweise zu Tode: verhungerten, wurden erschlagen oder verbrannt.

Ich nahm das sehr ernst. Schließlich bekam ich nur gute Kinderbücher in die Hand und nicht so einen Schund wie diese Groschenheftchen, gegen die meine Mutter einen Heiligen Krieg führte. Später kamen die Bilderheftchen, die Comics dazu. *Micky Maus*, das Werk des Bösen. Da waren doch meine anderen Märchenhefte viel besser: *Die sieben Raben*, *Rotkäppchen* und *Dornröschen*. Verzaubert, gefressen und eingeschläfert! Immerhin gab es hier die Offerte einer Errettung am Schluss. Ich war hin und hergerissen: War da vielleicht doch Hoffnung?

Was aber passierte am ersten Schultag? Kinderlieder mit Fingerspielen! Ein Lied, in dem der Storch durch den Salat stakst und wir mussten das mit den Händen nachmachen. Und singen!

Wäre nicht die Schultüte gewesen, ich hätte mich sofort enttäuscht zurückgezogen.

„Ihr lernt dann Rechnen und Schreiben!", offerierte mir meine Mutter.

„Das kann ich aber schon", wandte ich ein.

„Warte es ab, du wirst noch ganz schön schwitzen!"

Irgendwie hoffte ich, dass sie recht behalten möge.

Am Anfang fand ich es auch noch witzig und meldete mich immer, weil ich ja nicht nur wusste, wie die Buchstaben hießen, sondern auch schon die Geschichten hinten im Lehrbuch lesen konnte. Mit der Zeit aber wurde das langweilig. Lange, bevor wir das Alphabet durch hatten, schaltete ich ab. Ein bisschen machte ich noch pflichtschuldig mit, aber irgendwie war die Sache mit der Schule gegessen. Ich beschaffte mir anderen Lesestoff. Leider kam ich nicht an die geheimnisvollen Groschenhefte heran oder die Comics, aber immerhin hatten unsere Nachbarn die *Hör Zu!* abonniert (konnten wir uns nicht leisten). *Mecki* wurde meine erste Bildergeschichte, argwöhnisch von meiner Mutter beäugt.

„Du sollst richtige Bücher lesen!", hielt sie mir vor. Wenn sie gewusst hätte!

Nachbars hatten auch ein Buch über Wilde und Seeräuber, das darin gipfelt, dass sich die Kontrahenten gegenseitig zerfleischten. Das war ein richtiges Buch, denn es war gebunden. Und auf unserer Toilette fand ich etwas, das anstelle des teuren Klopapiers verwendet wurde: Auf Viertelseitenformat kleingerissene, fachkundliche Monatshefte für die Landwirtschaft.

Ich hatte keine Ahnung, was ich da las, aber es war spannend, die Viertelseiten wieder zusammenzupusseln. Ich erinnere mich noch gut an die orangenen und giftgrünen Umschläge aus Tonkarton.

Und dann war da noch Waldemar Bonsels *Indienfahrt*. Manchmal wachte ich um fünf Uhr früh auf und las. Am meisten beeindruckte mich in diesem Buch die kleine Geschichte einer Katze, die von Ratten eingekreist wird und den Kampf gegen die Übermacht verliert. Kein Wunder, wenn ich in der Schule meine Gedanken woanders hatte.

Später, mit sieben oder acht Jahren durfte ich mich in der Leihbücherei anmelden. Die Größe der Regale war beeindruckend. Und es waren sogar drei!

Ich weiß noch, wie aufgeregt ich immer in den Fächern stöberte. Leider durfte man nur vier Bücher gleichzeitig mitnehmen.

Allerdings wurde das dadurch relativiert, dass ich nebenan zur Schule ging. So war der Weg ein kurzer. Wöchentlich kreuzte ich dort auf. Manchmal später, nämlich dann, wenn ich Jahrbücher mitgenommen hatte. *Das neue Universum* und *Der gute Kamerad* mit ungefähr 500 Seiten brauchten eben etwas länger.

Bevor ich die Grundschule verließ, hatte ich die Jugendabteilung durch. Und durch meinte auch durch: Lediglich solche Titel wie *Ina und das schwarze Fohlen* oder *Monikas Ferien auf dem Reiterhof* ließ ich ungelesen stehen.

So, was also jetzt? Verlangend schielte ich in die Erwachsenenabteilung nebenan. Zum Glück war sie im Prinzip unbewacht. Nein, was es da alles gab! Ich wagte es. Zusammen mit einem Buch über Schmetterlinge, einem Sternatlas und einem Jahrbuch nahm ich Keyhoes *Der Weltraum rückt uns näher* mit, das erste ins Deutsche übersetzte Sachbuch über UFOs. Die ältere Dame an der Ausgabe zuckte mit keiner Wimper. Okay, dachte ich, das geht doch!

Das nächste Mal machte ich es wieder. Es war gar nicht so schlimm. Einmal wurde ich gefragt, was das sollte, das sei doch aus der Erwachsenenabteilung.

„Aber die anderen hab ich doch alle durch!", klagte ich wahrheitsgemäß.

„Hm, naja, dann ..." Und damit war diese Hürde auch gegessen.

Eines meiner Lieblingsbücher, das weiß ich noch, war James Joyces *Ulysses*. Eigentlich hatte ich es mitgenommen, weil auf dem Titelbild ein Kriegsschiff zu sehen war. Das versprach einiges.

Der Inhalt war dann aber doch sehr viel anders als erwartet. Die Geschichte dieses Kapitäns nahm mich sehr mit. Wie einsam er war! Ich konnte ihn gut verstehen. So einsam im Kopf. Und seine Frau, die ihn nur einmal auf dem Fell vor dem Kamin ranließ und dann nie wieder, und das aus wirklich niederen Gründen, die hätte ich am liebsten an die Wand geklatscht, die alte F...!

Ja, solche Worte kannte ich schon.

Wer weiß, welche Wanderung ich durch die Gefilde der Weltliteratur unternommen hätte, wenn mir nicht plötzlich von einem Klassenkameraden ein paar Schundhefte zugespielt worden wären! *Die unheimlichen Kegel* von Roy Chester verzauberten mich. Auf dem Mars entdeckten Raumfahrer die Überbleibsel einer uralten Kultur: In riesigen kegelförmigen Bauten befanden sich Maschinen, die am Ende den Mars wieder zu einem erdähnlichen Planeten machten. Wer von wem abgeschrieben haben könnte, war mir damals noch völlig egal. Auf jeden Fall war ich für die Höhere Literatur verloren.

Na gut, nicht ganz. Schiller war ganz okay. Ich akzeptierte ihn als Rebellen. Bei *Star Wars* sind das auch die Helden.

Helden an der Flasche

Natürlich gab es damals ein Drogenproblem. Heutzutage wird ja immer so getan, als würde gerade jetzt die Jugend sich besonders besinnungslos betrinken und damit sich nicht nur körperlich schädigen, sondern auch die ganze Gesellschaft und deren Ansehen. Das Ansehen der Mutter, weil sie offenbar lieblos war und das nicht unterbunden hat; das des Vaters, weil er zuwenig Vorbild war, und, ganz klar, das Ansehen des Deutschen Staates. Vor allem aber die Rücklagen der Krankenkassen. Die der Rentenversicherung nicht, dort müsste man eigentlich dankbar sein für all die früh Verblichenen.

Komasaufen ist keine neue Erfindung. Das gab es schon zu allen Zeiten. Im Krieg wurde getrunken, was erreichbar war, schon um die Angst zu bewältigen. Nach dem Krieg wurde getrunken, um die vielen unerträglichen Bilder mindestens zum Verschwimmen zu bringen, die sich so hartnäckig im Gedächtnis eingenistet hatten.

Alkohol gehörte in den fünfziger Jahren zur Daseinsbewältigung und wurde auch so beworben. Wenn mich etwas wundert, dann, warum mein Vater so wenig getrunken hat.

Aber da war meine Mutter sehr hinterher. Es war nicht nur ihre strenge Erziehung, sonder eher eine tief eingefressene Angst vor Peinlichkeiten. Sie wurde nach einem Glas Wein bereits sehr lustig, und wenn ihr das hinterher jemand wieder zutrug, versank sie vor Scham im Boden. Mein Vater versuchte, es ihr recht zu machen, aber wenn Geburtstag gefeiert wurde oder manchmal mein Onkel und dessen Sohn da waren, begoss man die bösen Erinnerungen mit dem Saft der Überwindung.

Ich weiß noch genau, wie ich einmal – ein einziges Mal – die drei aus einer Kneipe holen musste, wo sie ein paar Bier getrunken hatten.

Natürlich ging es auch ums Geld. Wir mussten sehr darauf achten, was wir kauften und konsumierten. Meine Mutter rechnete öfter einmal vor, was mein Vater durch Rauchen „aus dem Fenster paffte". Dabei drehte er aber seine Zigaretten selbst und kaufte alles von seinen zehn Mark Taschengeld, die er für sich behielt. Aus dieser Zeit stammt der bösartignette Witz, in dem die Frau den freitags heimkehrenden Mann auf den Kopf stellt, um zu sehen, was aus seinen Taschen fällt. Freitags war Zahltag.

Die Peinlichkeit dieses Scherzes wurde anscheinend niemandem bewusst. Das erstaunte mich schon damals.

Aber man muss auch sehen, dass meine Mutter einen schweren Stand hatte, das Geld zusammenzuhalten. Rauchen und Trinken galt damals als Ausdruck von Männlichkeit. Allgemein war ein Mann, der betrunken im Rinnstein lag, mal eben vom Weg abgekommen. Eine Frau, die rauchte und trank galt sofort als Nutte. Und diese Bezeichnung wurde ihr nicht durch Männer zuteil. Die Frauen selbst sägten fleißig an den Ästen ihrer gesellschaftlichen Emanzipation.

Meine erste Zigarette rauchte ich mit dreizehn, meinen ersten Alkohol trank ich mit vierzehn – zur Einsegnung. Ich war ein wenig lustig, aber mein Vater kotzte nach Mitternacht in einen bereitgestellten Eimer, begleitet durch angesäuerte Kommentare meiner Mutter. Sie erkannte nicht, dass seine Übelkeit einfach ein Ergebnis seines mangelnden Trainings war. Glücklich hätte sie sein müssen, dass er sonst so standhaft war. Unter diesen Bedingungen entstand mein Bild von der Bedeutung von Drogen im sozialen Miteinander.

Es war klar, dass ich dazu gehören wollte, als mir auf dem Sportplatz nach dem Fußballspiel einer von den „Großen" eine „Fluppe" anbot. Stolz paffte ich mit und konnte hinterher gerade noch verheimlichen, wie schlecht es mir ging. Damals roch meine Mutter noch nicht an mir, wenn ich nach Hause kam.

Heute wird ja alles bereinigt. In fast Orwellscher Manier werden alte Filme bearbeitet, aber ich kann sagen, dass in den 50ern und 60ern Rauchen und Trinken in allen Filmen ein Muss waren. Helden wie James Bond definierten sich auch über ihre Trinkfestigkeit, und das forderte Nachahmung heraus.

Nun ist der Bond des neuen Jahrtausends allerdings ein in viele Facetten zersplitterter, verunsicherter und in der eigenen Lebensbewältigung gescheiterter Mann, der erst durch eine Frau wieder auf den Weg der Pflichterfüllung gebracht werden muss. Manchmal hätte ich den Machern der neuen Bondfilme gern gesagt, welche Ähnlichkeit Miss Moneypenny mit meiner Mutter hatte! Manchmal spekuliere ich auch, ob meine Mutter heute die Grünen wählen würde, für artgerechte Bodenhaltung von Nutztieren war sie allemal. Aber ihr Kampf gegen die Drogen war ein Kampf gegen Windmühlen. Die gesellschaftliche Praxis war eine andere.

Logischerweise wurde in meinen ersten Filmen ordentlich getrunken und geraucht und in späteren haben die Darsteller, dem realen Leben angemessen, noch ganz andere Sachen konsumiert. Ich hatte meine Lektion gelernt.

Das war wichtig.

Aber der Weg der Erkenntnis war lang und dornenreich und ich beschritt ihn völlig unbedarft, denn ich war durch eine saubere Erziehung immer davon abgehalten worden, Abseitiges kennenzulernen. Vielleicht funktionierte das bei anderen Kindern, für mich stand fest, ich musste genau herausfinden, was es für eine Bewandtnis mit Alkohol und anderen Drogen hatte.

Mit Sex, den man ja auch zu den Drogen zählen kann, war es so ähnlich. Meine Eltern hielten ihre Intimitäten vor mir peinlichst geheim. Eine Schwester hatte ich nicht. Eine Freundin zu haben war in meinem Bekanntenkreis, anders als heute, bis man dreizehn oder vierzehn war, verpönt. Bilder von nackten Frauen waren in den 60er Jahren ziemlich schwierig aufzutreiben. Wir wohnten weit weg von Paris oder Dänemark. Aufgeklärt wurde ich nie. Damit stieg also der Wissensdurst: Was verbarg sich hinter all dem?

Natürlich hätte man in dieser Zeit als Kind ohne Probleme beim Kaufmann flaschenweise Hochprozentiges erstehen können. Viele Kinder machten diese Besorgung für ihre Väter. Niemand kam auf die Idee, die Kinder könnten es selbst konsumieren. Jeder wusste, der Vater würde den Jungen oder auch das Mädchen, egal, windelweich prügeln, wenn diese die Flasche Korn nicht sofort zu Hause aushändigten.

Die Kontrolle lag also vollständig bei den Eltern, was diesen heute nicht nur völlig entglitten, sondern von ihnen allgemein sogar als anrüchig betrachtet wird. Interessant ist es, wenn man einmal ganz von draußen auf die Entwicklung schaut. In den 70er Jahren spielte sich eine interessante soziale (R)Evolution ab. Die allgemeine Befreiung von Dogmen und Autoritätsdenken führte dazu, dass Kinder freier aufwuchsen, Eltern schon mal kumpelhaft beim Vornamen nennen konnten und sich, wenn sie wollten, mehr oder weniger gut einer Kontrolle entziehen konnten. Die Eltern selbst genossen neue Freiheiten in der öffentlichen Darstellung. Auch Ältere durften sich schon mal auf der Straße küssen und für jugendlichen Alkoholkonsum fühlte sich niemand zuständig.

Weil natürlich jeder Freiraum genutzt wird, der sich bietet, führte das in den 80er Jahren zu erheblichen Exzessen, die so allgemein auffielen, dass sich nun langsam der Staat darum kümmern musste. Inzwischen waren Schule und Lehrstelle erheblich gefährdet und die Eltern wiesen oft genug jede Verantwortung von sich; sie könnten und dürften schließlich nicht so sehr in die Persönlichkeitsrechte ihrer Kinder eingreifen. Es war, wie ich erlebt habe, oft eine aggressive Problembearbeitung eigener jugendlicher Traumata, die Eltern und besonders Mütter dazu verführten, Strenge zu verabscheuen. Und diejenigen Eltern, die selbst den Drogen verfallen waren, nahmen den Stab bereitwillig auf. Nun mussten sie sich auch nicht mehr um dieses Problem kümmern.

Ob wir heute einen gesunden guten Mittelweg zwischen Verbot, Aufklärung und Laissez-faire gefunden haben, kann ich nicht pauschal beurteilen. Immerhin werden die Probleme nun verbalisiert und mit schicken Bezeichnungen versehen. Komasaufen ist ein toller Begriff, er korrumpiert geschickt die alte, schöne Trinkvokabel, die selbst in Schlagern ungeniert positiv auftauchte[5], nun durch die Kombination mit einer medizinischen Bedrohung. Das ist schon eine Zeitenwende.

Aber soweit waren wir noch nicht, als Jacki und ich in der siebten Klasse in unserem chemischen Labor im Sandkasten versuchten, halluzinogene Drogen zu destillieren. Aus einer großen Illustrierten hatten wir entnommen, dass es möglich sei, aus Bananenschalen Rauschgift herzustellen. Wir verbrauchten so einige Reagenzgläser, der Bunsenbrenner glühte aus und von dem Konsum so vieler Bananen war uns auch ein wenig schlecht, aber es wollte irgendwie nicht klappen. Also gaben wir irgendwann auf, wahrscheinlich, weil die vielen Bananen ein eigenes Delirium geschaffen hatten. Damit wandten wir uns der Ergründung der Drogen in dem öffentlichen Bereich zu, der sich langsam eröffnete.

Die Kneipe wurde in den folgenden Jahren mehr und mehr zum Wohnzimmer. Noch bevor ich mit siebzehn begann, einen Filmclub zu gründen, erforschte ich soziales Trinkverhalten an der Quelle, und die hieß *Herta-Treffpunkt Süd*, eine etwas versteckte Eckkneipe in meinem Wohnort

---

5 „Wenn das Wasser im Rhein gold'ner Wein wär, ... ei, wie könnte ich dann saufen, brauchte keinen Wein zu kaufen, denn das Fass von Vater Rhein würd' niemals leer!"
Text: Heinz Böninghausen

Lichtenrade, knapp eineinhalb Kilometer von meinem Zuhause entfernt, was später noch eine erhebliche Rolle spielte.

Vor dem Hintergrund, dass ich als Einzelkind und Halbwaise nur meine Mutter als Referenzperson hatte, ist vielleicht mein Bemühen zu verstehen, Kontakt zu allen gesellschaftlich relevanten Gruppen zu bekommen. Bei den Kindern aus „besserem Hause" erwies es sich als schwierig, irgendwie blieben die unter sich. An der unteren Stufe der sozialen Leiter war es viel einfacher, Kontakte zu knüpfen. Man musste nur mitmachen, was so angezettelt wurde, und weil sich das sozusagen auf der Straße oder in öffentlich zugänglichen Etablissements abspielte, gab es keine Gesichtskontrollen durch Erwachsene.

Natürlich spielte der Fußball eine große Rolle. Alle Prolls, mit denen ich später um die Blocks zog, lernte ich auf dem Sportplatz kennen. Nach dem Spielen auf dem Platz ging man schwitzend und stinkend „wie die Männer" in die entsprechenden Gaststätten. Dort lernte ich auch Kickern. Zum Flippern hatte ich nie genug Geld und es reute mich auch, solche Automaten zu füllen. Aber am Tischfußballgerät konnte man ohne Einsatz mitspielen, wenn man gerade knapp bei Kasse war. Wichtig war nur, dass man hinterher dem Gegner das Bier bezahlen konnte. Wenn man verlor. Wenn man gewann, kriegte man das nächste Bier umsonst.

Klugerweise tat ich mich so oft es ging mit den besten Spielern zusammen, die es in der Gruppe gab. Wir spielten wegen des Spaßcharakters meist Doppel und die meisten Cracks damals waren Leute, die an den vorderen Stangen spielen wollten, um Tore zu schießen. Da brauchten sie immer jemanden, der hinten wenigstens dichthalten konnte. Mit etwas Aufmerksamkeit und teilweise sehr akribischer Forschung kriegte ich das ganz gut hin. Ich ließ mich selten von Täuschungen und Finten überlisten, was aber auch nicht schwer war. Es gab für jede Situation bestimmte Standardpositionen für Torwart und Verteidiger. Noppi zeigte sie mir einmal, als er sehr leutselig angeheitert war.

Der Witz war eigentlich, dass man diese Stellung stur halten musste, was auch immer der andere an schnellen Bewegungen versuchte. Nachdem ich das begriffen hatte, war ich fast immer im siegreichen Team und ich lernte auch, als Verteidiger Tore zu schießen. So trank ich mehr, als ich mir von Geldes wegen hätte leisten können.

Irgendwann wechselte die Kneipe den Besitzer. Jetzt war Hotte, ein manchmal etwas jähzorniger junger Mann am Ruder, der bald den Namen des Etablissements änderte. Ab dem Zeitpunkt hieß es *Zum Rocker* und das bezeichnete auch ein bisschen das Publikum und den dort gepflegten Musikstil. Manchmal, wenn es spät wurde, legte Hotte mit seiner recht kleinen, ziemlich niedlichen Frau eine Rock'n'Roll-Nummer hin.

Ich fand das interessant, aber nicht nachahmenswert. Immerhin begriff ich, dass auch Mädels gern mal ins Glas guckten, lustig und enthemmt wurden, und dann alles nicht mehr so genau nahmen. Also nicht so spröde waren wie meine Mutter. Eine wichtige Erkenntnis. Und weil man sich unvoreingenommen auf Augenhöhe bewegte, fielen mir auch keine Bezeichnungen für die Mädels ein, die beispielsweise meine Mutter gebraucht hätte. Das einzige, an was ich mich als Versuch einer Beurteilung erinnere, war, wie sie so daherkamen, wenn sie angetrunken waren. Und das fand ich dann oft ziemlich abstoßend, zumal die verwendete Diktion mich ganz erheblich störte. Ich war ja beileibe kein Oberschichtkind, aber ordinär war eben ordinär. Für mich wurden die Mädels nicht von Glas zu Glas schöner. Küssen war Küssen und nicht begeifern. Vielleicht war ich etwas zu romantisch. Oder nicht betrunken genug.

Immerhin war ich da schon 18, was meiner Mutter einige Sorgenfalten auf die Stirn trieb. Vielleicht ließ sie es deshalb zu, dass ich mich nach dem friedlichen Basteln von Kartonmodellen nun mit dem Medium Film beschäftigte. Denn dazu blieb ich noch immer meist zu Hause. Was sie nicht wusste, war, dass ich damit eigentlich nur das Geschehen in unseren Keller verlegte, und ein großer Teil der Besucher war die Clique, die ich aus dem *Rocker* ex *Hertha-Treffpunkt Süd* kannte.

Natürlich kamen dann nicht mehr solche Ereignisse vor wie das an einem schönen Herbsttag, als wir nach der Schule auf die Idee kamen, mit frischem Bockbier Stiefeltrinken zu machen.

Ich schaffte es danach tatsächlich noch nach Hause ... eineinhalb Kilometer weit. Dann allerdings fiel ich an der Gartentür vom Fahrrad. Heute würde man einen ziemlichen Tanz darum machen, damals war meine Mutter einfach nur stocksauer, stopfte mich ins Bett und wurde noch saurer, weil ich all das gute Bier nicht vollständig bei mir behalten konnte.

Ich verstehe das heute schon. Ein Alptraum war für sie wahr geworden. Was sie bei meinem Vater verhindern konnte, wurde ihr bei ihrem Sohn versagt. Aber weil auch alle ihre Bekannten tranken, wurde das Ganze nicht so hoch gehängt.

Ich glaube, ich sollte an dieser Stelle dem heutigen Leser schnell versichern, dass ich kein Alkoholiker geworden bin und Trinken in größerem Ausmaß auch nicht gutheiße. Aber was soll man schreiben, wenn die Zustände und die alltäglichen Brauchtümer nun einmal so waren. Wenn man trank, gehörte man dazu. Und das mit den Mädels war auch leichter. Alle diese Gegebenheiten unterstützten meine Forschungsarbeit über Rauschzustände kongenial.

Nach dem Vorfall mit dem Fahrrad trank ich in häuslicher Umgebung aber nur noch soviel, bis ich merkte, dass mir demnächst die Konsonanten ausrutschen würden. Die dazu nötige Menge Alkohol lernte ich über den Abend zu verteilen und wurde Meister in der Praxis, mich vorsichtig an diesen Zustand heranzutrinken. Interessant fand ich immer den Zeitpunkt, wenn der kontrollierende Gehirnteil lahm gelegt wurde und die Zone der strengen Beachtung gesellschaftlicher Konventionen sich aufzulösen begann.

Der Umgang mit dem Alkohol war also eine Sache der Sozialisation. Der Begriff „Festivität" war untrennbar mit dem Begriff „Schnaps" verknüpft. An Geburtstagen wurde Hochprozentiges verschenkt. Zu Silvester brachte jeder eine Flasche mit. Die Absicht dahinter war aber keinesfalls, einen Vorrat anzulegen. Es musste konsumiert werden. Was übrig blieb, wurde am nächsten Morgen geleert. Das gehörte zur Ehre der Nation.

Einige der damaligen Events sind mir besonders deutlich haften geblieben. Vielleicht, weil ich sie intensiv erlebt habe, vielleicht aber auch, weil die Kamera dabei war. Zu meinem Bedauern konnte man bei den übelsten Exzessen keine Filmaufnahmen machen, denn damals brauchte man noch eine Menge Kunstlicht dafür. Das senkte sofort die Stimmung und die Bereitwilligkeit, sich zu produzieren. Einige wenige Sittenbilder sind mir dennoch gelungen, die ich manchmal zur allgemeinen Belustigung, aber auch zum Kopfschütteln heraushole.

Da war zum Beispiel mein 18. Geburtstag. Es sollte gemütlich werden, deshalb hatte ich nur wenige Leute eingeladen. Und damit kein Gezanke entstand, auch nur Kumpels mit fester Freundin. Peter, der aus einsichtigen Gründen den Spitznamen „Flipper" trug, ging schon lange mit der etwas moppeligen, kleinen Gabi und Achim brachte seine ziemlich lebenslustige Monika mit. Ja, genau der Achim aus meiner Klasse, der Gitarre spielte und später in Physik promovierte. Meine aktuelle Flamme hieß Birgit, groß, schlank und blond.

Sie war überhaupt nicht der Typ für Exzesse, aber ich glaube, Monika hat sie zu ein paar Gläschen verleitet, so von Frau zu Frau. Es war klar, dass das Ziel der Veranstaltung der Moment war, wo ohne Protest von irgendeiner Seite her das Licht gelöscht werden konnte.

Die Konventionen verlangten, dass die Mädels um 10 Uhr zu Hause sein mussten. An diesem Abend haben wir es bis elf ausgedehnt. Die letzten Sequenzen des Films zeigen mich mit Flipper, torkelnd in unseren neuen Hippie-Hemden beim Engtanz.

Ich bin nicht sicher, aber ich meine, es war so, dass Birgit danach erklärte, sie müsse jetzt öfter zu Hause bleiben und den kleinen Bruder hüten. Ob das eine Nachwirkung der Geburtstagsfeier war, habe ich nicht rausgekriegt.

Silvester war eine Bank im Feierfahrplan. Es war klar, dass man für diesen Termin ausreichend hochprozentige Vorräte bereitstellen musste. Am 31. Dezember 1966 war ich zu Wolfgang zur Silvesterfeier eingeladen und hatte kein Mädchen, das ich mitbringen konnte. Die anderen Jungen waren alle versorgt. Freundlicherweise, vielleicht extra für mich, war dann ein ziemlich großes, schwarzhaariges Mädchen anwesend, das ich auch ganz adrett fand. Sie wohnte in der Waschbetonsiedlung, die man in den letzten Jahren auf dem Acker gegenüber von unserem Haus hochgezogen hatte. Leider war Uschi völlig hölzern und stand ernst herum, während sich alle anderen konsequent abfüllten. Man kann es auf dem Film deutlich sehen. Die Feier fand bei Wolfgang zu Hause statt, was aber nicht weiter störte. Im Gegenteil, sein Vater machte kräftig mit und man kann nun zwei Generationen im Vollrausch nebeneinander bewundern. Soweit ich noch in der Lage bin, mich zu erinnern, wurden die Getränke ziemlich alle. Nur die tollen belegten Brötchen, die seine Mutter gemacht hatte, fanden kaum noch Abnehmer.[6]

Das war die letzte, irgendwie geregelte Feier, an die ich mich einigermaßen klar entsinne.

Danach gab es keine festlichen Zusammenkünfte mehr, zu denen Leute eingeladen wurden, die nicht tranken. Nichtraucher gingen gerade noch, Limonadenfreunde blieben draußen. Vielleicht wurde der gesellschaftliche

---

[6] Wie ich von Wolfgang nach Lektüre des Vorabdrucks hörte, hatten die Vorgänge an diesem Abend noch einen heimlichen Hintergrund: Seine Mutter verstieg sich in die Auffassung, die Trunkenheit ihrer Kinder dadurch verhindern zu können, dass sie selbst die Spirituosen vor ihnen austrank. Ein Trugschluss mit tagelangen Folgen.

Druck auch zu groß, aber bald gab es in meiner Umgebung keine Abweichler mehr.

Da war zum Beispiel unsere letzte Klassenfahrt, ein Jahr vor dem Abitur. Man kann sicher einwenden, dass wir schließlich schon 18 oder 19 waren, aber das erklärt nicht alles. Unser Geschichts- und Gemeinschaftskundelehrer, der auch gleichzeitig unser Klassenlehrer war, buchte für die zwei Wochen eine Fülle von Betriebsbesichtigungen, manchmal zwei an einem Tag. Vom Kohletagebergbau bis zur Stadtbesichtigung Brüssel war alles in der Tüte. Besonders einschneidend waren die Brauereibesuche in Dortmund bei der *Actien Brauerei* und bei *Union*. Das waren die damals angesagtesten Quellen für alkoholische Gerstenkaltschalen.

Die Rückfahrt zur Unterkunft war eine Katastrophe. Interessanterweise hatten alle mitgemacht, selbst die Mädchen, die ich vorher für spröde gehalten hatte.

Mehrere Reihen sangen und schunkelten dazu und schließlich musste der Busfahrer auf offener Straße anhalten. Alles stürmte hinaus und erleichterte sich im fast offenen Gelände, eine Geschlechtertrennung war nur mühsam zu erkennen.

Bei dieser Klassenfahrt hatte auch jedes unserer sieben Mädchen eine Beziehung innerhalb unserer Klasse, das war sehr ungewöhnlich. Es gab Paare, bei deren Zusammenstellung ich mehrmals die Stirn runzelte. Und ich behaupte jetzt einmal, daran war der Alkohol schuld. Es gibt Filmaufnahmen, bei denen man deutlich sehen kann, dass jedes Mitglied unserer Klasse bei diesen „Firmenbesichtigungen" eifrig die hauseigenen Produkte getestet hatte. Ich erwähnte es schon, unsere Klasse wurde zu einem sehr kompakten, in sich geschlossenen Gebilde, was unser Lehrer auch beklagte. Aber irgendwie hatte er selbst schuld.

Vielleicht um diese Kompaktheit zeitig aufzubrechen, gab er bei einem gemeinschaftlichen Besuch einer Kneipe in der Nähe der Möhnetalsperre eine Klassenlage. Das war absolut neu: Saufen ganz offiziell mit einer Lehrkraft. Ein Erdrutsch in der Schulpolitik!

Aber egal, was intendiert war: Lehrer blieb Lehrer, auch wenn wir danach eine gewisse Sympathie für den Außenstehenden hegten.

So schnell bröckelten die politischen Verhältnisse doch nicht. Auch nicht mit Alkohol. Die Fans konkurrierender Sportvereine können sich auch manchmal gemeinsam betrinken, wirklich einander näherbringen wird es sie nicht.

Heute hat der Alkohol seinen gesellschaftlichen Stellenwert in diesem Ausmaß verloren. Wie das kam, erzähle ich in einem späteren Kapitel, denn ich war wie üblich mittendrin in dieser sozialen Umwälzung. Die Konkurrenz durch andere Drogen ist inzwischen so groß, dass bei Polizeikontrollen der Alkoholtest nur noch einen kleinen Teil der Überprüfung ausmacht. Damals war Alkohol die einzige Droge, die eingenommen wurde. Sie wurde in allen Medien hemmungslos beworben und Helden der Trivialliteratur waren ausgemachte Trinker[7], oder nein, besser: Sie waren trinkfreudig. Eine Vokabel, die ich schon lange nicht mehr gehört habe.

Beinahe jede amerikanische Krimiserie (und die deutschen kupferten natürlich ab, was die Siegermächte vorlebten) enthielt mindestens eine Szene, wo ein „Drink" angeboten wurde. Nicht einmal die Kinderstube blieb verschont: *Tim und Struppi (TinTin)*, eine weltbekannte Comicserie aus Frankreich, der Heimat des Rotwein-Gelages, präsentierte den stark persönlichkeitsgeschädigten Alkoholiker Käp'tn Haddock als liebenswerte Hauptfigur. Warum diese Bilderhefte noch immer nicht von selbstgerechten Sozialmissionaren aus den Kinderzimmern entfernt wurden, ist mir fast ein Rätsel. Aber das wird noch kommen. Schnell und unbeobachtet ein paar Psychopharmaka einwerfend werden sie auf das ausgemachte Böse zeigen und rufen: „Oh, Graus, wie schrecklich, das ist unserer modernen, aufgeklärten Gesellschaft nicht würdig!"

Ohne Frage gibt es heute eine Fülle von Möglichkeiten, dem immer stärker wachsenden Druck des Lebenskampfes zu entfliehen. In jener Zeit war Alkohol ein probates Lösungsmittel für Situationen, für die man heute einen Krankenschein für eine Psychotherapie bekäme. Aber so „hochzivilisiert" war man damals noch lange nicht. Als Psychiater fungierte damals der Freund, der mittrank und einem das Gefühl der emotionalen Geborgenheit gab. Mit Diplom und öffentlich bestellt lässt dieses echte Verständnis erheblich nach.

So muss man auch die damalige Gewohnheit verstehen, regelrecht nach Gelegenheiten zum Trinken zu suchen. Jede Situation, in der irgendwie Zeit ohne konzentrierte Tätigkeit verbracht werden musste, war eine Gelegenheit für Besäufnisse nebenbei. Denn das Schöne war, Alkohol gab es frei verfügbar an jeder Ecke.

Was will ich damit sagen?

---

[7] Sogar Serienhelden: Fritz Wernicke als Freund von Jim Parker, über 70 Fortsetzungen in der SF-Reihe *Utopia* des Pabel-Verlages.

Könnte man meinen, ich wollte die damaligen Zeiten verherrlichen? Erinnerung verklärt ja. Nein, ich möchte alle nur einmal bitten, einen Schritt zurückzutreten. Was haben wir heute erreicht? Die Statistiken, die ALLE Drogen einschließlich aller durch Ärzte verordneten Psychopharmaka betreffen, sprechen eine deutliche Sprache. Es ist absolut verlogen, zu behaupten, wir wären in der Entwicklung zum „freien", seines Intellektes würdigen, drogenunabhängigen Menschen in den letzten 60 Jahren auch nur einen Schritt weitergekommen.

Damals war es lediglich einfacher. Der Großteil der Bevölkerung nahm Drogen, jeder konnte es sehen und es wurde auch zugegeben. Es war ehrlicher. Man konnte sehen, wie wenig alle Bemühungen gefruchtet hatten, die Sucht nach Realitätsflucht zu überwinden. Was man nach dem Krieg nämlich nicht getan hatte, war, sich mit den Ursachen auseinanderzusetzen. Es ist kein marxistisches Gewäsch, zu behaupten, dass unser Bruttosozialprodukt noch immer darauf basiert, dass die Menschen einem Druck ausgesetzt werden, den sie aus Mangel an Zeit oder Alternativen mit Drogen neutralisieren müssen. Man kann es ständig hören. In Fernsehinterviews nach Fußballspielen ist es zur (un)beliebten Floskel geworden, „Leistung zu bringen", um den Platz in der Mannschaft zu verteidigen. Gerade hier gab es deshalb schon spektakuläre Abstürze und sogar Selbstmorde. Nichts hat sich geändert, man ist jetzt nur öffentlich erschüttert.

Und gerade Alkohol ist immer noch ein probates Mittel für Jugendliche, den Erwartungen an sie zu entfliehen, sonst würde das Problem Komasaufen heute gar nicht formuliert.

Erste, zweite, dritte Liebe ...

Im Sommer muss man ziemlich lange warten, bis es dunkel wird. Ich verließ unser Mannschaftszelt, als müsste ich noch einmal auf die Toilette. In Wirklichkeit strebte ich dem Backstein-Flachbau zu, der vorn an der Straße lag. Die Fenster befanden sich auf Hüfthöhe, da war es nicht schwer, aus- und einzusteigen. In diesem langgestreckten Haus wohnten die Mädchen.

Zwei ... drei ... vier ... ich musste mich nicht sehr bemühen, das richtige Fenster zu finden, denn es war offen. Christel saß im Rahmen.

„Zum Strand runter?"

Christel war zwölf, blond und für ihr Alter schon sehr nett entwickelt. Eigentlich hatte ich mich nicht so recht entscheiden können, ihre beste Freundin war schwarzhaarig und auch sehr niedlich.

„Nein, nimm mal lieber Christel, die mag dich ...", sagte Gitti und schob mich ein wenig nach vorn, hin zu ihrer Freundin.

Na schön, dachte ich, wenn sie meint. Man musste mal sehen, wie es sich entwickelte.

Ich war 14 und zum zweiten Mal mit den Falken unterwegs, der Berliner Jugendorganisation der SPD, die jeden Sommer ein Zeltlager an der See durchführte. Erst war ich voller Zweifel, aber meine Mutter meinte, ich solle mal raus und ein bisschen selbstständig werden. Sie wusste von anderen Eltern aus der Schule, dass die Betreuung sehr gut sein sollte und vielleicht war sie auch ganz froh, dass sie mich mal los war. Was sie nicht wusste, war, dass die Betreuer recht locker mit ihrem Job umgingen und man jede Menge Freiheit hatte. Zeltlager waren auch schwierig zu kontrollieren. Man konnte sich in jede Richtung davonmachen, wenn es ausreichend dunkel war. Vielleicht rechneten sie damit, dass man vorher einschlief. Verliebte Jungs allerdings hatten damit so ihre Probleme.

Tagsüber war es sowieso sehr einfach, sich ein wenig herumzutreiben. Eines Tages beschlossen zwei Freunde und ich, am Strand entlang nach Neustadt zu laufen, um dort Kriegsschiffe anzuschauen.

„Zehn Kilometer, das kann man schaffen", sagte Michael.

Wir schafften es nicht. Im Sand zu laufen ist etwas anderes, als auf der Straße und ständig musste man jemandem ausweichen. Dann war da noch ein FKK-Gelände auf dem Weg und schließlich Anleger, die man weit umwandern musste. Irgendwann gaben wir auf und trollten uns zurück. Als wir ankamen, war es schon ziemlich später Nachmittag und mir blieb kaum Zeit, noch etwas bei den Mädchen abzuhängen. Sie saßen in allen Fenstern und weil man dort vorbeikam, wenn man zum Strand wollte, gab es immer jemanden, der dort stehenblieb und ein wenig plauschte oder flirtete. Es war schließlich Sommer und die Mädchen wollten ja auch was erleben.

Man konnte natürlich auch geradewegs zum Strand gehen, aber kleine Umwege sind oft viel interessanter.

Ich kann nicht mehr sagen, wie wir uns die ersten Worte gaben, man sagte halt so einfache Sachen wie: „Ist mein Freund hier vorbeigekommen? So ein Blonder, ziemlich großer mit einer roten Badehose …" und dann, egal, was sie sagten, konnte man drauf eingehen, dass sie eigentlich jeden sahen, der vorbeikam. Und ob sie den ganzen Tag da seien. Und ob sie in dem Zimmer dahinter wohnten. Und so weiter. Was man eben sagt. Jedenfalls hingen eigentlich immer ein paar Jungen an dieser Fenstergalerie herum. Und wenn man schon mal mit einer gequatscht hatte, konnte man daran wieder anknüpfen.

Es gab sogar eine Disco, allerdings nur manchmal am Nachmittag bis zum frühen Abend. Dort konnte man sich auch verabreden.

Leider spielten sie die meiste Zeit nur schnelle Musik und die Leute brannten darauf, herumzuhüpfen und Faxen zu machen. In diesem Sommer war gerade die hohe Zeit des Twists und es gab 1963 schon eine Menge Songs, die man so tanzen konnte.

Weil die Mädchen unbedingt wollten, versuchte ich es auch, aber dann muss es sehr komisch ausgesehen haben, denn sie lachten ziemlich. Mit dem Rest meiner Würde schützte ich dann ein kleines Gelenkproblem vor.

Ein bisschen war das wie damals, als meine Mutter mich einmal belauschte, als ich ganz unbefangen vor mich hinträllerte und sie zu mir sagte: „Nee Junge, singen kannste nich'. Du kannst ja keinen Ton halten." Kinderseelen sind leicht zu treffen.

Sicher hatte sie sich keine besonderen Gedanken dabei gemacht.

Später sagte sie, als ich mal unbefangen erzählte, dass ich mich auf einer Reise auch mit Mädchen unterhalten hatte: „Komm mir nicht mit'm Kind heim!"

Dieser Satz war meine Sexualkundeerziehung und Aufklärung gleichermaßen. Was also Wunder, wenn ich nach der Reisebegegnung mit Christel zu Hause überlegte, was ich mit ihrem Foto anstellen sollte. In meinem Portemonnaie aufbewahren? Nee, lieber nicht, das könnte meine Mutter finden. Schließlich, weil mir keines der möglichen Verstecke sicher genug erschien, warf ich das Foto in den Ofen und schaute traurig zu, wie es verbrannte.

Erst einige Zeit später kam ich auf eine sehr geniale Idee. Ich öffnete vorsichtig eines der vielen Modellflugzeuge, die ich unter die Decke gehängt hatte, in der Mitte und klebte einen Pappstreifen so ein, dass man den Rumpf wieder zusammenstecken konnte, ohne dass jemand Verdacht schöpfte. Dort versteckte ich im Laufe der Zeit so einige Dinge.

Nun war sowieso klar, dass man sich nie wiedersehen würde. Christel meinte zwar, man könne sich schreiben und auch mal telefonieren und so weiter, aber mir war klar, dass ich mir die Diskussion darüber mit meiner Mutter sparen wollte.

„Du fängst ja früh an!", hätte sie dann gesagt, in einem Ton, als wäre man bereits deflorierend durch ein Mädchenheim gezogen.

Geschichten mit dem anderen Geschlecht waren für Heranwachsende Anfang der 60er Jahre absolut tabu. Ja, man hörte, dass der Nachbarssohn, inzwischen schon 18, auch bereits einmal eine Freundin nach Hause zum Kaffee mitgebracht hatte. Das war aber schon fast das Zeichen, dass man ernste Absichten hatte.

Die Diskongruenz meiner Erlebniswelt und die öffentliche Wahrnehmung der Kindesentwicklung fand ich 1965 treffend bestätigt und sehr erhellend kommentiert in einem Artikel der Zeitschrift *Quick*, die bei einem Freund herumlag. „Zu früh zu alt" lautete die Überschrift und ich durfte mir die Seiten herausreißen, weil das Fernsehprogramm schon abgelaufen war. Man kann sagen, dass mir der Autor im Verständnis der gesellschaftlichen Abläufe, die ich wahrnahm, sehr viel weiterhalf.

In dem Artikel analysierte der Autor die Zustände der US-amerikanischen Gesellschaft und verglich sie mit den deutschen. Er stellte fest, dass sich durch die technische Entwicklung und die immer größere Anspannung der Eltern im Beruf erhebliche Veränderungen in der Sozialisation der Kinder ergeben hätten. Die Eltern ließen den Kindern zwangsläufig immer mehr Freiräume, die diese ohne sexuelle Erfahrung, Aufklärung und Beistand füllen würden. Das wäre zwar sehr problematisch, aber in Amerika habe man diese Umstände inzwischen erkannt und würde durch Gründung von Betroffenengruppen und psychologischen Maßnahmen nun dem Dilemma entgegenwirken. In Deutschland hingegen, wo sich die Fugen in der Entwicklung dadurch auftaten, dass die Eltern vom Wiederaufbau nach dem Krieg komplett vereinnahmt wurden, „tat man – nichts." Jedenfalls nichts Adäquates.

„Wir müssen hart und unerbittlich Verfehlungen bestrafen", notierte der Autor das deutsche Credo der Problemlösung. Strenge oder Verdrängung führten jedenfalls nicht zu einer Befriedung der Situation, was mir bereits zu dieser Zeit völlig bewusst wurde. Aber was sollte man tun?

Es war klar, wo sich der Standort meiner Mutter befand. Sie verdrängte und ich sah keinerlei Möglichkeit einer Öffnung, weder für mich noch für sie. Also versteckte ich diesen Artikel in meinem Flugzeug und sann darüber nach, wie sich meine Eltern kennengelernt hatten bei so viel Prüderie und gesellschaftlichen Restriktionen. Denn zu ihrer Zeit gab es sehr wenige Tanzveranstaltungen, die meine Mutter sowieso nicht besucht hatte und auf der Straße ansprechen, das ging eigentlich gar nicht. Es wurde berichtet, dass mein Vater oft lange unten vor ihrem Haus gestanden hatte. Was immer er dort gemacht hat, ich wollte diese Art von Bekanntschaftsdurchführung nicht.

Und weil Gespräche über sexuelle Dinge absolut tabu waren, sah ich mich sozusagen gezwungen, die Erwachsenenabteilung in der Ortsbibliothek aufzusuchen, um mir Klarheit zu verschaffen. Und ansonsten die Klappe zu halten, wenn etwas Verführerisches meinen Weg kreuzte.

So hielt ich es einige Jahre, bis meine Mutter wiederum anfing, mich zu befragen, ob ich denn gar nichts von Mädchen hielte, schließlich müsste ich ja auch mal einen Stammhalter produzieren.

„Och, nee, später vielleicht ...", winkte ich ab. Ich glaube, erst als ich im Keller einen Partyraum installierte und meinen Filmclub dort einquartierte, wurde ihr klar, dass ich in der Zwischenzeit doch eine gewisse Entwicklung durchgemacht hatte.

Bis dahin war ich aber übervorsichtig und ersparte mir (und ihr) durch weitgehende Abstinenz gefährliche Untersuchungen. Das Einzige, was sie irgendwann mitbekam, war der Alkoholkonsum, der sich vor der Kellerpartyzeit irgendwo außerhalb abgespielt hatte.

Und es war auch genau diese soziale Problematik, die mich dazu brachte, von zu Hause auszuziehen, um endlich diesem unbefriedigenden Status der Beobachtung und ihrer Art des Feedbacks zu entkommen.

Heute wird dieser Situation nur noch Unverständnis entgegen gebracht. Die meisten jetzigen Eltern sind sogar aufgeklärt, was für Folgen solch ein verdrängendes Kontrollverhalten mit sich bringt. Sie selbst sind mit der *Bravo* aufgewachsen, die sich bereits Mitte der 60er an sexuelle Beratung herantraute – ganz vorsichtig, klar, um die Eltern nicht zu erschrecken, aber von Jahr zu Jahr offener. Heute gibt man Mädchen mit zwölf vorsorglich die Pille, damit ihre berufliche Karriere nicht gefährdet wird und lässt die Partner auch im Haus übernachten, „damit sie es nicht woanders tun", denn hier kann man immer mal mit einem Gummi aushelfen.

Was Wunder, wenn viele junge Erwachsene lange im „Hotel Mama" verweilen!

Mittlerweile hat sich der Spieß sogar etwas umgedreht. Die jungen Leute interessieren sich nicht mehr so sehr für Sexualität, vor allem aber überhaupt nicht dafür, was ihre Eltern treiben. Manchmal habe ich das Gefühl, dass der offene verbale Umgang von Eltern mit diesem Thema dafür sorgt, dass die Kinder fast eine Abneigung gegen Sex entwickeln.

„O tempora, o mores!", wie unser Oberstudiendirektor immer sagte, weil er zugleich auch Lateinlehrer war.

Wer meine zweite größere Liebe war, kann ich fast nicht mehr nachvollziehen. Fakt ist, dass ich nach dem Abenteuer mit Christel meine diesbezüglichen Aktivitäten erst einmal herunterfuhr. Ich hielt den Umgang mit Mädchen einfach für zu nervig, weil ich überhaupt keine Lust hatte, im erwarteten Stil der Unterdrückung durch negative Bewertung mit meiner Mutter darüber zu diskutieren. Na schön, ich hatte meine Bücher und meine Hobbys, mich zu beschützen.

Trotzdem fuhr ich jedes Jahr im Sommer ins Falkencamp, das ab 1964 in Holland oder Österreich seine Zelte aufschlug. Ich weiß, dass es ein paar Flirts gab, aber ich weiß auch, dass mich die Mädchen, die ich kennenlernte, einfach nicht vom Hocker rissen. Keine war es wert, wegen ihr irgendwelche Diskussionen mit meiner Mutter vom Zaun zu brechen. Aber als ich dann 17 war, konnte ich die Vorgänge nicht mehr verheimlichen. Und meine Mutter, vielleicht aus Sorge, ich könnte letztlich doch ein Misanthrop werden, ließ mich in Ruhe. Ich war erstaunt.

Probehalber lud ich einmal ein Mädchen aus unserer Filmgruppe zum Tischtennisspielen nach Hause ein,

Meine Mutter machte große Augen, dachte vielleicht, das wäre was Ernstes, aber Marianne und ich gingen so kumpelhaft miteinander um, dass sie sich kein Bild machen konnte. Und das sah man ihr an. Aber es war schon ein bisschen so etwas wie ein Startschuss im Abstecken eigener Kompetenzen.

„Du warst ja ein netter Feger damals!", sagte meine jetzige Gemahlin anlässlich der Betrachtung alter Fotos. Das mag sein oder nicht, eines war mir jedenfalls schon sehr früh aufgefallen: Ich war nicht wirklich unattraktiv. Der Rest, das begriff ich sehr wohl, war reine Geschmackssache.

Ich testete es aus. Bei einigen Mädchen konnte ich einfach nicht landen. Das sagt sich so leicht daher, diese Versuche am lebenden Objekt waren aber mit ziemlichen Schmerzen verbunden und eigentlich überhaupt nicht so rein wissenschaftlich, wie es sich anhören mag. Bei anderen Mädchen dagegen brauchte ich nix, aber auch rein gar nix zu tun. Sie machten mich von sich aus an. Davon wiederum mochte ich einige nicht. Jedenfalls hatte ich nie richtige Selbstzweifel.

Aber vielleicht war ich einfach zu kritisch. Wie ich schon erwähnte, gerieten für mich Mädchen nicht mit jedem Glas hübscher, und so wurde aus sehr vielen Begegnungen einfach nichts, außer vielleicht ein paar netten Gesprächen, ein bisschen Tanzen und einem Spaziergang um den Dorfteich.

Inzwischen hatte ich nämlich die Stammkneipe gewechselt. Nun ging ich in den Lichtenrader *Dorfkrug*, eine Gaststätte mit Saalbetrieb. Und in dem Saal wurde mittwochs, samstags und sonntags Musik und Tanz angeboten. Normalerweise gab es eine Diskothek, aber samstags spielte auch ein Band.

„Ja, der *Dorfkrug*, da haben wir gern gespielt!", sagte viele Jahre später Achim zu mir, als ich ihn wiedertraf. Er war inzwischen Chirurg geworden, aber früher bedienten seine sensiblen Hände die Gitarre bei der Band *Downtown Drifters*, einer ziemlich angesagten Gruppe. „In Lichtenrade waren einfach die hübschesten Mädchen!", fuhr er fort.

Hinzu kam das Ambiente. Genau gegenüber, auf der anderen Straßenseite, lag der Dorfteich. Und ringsherum führte ein Weg, der mit vielen Bänken zum besinnlichen Betrachten des ruhig vor sich hinträumenden

Gewässers einluden, über den manchmal ein paar Schwäne gemächlich ihre Bahn zogen.

Niemand, den ich kannte, suchte die Bänke auf, um sich lediglich an diesem friedlichen Bild zu ergötzen. Besonders dann, wenn es endlich dämmerig wurde und man nicht mehr so genau sehen konnte, was dort passierte, blieb kaum ein freier Platz übrig. Dann aber konnte man wenigstens abseits der Straßenlaternen spazieren gehen. Ein wirklich idealer Spielplatz für junge Liebe. Und ich habe es nachgelesen: Die alten Sitten waren wirklich über Bord gekippt worden. Vielleicht verhielt es sich nicht 50:50, aber dass Mädchen sich um Jungs bemühten, und zwar völlig offen, war beinahe genau so häufig wie die historische Machovariante. Jedenfalls dort, wo ich verkehrte.

Ganz klar, man ging auch wegen der Musik in den *Dorfkrug*. Doch eigentlich, ganz eigentlich, war die, unbenommen ihrer sonstigen revolutionären Bedeutung, nur Mittel zum Zweck. Ich fand zwar die traditionellen Tänze für mich indiskutabel, aber sie hatten mindestens den Vorteil, dass man sich anfassen musste. Die Tänze der Beatmusik ließen das kaum zu, ausgenommen die langsamen Stücke. Viele andere Jungen sahen das genau so, und so ergab sich das interessante Bild, dass mit den Musiksets auch beinahe komplett die Bevölkerung der ziemlich großen Tanzfläche ausgetauscht wurde. Damals spielte man ungefähr zehn bis zwölf schnelle Stücke hintereinander und dann nicht ganz so viele langsame. Bei den schnellen Stücken hüpften eher Mädchen vor der Bühne herum, auf der sich entweder eine Band oder ein Diskjockey befand. Wenn dann die Lichter (teilweise) ausgingen, verließ mindestens die Hälfte der Benutzer dieses Areal. Aber genau so schnell füllten sich die leeren Bereiche wieder. Die Abläufe und Strategien des Abends waren somit eindeutig strukturiert. Abgesehen von den Bewegungsenthusiasten fand man sich bei den schnellen Stücken oben im geräumigen Vorraum zusammen, in dem drei Kicker und ein paar Flipper standen,.

Es war wie selbstverständlich, dass fast immer um etwas gespielt wurde, entweder um den Einsatz oder um Bier.

Kickern hatte ich ja klugerweise schon vorher im *Rocker* gelernt und musste die Techniken nur noch verfeinern. Das bedeutete auch hier, dass ich eher selten meine schmale Barschaft angreifen musste. Natürlich führte der Alkoholkonsum dazu, dass man im Laufe des Abends mehr und mehr die Kontrolle über die Feinmotorik verlor. Aber er machte auch mutig, das kannte ich schon. Der Trick bestand nun darin, sich so geschickt an die jeweiligen Zustände heranzutrinken, um zunächst genügend Spiele zu gewinnen und später mutig genug zum Mädelsanmachen zu sein, wo die Reaktionsgeschwindigkeit nicht mehr in Sekundenbruchteilen abgefragt wurde.

Wenn ein Abend weniger amourös abgelaufen war, konnte man sich gut auf Kosten anderer, die noch unglücklicher waren, ganz gut selbst betrinken. Ich erinnere mich an einige Matches gegen weitaus Bessere, die ich gewann, weil die Gegner einfach schon zu weit im alkoholischen Tröstungsprozess vorangeschritten waren.

Normal war aber, dass die Kicker ziemlich verwaist dastanden, sobald sich ein Blues-Set andeutete, und man in den Saal strebte. Hilfreich in dieser Hinsicht war aber auch das Engagement einiger Mädchen an den Spielgeräten. So konnte man sich in vielen Fällen schon mal ganz unauffällig beschnuppern.

Ich erinnere mich an Yvonne, die aber leider viel zu groß für mich war und schon mit Jimmy ging, der sie noch überragte. Aber einige knuddelige Formate waren auch darunter und im Prinzip nahm ich hier auch Kontakt zu meiner ersten Langbeziehung auf, die immerhin 17 Jahre dauerte.

Aber zunächst begann die übliche Irrfahrt.

In der *„Kanne"* [8] konnte man sich auch im Saal hinsetzen, an kleine, kantige Tische mit vier Stühlen. Am Samstag, wenn eine Band spielte, gab es in der ersten Zeit meiner Erinnerung noch weiße Deckchen, die um 45 Grad verdreht darauf lagen. In der DDR hielt sich diese Tradition bis in die 70er Jahre.

Das größte Problem an diesen Tischen bestand darin, dass sie so klein waren. Mädchen kamen immer zu zweit, sehr oft zu dritt oder viert. Wie sollte man sich an solch einen Tisch setzen? Man versuchte also, ebenfalls mit Freunden, einen Nachbartisch zu kapern, um so ins Gespräch zu kommen. Manchmal gelang es, aber meist waren die Tische schon besetzt, ehe sich Jungsgruppen dafür zusammengefunden hatten. Der *Dorfkrug* war zu Zeiten ein sehr gut besuchtes Lokal. Das bot zwar eine ziemliche Auswahl, trotzdem kam man manchmal sehr schlecht an die Zielobjekte heran.

---

[8] Umgangssprachliche Bezeichnung für den *Alten Dorfkrug*

Eine richtige Mutprobe war es, aus solchen Mädchentischen die Rosinen zum Tanz herauszupicken. Manchmal verbündeten wir uns, um solche Kicherbastionen zu destabilisieren.

Aber ich mochte diese neumodischen Tänze eben nicht. 1966 befand man sich direkt in der stilistischen Auflösung. Zunächst gab es noch bestimmte Strukturen, die „Twist", „Shake" oder „Locomotion" genannt wurden. Aber je mehr davon propagiert wurde, desto weniger wurde etwas in einer reinen Form benutzt. Für Walzer, Tango oder Foxtrott ein Unding, aber wenn man keinen Partner mehr hatte, mit dem man sich synchronisieren musste, war es egal, was man tat. Und so sah das dann auch aus.

Damals gab es noch Paare, die Rock'n'Roll tanzten oder mindestens solche Einlagen brachten. Mir war das zu kompliziert.

Deshalb wartete ich meist ab, bis jemand schon die eine oder andere aus dem Tischset herausgebrochen hatte. Das führte nicht unbedingt zur zweiten Wahl, weil zum Glück die Geschmäcker verschieden waren. Manchmal aber verdarb man sich aus purer Höflichkeit den Abend.

Da war zum Beispiel die kleine Gaby. Gabriele hießen damals fast so viele Mädchen wie Jungs Michael. Der Name tauchte also öfter auf, genau so wie Angelika.

Die kleine, etwas pummelige Gaby hatte also an einem Abend Pech. Ihr Freund hatte mit ihr Schluss gemacht. Aus diesem Grund war sie die Letzte am Nachbartisch.

Na gut, wenn sich sonst nichts bot, hatte man wenigstens etwas Interessanteres, als allein am Tisch zu hocken und zu trinken. Ich konnte gut über sie hinwegschauen und sie produzierte auch ein angenehmes Gefühl in den weicheren Körperregionen, aber sie benutzte Haarspray und auch sonst starke Düfte.

Wenn ich etwas an Mädchen hasste, war es Haarspray. Leider gab es zu dieser Zeit eine Modeströmung, die beinhaltete, dass sich die Mädchen die Haare hochtoupierten und mit Lack in Form hielten. Man nannte das „Beehive", aber es summte nicht, sondern machte andere unangenehme Geräusche, wenn man daran stieß.

Als ich also mit einigem Knistern ihre schwarzen Haare unter meinem Kinn deformierte, war eigentlich schon alles gelaufen.

Aber sie griff ziemlich fest zu und erzählte fortwährend, wie schlecht es ihr jetzt ohne ihren Freund ging. Sie erweichte mich soweit, dass ich sie sogar zum Teich hinaus begleitete. Aber nicht lange, wenn ich mich richtig erinnere.

Das genaue Gegenteil war Angelika … eine Angelika. Ihr Kurzname war „Geli" und sie erinnerte mich an die erste Frau meines Vaters, die ich zwar nicht kennengelernt hatte, die jedoch als Name immer präsent war. Sie wurde offenbar „Gela" gerufen.

„Dann geh doch zu deiner Gela, diesem Flittchen!", rief meine Mutter manchmal, wenn sich meine Eltern stritten. Das kam zwar nicht oft vor, aber eine Beziehung ohne Auseinandersetzung ist ja auch keine ordentliche Beziehung. Das war mir schon klar und beunruhigte mich nicht. Eher prägte sich der Name Gela (von Angelika) für eine promiskuitive Persönlichkeit ein.

Vielleicht war das der Grund, warum wir nicht zusammenkamen. Inzwischen schrieb man Juli 1968.

Geli war hübsch, fast so groß wie ich und nicht dumm. Eigentlich nicht so schlecht. Sie ging aber mit einem anderen, an dessen Namen ich mich nicht erinnere. Und dann war Schluss mit ihm. Und sie baggerte mich an. Vielleicht hatte sie bemerkt, dass ich nach ihr geschaut hatte.

Geli gehörte zur umworbenen Spitzengruppe in der *Kanne*. Mir war das nicht so klar, bis ich mit ihr ganz naiv ein ausgiebiges Engtanzset belegte. Dabei hatte ich noch soweit Augen für die Umgebung, um zu bemerken, wie mich einige Jungen mit Blicken förmlich erdolchten. Leider waren es ausgerechnet die Burschen, mit denen man auf keinen Fall den heiklen Vorgang auskosten möchte, der allgemein mit dem Spruch „Wollen wir beide mal rausgehen?" eingeleitet wurde.

Und so überließ ich mehr ihr den Fortlauf der Beziehung. Ein heldenhafter beschützender Ritter ist ein schönes metaphorisches Bild, in der Praxis überlegte ich, dass ich in so jungen Jahren noch keine Zahnprothese ansteuern wollte. Warum ließ sie sich auch immer mit den allgemein bekannten Schlägern ein? Suchte sie instinktiv einen Beschützer vor ihrem jähzornigen Vater, der sie immer um Punkt acht zu Hause sehen wollte?

Das wollte ich auf keinen Fall sein. Aber eine Weile spielte ich durchaus mit der Möglichkeit, Geli aus diesem Geflecht der Begehrlichkeit abzuschleppen.

„Ich kann mich nicht entscheiden!", schrieb ich in mein Tagebuch. Und wie es so ist, der Alltag löst die Unentschlossenheit auf seine Weise.

Am Tag vorher hatte ich Birgit im Sommerbad wieder getroffen. Wir hatten ein halbes Jahr etwas miteinander, vom Herbst 1967 bis zum Frühjahr. Nun im Sommer plötzlich kamen wir noch einmal ins Gespräch … auf meiner Luftmatratze. Eigentlich war sie mit Werner dagewesen, aber sie beachtete seine Bemühungen nicht. Und so fingen wir noch einmal miteinander an.

Aber da war auch noch Angelika. Wie gesagt, der Name war etwas inflationär. Diese Angelika wurde auch so genannt. Ich kannte sie von der Schule her. Wir hatten uns immer prima verstanden, öfter mal getanzt, rumgeknutscht, nach Hause gebracht, aber es war mehr Kumpelhaftigkeit. Vielleicht sah sie es anders, und vielleicht wäre ich bei einem geringeren Angebot an Möglichkeiten eher auf sie eingegangen, aber es war eben so, wie es war. Wir konnten uns so gut leiden, dass viele dachten, wir gingen wirklich fest miteinander. Einmal, als wir wieder sehr gute Laune hatten, spielten wir an einem Dorfkrugabend „20 Jahre verheiratet", wobei wir die Rollenchargen auskosteten, die sich dafür anboten. Wir hatten eine Menge Spaß, aber dann kam sie mal nicht und es war sowieso immer etwas los.

Mit Geli konnte ich mich auch gut unterhalten. Aber so richtig schlau wurde ich nicht aus ihr. Es konnte passieren, dass sie den ganzen Abend ziemlich spröde war und mit irgend einem Jungen zum Teich ging, leider oft aus der „Schlägerfraktion", dann aber plötzlich fragte, ob ich sie nach Hause bringen könnte und bis dorthin passierten natürlich wieder so einige Intimitäten. Dann, an einem Sonntag, verkündete sie plötzlich, sie würde jetzt mit Ehrhard gehen.

„Das hält auch nicht lange!", sagte ich zu Angelika, die selbst mal wieder niemand hatte. An diesem Abend musste ich aber Marianne trösten, die mit ihrem Winnie Schluss gemacht hatte und nun wohl wegen ihres Mutes heulte. Genau eine Woche später trennte sich Geli voraussagegemäß von Ehrhard, der wiederum sich an Marianne heranmachte. Angelika selbst versuchte es nun mit dem „Herzensbrecher von Lichtenrade", wie wir anderen scherzhaft bemerkten. Um 8 Uhr brachte ich dann Geli nach Haus und sie hatte wie üblich Angst, überhaupt nach Hause zu gehen. Aber was sollte ich real tun? Mit ihr davonlaufen, nach Übersee oder vielleicht nur nach Gretna Green, dem schottischen Heiratsparadies? Wer konnte das wollen?

Als ich an diesem Abend zurück in den Dorfkrug kam, traf ich ein Mädchen, das ich im Bad mal angesprochen hatte. Die brachte ich danach auch nach Hause – eine Dreiviertelstunde lang. Und gerade, als wir alles wieder einräumten und uns aufmachten, ihr Haus anzusteuern, begegneten wir ihrem Vater! Ich musste ihm versprechen, sie früher nach Haus zu bringen, denn es war schon halb elf und sie erst 15.

Ich tat das auch noch ein paar Mal, aber erstens hatte mich die Altersangabe sehr getroffen und zweitens kamen immer wieder andere Mädchen dazwischen. Biggi, Monika und einige, deren Namen ich leider nicht notiert habe.

Birgit war inzwischen mit ihren Eltern in Urlaub gefahren. Sie schrieb mir Briefe, aber irgendwie war das Feuer nicht mehr da. Mit Geli lief ich eines Nachts vom *Dorfkrug* zum *Rocker*. Wir brauchten ziemlich lange, was daran lag, dass wir uns mal richtig aussprachen.

„Ist doch klar, warum das nicht läuft. Du bist Schütze und sie ist Skorpion. Das klappt nicht! Du willst immer voran und sie muss sich ab und zu einrollen und sich selbst pieksen!"

„Ach", gab ich zurück, „und was bist du für ein Sternzeichen?"

„Skorpion. Siehst du doch."

Ich sagte ihr dann, dass ich nicht immer erst die Mädchen nach ihrem Sternbild fragen konnte. Manche trugen es als Anhänger an einer Kette um den Hals, aber es war doch unhöflich, einem Mädchen als erstes in den Ausschnitt zu starren. Ein bisschen Anstand musste schon gewahrt werden!

Geli ließ sich über das Leben, die Liebe und wie man so herumkommt beinahe philosophisch aus und wie schwierig es sei, bei so strengen Eltern genug ausprobieren zu können, um „den Richtigen zu finden". Ohne mich auf die Seite der Eltern schlagen zu wollen, musste ich sie daran erinnern, dass sie erst 16 war! Und sie suchte schon etwas Vernünftiges!

Beinahe gefiel es mir in dieser Hinsicht, dass wir astrologisch nicht zusammen passten, so konnten wir dann ohne jede Verpflichtung wieder herumschmusen. Aber im *Rocker* lenkten schon wieder andere Leute von diesem Thema ab und so versandete das frisch aufgekommene Verständnis. Immerhin brachte ich sie auch wieder nach Hause, lange nach Mitternacht. Sie war einfach weggegangen, weil ihre Eltern zu einem Geburtstag gefahren waren.

„Vor 1 Uhr kommen die garantiert nicht zurück!", bemerkte sie selbstsicher. Als wir uns dann ihrem Haus näherten, packte sie doch die Angst. Wie erleichtert war sie, als wir alle Fenster noch dunkel vorfanden!

Ein anderer „Fall" war Regine. Sie war zwar nicht mit großen Geistesgaben bedacht worden, dafür aber mit einer ungeheuren Oberweite. Wenn sie in den Raum kam, zog sie alle Blicke auf einen Punkt.

Mir war völlig unklar, wie die Biologie so etwas zustande bringen konnte. Ja, ich zweifelte sogar an der Echtheit.

Es gab also keinen anderen Ausweg, um diese Ungewissheit zu beenden, als sich mit ihr anzufreunden. Das war nicht weiter schwer, Regine war einfach gestrickt, warmherzig und generell von sympathischem Wesen. Bald brachte ich sie dann auch nach Hause, was natürlich über den Umweg einer Dorfteich-Bank geschah. Ich glaube, sie war gerade 16, was die ganze Sache noch eklatanter erscheinen ließ, weil ein Mensch in diesem Alter noch nicht aufhört, zu wachsen.

Auf der Parkbank trug ich dann meine formalen Zweifel und mein Anliegen vor. Sie öffnete die Bluse und bald darauf schwappte es aus dem DD-BH. Tatsächlich, es war alles echt.

Ich kann nicht sagen, dass ich nun besonders beglückt gewesen wäre. Es war einfach zu viel. Auch später habe ich übergroße Brüste nie als besonders anregend empfunden, eher als Karikatur oder als Bürde.

Damals startete Russ Meyer, der bekannteste Filmemacher im Großbusen-Genre, gerade seine Karriere. Er holte sich viele Mädchen mit einer solch ausladenden Figur zusammen und drehte Filme als hintergründige gesellschaftliche Eulenspiegelei. Aber davon wusste ich zu jenem Zeitpunkt noch nichts.

Ich gebe aber zu, dass ich selbst einen Moment darüber nachdachte, ob ich sie fragen sollte, wie es wäre, wenn sie in dem Film mitspielte, den ich gerade vorbereitete. Doch ich verwarf die Idee, weil es mir unangenehm war, solcherart körperliche Eigenschaften auszubeuten. Sie war wirklich als Mensch sehr nett und ich mochte sie sehr gerne. Dass in diesem Genre aber auch alle ihren Spaß haben können, wusste ich noch nicht, denn den besagten Russ Meyer lernte ich erst viel später kennen.

Die nächsten netten Mädchen kamen dann aber in meinen Filmclub und die Filme habe ich tatsächlich gedreht. Nur mit richtig Verliebtsein wurde es immer noch nix.

Am 8. Dezember 1968 trug ich in mein Tagebuch ein: „Abschiedsbesuch im Dorfkrug, feierlich mit Schlips". Ich hatte beschlossen, mein Glück nun in ganz (West-)Berlin zu suchen. Es gab noch so viele Diskotheken, darüber hatte ich bereits in der Schülerzeitung geschrieben. Die konnte man doch auch mal abgrasen.

Aber das Universum war unerbittlich und lieferte nach eigenem Plan. Nämlich lustigerweise wieder aus Lichtenrade. Das wilde Umherziehen in der Stadt hatte nichts genutzt. Auch eine Botschaft, aber das wusste ich da noch nicht.

Die Musikrevolution

Flottenadmiral Chester W. Niemitz, nach dem immerhin ein amerikanischer Riesenflugzeugträger benannt ist, vertrat in seinem 1200-Seiten Buch *Sea Power* die Auffassung, dass die menschliche Geschichte mit einer Geschichte des Seekrieges gleichzusetzen sei. Wer die Wasserwege beherrschte, beherrschte die Welt.

Dieser Ansicht kann man folgen oder auch nicht. Für mich jedenfalls steht fest, dass die Entwicklung der westlichen Gesellschaft durch die Entwicklung und Verbreitung von Musik entscheidend bestimmt wurde und etwas begrenzter immer noch wird. Es ist deshalb nicht verwunderlich, wenn auf die Kontrolle dieser Dinge von den Briten und Amerikanern großer Wert gelegt wird.

Begonnen hat im Nachkriegsdeutschland die Veränderung des politischen Geschehens durch populäre Musik meiner Meinung nach erst gegen Ende der 50er Jahre. Woran kann man das festmachen?

Zum Beispiel an der Zahl der Tanzclubs, in denen neue Musik gespielt wurde, die mit traditionellen Tänzen nichts gemein hatte. Zum Beispiel, dass dazu gehörende Platten auch gekauft wurden und die Jugend begann, sich wie die Urheber dieser Musik zu kleiden und auch sonst zu stylen. Zum Beispiel daran, dass ein Musikgeschmack Ursache für Schlagzeilen wird.

Man muss an dieser Stelle bedenken, dass der Mann, dessen Namen man inzwischen nur noch hinter vorgehaltener Hand nennt, mit seiner Ideologie und den vielen Helfern aus Partei und Mitläuferschaft seit Ende der 30er Jahre zielgerichtet eine Musikentwicklung in Deutschland verhindert hat, wie sie in den westlichen Staaten vonstatten ging und auch folgerichtig war.

Nach Ende der hochgeschlossenen Kaiserzeit folgte dem Zwang die Lockerung in den 20er Jahren. Inzwischen begann die Schallplatte ihren Siegeszug. Innovationen konnten vervielfältigt werden. Musiker mit neuem Stil mussten sich nicht in hunderten von Konzerten die Knochen wundspielen.

Hinzu kam das Radio. Neue Ideen konnten weit verbreitet werden. Man las nicht mehr nur in der Zeitung davon, man konnte sich selbst durch Hören ein Bild machen.

Ohne Schallplatte und Rundfunk wäre die Entwicklung in dieser Zeit zwischen den Kriegen, so wie sie ablief, nicht denkbar. Natürlich war das Hören einer Musikkonserve noch sehr selten, aber die Musiker begriffen schon langsam, wohin der Zug abgefahren war. Anlässlich der Einführung des Tonfilms kam ein Flugblatt in Umlauf, das sich heftig gegen diese neue Art der Verbreitung wehrte, weil man Arbeitsplätze bedroht sah.

Noch bis ungefähr 1940 konnte man in Tanzdielen internationale, also auch englischsprachige Tanzmusik spielen. Aber mit Kriegsbeginn war mit der „entarteten" Musik der Feindstaaten Schluss und deutschsprachige Schlager mutierten zu völkischen Ordnungsaktionen.

Blut- und Bodeninhalte waren angesagt, und das im wörtlichen Sinne und bei den Tanzstilen orientierte man sich zurück ins vorige Jahrhundert.

Damit koppelte sich Deutschland von der allgemeinen Entwicklung ab. Noch nach dem Krieg emigrierten Popmusiker nach den USA, wie etwa Teddy Stauffer, der mit seinem tanzbaren Jazz einfach nicht die heimische Unterstützung erfuhr.

In der Nachkriegszeit hatte man ganz klar andere Sorgen als kulturelle Entwicklungen. Aber irgendwann war wieder das Überleben gesichert und neben der Heimatmusik gab es plötzlich auch Jazz- und Rock'n'Roll-Platten zu kaufen.

Eine ganz klare Vorlage an die Jugend, die sich hier Munition für ihre Abnabelung vom Elternhaus verschaffen konnte.

Die Nachgewachsenen hatten nichts mit dem Krieg und den politischen Verhältnissen zu tun und versuchten sich aus diesem Druck zu lösen. Und dass gerade die Siegermächte die Musik lieferten, mit der die ältere Generation ausgehebelt werden konnte, ist ein kleiner Treppenwitz der Weltgeschichte.

Es war schwierig, Carepakete und Marschall-Plan anzunehmen, die Kultur aber abzulehnen. Noch in den 60er Jahren versuchte meine Mutter mit dem Begriff „Negermusik" zu argumentieren, aber da befand sie sich schon auf verlorenem Posten.

Ich begann mich so ungefähr 1960 für das aktuelle Musikgeschehen zu interessieren. Bis dahin hörte ich zwangsläufig die Musik meiner Eltern, vom *Ännchen von Tharau*, was ich immer als „Entchen" verstand, bis zu *Zickenschulzes Hochzeit*, einem älteren Couplet, war alles vertreten.

Meine Eltern kauften 1956 eine Musiktruhe mit Radio. Ich habe diese Kombination heute noch und schätze sie wegen des warmen, intimen Klanges.

Und was kauften sie für Platten? Auf jeden Fall nichts Ausländisches! Neuere deutsche Schlager fanden sich auch nur als kostenlose Werbegabe in zusammen geschnittenen Medleys wieder. Ich habe auch diese noch, die *Klingende Post* mit Moderation. Also keinen Jazz und selbstverständlich später auch keine Platten von Bill Haley. Nicht mal von Peter Kraus, obwohl der doch deutsch sang.

So gestaltete sich auch meine Musikentwicklung etwas schwierig. Ich konnte nur hören, was erlaubt war. Und das hieß Freddy, Jan und Kjeld, Gus Backus, Wencke Myhre und so weiter.

1962 spielte mir ein Freund am Gymnasium dann ganz fremde Platten vor. Franzisco war ein Jahr älter und kam aus Spanien, hatte aber eine deutsche Mutter, die ihn hier in Deutschland auf die Schule schickte. Er brachte mir die ersten Platten von den Rolling Stones zu Gehör. Und eine von den Beatles. Ich war völlig konsterniert, nahm aus seiner Plattensammlung auch erst einmal nur *16 Tons*, ein Traditional, mit meinem neuen Tonbandgerät auf. Aber inzwischen hatten auch andere aus meiner Klasse diese neuen Beat-Platten und ich orderte die Plattensammlung von Franzi noch einmal.

Beim Aufnehmen dieser Musik gab es heftige Auseinandersetzungen mit meiner Mutter. Ich kann mich gut erinnern, denn sie hatte mir eigentlich das Tonbandgerät nur gekauft, weil ich damit besser Englisch lernen wollte. Außerdem hatte ich kein eigenes Radio.

Innerhalb von nur zwei Jahren nahm ich eine beträchtliche Anzahl von Beatmusikstücken auf, und das obwohl ich nur die seltenen Radiosendungen und manchmal eine Platte von einem Freund hatte. Ich bin Franzi noch heute dankbar.

Er war es auch, der mich in weitere gesellschaftliche Geheimnisse einführte.

„In Spanien", erklärte er mir einmal, „da kriegen die Jungen so mit 16 Geld von ihren Vätern, damit sie zu einer Prostituierten gehen können und die Sache mit dem Sex lernen. Dann wissen sie, wie das geht, die Eltern sparen sich die Aufklärung und die Freundin fühlt sich dann nicht mehr so missverstanden."

Rein akademisch sah ich das ein, konnte mir aber nicht vorstellen, dass ich das mitgemacht hätte. Oder meine Freundin. Aber ich war ja auch kein Spanier.

Franzi war es auch, der mich zum Rauchen verführte. Und zu schwarzen Tabaken. Aber das ist eine andere Geschichte.

Einer der ersten Songs, die ich aufnahm, war *Love me do* von den Beatles, der gerade auf den Markt kam und in kurzer Zeit ein Hit wurde. Schon das Kaufen von Tonbändern strapazierte meine Finanzen so sehr, dass an Schallplatten gar nicht zu denken war. Und später kam die Filmerei.

Damals konnte man mit Musik tatsächlich noch schnell viel Geld verdienen. Für heutige Musiker ein Traum. Es ist interessant, dass sich inzwischen die Verhältnisse wieder denen von vor hundert Jahren nähern. Wegen der allgemeinen Gewohnheit, möglichst jede Musik frei aus dem Internet herunter zu laden, müssen Musiker nun wieder ihr Geld mit Live-Auftritten verdienen. Wobei es spannend ist, festzustellen, dass entgegen den Möglichkeiten, sich nahezu alles als Konserve in immer perfekterer Qualität nach Hause zu holen, der Trend wieder dahin geht, sich mit vielen anderen Menschen in schwitzender Enge in Clubs und Konzerthallen zu drängeln.

Damals, in den grauen Tagen vor dem Internet blieb mir nichts anderes übrig, als aus dem Radio aufzunehmen oder Leute anzugraben, die sich Schallplatten leisten konnten.

Im Radio gab es klassische Musik, Schlager und so ein Zwischending, das man tatsächlich am besten mit „Unterhaltungsmusik" beschreibt. Musiker wie Werner Müller oder James Last waren absolut hochkarätige Interpreten, Arrangeure und sogar Komponisten, sie hatten sich aber einem frühen „Easy Listening" verschrieben, mit dem man in halb-progressiver Position gut Geld verdienen konnte.

Als die Beat-Ära begann, wurden die jüngeren Fans der „Unterhaltungsmusik" schnell weniger.

Heute spiele ich diese Musik gern als Hintergrund in unserer 50er-Jahre Hausbar, eine künstlerische Darbietung in der Funktion einer Tapete. Die Gespräche finden so nicht in einer nackten, kalten Akustik statt.

Deutsche Radiosendungen mit den neuen Klängen aus England und USA waren selten. Die Jugend schaltete auf das Ausland um. In Berlin konnten wir zwar auch unter größten Mühen kein *Radio Luxemburg* hören, aber wir hatten die Sender der Besatzungsarmeen und hier an erster Stelle den *AFN, American Forces Network* – jeder von uns fand blind die Sendefrequenz. Ab 15:05 Uhr lief *Stickbuddy Jambouree* und danach *Frolick at Five*, was wir als durch die amerikanische Zunge verballhornte Version von "Fröhlich um Fünf" verstanden. Nun gut, das englische Wort frolic, später auch als Hundefuttermarke verwurstet, bedeutet tatsächlich so etwas Ähnliches, laut Wörterbuch entspannt sein bis hin zu „herumtollen", wo es auch Eingang in das damals entstandene Lied von *Puff, the magic dragon* fand.

Der *British Forces Broadcasting Service – BFBS* – sendete kaum Beat-Musik, was wir alle sehr merkwürdig fanden, denn schließlich kamen unsere Gitarrenhelden fast alle von der Insel.

Mitte der 60er Jahre gab es nur am Freitag und Samstag interessante Sendungen mit Beatmusik im deutschen Radio. Man jagte mit dem Tonband danach. Auf *RIAS (Rundfunk im amerikanischen Sektor)* gab es den *Treffpunkt 16/10*, das war, wie der Titel schon sagt, eine Sendung, die nach den 16-Uhr-Nachrichten startete. *Die Schlager der Woche* am Abend nahm niemand aus meinem Umkreis wirklich ernst. Englische Titel, die dort auftraten, waren schon Monate lang durch andere Sendungen getingelt. Wirklich der Knaller war eine halbstündige Sendung, auf die wir am Freitag bis 21:15 warten mussten und wo wirklich neue Titel gespielt wurden und öfter auch nicht nur Hits, sondern auch die Rückseiten von Singles oder Stücke einer Langspielplatte. Die sich natürlich keiner leisten konnte.

Und so fand ich mich einmal im Monat in der S-Bahn, die damals noch unter sowjetzonaler Verwaltung stand, unterwegs in die Stadt, um Tonbänder zu besorgen. Eigentlich waren die Bewohner West-Berlins nach dem Bau der Mauer angehalten, dieses Verkehrsmittel zu boykottieren und das merkte man auch an den leeren Zügen, aber eine Fahrt kostete nur 20 Pfennig und manche Verbindungen waren sehr direkt und zeitsparend. Zum Beispiel die zu einem Elektronik-Kramladen, besser gesagt: einer Bastlerzentrale, mit Namen *Radio Atzert* am Anhalter Bahnhof. Dort gab es schon damals billige Fernost-Importe, markenlose Waren, alle Arten von Bauteilen, sogar defekte Geräte zum Selbstreparieren und eben günstige Tonbänder. Hersteller war *Permaton*, eine Firma, die in Berlin ansässig war, aber das wusste ich nicht. Hauptsache billig und dass andere sagten, diese Bänder genügten nicht der Hifi-Norm, störte mich nur marginal, denn ich konnte über den Gerätelautsprecher keinen Unterschied hören.

Heute sehe ich das als Glücksfall, denn im Gegensatz zu manchen Markenfabrikaten, die sich in der Zwischenzeit zersetzt haben, sind diese Bänder noch abspielbar … mehr als 50 Jahre später. Irgendwann schloss ich mehrere Lautsprecher an das Gerät an, was zwar keinen Stereo-Effekt erreichte, dafür aber die Musik im Raum verteilte, ein Umstand, der auch nach außen drang. Zum Glück war zwischen meinem und dem Zimmer meiner Mutter noch der Flur, aber wenn Bob Dylan lief, kam sie garantiert ins Zimmer.

Was half es, dass ich sie auf die hochgradig tiefsinnigen Texte hinwies und darauf, dass in den USA ganz viele Musiker diese seine Songs nachspielten und damit viel Geld machten.

Aufgenommen hatte ich diese Musik bei Joachim, dem Diskjockey vom *Dorfkrug*. Ich freundete mich immer mit Leuten an, die etwas Besonderes an sich hatten, das machte das Leben interessanter. Joachim zum Beispiel sammelte Platten. Vorzugsweise richtigen Rock'n'Roll, aber er hatte auch spannende andere Musik. Blues lernte ich auch über ihn kennen. So erschien ich ab und zu sonntags morgens mit meinem Tonbandgerät vor seiner Haustür und hatte dann bis zum Mittagessen Zeit, seine Schätze zu kopieren.

Damals, im analogen Zeitalter, musste man alle Stücke noch in voller Länge abspielen, um sie auf Band zu haben. Das machte die Ausbeute nach einem Besuch nicht so sehr fett, aber zwischendurch lernte ich viel über die Herkunft der Musik. Und dazu grinste Joachim immer in seiner freundlichen Art über sein ganzes rundes Gesicht, das ein Oberlippenbärtchen zierte. Ein bisschen korpulent war er schon, aber wenn er sonntags spät abends im Dorfkrug Rock'n'Roll auflegte und selbst dazu tanzte, hatte er einige Bewunderer.

Wenn man alles zusammenfasst, kann man sagen, dass ich auch ohne Geld für Schallplatten immer ganz gut auf der Höhe war und neben den Hits auch eine Menge an unbekannten Musikstücken hörte, auch solche von Bands, die sonst niemand kannte.

„Hab ich direkt importiert", sagte Joachim einmal lakonisch. Man musste einfach mit den richtigen Leuten zusammenkommen.

Mein Geld benötigte ich ohnehin für Filme.

Schon damals beobachtete ich mit Interesse, wie sich die Gesellschaft aufgrund des Musikkonsums ziemlich schnell spaltete. Und es waren nicht unbedingt die „Urwaldrhythmen", die das bewirkten. Es war die Sprache.

Die Musik selbst fanden auch manche Erwachsene gut. Aber da sie in der Schule kein Englisch gehabt hatten, fragte sie immer: „Was singen die da?"

Wir verstanden das auch nicht immer, aber es war cool, dass man sich dadurch eine gewisse Exklusivität verschaffen konnte. Diese Musik „gehörte uns" (unter 20 Jahren) und das gefiel uns sehr. Deutsche Texte waren sehr uncool und so schufen wir uns mit Leichtigkeit eine „Incrowd"[9]. Wobei man nicht unterschlagen darf, dass die wenigsten dieser Incrowd auch wirklich wussten, was da gesungen wurde. Einige Musikzeitschriften veröffentlichten Songtexte, so dass man auf sicherer Basis das Wörterbuch in die Hand nehmen konnte. Leider füllte man damit nur kleine redaktionelle Löcher, viele Texte waren nicht zu haben und wir versuchten, sie durch „raushören" zu ermitteln. Und das war hart, denn englische Sänger nuschelten gern. Manche Zeilen von Van Morrison blieben mir viele Jahre ein Rätsel.

Solche Arbeit machten sich aber nur wenige. Die meisten trällerten irgendetwas mit, was sich „englisch" anhörte. Das Einzige, das sie verstanden, waren die Titelzeilen, und das auch nur, weil diese in den Zeitschriften genannt wurden. Aber auch da gab es Verwechselungen, die manchmal so grauenhaft waren, dass ich sie aufklären musste.

Aber richtig störte das keinen, allgemein ging man damit recht locker um. Ein Freund mit lediglich Hauptschulabschluss erzählte mir einmal, wie er ein Verhältnis zu einem englischsprachigen Mädchen nur mit den Kenntnissen der Hitparadetitel gestaltet hatte. Er sagte einfach den Songtitel, den er gerade passend fand. Das hörte sich dann so an:

Hey, girl! (Small Faces)

I saw you (her) standing there (Beatles)

It's a wonderful world! (Otis Redding)

---

[9] Damals kam es auf, „in" zu sein, Bescheid zu wissen, zu einer Gruppe dazu zu gehören. „Incrowd" war auch ein Songtitel der „Animals" mit Eric Burden.

Girl of the north country? (Bob Dylan)
I am a lonely boy! (Paul Anka)
It's not easy! (Rolling Stones)
What to do? (Rolling Stones)
Ah! Sweet soul music! (Arthur Conley)
Let's Dance! (Chris Montez)
The Beat goes on! (Sonny and Cher)
Darling! (Beach Boys)
I'm a believer! (Monkees)
Reach out, I'll be there! (Four Tops)
Light my fire! (Doors)
Have some more tea! (Smoke)
Hold tight! (Dave Dee, Dozy, beaky, Mick and Tich)
All you need is love! (Beatles)
I'll never find another you! (Seekers)
Love me, please, love me! (Michel Polnareff)
Let's spend the night together! (Rolling Stones)
Don't think twice, it's alright! (Bob Dylan)
Love me 'til the sun shines! (Dave Davies)
Eight days a week! (Beatles)
Stop! Stop! Stop! (Hollies)
Baby, don't go! (Sonny and Cher)
Him or Me? (Paul Revere and the raiders)
I'm not your stepping-stone! (Monkees)
Why do you treat me like you do? (Donovan)
It's all over now, Baby blue! (Them/Dylan)
Who'll be the next in line? (Kinks)
I am a rock! (Simon and Garfunkel)
Stupid girl! (Rolling Stones)

In dieser Zeit gab es keine besondere Bezeichnung für alle, die "dazu gehörten". Später, in der Drogenszene, entstand der Begriff „Typ". Wenn
man sagte, dieser oder jener wäre auch „ein Typ", dann meinte man, er
habe den richtigen Lebensstil. Aufgegriffen habe ich das in meinem Rei-
sefilm *Zwei Typen auf Tramp* von 1971, wo ich mit einem ebenfalls langhaarigen Freund dokumentierte, wie wir versuchten, per Anhalter nach
Schweden zu den blonden Mädchen zu kommen. (Wir kamen auch wie-

der zurück, aber merkwürdigerweise waren alle Mädchen, mit denen wir näheren Bodenkontakt hatten, dunkel bis schwarzhaarig.)

Wenn man heute die Geräte betrachtet, die wir damals verwendet haben, läuft einem schon ein angenehmer musealer Schauer über den Rücken. Man wechselte sie auch nicht, wenn man von etwas Besserem hörte. Dafür waren sie viel zu teuer. 200 bis 300 Mark waren wirklich viel Geld damals. Für manche eine Monatsrente. So passierte es, dass ich mir erst 1966 ein besseres Tonbandgerät, ein Transistorgerät, leisten konnte und erst 1969 stieg ich auf Stereo um. Das *Magnetophon 201* konnte zwar zwei Spuren parallel aufzeichnen, was für die Filmvertonung immens wichtig war, aber es hatte leider nur einen Endverstärker und so kam nur Mono heraus, wenn man die Spuren zusammenschaltete.

In Zeiten von *Dolby Digital 5.1 Surround Sound* ist das nur noch ein Grund für mitleidiges Lächeln, aber damals gab es eine Menge Leute, die hatten nicht einmal ein Tonbandgerät, sondern nur ein Radio.

Viele Feten wurden dadurch bestritten, dass man ein Tonband abspielte. Großes Ansehen hatten Leute, die Bänder aufweisen konnten, die hintereinander abgestimmt tanzbare Musik enthielten. Wie aber sollte man das erreichen, wenn man auf die Zufälligkeiten der Radiosendungen angewiesen war und auch nur ab und zu Langspielplatten aufnehmen konnte.

Durch Joachim gelang mir manchmal eine gute Zusammenstellung, aber wenn ich bestimmte Titel schon hatte, nahm ich sie nicht ein zweites Mal auf, nur um ein Tanzband zu haben. Das war mir dann doch zu teuer.

Bei diesen Erinnerungen stelle ich fest, wie fremd uns solche Beschränkungen in der heutigen digitalen Welt geworden sind, wo man eine Stunde Musik hoher Qualität auf einem Chip in einem billigen Kinderspielzeug unterbringen kann.

Heute ist es auch nicht mehr wirklich mit Ansehen verbunden, wenn man Tonnen von Musik und Filmen aus dem Internet „heruntergesaugt" hat. Wer soll das alles noch konsumieren?

Damals freuten wir uns über jeden einzelnen Titel.

Heute, wo alles verfügbar ist, hat es auch die Jugend schwer, sich von den Erwachsenen zu distanzieren. Die Durchmischung der Altersgruppen in heutigen Konzerten oder auch in Diskotheken hätten **wir** damals nicht hingenommen. Wir hätten es den Älteren schon gezeigt, dass sie unerwünscht waren.

Und so hat sich, frei nach Flottenadmiral a.D. Niemitz, die Musik als gesellschaftlicher Umsturzfaktor erwiesen. Wobei man natürlich bemerken muss, dass sie nur bestimmte Unterschiede aufgehoben hat und man sich nicht sicher sein kann, wer nun wen besiegt hat oder wem das nützt. Denn was sie nicht wirklich bewirkt hat, ist die Befreiung aus dem engen Käfig der Nationalisten zur Sichtweise von wirklichen Kosmopoliten mit ehrlichem Verständnis für andere Völker. Aber das hat das Internet ja auch nicht geschafft, obwohl man nun kostenlos alles von überall haben kann. Ich weiß, da kann man anderer Ansicht sein, aber fragen sie ruhig mal angestammte Deutsche, die zu afrikanisch basierter Musik antanzen, wie sie zur Kultur und Lebensweise in dem Ursprungsland der Rhythmen stehen. Und ob sie gern dort leben würden.

Und irgendwie kann man auch Moslems verstehen, die sich darüber ärgern, wie die weißen Giaurs[10] sich die arabische Folklore einverleiben und sie zu Pophits verarbeiten.

---

[10] Ungläubigen, Karl-May-Leser wissen Bescheid!

Die ständige Herausforderung

Ach, was könnte man ins Schwärmen geraten! Früher, das war einfach viel besser! Die Bonbons waren süßer und die Luft war frischer. Und die Mädchen hübscher. Typische Memoiren alter Säcke.

Gut, es war schön. Ich hatte ja angekündigt, dass es mir gefallen hat. Die Erinnerung holt die rosa Brille heraus. Mühsam, mit zitternden Fingern setzt man sie auf und fühlt sich einfach wohl.

So einfach ist es nicht. Ich habe mich überhaupt noch nicht aus dem Leben zurückgezogen oder lebe im Gestern. Trotzdem bin ich froh, damals jung gewesen zu sein. Es war fast ein perfektes Timing. Ganz perfekt wäre es vielleicht gewesen, noch zwei Jahre früher geboren worden zu sein, um den Musikwandel noch besser mitzukriegen. Meine anderen Erlebnisse danach wären dann aber ebenfalls nicht so passiert und somit wäre auch dieses Buch obsolet. Und das wäre aus meiner Sicht schade.

Im Nachhinein glättet sich vieles. Während es sich abspulte, empfand ich mein Leben oft als gar nicht rosig, sondern voller Haken und Ösen. Eigentlich war es eine ständige Baustelle. Neue Löcher wurden gegraben obwohl die alten noch nicht wieder zugeschüttet worden waren. Immer kamen irgendwoher Sachen angeflogen und ich habe sie angenommen. Das garantiert einen interessanten Alltag, jedoch muss man auch oft Folgen ausbaden, die man sich gern erspart hätte. Aber man hatte ja schon wieder „Hier!" gerufen. Irgendwann wunderte ich mich nicht mehr. Es war eben so.

Wenn irgendetwas Spannendes in meiner näheren Umgebung passierte, ich war dabei. und nicht immer war es rosig, aber stets kam ich mit einem blauen Auge davon. Und deshalb erinnere ich mich gern.

Später, nach diversen Studien und mit einem Sack voll Lebenserfahrung, kam mir der Verdacht, dass eine bestimmte Grundhaltung bei einem Menschen existieren muss, um immer wieder mit ungewöhnlichen Ereignissen konfrontiert zu werden.

Vielleicht gab es in unserer Familie ein diesbezüglich relevantes Erbgut. Ich erinnere mich an einen Onkel, den ich persönlich kaum kennenlernte, obwohl mein Vater sonst eine gute Beziehung zu seinen Geschwistern pflegte. Ich glaube nicht, dass Onkel Felix öfter im Knast saß, aber man erzählte sich von ihm, dass er wieder einmal mit irgendwelchen windigen Unternehmungen beschäftigt war. Und immer wieder etwas Neues anfing. Sich sogar selbstständig machte. Solche Unstetigkeit war damals nicht wohlgelitten. Man rümpfte die Nase.

Ich glaube aber, meine Eltern kamen nie auf die Idee, dass diese Gene auch bei mir irgendwie zugeschlagen hatten. Obwohl meine Mutter, als ich noch sehr klein war, immer sagte: „Lieber einen Sack Flöhe hüten, als auf dich aufpassen!"

Ich meine aber auch, dass zu einer angeborenen Disposition eine bestimmte Art des Aufwachsens hinzu kommen muss.

Viele Kinder werden mit ziemlicher Gewalt ins Leben gestoßen; man versucht bereits früh, aus ihnen kleine Erwachsene zu machen. Das habe ich nicht erlebt. Mir wurden nicht schon früh die Phantasie und eigene Lösungsansätze ausgetrieben. Meine Eltern hatten gar nicht die Zeit dafür. Glück gehabt?

Ich nehme es meiner Mutter auch nicht übel, dass sie aus ihrer ländlichen Herkunft nicht so sehr zur Erarbeitung von kinderpsychologischen Studien neigte. Sie vertraute einfach darauf, dass in ihrer Familie alles in Ordnung sei, was, siehe letztes Kapitel, damals üblich war und sie war sonst viel zu sehr damit beschäftigt, meinem Vater beim Hausbau zu helfen und auch den Garten zu bewirtschaften. So interpretierte sie auch manche Ereignisse völlig verkehrt.

Als ich gerade etwas sprechen konnte, schaute ich meiner Mutter beim Gemüsesäen zu. So richtig ging mir der Sinn ihres Tuns nicht auf, jedenfalls stapfte ich immer über das frisch Geharkte, weil man da so gut meine Spuren sah. Das war überaus spannend.

Meine Mutter liebte mich wirklich sehr, aber irgendwann wurde es ihr doch zuviel. Schließlich ruinierte ich die Reihenstruktur ihres Beetes.

Sie bat mich, doch nicht immer über das Geharkte zu laufen und erklärte mir auch die Gründe dafür. Ich nickte. Ich glaube, ich wollte nett sein, denn irgendwie sah ich nicht ein, dass die Samen durch mein Spurenmachen später nicht keimen konnten. Unsere Katze lief auch immer über alle Beete. Aber ich nickte verständig.

„Also gut", stellte meine Mutter dann die Kontrollfrage an mich, „wo sollst du nicht langlaufen?!"

Aber Mama! Ich hatte es doch kapiert.

„Na, da!" sagte ich, zeigte auf das Beet und damit sie wirklich sicher war, dass ich es verstanden hatte, lief ich noch einmal kreuz und quer über das Beet. „Da nicht gehen!"

Jetzt konnte sie sicher sein, dass wir beide das Gleiche meinten.

Sie aber interpretierte es als kindliches Unverständnis, was sie dann als lustige Geschichte herumerzählte. Ich weiß noch, wie mir zumute war, denn ich hatte es doch ganz ernst gemeint!

Begründungen für Erziehungshaltungen sind für Kinder sowieso schwer nachzuvollziehen. Das war etwas, woran ich oft und lange knabberte. Was meinten die Erwachsenen bloß?

So wie an jenem frühen Nachmittag im Sommer 1953, als ich mit meiner Mutter von ihrem Putzfrauen-Job bei meinen Pateneltern zum Bus trabte. Unterwegs wollte meine Mutter noch Fische kaufen. Wir betraten ein Geschäft, in dem in einem großen Aquarium die frische Ware herumschwamm und mich tiefsinnig anglotzte. Fasziniert starrte ich zurück. Wollten die sich mit mir unterhalten? Jetzt griff eine Verkäuferin zum Kescher, holte geschickt einen Fisch heraus und zertrümmerte ihm mit einem routinierten Holzhammerschlag den Schädel.

Schon aus meinen Märchenbüchern war ich Schlimmeres gewohnt, das machte mir nichts aus. Stattdessen überlegte ich, ob ich auch so schnell einen der Fische kriegen würde. Ich starrte also weiter auf das Aquarium, was die Verkäuferin bemerkte.

„Da kannst du von oben reinschauen!", sagte sie und deutete auf das kleine Treppchen davor.

Ich verstand das als Auftrag.

Stufen hoch, den Kescher gegriffen und los ging die wilde Jagd. Ich hatte ja genau zugesehen, wie man das macht. Aber die Fische waren einfach zu schnell. Blöde Bande!

Jetzt war es mir schon peinlich, denn die Verkäuferin wartete sicher auf meinen Fang. Deshalb beschwerte ich mich empört: „Ich krieg aber keinen!"

Offenbar hatte die ganze Zeit niemand auf mich geachtet. Aber in diesem Moment hatte ich die volle Aufmerksamkeit. Und das war gut so, denn gleichzeitig verlor ich den Halt auf dem Treppchen und an dem nassen Bassinrand. Nur ein sehr schnelles Zugreifen meiner Mutter verhinderte das Chaos. Ich glaube, ich schlug ihr dabei auch noch den nassen Kescher über den Kopf.

Unnötig zu sagen, dass sie hinterher noch lange versuchte, mir die Rolle eines Kindes in der Erwachsenenwelt klarzumachen.

Leider begriff ich nicht genau, was sie meinte. Denn sie sagte immer so etwas wie: „Das kannst du doch nicht machen! Was sollen denn die Leute von uns denken?"

Aber ich wollte doch nur helfen.

Meine Eltern machten selbst auch Fehler. So jedenfalls stellten sich für mich einige Erlebnisse aus dieser Zeit dar.

Zum Beispiel, als meine Mutter sich einmal vor mir im Keller in Sicherheit bringen wollte, weil ich zu sehr an ihrem Rockzipfel hing. Immer musste ich in ihrer Nähe sein. Schließlich rannte sie die Treppe hinunter und zog die Tür hinter sich zu.

Sie hatte mich völlig unterschätzt. So schnell wie sie war ich auch schon fast und so landeten meine Finger zwischen Tür und Rahmen. Boah! Das tat weh!

Also schrie ich los.

Leider interpretierte meine Mutter das als Wutgeheul und zog noch fester zu. Logischerweise schrie ich noch lauter. Irgendwann muss es ihr wohl doch merkwürdig vorgekommen sein, denn so ein Schreihals war ich eigentlich nicht. Deshalb machte sie dann auch die Tür auf und ich zeigte ihr meine sehr platten Finger.

„Du hast mich eingewetscht!", heulte ich vorwurfsvoll, denn das „Q" machte mir noch manchmal Schwierigkeiten. Sie fühlte sich auch richtig schuldig und musste mich nun den ganzen Nachmittag auf dem Arm tragen. Das hatte sie nun davon!

Wenig später hatte sie eine weitere große Gelegenheit, zu lernen, wie ich tickte. Aber hinterher gab es wieder merkwürdige Ermahnungen, die ich nicht verstand. Keine Schelte, denn irgendwie waren meine Eltern auch schuld, das sahen sie schon ein.

Es war einer dieser sehr seltenen Tage, an dem wir als Familie einen Ausflug machten, diesmal zu einem großen Rummel in Ost-Berlin.

Weil ich mich nicht von der Betrachtung einer Tierschau, die sich hinter einem Zaun abspielte, lösen konnte, kamen sie auf die Idee, mal herauszufinden, was ich wohl machen würde, wenn ich sie nicht sähe. Weil ich ja sonst immer am Schürzenzipfel hing.

Also traten sie einen Schritt zurück, sich sicher wiegend, dass sie ja sofort eingreifen könnten. Vielleicht rechneten sie auch damit, dass ich anfangen würde, zu heulen.

So lief es aber nicht ab. Ich wollte etwas fragen, wähnte meine Eltern dicht hinter mir und bekam keine Antwort. Ich drehte mich um. Sie waren einfach verschwunden. Was nun? Waren sie verloren gegangen? Über diesen Umstand hatte ich schon viel gehört. Schlüssel gingen verloren, Hunde und manchmal auch Menschen.

Ich hielt das in diesem Fall für möglich. Oder aber sie waren einfach nach Hause gegangen. Tja, dachte ich bei mir, dann müsste ich wohl allein hinterher. Ich hielt das für unangenehm aber machbar, denn ich hatte ja aufgepasst, wie wir hierher gekommen waren. Den Bus nahmen wir öfter und das mit den U-Bahnlinien würde ich auch noch hinbekommen. Ich sah genau die Bilder der Bahnsteige vor mir, wo wir umgestiegen waren.

Nur wo der nächste U-Bahnhof war, hatte ich vergessen.

Also fragte ich einen Polizisten danach. Der hielt mich sofort fest, was ich als bedenkliche Freiheitsberaubung einordnete, denn ich wollte doch nach Hause. Aber wen hätte ich fragen sollen? Wir waren schließlich im Osten und der Mann war zwar ein „Volkspolizist", wie ich meine Eltern reden hörte, aber ein Polizist war er doch irgendwie. Und ein Polizist ist eben kein schwarzer Mann, mit dem man sonst so das Verschwinden von Kindern erklärte.

Er fragte mich, wo ich wohnte und nach der U-Bahnlinie und den Verbindungen und ich ärgerte mich, weil ich ja noch nicht richtig lesen konnte und ihm ausweichende Antworten geben musste. Ich war aber überzeugt, mir alles gemerkt zu haben.

Meine Eltern hatten inzwischen bemerkt, dass ich nicht da war. Sie hatten nur ein paar Sekunden weggeschaut, wie sie nachher beteuerten. Und schon war ich weg. Inzwischen kann ich mir ihr damaliges Entsetzen vorstellen.

Glücklicherweise dauerte es nicht lange, bis sie mich bei dem Ordnungshüter stehen sahen. Ohne Strafpredigt nahm mich meine Mutter in die Arme.

Als wir etwas weiter weg waren, sagte sie dann: „Warum hast du denn den angesprochen? Das war ein Volkspolizist!"

„Aber ihr wart doch weg!", versicherte ich ihr wahrheitsgemäß, und fügte hinzu, dass ich jemand ansprechen **musste**, weil ich den U-Bahneingang nicht mehr gefunden hatte. Da drückte sie mich auf einmal ganz doll an sich und dankte dem von den Sowjets bezahlten Staatsdiener.

Ich habe daraus viel für den Umgang mit meinen eigenen Kindern gelernt. Solche Erkenntnis konnte mich aber nicht davor bewahren, selbst einer Dublette dieses Vorkommnisses aufzusitzen.

Als meine ersten beiden Kinder in einem ähnlichen Alter waren, besuchten wir wieder einmal den Flohmarkt in der alten Viehmarkthalle in Rendsburg. Ich hatte gerade die Rolle des Aufpassers übernommen, während meine Frau durch die Gänge schlenderte.

Wir befanden uns an einem Bücherstand, die Kinder waren nur einen Meter entfernt in eine Spielerei vertieft. Also konnte ich auch ein Buch nehmen und es mir anschauen. Als ich mich wieder umblickte, waren die beiden verschwunden. Auch in der näheren Umgebung konnte ich sie nicht finden.

Das war sehr bedenklich. Bei meinem Suchkurs traf ich meine Frau und nun suchten wir gemeinsam, beide hart am Rande der Verzweiflung. Wie hatte das passieren können?

Plötzlich gab es eine Durchsage: „Die kleinen Jonni und Jule möchten bei der Hallenleitung abgeholt werden!"

Wir stürmten hin. Was war passiert?

Die Kinder hatten ihr Spiel beendet, sahen mich nicht, weil vermutlich Leute zwischen uns getreten waren und dachten, ich sei einfach weiter gegangen. Und da kam Jonni, der ältere, auf die Idee, das dem Standbetreiber zu sagen. Der fackelte nicht lange und schaffte sie zur Hallenleitung.

Alles das muss in meiner allernächsten Nähe stattgefunden haben, ohne dass ich es bemerkte.

Was ich dann tat, war, die Kinder zu loben. Ich hatte ja gelernt. Aber wir sprachen mit ihnen nun auch über den Ablauf des Geschehens und schärften ihnen ein, dass sie in Zukunft auf jeden Fall an der Stelle, wo sie uns das letzte Mal gesehen hatten, stehenbleiben sollten. Denn wir würden sie dort zuerst und auf jeden Fall überhaupt suchen.

In eine weitere Falle tappten meine Eltern, als ich sieben oder acht war. Meine Eltern wollten sich mal etwas gönnen. Sie setzten einen riesigen Behälter Pflaumenwein an. Zur Sicherheit wurde er über die Gärphase in die Ecke gestellt und ein Sessel davor, damit auf keinen Fall etwas passierte.

Sie waren ja stolz auf ihren gesunden und quicklebendigen Sohn und wollten deshalb vorbauen.

Das ging auch wochenlang gut. Als sie gerade beratschlagten, ob man nun abfüllen konnte, passierte das Unglück. Weil es nicht meine Sache war, hatte ich den Glasballon völlig vergessen und sprang eines Abends mit einem geschickten Satz, wie lebendige Kinder das eben so tun, auf den Sessel. Der rutschte etwas nach hinten, weil er sonst nicht gesichert war.

Es machte kurz *knack!* und über hundert Liter Pflaumenwein ergossen sich in das Zimmer.

Decken wir den gnädigen Mantel der Vergebung über die folgende Situation. Natürlich konnte meine Oma in diesem Raum erst einmal nicht schlafen.

Alle diese Vorgänge zeigen, aus welch einer eigenen Welt heraus Kinder handeln. Und wie wenig sie die Eltern verstehen.

Und ich glaube, weil sich meine Eltern dieser Problematik nicht bewusst waren und ohnehin sehr beschäftigt, haben sie mir meine Welt auch nicht abtrainiert. Und das hatte Folgen.

Natürlich weiß ich vieles nicht mehr.

Aber wenn ich alte Fotoalben aufschlage, springen mich manche Erlebnisse wieder an. Da ist zum Beispiel dieses Boot, das Micha gerade vom Ufer abstößt.

Das Wasser unter ihm ist der Plöner See und das Foto entstand während unserer Klassenfahrt in der sechsten Klasse nach Bosau. Das dortige Landschulheim lag direkt am Ufer. Wenn wir nachts aus dem Fenster kletterten, mussten wir nur einen kleinen Abhang hinunter und schon standen wir im Wasser, wenn wir nicht aufpassten. Luftlinie höchstens zehn Meter. Und Kinder sind ja bekanntlich nachtaktiv, besonders auf Klassenfahrten.

Etwas seitwärts im Schilf hatte Micha, der frechste und beste Kämpfer aus unserer Klasse, den ich mir sicherheitshalber zum Freund gemacht hatte, ein Boot entdeckt. Das wollten wir unbedingt benutzen.

Tagsüber passte aber immer jemand auf. Das führte einmal fast zur Entdeckung unseres Geheimnisses. Also musste man es nachts tun.

Gesagt, getan. Als alles ruhig war und noch eine halbe Stunde draufgelegt, schwangen wir uns aus dem Fenster. Taschenlampen hatten wir ja, aber sie bewahrten uns nicht davor, gerade die Stelle zu erwischen, wo man tags zuvor die Küchenabfälle hingekippt hatte. Ich rutschte aus meinen Latschen und mit den nackten Füßen mitten hindurch. Und musste mich mit den Händen abstützen.

Brr… igitt!

Als wir im Boot saßen, war immer noch alles ruhig. Also los!

Nach wenigen Metern stellten wir aber fest, dass unsere Taschenlampen nicht bis zum Ufer reichten. Das war sehr ärgerlich, denn das Boot drehte sich und wir konnten bald nicht mehr sagen, wohin wir paddeln sollten, um zurück zu kehren.

Fatale Geschichte. Als belesener Elfjähriger kannte ich natürlich Bücher, die sich mit solchen Fällen auseinandersetzten. Und die gingen alle gut aus. Der Ärger war nur, dass die betroffenen Kinder eine lange Zeit allein in der Dunkelheit verbringen mussten. Das war keine gute Aussicht. Also ruderten wir in eine Richtung, die wir als die richtige vermuteten.

Um es kurz zu machen, nach ein paar Versuchen hatten wir Glück und der Schein unserer Taschenlampen – Micha hatte eine ganz helle – zeigte wieder so etwas wie Schilf und Bäume.

Glücklich krabbelten wir an Land und in die Betten.

Am nächsten Tag hörten wir von der Heimleitung, dass man verärgert war, weil das Boot abgetrieben war. Wir hatten es nicht festgebunden! Glücklicherweise kriegte niemand heraus, wer es gewesen war.

Aber man kam nicht immer ungeschoren davon.

Wie schon gesagt, ich machte immer alles mit, was gerade aufkam.

Zur Zeit meines Zeltlagers 1964 in Scharbeutz zum Beispiel, dort, wo die Mädchen aus den Fenstern hingen[11], gab es einen Jungen, der sehr geschickt Romanhefte am Kiosk stehlen konnte. Das war eine Herausforderung. Er machte es vor. Heft angucken und *schwupp!* war es unterm Pullover verschwunden.

Ha, das konnte ich auch. Leider geht der Krug so lange zum Brunnen, bis er bricht. Ich war eben doch kein Profi.

---

[11] Siehe 6.Kapitel: „Erste, zweite, dritte Liebe"

Immerhin erfuhr meine Mutter nichts davon, dass man mich dann doch erwischte.

Diese Lektion, für solch eine solche Laufbahn nicht geboren worden zu sein, hielt ungefähr zwei Jahre. Dann kam das Zigarettenzupfen auf.

Damals waren die Automaten noch sehr einfach gebaut. Wenn das Ausgabefach herausgezogen war, konnte man mit einem langen, spitzen Gegenstand die nächste Packung aus dem Stapel herunter- und herausziehen. Natürlich suchte man sich den größten Stapel dafür aus. Ich fand das eigentlich recht fair. Man hatte einen Einsatz und es gab einen Gewinn, der sich danach richtete, wie geschickt man war. Nicht selten bekam man so eine Rendite von 10:1. Obwohl das ein prägendes Erlebnis war, bin ich dann doch kein Börsenmakler geworden.

Denn irgendwann war es zu Ende.

Wir hatten zwar immer ein Netz von Warnpositionen, „Schmierestehern", aufgebaut, das ganz gut funktionierte. Was wir nicht bedachten, war, dass uns jemand aus einem Fenster beobachten konnte. Und das war unsere Musiklehrerin.

Ich war gar nicht mal aktiv gewesen, sondern Noppi, der seit einiger Zeit beständig mit einem unauffälligen Stilkamm herumlief. Vom Haare kämmen konnte man übergangslos in das „Zupfen" übergehen.

Unsere Musiklehrerin kannte natürlich alle, auch die, die da irgendwo gelangweilt an der Hauswand lehnten.

Noppi ging für einige Wochenenden in die Jugendstrafanstalt und ich musste vier Nachmittage im Wenckebach-Krankenhaus fürs Gemeinwohl arbeiten.

Der Reiz dieses Unternehmens ließ ohnehin nach, weil die Automaten mit einer wirkungsvollen Sperre nachgerüstet wurden. Das Schlimmste war aber, dass Noppi sich die Haare kurz schneiden lassen musste, was über längere Zeit meinen Film über Gammler torpedierte.

Ich lernte, dass krumme Dinger nicht in mein Lebenskarma gehörten. Natürlich nannte ich es damals nicht so. Zu dieser Zeit stellte ich nur fest, dass Ungesetzlichkeiten ziemlich anstrengend waren und ich hatte sowieso genug um die Ohren. Sicherlich hat mich diese Erkenntnis davor bewahrt, Politiker zu werden.

Diese meine größte Analyseleistung führte dann dazu, von einer Kandidatur als Bundeskanzler abzusehen. Dafür hätte ich einfach zu viel im

Auge behalten müssen. Ich hatte es ja erlebt, das war einfach nicht mein Ding. Diesen Level brauchte ich auch nicht. Es war ohnehin immer genug los.

Faszination im Flackerlicht

Einen großen Teil meines Lebens habe ich damit verbracht, Filme zu drehen oder sie zu bearbeiten. Ende der 70er Jahre meldete ich in diesem Bereich ein Gewerbe an.

Ich habe mich oft gefragt, wie ich dazu kam, im Filmemachen so etwas Besonderes zu sehen, dass ich dem fast meine gesamte Freizeit opferte.

Von Musikern ist das bekannt. Ohne Übung wird da nichts. Und viele Songs berichten davon, wie jahrelang die ruhigen Nachmittage damit verbracht wurden, den Helden der Bühne nachzueifern, während Altersgenossen etwas ganz anderes im Händchen auf der Couch hielten. Aber Filmemachen benötigte keine Fingerfertigkeit. Man musste es einfach nur machen. Aber es gibt schon einige Parallelen zum Musiker: Vieles geht einfach daneben, kommt nicht so heraus, wie man gedacht hatte und man verbrauchte viel, viel Zeit. Und Geduld. Manche Filme benötigten Jahre.

Im Kino und im Fernsehen sah das so einfach aus.

Die eine Schwester meines Vaters hatte sich ganz früh, schon ungefähr 1953 einen Fernseher gekauft.

„Die kann es sich leisten, jede Mode mitzumachen!", nörgelte meine Mutter. Aber ich glaube, sie freute sich genau so wie ich, wenn wir dort einen Besuch machten. Wir guckten dann alle bis zum Sendeschluss um Mitternacht. Da hatte jeder gute Deutsche ins Bett zu gehen. Nur samstags gab es noch einen Aufschub: *Das Wort zum Sonntag*. Und ich meine, danach hatte ich auch keine Lust mehr auf Fernsehen.

Wir konnten ohnehin nur am Wochenende meine Tante besuchen. An diesen Abenden stand öfter eine Show auf dem Programm. Und wegen der noch dünnen deutschen Produktionsdecke kam ich so in den Genuss einer *Perry Como Show*, natürlich mit viel Musik. Das war die Zeit des steilen Aufstiegs eines Peter Frankenfeld oder Hans-Joachim Kulenkampff.

Spielfilme gab es am Samstagabend weniger. Ganz im Gegensatz zu heute hatte ich mit zehn Jahren bis auf ein paar Kinobesuche und einige wenige Projektionen von Filmen in der Schule wenig gesehen. Kino war für uns viel zu teuer. Als ich sechs oder sieben war, durfte ich ein paar Mal mit Freunden in ein nahegelegenes kleines Kino ziehen. Es war eine abgetakelte alte Baracke mit dem schönen Namen *Casa Candita*. Sonntags nachmittags gab es Märchenfilme und manchmal auch Westernfilme für die Jugend. Was später in den 70ern das ZDF unter dem Titel *Western von Gestern* sendete, sah ich als *Fuzzy-Filme* in dieser Zeit in unserem regionalen Kino. Schwarz-weiß natürlich. Fasziniert beobachtete ich, wie sich das Bild stabilisierte, während der Vorhang auseinander fuhr und konnte mir erst keinen Reim auf diesen Vorgang machen. Mein zehnjähriger Sohn heute weiß sehr genau Bescheid, dass auf einer kleinen silbernen Scheibe Informationen eingebrannt sind, die durch einen Laser auf den Bildschirm transportiert werden. Das ist ein ganz anderer Start ins Leben. Ich hatte mit 40 inhaltlich „alles gesehen", er wird diesen Effekt haben, bevor er 18 ist.

In der Schule gab es gelegentlich Vorführungen von Filmen der Landesbildstelle. Dazu hatte die Schule einen 16mm-Projektor namens *Siemens 2000* angeschafft, ein ultraschweres Maschinenmonster in einem Holzkoffer, alles in gedeckt-lindgrüner Farbe, die Metallteile im Hammerschlag-Look gespritzt. Um dieses Gerät bedienen zu dürfen, musste man einen „Projektorschein" machen. Lediglich zwei unserer Lehrer hatten den und entsprechend oft waren demgemäß die Vorführungen. Zumal die eine Lehrerin – geschlechtlicher Proporz war schon damals angesagt – sich nur sehr ungern mit Technik überhaupt auseinandersetzte. Und dann war ja auch der Koffer so schwer ... an die 20 Kilo. Ich glaube, in der Grundschule habe ich dort nur dreimal einen Filmgenuss erleben dürfen. Unvergesslich die Trickfilme mit *Landmaus und Stadtmaus* und natürlich die Geschichte vom *Hasen und Igel*, deren Held zur jahrzehntelangen Redaktionsikone der *Hör Zu* führte, mit einprägsamem Namen *Mecki*. Es ist für mich nicht mehr nachvollziehbar, wer hier namensgeberisch wen beeinflusste: diese bürstenartige Filmfigur oder der gleich genannte Kurzhaarschnitt, der aus den USA herüberschwappte und den mir meine Mutter auch einmal verpasste. Es war das erste Mal, dass ich sie für etwas abgrundtief verwünschte. Möglicherweise liegt die Basis dafür aber noch viel früher, zum Beispiel bei Bertold Brecht: „Mackie war ein Seemann ..."[12] und dieser wiederum dachte vielleicht, dass der typische Amerikaner aus Schottland stammte.

Wie dem auch sei, die Ambivalenz in der erlebten Mediengestaltung prägte meine frühkindliche Sozialisation.

---

[12] aus der *Dreigroschenoper*

Als wir uns zu Weihnachten 1960 selbst einen Fernseher leisteten, waren die Minuten vor dem „Fenster zur Welt" noch immer gezählt und kostbar. Das lag zum einen an der strikt rationierten Zugangszeit, zum andern aber auch am schmalen Kinderprogramm. Aber es gab schon die Nachmittagsserien, von denen leider manche heute nicht auf DVD oder irgendwelchen Downloadportalen erhältlich sind, obwohl doch eigentlich alles vermarktet wird. Ein gewichtiger Grund dafür ist mit Sicherheit nicht das mangelnde Interesse, das man einem Titel zuordnet, sondern die Art der damaligen Filmwirtschaft. Zu dieser Zeit gab es noch keine elektronische Speicherung von Filmen. Gerade einmal für den Ton wurden Bandaufzeichnungen gemacht, geschnitten und gesendet. Filme im Fernsehen kamen von einem „Filmgeber", in dem eine Fernsehkamera in einem projektorartigen Gerät den ablaufenden Film „live" aufnahm und auch sofort in den Äther funkte. Ein Filmriss bedeutete „Sendepause". Die Filmkopien kamen zumeist aus den USA und wurden zwar deutsch synchronisiert, aber nach Ende der Lizenzzeit nach Hollywood zurückgeschickt. Dort war das alles damals Massenware, man machte ja ständig was neues, also wurden die alten Kopien weggekippt. Deshalb finden sich auch kaum deutsch synchronisierte Fernsehfilme aus den 50er/frühen 60er Jahren in irgendwelchen Archiven.

Ein schönes Beispiel dafür lief mir vor einiger Zeit über den Weg: Eine meiner damaligen Lieblingsserien war neben *Hiram Hollyday*, einem schussligen Detektiv mit Regenschirm, auch die Westernserie *Am Fuß der blauen Berge* mit Mädchenschwarm Robert Fuller in einer der Hauptrollen. Obwohl es eine Herzensangelegenheit eines organisatorisch in höheren Regionen angesiedelten deutschen Medienarbeiters war, diese Serie, die immerhin aus ungefähr hundert Folgen bestand, wieder zugänglich zu machen, gelang es ihm nur, eine Handvoll davon aufzutreiben. Und solche mit deutscher Synchronisation waren erst recht nicht da. Der Zufall wollte es, dass sich ein paar (Original-)Kopien im Keller eines Schweizer Fernsehsenders anfanden und ein Tonbandamateur sich meldete, der den deutschen Ton damals vom Fernseher aufgenommen hatte. Und nur deshalb gibt es heute eine DVD, in der man den (Western-)Geist im damaligen Fernsehen heute nachvollziehen kann.

Eine zwar irre, aber sehr bezeichnende Geschichte. Nach solchen aktuellen Erfahrungen aus der großen Filmwelt finde ich es nachhinein sehr schön, dass ich von meinen belichteten Filmmetern nur die Teile weggeworfen habe, auf denen wirklich nichts Ansehbares drauf war. Und wenn dieses auch dem Leser dieses Buches verständlicherweise gleichgültig sein kann, ein Interesse ist ja immer von Standpunkt abhängig. Diesen persönlichen Bezug kann man auch zu Filmen von Freunden oder auch zu Fernsehfilmen aufbauen, der Unterschied ist oft nur, wie viele Leute das Werk gesehen haben. Im Fall von *Laramy*, wie das amerikanische Original hieß, hat sich eben ein deutscher Junge in ein gesehenes Bildschirmspektakel verliebt. Mir widerfuhr das viel später ebenfalls, und das sogar bei Filmen von Freunden, die ich mir deshalb auch als eigene Filmkopie sicherte, um mich daran zu erinnern und an der Erinnerung zu erfreuen. Natürlich ist es nur die Erinnerung, denn heute kann man solche Produkte nicht mehr als ernsthafte Konkurrenten auf den Markt werfen. Aber genau davon erzähle ich ja hier, vom anheimelnden Wert der Erinnerung.

Analog zu dieser Geschichte mit den amerikanischen Westerhelden kann man eine aus meinem eigenen Repertoire sehen. Meine Bekanntschaft mit Film machte ich, wie schon erzählt, in der zehnten Klasse bei einem Beschäftigungsprogramm unseres Kunstlehrers während der Schullandheimfahrt. Wir haben den fertigen Film einmal aufgeführt, dann verließ der Lehrer die Schule, weg war der Film. 15 Jahre später, als ich selbst ein kleines Kopierwerk aufgebaut hatte, erinnerte ich mich an diesen Film. Und weil ich Lücken in einer Sammlung hasse, recherchierte ich intensiv und stöberte unseren damaligen Kunstlehrer auf. Ich erinnere mich an eine bohèmianische Unterkunft in Dahlem, wo er seine Arbeiten in einem Gartenhäuschen aufbewahrte. Ich erkannte ihn sofort wieder, obwohl er sich äußerlich inzwischen standesgemäß zu dem entwickelt hatte, was man vielleicht „Marabu in der Mauser" nennen könnte. Jeder Zentimeter ein Künstler.

„Tja, da muss ich Sie leider enttäuschen", sagte er, „das Original habe ich nicht mehr. Es ist aus irgendeinem Grund verschwunden. Aber ich habe damals eine Kopie ziehen lassen."

Ich bearbeitete ihn ungefähr eine Stunde, bis er mich mit dieser Kopie ziehen ließ. Leider war sie stumm und dabei hatten wir uns damals in der Film-AG solche Mühe mit dem Ton gemacht. Aber, oh Wunder, auf der unbenutzten Spur eines alten Tonbandes fand ich noch die meisten Teile des damaligen Soundtracks. Ich erinnerte mich: Nachdem ich eine zusammengemischte Kopie des Tons gemacht hatte, wanderte dieses Arbeitsband in mein eigenes Archiv. Und dort hatte ich auf der einen Spur dann eine neue Aufnahme drübergelegt. Aber weil die damaligen Spuren breiter waren, konnte ich mit neuerer Vierkanaltechnik die verbliebenen Reste wieder hörbar machen und den gesamten Ton rekonstruieren.

Analog zum Beispiel aus Hollywood: *Ein Gruß der grauen Berge* sozusagen, denn die Handlung spielte in den deutschen Mittelgebirgen.

Aber mit diesem Film hatte mich die Faszination erfasst, Handlungen als bewegtes Bild aufzunehmen und neu zusammenzusetzen. Und, was mich als Einzelkind daneben am meisten faszinierte: Meine Vorstellungen konnten nur mit anderen Menschen zusammen verwirklicht werden. Das Schöne war, dass sie mitmachten.

So lernte ich sozusagen in künstlerischen Arbeitsgruppen ohne besonderen Gegenwind, meine frühen sozialen Einstellungen überwinden, die mich mit vier Jahren dazu gebracht hatten, meinen Eltern von weiterem Nachwuchs abzuraten, weil ich dann fürchtete, meine Schokolade teilen zu müssen. Beim Film war Schokolade für alle da. Ich brauchte Darsteller. Und die meisten sahen sich gern auf der Leinwand. Es hatte ein bisschen was von Filmstar. Nie hatte ich gedacht, dass sich gerade Mädchen gern für solche Rollenspiele hergaben. Und so nahm alles seinen Lauf.

Mein erster eigener Spielfilm, die Agenten-Parodie *Heiße Papiere*, schenkte mir neben der Organisation der Darsteller auch erste Erfahrungen in Verhandlungsführungen mit Institutionen. Die anstehenden Szenen erforderten Räume, und die waren in den Händen von Erwachsenen. Und die lächelten erst einmal, wenn man mit dem Wunsch ankam, einen Film drehen zu wollen. Wenn ich später ganz gut Leute überzeugen konnte, hier habe ich es gelernt. Damals war es auch noch nicht so einfach, für diesen Zweck nach Schulschluss in Arbeitsräumen drehen zu dürfen. Aber es klappte tatsächlich, im Frühjahr 1966 war dieser Film vorführreif. Ich machte ein Plakat und hängte es in der Schule auf.

„Was soll denn das?", fragte unsere Mathelehrerin.

„Das ist unser Film! Den haben wir gedreht!", verkündete Karin, denn sie war Klassensprecherin. Im Film schlüpfte sie in die Rolle der Freundin des KGB-Mitarbeiters Oleg, an den sie den westlichen Agenten dann verriet, den sie vorher bei sich aufgenommen hatte.

„Film gedreht?" Die Lehrerin schüttelte verdrießlich den Kopf. So ein Quatsch! Was diese Kinder sich da immer ausdachten!

Dann fand die Vorführung statt. Im Stillen drehte ich ihr eine lange Nase.

Angestoßen von diesem Erfolg drang ich nun in neue Bereiche vor. Man könnte es Dokumentarfilm nennen. Ich filmte Schulalltag. Natürlich nicht irgendwelches langweilige Pausengequatsche, sondern das Geschehen im Unterricht. Wie man sich denken kann, war das nicht unbedingt erlaubt. Manches Mal bemerkte ich sehr wohl, dass ein Lehrer ein Auge zudrückte, aber weit über die Hälfte der Aufnahmen entging ihnen tatsächlich.

Da war zum Beispiel die unerhörte Aufmerksamkeit meiner Mitschüler im Kunstunterricht. Gerd zeigte Erhard, wie man aus der Hand liest und man sieht deutlich, dass es keine günstige Zukunft ist, die er da voraussieht. Andere machten Schularbeiten für völlig fremde Fächer während vorn ein Vortrag über den Pointillismus ablief.

Gern hätte ich einmal festgehalten, wie während Klassenarbeiten geschummelt wurde. Leider musste ich diese ja selbst mitschreiben und dann war da noch das Kamerageräusch. Endlich, während eines Französischtests, gelang es mir.

Karin schielte hinter der an die Stirn gelehnten Denkerhand ungeniert auf das Blatt ihrer Freundin, Gabi tat es spiegelverkehrt nach der anderen Seite. Auch unter die Bank wurde geschmult. Alles ist drauf: letztes Korrekturlesen, zweifelnde Blicke gen Himmel und abschätziges Betrachten anderer. Wir haben uns nachträglich dann sehr amüsiert.

Später bekam unsere Film–AG sogar Zuwendungen aus dem Schulbudget. Wir sollten das sommerliche Sportfest dokumentieren. Wir, das waren drei Jungen, die eine Kamera auftreiben konnten, teilweise vom Vater ausgeliehen. Jeder bekam drei Rollen, ich sicherte mir zusätzlich eine vierte. Natürlich beschlossen wir, alle Beteiligten in möglichst peinlichen Situationen oder bei sehr ungelenken Bewegungen festzuhalten. Das war gar nicht so leicht, denn alles das fand zwar statt, aber immer, wenn die Kamera nicht lief.

Leider konnte man nicht anschalten und warten, bis etwas passierte, denn das bewilligte Material war insgesamt nur ungefähr eine dreiviertel Stunde lang[13]. Da musste man haushalten. Denn es wurden natürlich auch die ganz normalen Aufnahmen erwartet, die Aufzeichnung des Gesamtbildes, des Normalen eben. Establishing Shots nennt man so was beim

---

[13] Bei einer Bildfrequenz von 16 B/sec kam eine Rolle auf knapp fünf Minuten.

richtigen Film. Dafür ging schon mal sehr viel Material verloren. Und ehe man sich versah, war die Rolle zu Ende.

Heute im Zeitalter dicker Chips, riesiger Festplatten und lang haltender Akkus ist es kein Problem, mit Materialaufwand das statistische Phänomen zu erschlagen. Schon als es die ersten Videokameras gab, konnte man sie einfach laufen lassen und sich dann das Beste herausfischen. Zu Zeiten des chemisch basierten Aufnahmematerials musste man sich genau überlegen, wann man auf den Auslöser drückte, schon deshalb, weil es teuer war. Für fünf Minuten Film musste man in unserem Alter drei Stunden arbeiten. Und wenn belichtet, war es unwiderruflich verwendet.

Und noch eines kam hinzu. Fast alle Kameras hatten Federwerk. Man zog sie wie einen Wecker auf und wenn die Feder abgelaufen war, und das geschah nach ungefähr 30 Sekunden, stoppte die Kamera. Dann musste man neu aufziehen. Auf diese Art gab es kein Batterieproblem und man wurde zu kurzweiligen Einstellungen gezwungen. (Man muss auch mal das Gute daran sehen.) Leider konnte man auch nicht sofort sehen, ob es gut geworden war, denn es musste erst entwickelt werden. Freude oder auch Enttäuschung kamen oft erst Wochen später.

Dann konnte es schon passieren, dass jemand überzeugt davon gewesen war, etwas aufgenommen zu haben, aber wenn man dann nachschaute, war es nicht zu finden. Oder es sah unscharf aus, verwackelt, falsch belichtet ... es gab viele Möglichkeiten, eine Aufnahme zu versauen, weil man alles selbst einstellen musste. Gerade hatten die ersten Kameras eine Belichtungsautomatik, die aber noch nicht so ausgereift war. Heute muss der Kamerabesitzer nichts mehr tun als einfach draufzuhalten. Ausgefeilte Programme erledigen das mit der Optimierung der Aufnahmequalität so, dass man bei etwas Aufmerksamkeit praktisch nichts mehr wegwerfen müsste.

Für den Zuschauer kann diese Perfektion natürlich auch zur Qual werden. Wenn nämlich tatsächlich alles Aufgenommene gezeigt wird. Als die Videotechnik aufkam, wurden die Amateurfilme plötzlich erheblich länger und langweiliger. Ein guter Film besteht eben nicht nur aus allem, was aufgenommen werden konnte, sondern weitestgehend aus den Aufnahmen, die man auswählt und bearbeitet. Und gerade diese Arbeit machte mir besonderen Spaß.

Durch geschickten Schnitt und die Hinzufügung von Ton konnte man eine Aufnahme in der Wirkung erheblich verändern, ja, ihre Aussage unter Umständen ins Gegenteil verkehren. Oder man konnte sie kommentieren. Am liebsten taten wir das beim Sportfestfilm nonverbal.

In Ungnade gefallene Mitschüler, vorzugsweise Mädchen, versahen wir beim Weitsprung mit schweren, die Umwelt erschütternden Aufprallgeräuschen. Für den Auftritt eines Lehrers oder sonst einer schulbekannten Person suchten wir eine charakterisierende Musik heraus. Dazu durchstöberten wir intensiv die elterlichen Archive an Volks- und Marschmusik. Da wir den entsprechenden Toneffekt für eine Person bei jedem Auftritt einsetzten, kam die Karikierung beim Zuschauer besonders gut herüber

Der Film hatte entsprechend Erfolg und war ein Umstand mehr, mich allen Lehrern bekannt zu machen, schon deshalb, weil ich die Film-AG leitete und auch hauptsächlich die Vorführung organisierte. Die Verantwortung für die respektlose Bearbeitung ging damit logischerweise auf mein Beurteilungskonto, auch wenn die Wahrheit sich im Detail ganz anders verhielt.

Diese Zuordnung verdichtete sich, als ich im nächsten Jahr einen Film über unsere letzte Klassenfahrt drehte. Nun war es klar, wer dahinter steckte.

Unser Klassenlehrer hatte eine phänomenale Tour organisiert, Noch heute wird mir ganz schwindelig, wenn ich an seine Logistik-Arbeit denke, die er damals per Brief und Telefon leisten musste. Ein Jahr vor dem Abitur wollte er uns einen tiefen Einblick in die Wirtschaft bieten, die nach dem Schulabschluss auf uns wartete. Das Ergebnis war ein dichtgedrängter Terminplan. Zweimal zogen wir um, damit die täglichen Busfahrten nicht zu lang gerieten. Denn jeden Tag hatten wir einen Besichtigungstermin, einmal sogar zwei. Meist waren es Firmen, bei denen wir einkehrten, aber auch Stadtbesuche, wie zum Beispiel nach Brüssel, standen auf dem Plan. Nie vorher habe ich bei einer Reise so viel gesehen und gelernt.

Auf meinem Film sieht man davon eher weniger. Die optische Fülle der Aufnahmen garniert sich um persönliches Erleben. Mit anderen Worten: Wir hatten auch unseren Spaß auf dieser Bildungsreise. Eigentlich hatten wir eine Menge Spaß.

Firmen, die wir besuchten, wollten auch einen guten Eindruck machen. So wurden wir überall bewirtet, sparten also das Mittagessen und wurden zusätzlich mit dem alltäglich Wichtigen versorgt. Das waren für die meisten Jungen zum Beispiel die Zigaretten, die dann ebenfalls auf dem Tisch standen. Keine Frage, die Behälter waren hinterher alle leer.

Für erheblichen Eindruck sorgte unser Klassenlehrer mit der Auswahl von gleich zwei Dortmunder Brauereien, die wir an sehr nahe zusammen liegenden Terminen besichtigten.

Und weil sich die Firmen auch nicht lumpen lassen wollten, konnten wir auch hier ausgiebig die dort hergestellten Produkte testen.

Das Erstaunliche war, dass sich in dieser Hinsicht fast die gesamte Klasse an der Testprozedur beteiligte. So kam es, dass es auf der Rückfahrt sehr fröhlich wurde. Auf dem Film kann man sehen, wie die letzte Reihe laut singend schunkelt und die davor Sitzenden zeigen ebenfalls ähnliche soziale Zerfallserscheinungen. Selbst Irmgard lächelte, ein Mädchen das immer alles sehr ernst nahm. Von solchen Kontrollverlusten wurde auch die Stadtbesichtigung von Brüssel betroffen. Das Atomium schwankte beträchtlich. Und der Schwenk herunter und zur Seite zeigte auch genau die Ursache.

Die 60er Jahre waren absolut alkoholgeprägt, deshalb handelten auch weitere Teile des Films vom privaten Konsum. Besonders beliebt war Apfelwein, vielleicht, weil man hier viel Flüssigkeit fürs Geld bekam.

Aber auch sonst konnten wir uns ganz unorthodox die Zeit vertreiben. Eines Nachmittags kauften wir bei einem Stadtbummel eine Handvoll Wasserpistolen. Die Anwendung sieht man auch in dem Film über unsere Studienreise.

Aber insgesamt ging es noch recht züchtig zu, jedenfalls hielt man sich in öffentlichen Darstellungen bestimmter Handlungen noch brav zurück. Das Wahrzeichen von Brüssel wurde für den Film eher zurückhaltend kolportiert, zum Beispiel mit einer auch als zufällig ansehbaren Handbewegung[14].

Im Nachhinein kann ich nicht mehr sagen, ob unser Lehrer nun sehr enttäuscht war, dass sein engagiertes Besichtigungsprogramm in dem Film so wenig ernsthaften Widerhall fand. Aber wer von der Jugend die Würde und Besinnlichkeit des Alters erwartet, sollte sich mal an die eigene Nase fassen. Viele Leute scheinen nie jung gewesen zu sein. Und man kann ihnen auch nicht das Gegenteil nachweisen, weil in ihrer Klasse kein Film gedreht wurde, zu dem sie später Stellung beziehen müssten.

---

[14] Gemeint ist natürlich *Manneken Pis*

Die Entdeckung der Dunkelheit

In den 50er Jahren kam der Begriff der Hausbar auf. Wer etwas auf sich hielt, richtete sich so etwas ein. Manchen gelang es, ein ganzes Zimmer dafür freizumachen. Auch die Musikindustrie unterstützte die Möbel-, Getränke- und Schnickschnack-Industrie. Zu den schönsten Exponaten meiner Sammlung gehören Schallplatten mit Titeln wie *Für die Hausbar* und *Tanzparty bei Jacqueline*.

Meine Eltern hatten als „Hausbar" leider nur den linken Teil der Musiktruhe, die sie sich 1956 anschafften. Vor einer wattierten, goldnägelgepunkteten Plastikfolie erstreckten sich zwei halbkreisförmige Fächer aus Glas, das untere als Spiegel ausgeführt. Darauf standen die Flaschen, das sah nach mehr aus. Oben war für große Gläser eigentlich kein Platz. Aber das monierte niemand, denn man trank keine „Longdrinks" wie heute.

Pur und kurz, war die Devise, Likörchen wären Weibersache, aber auch diese Gläser hatten wenig Volumen. Man wollte ja das Nachschenken zelebrieren.

Ich denke, nicht nur für mich waren die 50er Jahre die Hochzeit des kulturell ausgestalteten Alkoholkonsums. Die Gesellschaftsdroge Nummer eins regte sämtliche künstlerischen Ambitionen an, man verkleidete und stilisierte, aber man erkannte immer, wo es hinführen sollte.

Die gemeinsame, feierliche Einnahme von sedierenden Wirkstoffen gehörte schließlich zu jedem wichtigen oder unwichtigen Ereignis. Immer gab es entsprechende Angebote: nach der Unterschrift eines Mietvertrages, bei der Besprechung, wer wann die Mülltonne rausstellt oder auch nur, wenn ein Nachbar an der Wohnungstür klingelte. Manche klingelten auch nur deshalb.

Es war eigentlich eine sehr harmonisierende Kultur, oder vielleicht sollte sie auch die Auseinandersetzungen regulieren, so wie aus dem Kampf der Stämme gegeneinander schließlich der Sport entstanden ist. Für das Überleben einer Spezies ist es sehr wichtig, wenn die darwinistisch nützliche Aggression in kontrollierte Bahnen gelenkt werden kann. Besonders Mannschaftsspiele enden bekanntermaßen auch heute noch erschreckend oft in Raufereien. Aber auch die konnte man mit Alkohol wunderbar befrieden. Man schlägt sich und man betrinkt sich dann gemeinsam – immer abwechselnd.

Zu dieser Art von Drogenkultur gehörte eigentlich auch warmes, kuscheliges Licht. Komischerweise erlebte ich das genaue Gegenteil. Bei den Tanzpartys und Geburtstagsfeiern der 50er, an die ich mich erinnere, war immer die grelle Zimmerbeleuchtung an. Wollte man wirklich ALLES sehen? Scheinbar, denn die gelben und roten Lampen in den professionellen Bars waren „verrucht". Das kam gar nicht ins eigene Heim. Und so konnte man am nächsten Tag haarklein berichten, was sich der Vetter aus Dingsda wieder an Fehltritten (und Griffen) geleistet hatte.

Der direkte Nachfolger der Hausbar war der Partykeller in den 60er Jahren, der bis weit in die 70er, dort neu entfacht durch das Disco-Fieber, durchhielt. Hier wurden nun bunte Glühlampen akzeptiert und die knochige Nachbarin mutierte schon mal zum begehrten Sexualobjekt, nur weil ihre scharfen Kanten und Furchen mit langwelligem Licht gütig gemildert wurden.

Diese Entwicklung hatte meine Mutter noch gerade so mitbekommen, deshalb stand einer Einrichtung unseres Kellers als Gesellschaftraum für Treffen nicht sehr viel Überzeugungsarbeit im Weg. Ich argumentierte auch in der Richtung, dass man sich die Ergebnisse unserer Filmarbeit in Gesellschaft ansehen musste, und weil sie in unsere Wohnung nur äußerst ungern mehr als zwei Personen hereinließ, schien diese Lösung die akzeptabelste. Im Übrigen dachte sie wahrscheinlich, sie hätte mich damit unter Kontrolle, weil ich mich nicht „auf der Straße herumtrieb".

Da hatte sie recht. Auf der Straße war es auch viel zu ungemütlich. Deshalb waren die wichtigsten Einrichtungsgegenstände auch Matratzen, die wir von Nachbarn und Bekannten zusammenholten. Damals tauschte man gemeinhin die alten, ein Drittel der Liegfläche ausmachenden, kernigen Polsterstücke gegen moderne, durchgehende Federkernmatratzen aus. Diese Drittelgröße war äußerst praktisch. Man konnte damit einen Sessel modellieren, der aber in Sekundenschnelle bei aufkommendem Bedürfnis flachgelegt war.

Meine Mutter sah anfangs sicherheitshalber nur die Sesselvariante.

Im Hinblick auf eine gute Stimmung bei einer geselligen Begegnung war die nackte Glühbirne der Kellerbeleuchtung in der Mitte der Decke zweifellos unzumutbar. Also wurden mehrere bunte Glühbirnen 15 Watt aus einer zeitgenössischen Lichterkette verteilt, wobei die grünen und die blauen Lampen bald verschwanden, weil sie einfach so ungesunde Gesichtsfarben produzierten. Auf diese Art konnte man sich durchaus noch gut im Raum orientieren und wusste auch einigermaßen, was im Glas war, das man gerade trank.

Im Rahmen meines Filmschaffens machte ich jedoch die Entdeckung, dass es weitaus lustiger war, wenn man das Licht ganz ausschaltete. Für die Vorführung war es sogar zwingend nötig.

Ich glaube, der Beginn dieses Dunkelkults ist einer jener Materialvorführungen zuzuordnen, als nach Ablauf des Films dann der weiße Projektorstrahl auf die Leinwand flutete und niemand abschaltete.

„Licht aus!", sagte Noppi noch hinterher öfter mal, wenn die Helligkeitsbelästigung zu nerven begann. Und dem kam ich dann schnell nach, weil ich auch gerade in einer wichtigen Besprechung war.

Später wurde es zu einem substantiellen Programmpunkt des Abends.

Der Film lief an – die Matratzen waren sofort besetzt. Man konnte den Film auch weglassen …

Und weil der Abend kurz und die Zeit kostbar waren, wurde vorher schon aufmerksam kontrolliert, was an alkoholischen Getränken zur Verfügung stand und wie viel jeder davon einnahm, wobei hier Futterneid keine Rolle spielte. Im Gegenteil: Jeder achtete darauf, dass der andere nicht zu wenig abbekam.

Die nachfolgenden Filmproben handelten logischerweise von ähnlichen Dingen. Man erzählt eben seinen Alltag in einem neuen, narrativen und ausgedachten Rahmen.

Damit war die Zeit der unbequemen oder auch nur zeitweise verfügbaren horizontalen und unbeobachteten Treffen mit Mädels vorbei, die früher noch Zeltlager, Badengehen und Bänke am Dorfteich hießen.

Welche Rolle überall das Licht spielte, wurde mir erst bei späterer Analyse in vollem Umfang klar.

Im vorherigen Jahr stand Badengehen noch ganz oben auf der Hitliste der Treffpunkte. Ohne das Sommerbad Mariendorf wäre mit Jeanette nichts gelaufen und ich muss zugeben, dass es hinterher wieder ziemlich lange dauerte, bis ich wieder mal ähnlich verknallt war.

Der klare Vorzug einer Badeanstalt war, dass sich alle bis auf die konventionell schicklichen Mindestbedeckungen ausziehen mussten. Diese Sitte verhalf zu einem grundlegenden Überblick des Angebots. Wenn sonst mit Schaumstoffpolstern gut geschummelt werden konnte, hier war die nackte Wahrheit nicht mehr zu verbergen. Feministinnen prangern in diesem Rahmen gern eine „Fleischbeschau" an, jedoch weiß ich aus mehreren, normalerweise sehr gut unterrichteten Quellen, dass Jungen genau so scharf begutachtet wurden. Badengehen war in vielen Fällen ein Beziehungsstifter höchster Potenz.

Mit Jeanette war es wie in einem dieser Teenie-Filme. Man liegt so auf der Decke herum und auf der nächsten Decke liegt ein wirklich hübsches Mädchen. Da ist es doch ganz selbstverständlich, wenn man ins Gespräch kommt. Der Nachmittag vergeht unter annäherndem Geplänkel, und urplötzlich zieht ein Gewitter herauf. Man räumt die Wiese und viele gehen nach Hause, aber weil es noch nicht sehr spät ist, bleiben auch einige. Der Donner grollt und der Regen regnet, wie er nur kann.

Vor diesen Fluten suchten wir Schutz unter den weit überhängenden Dächern der Umkleidekabinen. Und weil es kühl wurde, saßen wir ziemlich eng beieinander und wärmten uns unter den Badedecken. Da war es kein Wunder, wenn sich Intimeres abspielte.

Für den nächsten (Bade-)Tag nach diesem Kennenlernen verabredeten wir uns in einem Gebiet, wo sonst die Leute aus unserer Schule normalerweise nicht lagerten. Denn das ist der zweite Vorteil einer Badeanstalt: Man kann alles sehen, aber man kann auch in der Menge untertauchen.

Dort, wo wir nun immer lagen, war die Pärchen-Zone, eher von Älteren benutzt. Hier gab es keine lüsternen Blicke, weil alle selbst miteinander beschäftigt waren. Blickte jemand herüber, sah man sofort, dass darin keinerlei spezielle Aufmerksamkeit lag. Es war eher ein Über-alles-Hinwegsehen, wie man es lediglich zur Orientierung macht, zum Beispiel, um festzustellen, wo sich die nächste Bushaltestelle befindet. Da drüben stehen die Leute zusammen und warten, aha, da muss es sein. Die Menschen im Einzelnen nimmt man überhaupt nicht wahr.

Der Sommer war warm und wir trafen uns beinahe jeden Tag im Bad. Ihr Vater war Gastwirt. Ich kannte die Kneipe, sie gehörte aber nicht in meinen Einzugsbereich, obwohl sie sehr nahe gelegen war. Es handelte sich nämlich um eine Erwachsenen-Kneipe. Und weil ich fürchtete, dort Leute zu treffen, die meine Mutter kannten, verzichtete ich auf häusliche Besuche. Ja, so verklemmt lebte man in dieser Zeit.

So trafen wir uns beim Badengehen. Gut, dass das Wetter mitspielte. Bis auf einen Abend bei einer Fete in Mariendorf habe ich Jeanette immer nur im hellen Licht gesehen. Das war durchaus sehr schön. Dunkel wurde es dann, wenn man die Augen schloss.

Die Lichtverhältnisse in und um den Dorfkrug, den ich zumeist anlief, waren facettenreich und ordentlich geregelt. An Sonntagen begann die Tanzveranstaltung bereits um 16 Uhr. Im Sommer hingen an der Treppe, die zum Eingang führte, meist ziemlich viele Mädchen herum. Im hellen Sonnenlicht hatte man so einen guten Überblick. Manche machten den Fehler, sich trotz auffälliger Schminke hier hinzuzugesellen. Es gibt nichts Grässlicheres als starke Lidschatten am hellen Nachmittag.

Im Dorfkrug selbst spendeten kleine, mit gelblichen Schirmchen abgedeckte Wandlampen ein dezentes Licht. Das gab dem großen Raum eine akzeptabel intime Atmosphäre. Bei schnellen Stücken wurde die Tanzfläche ziemlich hell angestrahlt, aber dieses Licht wurde abgeschaltet, sobald ein Blues-Block gespielt wurde.

Am späten Abend, wenn der Dorfteich in der Dämmerung verschwamm, hatte man für kurze Spaziergänge und lange Bankbenutzungen eine befriedigende Privatsphäre. Natürlich kamen gelegentlich Paare vorbei, ebenfalls auf der Suche nach einer freien Bank, aber hiervon fühlte man sich selten belästigt. Allerdings konnte es vorkommen, dass es zu delikaten Begegnungen kam.

„Wisst ihr schon, mit wem ich Gitti gesehen habe?", wurde dann in der Gaststätte erzählt. Oder es kam auch vor, dass sich Paare, die kurz vorher Schluss gemacht hatten, auf den Bänken mit neuen Partnern begegneten, wobei diese Variante noch am Entspanntesten ablief, denn beide Teile hatten sich ja schon getröstet.

Reisen boten für Jugendliche in diesen schwierigen Zeiten nur bedingt Raum für traute Begegnungen. Eine Ausnahme bildeten aber die bereits erwähnten Falken-Zeltlager. Dabei versuchte man mehr und mehr, andere Länder anzusteuern. Zu meiner Zeit waren es Holland und Österreich. Später, so hörte ich, besuchte man auch Schweden und da soll es zu einigen Sex-und-Drogen-Eklats gekommen sein.

Kein Wunder, dachte ich, als ich das hörte.

Damals war es allerdings sehr gemäßigt. Aus ganz (West-)Berlin kamen in diesen Zeltlagern die jungen Leute zusammen, und deshalb waren sie auch ziemlich groß. Sechs Zelte, im Kreis aufgebaut, wurden zu einem „Dorf" zusammengefasst. Jeder Berliner Bezirk mutierte so zu einem Dorf, was für die West-Berliner Verhältnisse auch im Großen eine charmante Beschreibung war. Natürlich wurde alles getrennt geschlechtlich organisiert. Um die Dörfer der Mädchen zu erreichen, musste man schon einiges an Fußweg in Kauf nehmen.

In den Zelten spielte sich schon manches innige Tête-à-Tête ab, das habe ich behalten. Es ging aber nur, wenn der Rest der Zeltbesatzung, meist um die zehn Personen, mitmachte und Toleranz zeigte. Während meines letzten Zeltlagers 1967 hatte sich ein Junge aus unserem Zelt so unsterblich verliebt und seine Freundin in ihn offenbar ebenso, dass sie beinahe die ganze Zeit von morgens bis abends auf seinem Platz zusammen lagen, oft auch in seinem Schlafsack. Wir anderen fanden das sehr erstaunlich und wetteten schon, ob es einen neuen Rekord im Dauerknutschen geben sollte. Bei Nichtbeteiligten führt dieser Anblick oft zu einem ernsthaften Bewegungsstau und so ließen wir das junge Glück schnell allein und spielten Fußball. Ich glaube, es war das Jahr, in dem ich den Effet-Schuss perfektionierte und zum Erstaunen beider Mannschaften auch schon mal eine Ecke direkt verwandelte.

Außer in den Zelten bot sich für die Zweisamkeit noch die weitere Umgebung an. 1967 also, als wir in das schöne Burgenland fuhren, hatte man das Lager in der Nähe eines Sees aufgebaut. Also gab es den Strand und, wie das in ländlichen Bereichen so üblich ist, das nahe gelegene Kornfeld. Dort ungesehen hinein zu kommen, war tagsüber allerdings nicht einfach. Nachts dagegen gab es wieder das Problem, dass mehrere die gleiche Idee hatten und man über manch eine herumliegende Paarung stolperte.

Alle diese Aktivitäten fanden oft unter Alkoholeinfluss statt. In meinem Reisetagebuch habe ich fast stolz notiert, dass es praktisch keinen alkoholfreien Abend gab und man öfter als nur jeden zweiten Tag erheblich angetrunken war.

Zu dieser Zeit kam die Mode auf, sich mit sehr hochprozentigem österreichischem Rum aus dem verantwortlichen Handeln zu entfernen. Eine lebensgefährliche Angelegenheit. Zum Zwecke der Lebensmittelveredelung wurde im Handel 75-80-prozentiger Rum[15] angeboten. Man konnte ihn fingerhutweise in den Kuchen mischen oder eine Fruchtbowle ansetzen, die man aber gehörig mit anderen Flüssigkeiten versetzen sollte. Pur genügte eine sehr kleine Menge, um außergewöhnliche Orientierungsprobleme hervorzurufen. Ich habe es selbst probiert.

---

[15] Stroh-Rum, Herkunftsland: Österreich

Die Zeremonie ging damals so vonstatten: Jeder holte seinen Zahnputzbecher, der wurde gefüllt und dann wurde getrunken.

Es ist gar nicht so schlimm, das Brennen in den Innereien zu überwinden. Aber dann dauerte es nicht mehr lange, bis man die Kontrolle verlor. Nach ungefähr einer halben Stunde hatte ich einen Filmriss.

Mögen die Dinge, die man mir am nächsten Tag erzählte, auch ausgeschmückt sein, so ergaben sich bei kritischer Betrachtung auch Anhaltspunkte für real existierende Ausschweifungen, denen ich sonst nie zum Opfer gefallen wäre. Zum Kreis der Trinker gehörten damals auch einige Mädchen. Und wie es sich so ergab, hatte man zwecks Völkerverständigung auch ausländische im Lager[16].

All denen, die sehr delikate Beobachtungen aus dem nächtlichen Kornfeld berichteten, muss man entgegenhalten, dass es natürlich auch einen Grund gab, weshalb sie sich selbst im Kornfeld aufhielten.

Alles in allem kann ich mich an sehr wenig erinnern und ich glaube, das dunkelhaarige Mädchen, das ich nie wieder sah, auch nicht.

Irgendwann später, gegen Morgen, fand man mich, an das Toilettenhäuschen gelehnt und in die Gegend starrend. Ich nehme an, dass ich irgendwo in der Toilettenprozedur einfach „hängengeblieben" bin, wo also der Ablaufplan der Handlungsfolge einfach unterbrochen wurde.

Dieser „Hänger" wurde zunächst von einigen Leuten falsch interpretiert, denn die Toiletten des Lagers waren eine Reihe von offenen Nischen, die jede eine Aussägung über einer Grube beinhalteten. Wenn man Stuhlgang plante, suchte man sich, wenn möglich, noch zwei andere Personen und nahm ein Skatspiel mit. Derjenige, der in der Mitte saß, musste die Verwaltung übernehmen. Auf diese Art habe ich sehr interessante Blätter durchbekommen aber auch manche sensationell verloren. Das kam immer auf den augenblicklichen Zustand an, aber weil es sehr unterhaltend war, gab es eine Menge Freunde für diese Belustigung. Drei Wochen Zeltlager boten Zeit genug dafür. Wenn man niemand zum Mitmachen gefunden hatte, konnte man auf dem Weg zu einer noch freien Nische durchaus interessante Spielverläufe beobachten. Dass sich jemand aber hinstellte und einfach so beobachtete, galt als unschicklich.

An jenem Morgen aber war jede Unterstellung sinnlos, denn ich hatte absoluten geistigen Leerlauf. Man sagte mir, man hätte mich sozusagen

---

[16] Wir befanden uns schließlich in Österreich, das mit den östlichen Nachbarn im traditionellen Kulturaustausch stand

ins Zelt getragen. Viel später am Tag, nach glücklichem Wiedererwachen, beschloss ich, dass solche Experimente nicht zur Wiederholung angesetzt werden sollten und wenigstens in unserem Zelt hielten es auch die anderen so.

Mit Sicherheit hat hier die mittlere Dunkelheit einer Alpennacht auch verhindert, dass noch mehr Details in Umlauf kamen. Meist jedoch, wenn man sich in den 60er Jahren betrank, war das entweder am helllichten Tag, wie zum Beispiel auf unserer Klassenfahrt in der 12. Klasse auch mitten auf der Straße oder auf privaten Feten, deren Raumbeleuchtung oft auch wegen der misstrauischen Eltern nicht vorher umkonfiguriert werden konnte, also leider sehr hell blieb.

Somit kann man behaupten, dass zu jener Zeit mein Filmbesprechungskeller einen echten Quantensprung darstellte. Schon wegen der fachlichen Legitimierung der schlechten Sichtverhältnisse. Jeder wusste, dass für die anberaumten Vorführungen irgendwann das Licht ausgehen MUSSTE, und so hatte man eine gewisse Betriebssicherheit im Ablauf des Abends, die niemand als peinlich interpretieren konnte. Auch wenn dann aus manchem Ansinnen nichts wurde.

Es gab wenige, die sich aus verschiedenen Gründen am allgemeinen „Love-In" wie man es damals nannte, nicht beteiligten. Ich konnte das oft nicht nachvollziehen, denn der Geschlechterproporz wurde fast immer eingehalten. Manchmal zogen Jimmy, Noppi und Manke noch los, etwaige Ungleichheiten termingerecht zu beseitigen. Wenn Jungen wie Toppi dann doch keinen Anteil hatten, lag es nicht nur an körperlichen Defiziten, sondern auch daran, dass sich manche einfach zu schnell betrunken hatten. Aber sonst herrschte eifriges Ausprobieren von immer neuen Partnern.

Aus dieser Hinsicht kann ich ähnliche Berichte nur bestätigen, die später aus dem Innenleben von sogenannten „Kommunen" kamen, von denen die „K1" mit Rainer Langhans, Fritz Teufel und Uschi Obermeier die prominenteste wurde. Wobei in meinem Umfeld allerdings nie der politische Umsturz in Deutschland großartig thematisiert wurde. Aber die Umgangsformen ... ja, doch, hier wie dort, sie glichen sich sehr.

Viele Leute, die alle diese Zeiten ebenfalls erlebt haben, werden vielleicht einwenden, dass ihnen alle diese unzüchtigen und gesellschaftszersetzenden Gruppenerlebnisse nicht vergönnt waren und ich deshalb vielleicht im Sinne eines Verkaufserfolgs des Buches übertreibe. Aber ich kann versichern, dass ich mich streng an meine Aufzeichnungen gehalten habe. Während ich alles nachlas, fiel mir natürlich auch auf, dass diese Zeit tatsächlich ziemlich bunt war, eine alles erfassende Aufbruchsstimmung herrschte und eine Vielzahl von Details mir völlig entglitten war. Aber das habe ich ja bereits im Vorwort geschrieben. Ich denke aber auch, dass es mittlerweile nicht mehr viele Überlebende der „Szene" jener Zeiten gibt. Man kann durchaus sagen, dass bei vielen Personen die Schäden, die sie sich damals zugefügt haben, spätestens ab dem 50. Lebensjahr ihre Auswirkungen zeigten. Der glückliche Umstand für mich ist vielleicht, dass ich nicht am Bühnenrand stand, sondern immer in der zweiten Reihe.

Spannend im Nachhinein ist dennoch, wie trotz dieser Zurückhaltung das Universum in unablässiger Folge alle diese Erlebnisse in meiner Umgebung abkippte. Ich ziehe daraus den Schluss, dass man nur irgendeine kulturelle Aktivität nachdrücklich selbst organisieren muss, und schon finden sich Leute ein, die entweder selbst Entwicklungen in Gang bringen oder andere, die von dieser Magie angezogen werden und bereitwilligst alles mitmachen.

Mädchen wie Irmgard beispielsweise gab es aus meiner Sicht so häufig wie Kerne in einem Glas entsteinter Kirschen. Es gab sie, aber man war immer wieder erstaunt, wenn man tatsächlich draufbiss.

Eines Abends, nach einer angeregten Gesprächsrunde in meiner ersten eigenen Wohnung – ein Zimmer, Küche, Flur und Toilette im Treppenhaus – blieb Irmgard irgendwie hängen, als alle gegangen waren. Ich lebte nun in der Stadt, und sie noch immer dort, wo ich früher gewohnt hatte, also ziemlich weit draußen und der öffentliche Nahverkehr war auch in Berlin des Nachts ziemlich unbequem. Also bot ich ihr an, in meinem Bett zu schlafen und dann selbst die Matratzen zu nehmen, die wir aus dem Filmkeller auch hierhin geschleppt hatten. Und weil ich wirklich kein Interesse an ihr hatte und auch der Meinung war, das den ganzen Abend gezeigt zu haben, fand ich dieses Angebot völlig normal. In unseren Kreisen gab es nie eine sexuelle Handlung gegen den Willen des anderen. Sie aber bestand darauf, Matratzen in die Küche zu nehmen und sie schloss sich auch tatsächlich ein.

Aber, wie gesagt, das waren absolute Einzelfälle. In der Regel funktionierte es völlig anders, auch wenn Drogen nicht im Spiel waren, worauf ich später noch zurückkommen werde.

Würden die damals Beteiligten heute zugeben, nur wegen der sicheren Möglichkeit gekommen zu sein, im Dunkeln zu fummeln, wie es in einem Film hieß, der damals sehr angesagt war?[17] Die Antworten der Betreffenden, die ich heute noch getroffen habe, erscheinen mir nicht sicher. Kann man das jetzt noch beurteilen? Ist es überhaupt ein gutes Thema für zeitferne Analysen? Würde man kompromittierende Erlebnisse jetzt zugeben?

Zu einer Zeit, in der ein Beteiligter eine „angesehene" berufliche Stellung innehatte, war es sicherlich unmöglich, sich zu jugendlichen Erlebnissen ehrlich zu äußern. Interessant war es beispielsweise, wie sich die Medienwelt auf die Vergangenheit des früheren deutschen Außenministers Joschka Fischer stürzte, der in seiner Jugend in Wohngemeinschaften gelebt hatte, die auch von späteren gesellschaftlichen Dissidenten („Terroristen") frequentiert wurden. Hinterher wurde unterstellt, er hätte sich damals von allem Möglichen distanzieren müssen. Hätte man das überhaupt tun können?

Im Laufe der Zeit kam ich zu dem Schluss, dass wir mindestens in Deutschland eine Menge Führungskräfte hatten, deren Sozialisation wie aus dem Ei gepellt erschien. Immer brav, immer fleißig gelernt, keinen Schritt vom Wege der Keuschheit abgewichen. Aber, hat uns das weiter gebracht? Kann so ein Mensch überhaupt verstehen, was „auf der Straße" los ist? Hat eine Gesellschaft, die von Leuten ohne amouröse Affären blutleer verwaltet und regiert wird, überhaupt eine Chance?

Mittlerweile habe ich den Eindruck gewonnen, dass es heutzutage erheblich schwieriger geworden ist, Lebenserfahrungen zu sammeln, die nicht in den zielgerichteten Ablauf einer beruflichen Entwicklung eingeordnet werden können.

Viel zu früh wird der Blick der jungen Menschen auf Karriere und gutes Einkommen druckvoll ausgerichtet. Ungezieltes Verhalten ist nicht effizient. Das Hauptaugenmerk liegt damit nicht mehr im Erleben, wie sich etwas gestaltet, sondern im Erreichen, jemand zu sein. Oder mit anderen Worten: In den 50er bis 80er Jahren war das, was passierte, das

---

[17]May Spils: *Zur Sache, Schätzchen* (1968) mit Uschi Glas und Werner Enke in den Hauptrollen.

Spannende im Leben, heute ist es die Position, die man verteidigen muss. Nicht der Weg ist das Ziel, sondern das Ziel der Weg.

Geschichten ranken sich nicht mehr darum, wie man sich kennengelernt hat, sondern wie man sich anderer entledigt hat. Das Kribbeln des Neuen ist der Psychologie des Ellenbogens gewichen. Und alles im schattenlosen Licht des Internets.

Ich hoffe sehr, dass dem Drang, alles ins Licht von hundert Fernsehkanälen zu zerren, wieder etwas private Dunkelheit entgegengesetzt werden kann. Und dass man sich zu solchen „dunklen Vergangenheiten" bekennen kann, ohne den Aufsichtsratsposten zu gefährden. Für Frauen gilt das umso mehr.

Gern prangert man heute die Verlogenheit der Nachkriegsgesellschaft an, findet es widerlich, wie gerade unter dem Mäntelchen von Sitte und Moral völlig unethische Handlungen vollführt werden konnten.

Wenn eine Frau zum sexuellen Opfer wurde, hatte sie kaum eine Möglichkeit, ohne gravierende Blessuren (in allen Bereichen des Lebens!) zu entkommen. Persönliche Unterdrückung und Vergewaltigung gerade durch ethisch-moralische Instanzen wie zum Beispiel die christlichen Kirchen waren an der Tagesordnung. Das muss man mit Recht anprangern, und es traf in manchen Institutionen auch verstärkt Kinder, egal welchen Geschlechts.

Aber sind wir heute wirklich so viel weiter in einer „humanistischen" Entwicklung?

Ja, behaupten Fernsehtalker und Politiker unisono. Früher gab es wirklich böse Leute. Heute gibt es sie auch, aber nicht bei uns. Oder nur noch in Ausnahmen.

Jetzt ist alles besser, weil es besser kontrolliert wird. *Das* ist die Lüge.

Früher hatte derjenige Ansehen, der sich bemühte, für alle sichtbare Werte zu schaffen. Heute wird bewundert, wer es auf seinem Konto bis ganz nach oben geschafft hat und es wird billigend hingenommen, dass es dafür nötig war, einige Tote am Wegesrand zu hinterlassen, wenn es nur nicht nachgewiesen werden kann. Solange das keinem Journalisten gelingt, werden die neuen sozialen Kriegsherren angebetet. Früher gab es natürlich auch skrupellose Neureiche, aber noch nicht die Möglichkeit, soviel in so kurzer Zeit kaputt zu machen. Die heutigen Helden der Wirtschaft sägen profitorientiert an der Zukunft ganzer Generationen, ja, sogar ganzer Staaten, werden aber dafür mit Bewunderung belohnt.

Man könnte sagen, dies sei ebenfalls eine, wenn auch ganz andere Kategorie von Fummeln im Dunkeln.

Schweife ich jetzt ab? Ziehe ich Vergleiche an den Haaren herbei? Nein, meine ich. Mir ist nur aufgefallen, je mehr der Bereich zwischenmenschlicher Aktivitäten durch Facebook und ähnliche Instrumente ausgeleuchtet wurde, desto größer und dunkler wurde die Zone der kriminellen Aktivitäten. Wie lächerlich sieht heute die Anfangsszene von *Zur Sache Schätzchen* aus, in der eine Einbrecherbande einen Fernsehladen ausräumt. Eine schwere Kiste mit abgerundetem Bildschirm nach der anderen wird mühsam in den Wagen geschleppt. Ein einziger Karton mit Smartphones ergäbe heute einen vielfachen Umsatz. Und das soll nur ein kleines, metaphorisches Bildchen sein für die Vorgänge in der internationalen Wirtschaft und Politik.

Ich meine, darüber kann man nachdenken.

Eins ist sicher, um leuchtende Bilder zu betrachten, muss man heute nicht mehr das Licht ausmachen. Bildschirme können inzwischen gut mit dem Tageslicht konkurrieren. Leider.

Natürlich konnten wir in meinem Filmbesprechungskeller die Dunkelheit nicht ewig zelebrieren. Meine Mutter kam des öfteren herein und nach mehreren dieser Stichproben verlangte sie eine allgemeine angemessene Beleuchtung.

Daraufhin verlegte ich die unangemessene Beleuchtung in den kleinen Nebenraum, der nur über den Partykeller erreicht werden konnte. Man musste vom Eingang her eine Couch umkurven, sich an der Theke vorbeischieben und dann rechtsum den Vorhang zur Dunkelkammer überwinden. Allemal Zeit genug für diejenigen, die sich gerade dort aufhielten, sich wieder notdürftig gesellschaftsfähig herzurichten. Vor allem, wenn ein paar Leute an der Bar im Weg standen, und das war eigentlich immer der Fall. So ging das eine ganze Weile, bis schließlich im Frühjahr 1969 ganz Schluss war. Ein paar Wochen hielten wir die Treffen in Etzels Einzimmerwohnung in der Neuköllner Warthestraße ab. Aber so ganz funktionierte es nicht mehr. Eine Wohnung ist kein Partykeller.

Gammeln am Europacenter

Erst sollte es eine Parodie werden. Auf Megafilme, die es schon damals gab. Heute würde man sie belächeln, aber damals waren Historienfilme wie zum Beispiel *Die zehn Gebote, Ben Hur* oder *El Cid* mit Charlton Heston[18] echte Knaller. Und alle Zeitschriften brachten einen Artikel. Sollte man so einen Film machen, um Aufsehen zu erregen? Nein, das würde immer daneben gehen. Viel besser wäre es, das alles zu persiflieren. Mehr konnte man mit unserem Budget sowieso nicht, als die Demontage des „großen Kinos" zu betreiben. Und möglichst hehre Inhalte zu veralbern.

Statt einer teuren Kostümierung, dachte ich, sollten die Darsteller mit Schildern herumlaufen, auf denen ihre Rollen geschrieben standen. Damals begann man gerade mit experimentellem Theater, das gefiel mir gut. Ich schrieb probehalber ein paar sogenannte „Mikrodramen", Stücke, die möglichst kurz und verrückt sein mussten. Schwierig fand ich dabei, große Ereignisse auf der Bühne darzustellen. Das war schon wichtig, denn es sollte einen bleibenden Eindruck hinterlassen, wenn man schon mal ins Theater ging.

Das letzte meiner Stücke beschäftigte sich mit der Schöpfung und der Apokalypse:

„Auf der Bühne wird es ganz langsam hell. Milliarden Jahre vergehen. Es dürfen kalte Getränke gereicht werden. Dann kriecht ein Wurm von links nach rechts. Das steigert sich, bis schließlich alle Angestellten des Theaters über die Bühne rennen. Alle Notausgänge werden verschlossen und eine Atombombe gezündet. Ende."

Weil sich die Realisierung von solchen Theaterstücken nicht so einfach gestaltete, blieb ich doch lieber beim Film. Allerdings war hier der direkte Zugriff des Regisseurs auf die Zuschauer nicht möglich. Aber man konnte Monumente stürzen. Die größte literarische Errungenschaft der Deutschen, so dachte ich damals aufgrund meiner schulischen Erfahrungen, war die Nibelungensage. Sie hatte sogar den Zweiten Weltkrieg überlebt,

---

[18] 1956, 1959 und 1961, Charlton Heston war damals der diensthabende Standard-Kampfathlet auf der Leinwand

wenngleich auch nur in einem kleinen, aber teuren Ort nahe Nürnberg ...[19]

Gut, das mit den Schildern war mir dann doch zu albern – oder zu experimentell, wie man will. Ein halbes Jahr Bedenkzeit verstrich. Dann, im Herbst 1967, kam mir die zündende Idee. Die Nibelungen waren eine so schöne Geschichte, das blieb, aber könnte man sie nicht in die heutige Zeit transportieren? Am besten in die unterste soziale Ebene, das geschah ihr recht.

Damals nannte man sie „Gammler"[20], es sollte ein Schimpfwort für die Anhänger der gerade aktuellen Hippie-Bewegung sein und man meinte damit Wohnungslose, Herumtreiber und Kriminelle, manchmal auch schon Müßiggänger. Na schön, dachte ich, vielleicht könnte man gleichzeitig noch die gerade angesagte Macho-Agentenfilmwelle persiflieren, in der saubere Superhelden bescheuerte Weltrettungsunternehmen durchzustehen hatten. Und ein bisschen sexuelle Anspielungen müsste man darin auch unterbringen, schließlich waren meine Darsteller blutjung.

Mit meinen „künstlerischen" Überlegungen und der Entwicklung meines sozialen Blickwinkels rasselte ich genau in die hektischste Zeit des sexuellen Umbruchs. Dazu ein wenig Filmgeschichte, natürlich eine persönliche Auswahl, aber nachhinein besehen doch repräsentativ. Denn innerhalb von drei bis vier Jahren wurden sämtliche restriktiven gesellschaftlichen Einschränkungen der sexuellen Darstellung förmlich hinweggefegt. Eben noch schienen strenge Regeln wie in Stein gemeißelt und plötzlich war alles anders. Für einen derartig abrupten gesellschaftlichen Wandel fällt mir als Beispiel nur die Französische Revolution ein. Im Unterschied dazu fand aber der Umbruch in den 60ern zum Glück weitgehend unblutig statt. Trotzdem sagte man tatsächlich „sexuelle Revolution" zu dem Vorgang und die unterdrückende Gewalt wurde eindeutig der staatstragenden Macht, der Polizei, zugeschoben, die in den USA mit brutalen Methoden „Love-and-Peace-Happenings" auflöste. So weit kam es bei uns zum Glück nicht, aber wir waren auch nur die Trittbrettfahrer dieser Entwicklung.

In diesem Zeitraum begann auch das Ansehen der USA bei unserer Generation zu wanken. Waren wir doch vielfach mit amerikanischem Milchpulver und anderen Lebensmitteln aus den Carepaketen aufgezogen

---

[19] Opernfans sind die Bayreuther Festspiele sicher ein Begriff
[20] „gammel" kommt aus dem Dänischen und heißt dort einfach nur „alt".

worden und angesichts der Mauer und im Rahmen unseres Geschichtsunterrichts weitgehend auf Liebe zu unseren großherzigen Befreiern von jenseits des großen Teiches getrimmt, so fanden sich mit Beginn des Vietnam-Krieges immer mehr Risse in dieser kritiklosen Völkerfreundschaft. Und so fixiert wir auch auf die anglo-amerikanische Popmusik waren, so unterminiert wurden wir durch sie. Die „Protestsänger" Bob Dylan, Joan Baez, Donovan und viele andere brachten uns konträre Ansichten näher. So wie in unserer Vorstellung Deutschland den Zweiten Weltkrieg begonnen hatte, so erlebten wir die USA als ein Land, das nun seinerseits in anderen Ländern Kriege vom Zaun brach. Damit rückte die US-amerikanische Regierung in die politische Nähe unserer Elterngeneration. Auch wenn wir „Schiffsschlacht" auf Schnellhefterpapier spielten, so war Krieg doch genau das, was wir mehrheitlich als den größten Fehler menschlichen Miteinanders empfanden. Man sah ja in Berlin noch allerorts Ruinen als Folge von solchem Verhalten. Und dann gab es auch bald die Filme, die diese keimende Antihaltung unterstützten. *Easy Rider* und *Zabriskie Point* emotionalisierten den Zuschauer gegen das „Establishment", zumal sie sich auch der Musik jener Gruppen bedienten, die wir verehrten. (Und die natürlich auch gesellschaftskritische Texte machten.) Die filmgeschichtliche Entwicklung auf der Leinwand krempelte auch meine Vorstellungen von filmischer Unterhaltung um. In *Zabriskie Point* konnte man ein Paar, zwar künstlerisch aufbereitet, aber doch sehr deutlich, beim Sexualverkehr im Wüstensand herumrollen sehen. Und in *More* gab es Nachhilfeunterricht in Stellungen.

Sicher begann die Entwicklung im „Underground" viel früher, nämlich schon Ende der 50er Jahre. Aber wenn etwas als Welthit in den Kinos erschien, konnte man davon ausgehen, dass es vorher tatsächlich eine Bewegung gegeben hatte. Die Filmreihe um den britischen Top-Agenten James Bond ist ein gutes Beispiel dafür.

Es ist natürlich unmöglich, zu sagen, wer wen inspiriert oder zu weiteren Konventionsbrüchen angestiftet hat, aber wenn ich mir die Titel anschaue, die mich erreichten, erzählt diese Abfolge durchaus eine Geschichte.

Das Jahr 1962 markiert für mich den Beginn einer westlichen Kulturrevolution. Ein Film kam in die Kinos, der nicht mehr aufgrund seines Inhalts, sondern wegen des Bikinis einer Darstellerin diskutiert wurde. Das war in der Tat ein Paradigmenwechsel! Was immer sich die Macher von *James Bond jagt Dr. No* gedacht haben, sie führten die Diskussionen in eine ungeahnte Richtung.

Dürfen Frauen Männer anmachen? Damals befanden wir uns in der Blütezeit des Macho-Zeitalters und die Mädchen schickten sich brav in die (all-)gemeine Anmache. Und nun kam Ursula Andress, das erste „Bond-Girl", das selbstbewusst dem Helden entgegentrat. (Von den Filmen Russ Meyers wusste ich damals noch nichts.)

War ihr Bikini nicht etwas zu knapp? Durfte sie einen so wichtigen Mann im Kampf für das Vaterland aus der Bahn werfen? Unglaubliche Fragen, die friedlich vor sich hindämmernde Moralhüter aufschreckten.

Komischerweise diskutierte man nicht das Machotum.

Von der offen sichtbaren (auch kommerziellen)Resonanz dieser filmischen Frivolität beflügelt, legte man sofort nach: Nach wenigen Tagen im Kino begann man umgehend mit den Dreharbeiten zu *Liebesgrüße aus Moskau.*

Oh, mein Gott, konnte das denn wahr sein? Gab es, mitten im kalten Krieg, dort hinter dem eisernen Vorhang ebenfalls hübsche, selbstbewusste Frauen? War das vielleicht sogar eine Folge des gehassten Kommunismus? Musste man dem nun auch selbstbewusste Frauen entgegenstellen? Fragen, die man sich so noch nicht gestellt hatte. Die Filminhalte waren zwar weit über den Köpfen der Normalbürger angesiedelt, aber das machte gar nichts, wenn man sich im Kino mit den Hauptfiguren identifizierte. Und dann kam der richtige Einschlag! Ein wirklich angesehener, künstlerisch bekannter Regisseur – natürlich ein Schwede, würde man einwerfen – ließ die Bombe platzen. Als im Jahr 1964 *Das Schweigen* in die Kinos kam, explodierte der konservative Volkszorn und die Printmedien hangelten sich genussvoll von Eklat zu Eklat. Und davon gab es einige. Zunächst einmal war da der Umstand, dass es jemand gewagt hatte, in einem normalen Kinofilm … äh, wie sagte man es nur … eine „offene Darstellung sexueller Akte" zu zeigen, und dann auch noch als etwas in die Handlung folgerichtig Eingebundenes!

Die Zensur schrie auf, die Magazine brachten züchtige Bilder und reißerische Zeilen und man versuchte, denjenigen zu steinigen, der das ins Licht zerrte, was man zwar tat, aber nie offen aussprach.

Der nächste Skandal war, dass die FSK den Film ohne Schnitte „ab 18" freigab!

Ich war leider erst 16, aber zwei meiner Klassenkameraden schafften es, sich an der Kinokasse vorbeizumogeln. Leider sah ich immer mehrere Jahre jünger aus. (Als Mann im „besten Alter" ist das nett, als Teenie vernichtend.) Aber es ging noch weiter! Der Film bekam sogar noch das Prädikat „Besonders wertvoll". Das konservative Lager schäumte wie nie.

Gerade hatte man sich noch für die „Entschärfung" von griechisch-römischen Statuen durch angemessene Bademoden eingesetzt, und nun das! Vermutungen wurden geäußert, dass das männerdominierte Gremium es langsam selbst leid war, Sexfilmchen aus den freizügigeren Staaten Frankreich und Dänemark mühsam über die Grenze zu schmuggeln. Aber das sagte man eben auch nur hinter vorgehaltener Hand, denn diese Äußerungen zeigten ja, dass man wusste, wo die scharfen Streifen zu haben waren.

Sodom und Gomorrha wurde an die Wand gemalt, als zur gleichen Zeit die weiblichen Fans kreischend den Beatles nachliefen, und in Dokumentationen zeitgenössischer Konzerte sind deutliche promiskuitive Gesten und Signale der freigelassenen Mädchen nicht mehr retuschierbar zu sehen. „Liebestoll!", brandmarkte die konservative Presse. „Mannstoll!", ergrimmte sich meine Mutter. „Befreiung!", riefen die jungen Leute und fanden auch einen Ort, der warm genug war, den Flächenbrand auszulösen: San Francisco.

Jetzt war die Lawine nicht mehr aufzuhalten. 1965 war vielleicht noch ein Jahr, in dem das Erreichte einfach nur konsolidiert wurde. Die groß angekündigte Bibel-Verfilmung *Greatest story ever told* umfasste dann doch nur einen winzigen Teil dieses Werkes, war zwar für die von der Entwicklung hoffnungslos Überrollten ein Trostpflaster, kam aber eigentlich irgendwie zu spät.

Die Schraube wurde ganz woanders angezogen. Die amerikanische Gesellschaft, die sich gemütlich in sexuell harmlose, sich selbst bespiegelnde Komödien zurückgezogen hatte, wurde von so verdrehten Streifen wie *Faster, Pussycat, kill ... kill!*[21] in neue, übelste Diskussionsschluchten gestürzt. Hatten die Hardliner (genau so wie die deutschen Nazis) den Zweiten Weltkrieg dankend angenommen, um die Aufbruchsstimmung der 20er Jahre zu torpedieren, bekamen sie nun die überfällige Rechnung. Russ Meyer, ein amerikanischer Low-Budget-Filmemacher, war nur einer

---

[21] Kam erst 1969 als *Die Satansweiber von Tittfield* nach Deutschland.

von vielen, aber man kann an seinen Filmen gut diese Entwicklung ablesen. Für diesen, die eingefahrenen Moralgrenzen erschütternden Film von 1965 bediente er sich auf der männlichen Ebene aller Stereotypen des amerikanischen Kinos, von Douglas Fairbanks bis James Dean, übergab aber die Handlungsentwicklung einer Bande von drei mehr als vollbusigen Kampfschnecken, sodass plötzlich alle Werte auf den Kopf gestellt schienen.

Männer wurden durch Sex bedroht!

Die männliche Vormachtstellung wurde nicht nur gestürzt, sie wurde sogar der Lächerlichkeit preisgegeben. Während die Augen aller Betrachter noch ins tiefste, filmisch darstellbare Dekolleté fielen, waren sie schon längst erledigt. Auch die Zuschauer.

Und es gab sogar Prügelszenen, in denen die überdralle Karate-Tura die Männer in allen Lagen besiegte, auch horizontal. Aber ihr weiter Ausschnitt verrutschte auch bei den heftigsten Kampfhandlungen nur um Millimeter! Russ Meyer blieb sein ganzes filmisches Schaffen lang ein hämischer Sekundant der puritanisch-verklemmten amerikanischen Gesellschaft, was ich auch bei seinen späteren Filmen sehr genossen habe.

Leider sah ich diese Filme erst Jahre später, als man sich in Berliner Off-Kinos traute, solchen „harten Stoff" zu zeigen.

In genau dieser Zeit kam der Umsturz in Amerika auch noch aus einer anderen Richtung, eigentlich auch eine Folge des Krieges, beziehungsweise der nachfolgenden Scharmützel, die ein Staat wie die USA anscheinend immer benötigt, um sich selbst zu beweisen. Nach dem Koreakrieg wurde öffentlich, dass viele der heimkehrenden Soldaten überhaupt nicht wieder in die Gesellschaft zurückfanden und sich in den Weiten des Landes herumtrieben. Dazu benutzten sie die Eisenbahnen und fuhren als blinde Passagiere mit Güterzügen, denen man so bezeichnende Namen wie *Midnight Ghost* gab, quer durch das riesige Land. Sie waren auf der Suche nach einer neuen Bestimmung, einem Sinn des Lebens nach dem massenhaften Töten, und so waren sie oft tatsächlich in religiösem Bestreben unterwegs. Und weil sie in Fernost ganz andere Weltanschauungen kennengelernt hatten, versuchten sie es mit diesen, denn die tradierten, anerzogenen Systeme hatten ja offenbar versagt. Daraus entwickelte sich schon in den 50ern die sogenannte „Beatnik"-Bewegung, Leute, die ohne viel Hab und Gut unterwegs waren und im Prinzip so dokumentierten, dass sie nirgendwo mehr zu Hause waren. In der Literatur verbreiteten Autoren wie Jack Kerouac, Ken Kesey, Allen Ginsberg und Tom Wolfe dieses neue Lebensgefühl und fanden immer mehr Anhänger. Irgendwann war es dann „hip", angesagt, wie wir heute übersetzen würden, und die Anhänger dieser Lebensart der Außenseiter nannten sich „Hippies", weitere kulturelle Strömungen übernehmend. Der Desillusionierung der Kriegsentlassenen wurde nun als philosophischer Halt das Gegenteil angeboten: „Make love, not war".

Der allgemeine Drogenkonsum hatte sich auch schon früher angebahnt. Jetzt rauchte man die getrockneten Blätter und Blüten einer bestimmten Hanfpflanze (die leider in Deutschland von Natur aus nicht vorkommt) als „Marihuana" und schluckte die erste chemische „Designerdroge" LSD. Und diese Bewegung griff um sich.

Den Medien sei Dank, erfuhr ich 1966 von der beginnenden Hippie-Bewegung und versuchte, die kleidermäßigen Attribute aus Haight-Ashbury[22] zu kolportieren: bunte Blumenhemden, die meine Mutter aus Vorhangstoff nähte. Den in den USA angesagten neuartigen Papier-Kleiderstoff kriegte man in ganz Berlin nicht, das habe ich mühsam recherchiert. Nicht mal im *KaDeWe*!

Ich trug das Hemd dann auch … Allerdings hatte ich Mutproben dieser Art schon hinter mir: Im Frühsommer 1966 kaufte ich mir ein Op-Art-Hemd, eine Seite schwarz, eine Seite weiß, damals eine Herausforderung der Sehnerven, was besonders in der Schule gut mitzuerleben war. Die Lehrer, die optisch an unauffällige Kleidung angepasst waren, gerieten sichtbar aus dem Konzept.

Folgerichtig änderte ich 1967 während des „Summer of Love" in San Francisco mein filmisches Konzept weitestgehend, denn man wollte ja auf der Höhe der Zeit sein. Also wurden aus den Nibelungen Hippies, oder, wie man in Deutschland gern sagte, „Gammler".

Am 10. Oktober verabredete ich mich mit einigen Leuten an der Gedächtniskirche zu Probeaufnahmen. „Die Kirche" war schon ein wenig als Treffpunkt tagträumerischer Individuen bekannt geworden, aber nun war es Herbst und kühl und nass, und so suchten wir Schutz am nahegelegenen Europacenter. In Ermanglung der angemessenen Drogen hatten wir den gesellschaftlich tolerierten Rotwein dabei, der auch etwas besser wärmte. Jacki begann eine Pflastermalerei und Noppi begann, Passanten

---

[22] Stadtteil von San Francisco, nach einer Straßenkreuzung benannt

um Geld anzuhauen. Ich legte einen Schwarzweiß-Film ein und die Selbsterfahrung begann.

Kopfschüttelnd registrierten die vorübereilenden Berliner das Geschehen. Leider hatte es viel zu lange gedauert, bis sich alles entfaltete und es wurde langsam zu dunkel zum Filmen. Im einsetzenden Nieselregen brachen wir dann das Unternehmen ab und fuhren nach Hause in die warmen Zimmer. Aber schön war's doch. Und so blieb ich bei dem Vorhaben, diesen Film zu drehen.

Der erste Versuch ging leider daneben. Nicht nur wegen der Darsteller, sondern auch wegen des Wetters gab ich erst einmal auf. Im Winter, bei Minusgraden und zehn Zentimetern Schnee kann man tatsächlich kein Hippie-Drama drehen, zumal das Drehbuch eine Schlägerei vorsah. Die Akteure mussten am Boden liegen, bis ich alles aufgenommen hatte. Der verschneite S-Bahndamm in Berlin Lichtenrade war eben nicht die sonnige Haight-Street in San Francisco. Das sah ich ein und verschob das Unternehmen in den Frühling. Während ich Abitur machte, versuchte ich diverse Leute für den Film zu begeistern.

Anfang Mai klappte ich die Tischtennisplatte in unserem Keller zusammen, räumte ein paar alte Möbel hinein und am Dienstag, den 7., trafen wir uns dort, um alles zu besprechen. Knut, Jonny, Flipper und Werner waren begeistert und suchten nun selbst nach Darstellern. Im *Dorfkrug* sprach ich am nächsten Abend eine Blondine an, denn blond sollte Brunhild schon sein, dachte ich. Silvia kam dann auch am Freitag vorbei. Die Kriemhild wollte sich Noppi, unser Hauptdarsteller, selbst besetzen, war allerdings noch nicht fündig geworden.

„Du musst aber während der gesamten Dreharbeiten diese Beziehung aufrechterhalten!", mahnte ich ihn, denn ich kannte seine Sprunghaftigkeit in dieser Hinsicht.

„Schaffe ich doch leicht! Die paar Tage!", gab er zurück und räumte damit meine Zweifel nicht aus, denn ich hatte schon die Erfahrung gemacht, wie lange es dauerte, wenn man „nebenbei" einen Film drehte. Denn eigentlich mussten alle arbeiten, ich auch. Ich hatte mich an der Technischen Universität für Maschinenbau eingeschrieben, aber weil es üblich war, erst einmal ein Praktikum zu machen, hatte ich in diversen Berliner Firmen fürs nächste halbe Jahr einen normalen Arbeitstag.

An diesem Freitag redeten wir viel und tranken dabei. Und weil Silvia weniger redete, hatte sie mehr Zeit zum Trinken. Während ich noch mit

Noppi die Einzelheiten der Transposition der Siegfried-Gestalt in die moderne Zeit diskutierte, bemerkte ich, wie die Brunhild-Aspirantin mit allen anderen Anwesenden herumknutschte. Ich nahm das als gutes Omen für den Film.

Es erinnerte sehr stark an den neuesten Jugendfilm, der gerade durch die Berliner Kinos geisterte: *Unterm Holderbusch*, eine Art Vorläufer der Schulmädchen-Report-Serie. Allerdings wollte ich auf keinen Fall einen netten Teenie-Liebes-Film machen. Andererseits durften wir auch keinen wirklichen Sexfilm machen, so wie wir uns noch im elterlichen Zugriff befanden. Dass James Bond inzwischen mit *Goldfinger* diese unheilige, aber wirkungsvolle Art einer Kombination von Sex & Crime etabliert hatte, spielte da keine Rolle. Allerdings wollte ich auch kein braves Werben und Anhimmeln wie in den gerade überstandenen Heimatfilmen zeigen. Auf sexuelle Performance direkt anzuspielen, ohne diese allerdings zu zeigen, blieb die Maxime. Auch wenn ich öfter den Eindruck hatte, meine Protagonisten beiderlei Geschlechts würden das mittragen.

Auf die erste, allgemeine „Filmbesprechung" folgten noch sehr viele. Und das Vorhaben sprach sich herum, sodass auch immer mehr Mädchen hereinschneiten. Ab und zu ließ sich meine Mutter blicken. Manchmal erwischte sie uns tatsächlich bei cineastischen Diskussionen und wir konnten sie in diesem Rahmen dazu bewegen, ein Glas Likörchen mitzutrinken.

Allerdings nahm der Alkoholkonsum im Laufe der Zeit Ausmaße an, die nicht mehr zu übersehen waren. Mehrmals an jenen Freitagabenden wurde Bier geholt. Da ich mein Praktikum gerade beim Druckmaschinenhersteller *Schwartzkopff* am Gesundbrunnen absolvierte, kam ich immer durch den S-Bahnhof Friedrichstraße vorbei. West-Berliner konnten dort in die Ringbahn umsteigen. Der Bahnhof befand sich aber auf dem „Gebiet der DDR", somit war er landesrechtlich exterritoriales Gebiet. Konkret bedeutete das die Ersparnis des Zolls, wenn man an dem Kiosk dort kaufte. Hier konnten West-Berliner das Schlangestehen des Ostens nachempfinden, denn der kleine Bahnhofsverkaufsstand war in Sachen Alkohol und Zigaretten wohl sortiert. Von dort brachte ich immer eine Flasche *Der Falkner* mit, ein Weinbrand für 6 DM der halbe Liter. Eine Stange *Gauloises* kostete 15 DM.

Der Genuss von Alkohol war eigentlich die ständige Begleitung für die meisten Ereignisse in dieser Zeit. Zunächst einmal waren die Mädchen nach wenigen Gläsern von einer liebreizenden „Ist-mir-egal-Haltung" eingefangen. Was ich persönlich am Wichtigsten fand, war, dass die Akzeptanz der entwickelten Filmaufnahmen proportional mit dem Bierkonsum wuchs. Einmal, ganz am Anfang unserer Besprechungsserie hatte ich unsere Aufnahmen gezeigt, als alle noch nüchtern waren. Das aufkommende Entsetzen konnte nur durch ein Geldsammeln gemildert werden, was die Anlieferung der nötigen Getränke innerhalb einer halben Stunde garantierte. Später schaltete ich den Projektor mit den neuesten Mustern erst dann an, wenn möglicher Widerspruch ausreichend überschwemmt war.

Der Sommer 1968 war schön und warm. Das kam auch allen zugute, die Orientierungsprobleme hatten, wenn sie nach der Besprechung wieder die frische Luft erreichten. Jonny wohnte in Neukölln, musste deshalb mit dem Bus nach Hause fahren. Mindestens einmal schaffte er es nicht bis zur Haltestelle, sondern schlief in dem Kornfeld, das sich damals dort befand, wo man später das Schulzentrum baute. Immerhin wachte er rechtzeitig auf, um zu seiner Arbeit in einem Kreuzberger Lebensmittelladen zu fahren. Aber die ältere Dame, die gerade die Zeitung geholt hatte, erschrak furchtbar vor dem Mann, der aus dem Roggen kam.[23]

Ein stetes Problem für die Dreharbeiten war aber die Notwendigkeit, den Tag zu nutzen. „Carpe diem" war für viele jedoch keine realisierbare Weisheit. Sicherlich war die Ursache auch in den ständigen Gelagen zu sehen. Wer um 3 Uhr nachts sturzbetrunken ins Bett kippte, konnte unmöglich um 10 Uhr vormittags für den Drehtag bereit sein. Ich versuchte trotzdem mein Möglichstes. Meist hatte ich erst nachmittags endlich die nötigen Darsteller beisammen. Schauspieler kann man nicht sagen, denn ihre physische Performance war durch ihren Kater oft noch sehr eingeschränkt. Aber da dieser Mangel sowieso Gegenstand der Filmhandlung war, erhöhten die persönlichen Defizite nur den Satirewert der Aufführung.

Parallel zu diesem Vorhaben lernte ich Hans-Joachim Thunack kennen, dessen vollen Namen man durchaus nennen kann, denn er ist eine der wenigen wirklichen Ikonen des Independentfilms.

Als langjähriger Science-Fiction-Leser war ich natürlich auch auf die Heftserie *Perry Rhodan* gestoßen, die ich ab Band 3 intensiv verfolgte.

---

[23] Mit Sicherheit kannte die aber den Roman *Catcher in the rye* nicht und auch Jonny nicht, der eigentlich sehr nett zu allen war.

Man kann aus heutiger Sicht sagen, dass sich hier die gesamte deutsche schreibende Prominenz tummelte, kongenial dazu, dass die Urheber dieser Serie ein nie wieder erreichtes visionäres Potential umgesetzt hatten. Bis heute ist es das größte Zukunftsepos der Welt, die erschienenen Hefte und Bücher gehen inzwischen in die Tausende und der Handlungsumfang steckt amerikanische Versuche wie *Star Wars* locker mehrmals in die Tasche.

Im Jahr 1966 waren aber noch nicht einmal 150 Folgen erschienen, was mir damals jedoch schon grandios vorkam und, neutral betrachtet, auch ist. In diesen Heften wurde auch die Gründung von Clubs angeregt, und einer davon befand sich in Berlin. So lernte ich Hajo Thunack und mehrere andere Leute kennen, die später in meinen Filmen mitspielten, sowohl er selbst, seine Freundin Renate, Jonny, Knut, Toppi, Pinie und Gratian, der später wegen seiner Nibelungen-Rolle nur noch „Etzel" genannt wurde,. Im Prinzip kann man sagen, dass ich als begeisterter Perry-Rhodan-Leser ungefähr 80 Prozent des *Perry-Rhodan-Filmclubs Berlin* für die Sex-Crime-Drogen-Abenteuer meiner Gammlerfilme begeisterte („abgeworben!").

Hajo hatte sich in den Kopf gesetzt, mit einer kleinen 8-mm-Filmkamera mindestens einen Band der geliebten Serie zu verfilmen: *Atlan – der Einsame der Zeit*. Es wurde sein Lebenswerk. Dazu mehr im nächsten Kapitel, ich wollte hier nur andeuten, woher die Hälfte meines Hippie-Filmclubs stammte.

So mussten wir immer ein wenig rangieren, mal für Thunack, mal für mich zu drehen. Als sich andeutete, dass in den großen Ferien einige meiner Hauptdarsteller verreisen würden, wurde noch eine große Abschlussfete bei Nicki anberaumt, bevor wir uns dann ganz auf den „Einsamen der Zeit" konzentrierten.

Diese Fete war symptomatisch für vieles, was sich damals abspielte. Nickis Eltern besaßen ein hübsches Gartenhaus, dort sollte es abgehen! Ich brachte mein Tonbandgerät, Verstärker und Lautsprecher hin, praktisch die ganze Ausrüstung, die ich damals besaß.

„Ah, da sseiht ihr ja enndlich!", brachte Silvia hervor und ich wusste, dass die Mädchen den Fetenbeginn schon etwas vorverlegt hatten. Mit mir kamen noch zwanzig Gäste; wir hatten uns bei mir getroffen. Es war klar, dass der offen sichtbare Vorsprung nachgeholt werden musste. Ich schreibe das als Erklärung, nicht als Entschuldigung. Es machte einfach keinen Spaß, wenn nur ein Teil der Party betrunken war. Wenn, dann sollten es alle sein, das war die Philosophie. Während der eiligen Bestrebungen, ein gleichmäßiges Stimmungsniveau aufzubauen, zog ein Gewitter herauf. Vor dem einsetzenden Starkregen flüchteten wir in das Gartenhaus, was sich für die Anzahl der Anwesenden als etwas knapp bemessen erwies. Zwangsläufig konnte niemand einzeln herumstehen. In meinem Tagebuch habe ich vermerkt, dass bald jeglicher Überblick, mit wem man gerade knutschte, verloren ging. Irgendwann hörte der Regen auf und Nickis Eltern, wohl in Sorge um die Einrichtung des Gartenhäuschens, drängten uns, die Party wieder nach draußen zu verlagern. Vielleicht war das nicht ganz die beste Idee. Die Tanzeinlagen gerieten nun schon etwas unkontrolliert, mein Hemd ging in Fetzen, weil sich ein Fuß darin verhedderte und die inzwischen tropfnasse Krepppapier-Deko färbte bei jeder Berührung fürchterlich ab.

Es war klar erkennbar, dass ein Garten mit gepflegten Beeten kein guter Ort für eine Fete wie diese sein konnte, denn die akribisch gezogenen Grenzen der Wege nahm bald niemand mehr wahr. Außerdem hatte Noppi entdeckt, dass im Nachbargarten ein Kirschbaum wuchs, der auch voller Früchte hing. Ich bekam diesen Umstand erst mit, als die ersten von ihrem Ausflug dorthin zurück kehrten. Natürlich war es auf der Party viel gemütlicher als auf dem Baum, deshalb hatten sie die voll behangenen Äste gleich mitgebracht.

Das Bezeichnende zu dieser Zeit war, dass niemand auf die Idee kam, hier einzuschreiten und zur Besonnenheit zu mahnen. Im Gegenteil, mehrfach wurde Bier geholt. Die Kästen waren schneller leer, als gedacht.

Als Nickis Eltern um 2 Uhr nachts die Party auflösten, war es für den Garten eigentlich schon zu spät. Die mühsam angelegte Architektur der Beete war nicht mehr zu retten. Aber keiner wollte heim, also schlug jemand vor, meinen Keller zu frequentieren. Meine Mutter stürzte im Nachthemd heraus, was sie sonst nie getan hätte, schon um sich nicht dieser Peinlichkeit auszusetzen. Das war wohl der Grund, weshalb sie uns überhaupt passieren ließ.

Um 6 Uhr kam sie aber wieder zu uns herunter, diesmal korrekt angezogen, und gerade, als es etwas ruhiger geworden war.

„Das ist doch keine Pennerhalle hier!", rief sie und nun mussten wirklich alle nach Hause wanken.

Die Stimmung bei Nickis Eltern war ziemlich frostig, als ich am Tag die Anlage abholte. Vielleicht würden sie nie wieder eine Fete in dem Schrebergarten feiern. Es sah ein bisschen so aus, als hätten wir die ganze Ernte vernichtet. Am Abend kamen die Mädchen dann doch wieder zu uns in den Keller, allerdings nur, um zu sagen, dass sie nicht mehr mitspielten. Ihre Eltern hätten es ihnen verboten, weil ich ja Drogen nähme. Das war meine erste Erfahrung mit diskongruenter Kommunikation. Und das sagte ich ihnen auch. Tatsächlich war der Inhalt unseres Films der Konsum von Marihuana und LSD, aber mangels Einkaufsmöglichkeiten hatten wir zu diesem Zeitpunkt lediglich mal einen Joint geraucht.[24] Angesichts dieser Vorwürfe erinnerte ich Silvia daran, dass in die Kategorie Drogen natürlich auch Alkohol gehörte. Und dass sie noch nie eine Flasche mitgebracht habe, wohl aber jedes Mal zügig die verfügbaren leerte. Dem pflichteten die anderen Anwesenden bei und unsere Hauptdarstellerinnen waren demgemäß auch von meiner Seite her gefeuert.

„Das macht doch nichts!", sagte Noppi. „Da finden wir ganz schnell Ersatz!"

Und so geschah es dann auch. Das Ärgerliche war, ich musste schon wieder das Drehbuch umschreiben. Ohnehin war inzwischen von dem Anfangskonzept kaum ein Stein auf dem anderen geblieben. Wenn ständig jemand wegen Aufstehbeschwerden nach dem Durchmachen alkoholgetränkter Nächte nicht am Drehort erschien, konnte man auch kaum die geplante Geschichte realisieren.

Nach der Sommerpause beendeten wir ganz schnell die letzten Drehs, dann kümmerte ich mich um den Fortgang der Handlung. Im ersten Teil ging es nur um *Gunthers Minne*, aber eigentlich wollte ich die ganze Saga verfilmen. Wie man sieht, der Monumentalfilm hatte schon Spuren hinterlassen. Deshalb war auch schon das Drehbuch für Teil 2 und Teil 3 fertig, die nun endlich so hießen, wie es die Historie vorschlug: *Siegfrieds Tod* und *Kriemhilds Rache*.

Natürlich kam in meinen Filmen niemand durch Schwerter ums Leben. Siegfried wurde von einem Kripobeamten erschossen, als er gerade in eine Villa einsteigen wollte. Den Tipp dazu erhielt die Polizei von Hagen, der von Brunhild mit einer Tüte Marihuana bestochen worden war.

---

24 Noch vor dem Abitur hatte ich Adrian, den ersten Dealer an unserer Schule, kennengelernt. Er war allerdings noch nicht in das Geschäft mit Trips eingestiegen, verkaufte lediglich Haschisch.

Kriemhild kriegte das natürlich raus und legte daraufhin jeden um, der ihr missgünstig war, besonders aber Hagen. Wir drehten die Szene oben auf dem Damm der Lichtenrader S-Bahn. Ich/Hagen kann mich noch gut erinnern, wie ich getroffen den Hang hinunterrollte, glücklicherweise in meinem dicken 40er-Jahre-Fischgräten-Wintermantel, den früher mal mein Vater getragen hatte.

Die neue Darstellerin der Kriemhild hatte sich im *Dorfkrug* um diese Rolle bemüht, nachdem sie erst mit meinem Freund Flipper eine Beziehung angefangen hatte. Ich fand es interessant, dass ein Mädchen sich in mich verliebte und mich anbaggerte, weil sie in dem Film mitspielen wollte. Sie war zwar nicht wirklich mein Beuteschema, aber ich dachte auch an den Film, und, ja, dafür muss man als Künstler schon bereit sein, zu leiden. Wenigstens ein bisschen. Allerdings bemühte ich mich sehr, die anstehenden Szenen abzudrehen, denn so richtig war diese Beziehung nicht die meine. Dabei war Angelika absolut kein Vorwurf zu machen, sie tat, was sie konnte, war lieb und spielte durchaus ernsthaft mit. Aber zum Beispiel war sie einfach zu jung für ihre Ambitionen – und unsere dazu. Als ich erfuhr, dass sie erst 14 war, obwohl man sie gut für 16 halten konnte, überlegte ich, welche Konsequenzen das unter Umständen für mich hätte. Und weil ich mit meinen 19 Jahren schon strafrechtlich voll belangbar war, kriegte ich schon aus diesem Grund kalte Füße. Aber wir hatten nun angefangen zu drehen, Filmmaterial war teuer, und so gab es zwei Monate lang nur eins: Durchhalten! Danach hatte sie ein (kurzes) Verhältnis mit Gratian/Etzel, und sie war damit das einzige Mädchen, das alle drei von unserer „Kaufmann-Clique" hatten.

Ach ja – das gab es auch noch: Wir haben zu dritt viele Nächte durchgemacht, und eigentlich trat immer irgendwie ein finanzielles Problem auf.

„Kannst *du* das mal kaufen, ich hab keine Kohle mehr?", war so eine ständige Frage die unter uns immer wieder auftauchte. Als das irgendwie peinlich wurde, beschlossen wir, „Die Kaufmanns" zu werden und warfen immer alles Geld zusammen, bevor wir irgendwo hin gingen. Dann wussten wir, was wir uns zu dritt leisten konnten, denn allein wollte keiner losziehen. Das hat sogar jahrelang gehalten. Den Rahmen dafür bot die damalige Love/Peace/Kommunen-Stimmung. Ich habe später nie wieder von einem ähnlichen Fall gehört.

Den zweiten und sogar gleich noch den dritten Teil der Nibelungen-Saga drehten wir tatsächlich bis Mitte Oktober ab. Die Filme spielen im Herbst, und das sieht man auch.

Allerdings war an den gleichzeitigen Handlungsorten oft ganz unterschiedlicher Herbst. Dieser Makel ist jedoch, wie ich erfahren habe, von niemandem besonders bemerkt worden. Und so ist das Fazit: Besser ein fertiger Film, der Fehler hat, als ein perfekter Film, der nie fertig wird. Und das war genau der Spagat, den Hans-Joachim Thunack mit seinem Atlan-Film kaum bewältigen konnte: Zu viele Details sollten zu perfekt sein.

Der Einsame der Zeit gegen die Nibelungen

In den 60er Jahren war Filmemachen ein einziges, großes Abenteuer. Das lag vor allem an der praktisch noch nicht vorhandenen Elektronik. Mechanisch war alles perfekt: selbst die einfachsten Filmkameras konnten den perforierten Azetatstreifen so genau transportieren, dass sich niemand darum Gedanken machte, dass durchschnittlich 20-mal in der Sekunde der Film angehalten und wieder transportiert wurde. Das große Problem war die Tonaufnahme und die Synchronisation mit dem Film. Das konnte damals keine Kamera. Der Film, der aus der Entwicklungsanstalt kam, war stumm.

Beim „großen Kino" hatte man das Tonproblem gelöst. Ein ebenso wie der Film perforiertes Magnetband wurde von einem Gerät bespielt, das exakt die gleiche Geschwindigkeit lief wie die Kamera. Diese Präzision war aber teuer, so teuer, dass man sie nicht in den Amateurbereich übernehmen konnte.

Um trotzdem mit geringem Budget Tonfilme machen zu können, kam man auf die Idee, auf den Rand des Films eine Tonspur zu kleben, die man im Projektor aufnehmen und abspielen konnte. Wenn man bedenkt, dass die Normbreite des damaligen Amateurfilms lediglich acht Millimeter betrug und natürlich soviel wie möglich für das Bild zur Verfügung stehen sollte, konnte man erahnen, wie weit sich die Werbestrategen für die Lobpreisung des Tonfilms aus dem Fenster lehnen mussten, wenn kaum mehr als ein halber Millimeter Breite für die Klangqualität zur Verfügung stand.

Die Methode der lippensynchronen Vertonung war so genial wie einfach. Natürlich, keine Frage, man sprach eben alles ein, während der Projektor lief. Was hinterher leider etwas störte, war das fulminante Motorgeräusch, das den Sprecher bei der Kommentierung der erholsamen Wochen am leergefegten pazifischen Traumstrand begleitete. Schnell vermutete man eine böswillige Kooperation mit einem zwielichtigen Reiseveranstalter, der den Filmemacher dazu überredet hatte, die große Hotelbaustelle immer im Rücken der Kamera zu halten.

Ich weiß von einigen begeisterten Amateurfilmern, dass sie erhebliche familiäre Verstimmungen zu ertragen hatten, nur weil sie wegen der Betriebsgeräusche des Projektors im Wohnzimmer eine schalldichte Kabine bauen wollten.

Später hörte ich dann von Amateurfilmern, die sich in der Kellerbar einen schalldichten Kasten einbauten, den man auch als Getränkeschrank benutzen konnte. Die Ausgaben konnte man durch befreundete Filmer amortisieren, deren Mietobjekt keinerlei Ausweichmöglichkeiten zuließ. Im Allgemeinen fand diese zusätzliche Nutzung eines sonst leerstehenden Raumes unter der Woche, wenn weder Wäsche zum Trocknen hing noch Familienfeiern abgeleistet werden mussten, große Zustimmung.

Tonaufnahmen an einem Drehort auf der Straße und in der Natur waren zwar möglich, denn Batterietonbandgeräte gab es schon, aber hier drang man in den professionellen Bereich ein und musste gleich mehrere tausend Mark lockermachen.

So ist es kein Wunder, wenn die Amateurfilme der 50er und 60er Jahre fast ausschließlich nur mit Musik unterlegt waren.

Das aber war mir zu wenig.

Ich wollte das große, das richtige Kino, auch wenn sich die Praxis meinen Ambitionen vehement entgegenstellte. Leider bedeutete das auch, dass, wer einen Film machen wollte, alles können musste. Und „Alles" meinte auch „Alles". Man musste, realistisch betrachtet, ungefähr zehn Berufsgruppen in einer Person ausfüllen.

Wie man das auf mehrere Schultern verteilen konnte, hatte ich auf der Klassenfahrt 1964 gesehen. Eigentlich war es furchtbar, was dabei herauskam.

Genau genommen hatte nichts wirklich geklappt, weil auch sonst niemand Genaueres über das Metier wusste. Man sieht einigen Einstellungen an, dass unser Kunstlehrer nachhalf und weitgehend Regie führte. Aber sonst …?

Sonst hatten wir eine Menge Spaß und lernten von der Pike auf, wie es funktionierte. Jede Erfahrung war schmerzhaft und teuer und deshalb war sie auch nachhaltig. Aber wenn die Filme vorführfertig wurden, war es ein riesiger Sieg. Ich lernte ein bis dato beinahe unbekanntes deutsches Wort lieben: dennoch!

Trotz aller Hindernisse kämpften wir uns zum Erfolg durch. Dass die Produktionsgruppe immer kleiner wurde, stählte nur umso mehr.

Freundschaften können wunderbar sein, wenn man zusammen die Anfeindungen der Wirklichkeit überwindet. Ähnlichkeiten mit der Gründung einer Band und der Zusammenarbeit bis hin zum Stücke schreiben und Auftritten sind unübersehbar. Leider wurde die Sache mit der Band nichts, weil ich, wie meine Mutter feststellte, völlig unmusikalisch war. Und die Theatergruppe ödete mich an, weil man immer das Gleiche machte. Der einzige Ausweg in die Kreativität war also gleichzeitig der Schwierigste.

Dieser Virus des Filmemachens hatte mich dann aber derart infiziert, dass ich mich 1970 an der Deutschen Film- und Fernsehakademie (DFFB) um Aufnahme bewarb. Das Studium dort war mit einem Stipendium verbunden und der Zulauf enorm, aber ich rechnete mir Chancen aus, weil ich gerade einen halbstündigen Spielfilm über die aktuelle Drogenszene fertig gestellt und erfolgreich in Jugendheimen aufgeführt hatte. Sogar die Landesbildstelle war begeistert und wollte Kopien für die Verwendung an Schulen ziehen.

Was ich nicht wusste: An der DFFB hatte gerade ein Direktor Fuß gefasst, der eine neue Deutsche Filmästhetik anschieben wollte. Deshalb wurden im Prinzip nur Bewerber angenommen, die aus dem bildenden Kunstbereich kamen und möglichst nicht von technischen Kenntnissen beeinflusst waren. Zum Beispiel auf keinen Fall wussten, wie man mit einer Kamera umgeht. Einen Erfolg konnte man immerhin vorweisen: Wim Wenders hatte gerade seine Ausbildung beendet und einen ersten Erfolg gefeiert.

Warum das Konzept insgesamt nicht aufging, wurde mir erst später klar, nachdem ich eine ganze Anzahl von erfolgreichen Absolventen kennengelernt hatte. Viele der Bewerber interessierten sich gar nicht wirklich für „den Film" sondern gingen später in die Verwaltung. Andere kamen mit den zwanghaften Realitäten in der Praxis nicht klar und versandeten in der Berichterstattung von regionalen Fernsehsendern. An der DFFB hatten sie jede Freiheit des Schaffens, mussten nicht einmal unbedingt wissen, wie man einen Film einlegt.

Ich weiß das, weil ich später, als ich eine eigene Filmproduktionsfirma eröffnet hatte, aufgrund von mehreren Empfehlungen für die DFFB tätig wurde und den Studenten diese Geheimnisse zeigte bzw. solche Dinge, die unter der Würde eines solchen „Regisseurs" sind, schnell selbst erledigte.

Die Folge dieser „Ausbildung" war natürlich, dass die Absolventen zwar in Filmgeschichte und Ästhetik, sowie in Verwaltungsangelegenheiten gut ausgebildet waren, jedoch mit dem technischen Teil eines Teams kaum auf Augenhöhe kommunizieren konnten. Solche elitären Standorte führen bei Mitarbeitern eher zur lustlosen Verweigerungshaltung. („Ich mach hier den ganzen Job und der kann nicht mal eine Wechselkassette von einer Gießkanne unterscheiden!")

Aber, vom heutigen Standort aus betrachtet, war es eine sehr moderne Auffassung, die inzwischen aus der großen Politik nicht mehr wegzudenken ist. Dort gibt es mittlerweile kaum einen Fachminister, der von diesem Fach wirklich Grundlegendes weiß, dafür aber alles über juristische und verwaltungstechnische Fragen.

Der Vorteil scheint auf der Hand zu liegen. Solche Leute sind universell einsetzbar. Heute das Familienministerium, morgen das Arbeitsministerium und übermorgen das Verkehrsministerium oder die Verteidigung oder vielleicht sogar das Umweltministerium. Nach Orwell greift dann vielleicht auch bald die neue Sprachregelung: „Miniverkehr" oder „Miniumwelt".

Die Fachkompetenz lässt sich über Berater abwickeln. Hier aber muss die fachlich ungebildete Führungsperson aufpassen, dass sie sich nicht die Lieblingskinder des jeweiligen Fachpersonals schönreden und aufschwatzen lässt, wie zum Beispiel die Rente mit 60 für Dauerbewohner von Hotelsuiten oder unbemannte Flugkörper, für die sich nach Anschaffung herausstellt, dass sie keine Betriebzulassung bekommen.

Vielleicht bin ich in Einzelfällen ungerecht, aber ich muss gestehen, dass mich die oben geschilderten Prüfungsvorgaben der DFFB um 1970 verärgerten. Und zwar erst viel später, in den 80ern, als ich davon erfuhr. Zum Zeitpunkt meiner Ablehnung war ich einfach nur enttäuscht, biss die Zähne zusammen und versenkte den Löwenanteil meines verdienten Geldes trotzig weiterhin in dieses teure „Hobby".

Während mich die monumentale Hippiesaga um die Nibelungen beschäftigte, nahm ich Kontakt zu dem *Berliner Science Fiction-Club* auf, der damals von Peter Skodzik geleitet wurde. Dort lernte ich Hans-Joachim Thunack kennen, der sich mit dem Gedanken trug, das Heft Nummer 50 der Perry Rhodan-Heftserie zu verfilmen (siehe letztes Kapitel).

Was für ein Vorhaben!

Ich hielt ihn aufgrund meiner eigenen Erfahrungen sofort für verrückt, allerdings für „filmverrückt" und das machte ihn gleich sympathisch. Nachdem es einigen in diesem SF-Club zu literarisch zuging, zog Thunack aus und nahm alle mit, die sich für das Filmen interessierten. Fortan trafen wir uns im Nachbarschaftsheim Neukölln und nannten uns *Perry-Rhodan-Filmclub*.

Die Sache mit dem Delegieren war auch Hajo klar, und aufgrund meiner Erfahrung war ich sofort der Kameramann seines Projektes. (Ihn hätten sie an der DFFB auch nicht genommen.)

Die Folgen wurden mir erst später klar.

Der Hauptteil des Romans und damit auch seines Films spielte auf einer heißen, luftleeren Wüstenwelt, und die beiden Kontrahenten mussten nach einem Schiffbruch zu Fuß eine Station erreichen. Da sie sich spinnefeind waren und in Raumanzügen steckten, ergab das ein paar Härtegrade mehr auf der nach oben offenen Sadistenskala der Romanschreiber und Filmregisseure. Und vor allem für die beiden Darsteller, die das ausbaden durften. Hajo hatte sich selbst und seinen Cousin auserwählt; sich selbst opfern und es in der Familie halten, schien eine gute Lösung. Leider dauerte es letztlich über 30 Jahre, bis der Film tatsächlich fertig wurde. Aber ich will nicht allzu sehr vorgreifen.

Zum Zeitpunkt unserer aktuellen Aufmerksamkeit, nämlich am Samstag, den 3. August 1968, befanden wir uns mitten in den Dreharbeiten, und nicht zum ersten Mal in der Kiesgrube. Es war DIE Kiesgrube, die für eine ganze Zeit ein geliebt-gehasster Drehort werden sollte, nämlich jener luftlose, heiße, extrasolare Planet, den ein gewisser Karl Herbert Scheer als Austragungsort seines Männer-Duells gewählt hatte. Er und ein paar andere Autorenkollegen hatten sich mit ihrer Fortsetzungsgeschichte der Eroberung des Weltraums durch die Erdbewohner in unsere Herzen geschrieben. Es war der erste Versuch, eine ultimative Zukunftsgeschichte zu entwerfen. Auch wenn ein paar jugendliche intellektuelle Kritiker (die dann später als Redakteure des kritisierten Verlags selbst weiter den Mythos förderten) das nicht wahrhaben wollten, das Anliegen, auch die Helden aus dem Holzschnitt amerikanischer Pulps zu befreien. Außerirdische wurden zu denkenden und fühlenden Wesen. Vorbei war die Zeit der glubschäugigen Monster und bösen, die Erde überfallenden Kraken vom Mars. Heutige und vor allem hohe literarische Anforderungen sollte man nicht stellen, aber innerhalb des Zwanges, auch populistisch zu sein, gelang manchmal sogar ein kleines Meisterwerk, wie eben jener Band, den Hajo Thunack verfilmen wollte.

Natürlich sind Amateurverfilmungen von Science-Fiction-Themen von vornherein ein Opfer ungewollter Lächerlichkeit. Dilettantische Darsteller und Bauten aus Buntpapier und Wellpappe kann man nur als Parodie verstehen. Aber damals war die Konkurrenz aus *Raumpatrouille Orion* und japanischen Godzilla-Verwandten noch nicht so perfekt. Da wackelte auch die Pappe, Streichholzbauten fielen zusammen und das berühmte Bügeleisen in der Raumschiffzentrale der „Orion 7" machte Nachahmern Hoffnung.

Auf jeden Fall machte es Spaß. Nur nicht in der Kiesgrube. Auch wenn Peter alias Perry Rhodan als Hajos Cousin in der Familienpflicht war, so konnte ihn das nicht daran hindern, die Sinnlosigkeit der Tortur an den Pranger zu stellen, zum Beispiel an jenem heißen Augusttag, als wir ihm nach gelungenen Dreharbeiten in der Wüste den Raumanzug vom Leib schälten. Die bessere Idee wäre gewesen, ihn völlig nackt in den Anzug zu stecken, denn den Rest der Kleidung musste er nun auch ausziehen, weil man sie so besser auswringen konnte. In den Stiefeln schwappte es verdächtig. Mit anklagender Miene goss er sie aus.

Eine Woche später war es an ihm, sich zu belustigen, denn Hajo, der den Kontrahenten Atlan spielte, erging es nicht besser. Seine Schuhe schwappten noch besser, was sicher darauf zurückzuführen war, dass sich Hajo in seinem Film natürlich perfekt darstellen wollte. Die große Leinwand lockte.

Manchmal allerdings war uns das Wetter nicht so wohlgesonnen. Es kam schon vor, dass es genau an diesem so kostbaren Wochenende regnete und wir auch keine Innendrehs vorbereitet hatten. Einmal, am letzten Tag im August, waren wir überfroh, dass der gestrige Regen endlich der Sonne gewichen war. Bei den aufgeschütteten Kiesbergen sah man im Film die Feuchtigkeit nicht. Dafür stand der Rest noch unter Wasser. Als wir nach Beendigung der Aufnahmen wegfahren wollten, blieb Toppis Wagen im Schlamm stecken. Leider fand sich niemand, der den Wagen herausziehen konnte, nur vier Amateurfilmer zum Schieben.

Zwei Wochen später gab es eine ganz unerwartete Art des Drehschlusses: Die Kamera streikte. Wenn man mit einem hochpräzisen mechanischen Instrument in einer staubigen Wüstenei hantiert, sollte man aufpassen, dass das Gerät nicht herunterfällt. Auch robuste Kameras wie Hajos kleine *Nizo* nehmen diese Behandlung gern übel.

„Schluss, aus, einpacken!", rief er verärgert. „Alles versandet, bleibt immer stehen!" Er musste dann im Dunkeln, wofür man gern unter die Bettdecke kroch, den angefangenen Film herausnehmen und ohne Krümel sicher einpacken.

Am übernächsten Wochenende hatte er eine andere Kamera. Viel wurde aber nicht mehr gedreht, denn mittlerweile war es tiefer Oktober, das Wetter wurde ungemütlicher und die Kiesgrube war nur noch mit Kettenfahrzeugen oder Treckern befahrbar. So ein Gefährt war Toppis Wagen ganz entschieden nicht.

Währenddessen wollte ich aber auch *meinen* Film drehen. Es war ja schön und gut und vielleicht auch sehr ruhmreich, am ersten deutschen unabhängig produzierten Perry Rhodan-Film mitzuwirken, aber noch viel ruhmreicher wäre doch eine eigene Produktion.

Das hätte natürlich aussehen können, als ob ich seinen Film zu Fall bringen wollte. Zwar sprach mein Einsatz in der Kiesgrube und auch anderenorts dafür, dass das nicht beabsichtigt war, aber manchmal sitzen kleine Splitter tief. Also wählte ich den demokratischen Volksentscheid.

Wer mit dabei sein wollte, wenn zeitkritische und jugendnahe Themen verfilmt wurden, wenn in einem feudalen Fetenkeller offene Promiskuität gefördert wurde, zugleich enthemmende Getränke in größeren Mengen bereitstanden, genau so wie eine verschwiegene Dunkelkammer und wo es auch selten am geschlechtlichen Gleichgewicht mangelte, der durfte gern bei meinem Film mitmachen.

Dieser basisdemokratischen Abstimmung mit den Füßen folgte selbst Hajo und ich glaube aufgrund meiner Aufzeichnungen auch sagen zu können, dass hier sogar die Beziehung zu seiner Freundin Renate gefördert wurde, jedenfalls war sie kurze Zeit nach den ersten deftigen Filmbesprechungen schwanger. Das brachte natürlich seinen Film nicht unbedingt voran, aber daran war ich nicht schuld.

Im Gegenteil, ich organisierte sogar den Zugang weiblicher Darsteller für seinen Film. Zum Beispiel wurde die Bedienung in der *Venusbar* durch Sigi und ihre Schwester gestellt, beide blond und langhaarig. Hier erhielt Toppi auch seinen Spitznamen, der von der Figur des Topthor, eines sehr korpulenten galaktischen Handelsfürsten, hergeleitet ist.

Und ich organisierte meine Drehtage immer in Abstimmung mit seinen, quasi um seinen Film herum.

In erster Line war es aber sicher ein Ergebnis der leichter verfilmbaren Handlung, dass mein Filmepos erheblich rüstiger voranschritt als seines. Schließlich kam ich fast völlig ohne Trickaufnahmen aus, wenn man davon absieht, dass Hochprozentiges in Flaschen generell Tee war, um die allen gut bekannte Färbung von Getränken wie Whisky oder normalem Weinbrand zu simulieren. Und weil manchmal niemand Zeit gehabt hatte, Tee zu kochen, tat es auch eine Wodkaflasche, die wir mit Wasser füllten. Erst bei späteren Drogenfilmen musste ich mit den Problemen kämpfen, die zwangsläufig bestehen, wenn Darsteller alles hundertprozentig realistisch haben wollen, natürlich auch die Requisiten.

Gut war auch, dass ich bei meinen Filmen kaum eine zeitliche Begrenzung hatte, außer, dass man irgendwann einfach fertig sein wollte. Hajo aber wollte unbedingt den fertigen Perry Rhodan-Film auf dem für den 25./26. Oktober 1969 geplanten großen *Perry Rhodan Convent* zeigen.

Dieser Convent war ganz frisch ins Leben gerufen und für Berlin bedeutete es sozusagen eine große Ehre, dass die hiesigen Fans ihn ausrichten durften. Alle namhaften Autoren würden kommen und sogar auch die Geschäftsleitung des großen *Moewig-Verlags*. Die Berliner Fans waren ganz stolz. Für diese hochoffizielle Veranstaltung konnten wir das Nachbarschaftsheim Neukölln gewinnen.

Und nachdem eine deutsch-italienische Filmproduktion gerade ein Millionenbudget mit einer offiziellen Verfilmung der ersten Bände in den Sand gesetzt hatte, ging es bei Thunacks Filmprojekt um weit mehr als nur die Ehre.

Aber seine Dreharbeiten wurden ständig von unüberwindlichen Hindernissen blockiert. Natürlich haperte es vor allem am Geld. Sieben Mark fünfzig oder sogar noch mehr für eine Drei-Minuten-Rolle Material[25] waren eine Herausforderung für sein Lehrlingsgehalt und zusätzlich gab es erhebliche soziale Probleme.

Mitten im Winter erreichte uns die Nachricht, dass Hajo schwanger sei, das heißt natürlich nicht er selbst, sondern seine Freundin Renate, und das Kind sollte im Juli 1969 zur Welt kommen, also genau in der voraussehbar absolut heißen Phase der Fertigung. So also wurden in dieser Zeit

---

[25] Hajo drehte selbstverständlich mit Kino-Bildfrequenz 24B/s

mehrmals Drehs abgesagt, weil er bei seiner Frau sein wollte, durfte oder musste oder er andere familiäre Dispositionen hatte. Im Juni, zwei Wochen vor der geplanten Niederkunft, sollte noch geheiratet werden. Das alles führte dazu, dass keiner der verabredeten Drehtermine noch als verbindlich wahrgenommen wurden. Wegen der vielen kurzfristigen Absagen waren seine Darsteller manchmal ziemlich angefressen, besonders, wenn es sehr kurzfristig geschah, also sozusagen am Drehort. Als wir wieder einmal die Dreharbeiten in der Kiesgrube wegen schlechten Wetters aufgeben mussten, sagte ich so leicht dahin: „Ich wette, ich muss dann die Nibelungen zeigen, um den Con zu retten!"

Ich hatte keine Ahnung, wie sehr meine Prophezeiung den Nagel auf den Kopf traf. Vorher glaubten wir aber noch an den Sieg.

Am Ende war es überhaupt ein Wunder, dass er fast alle Aufnahmen schaffte. Wenn man bedenkt, dass seine Lehre als Groß- und Einzelhandelskaufmann den Hauptteil des Tages einnahm, weiß man erst, welche Energieleistung hier abverlangt wurde. Jeder, der das nur ein bisschen nachvollziehen kann, muss anerkennen, dass Hans-Joachim Thunack eine der größten Ikonen des Independentfilms war und ist, mindestens in einer Reihe mit Wenzel Storch, der mir mit seinem Schaffen auch erheblich imponiert hat.

Mein Projekt kam gut voran, woran man wieder sieht, dass man mit bodenständigen Themen am leichtesten fertig wird.

Mädchen, Drogen und viel Spaß waren auch zu jener Zeit die besten Zutaten für eine allseits gern genommene Kultursuppe. Das größte Problem eines Amateurfilms, ernsthaft wirken zu wollen, hatten wir sowieso nicht. Weil wir uns über alles lustig machen wollten, fiel die unfreiwillige Situationskomik, die sonst einen Streifen sehr schnell der Lächerlichkeit preisgeben kann, nicht mehr weiter ins Gewicht. Wenn etwas schiefging, dann ließen wir das auch so stehen.

Eine zufällige Pointe wurde mir durch meine damalige physiognomische Ähnlichkeit mit Werner Enke[26] geliefert. Der Zuschauer verfing sich nun in der schwierigen Denkoperation, ob es nun die Verehrung des gerade aktuellen Kinostars oder eine Satire auf die beiderseits sehr einfache Handlung war, wenn ich als entlehntes Zitat von mir gab: „Das wird böse enden!"

---

[26] Autor und Hauptdarsteller des Kultfilms *Zur Sache, Schätzchen!* (1968)

Weil es mir konsequent vorkam, über die Vorgaben des Originals, nämlich der Nibelungensaga, hinauszugehen, und weil ich schon immer gern alles Mögliche und Unmögliche durchgequirlt habe, fügte sich nach Beendigung des ersten Teils nicht nur ein zweiter und ein dritter, sondern auch noch ein vierter hinzu.

Für die Exposition der Grundkonflikte in der Sage, nämlich der Geschichte, wie Gunther dazu kommt, Brunhild abzuschleppen, benötigte ich schon mal satte 25 Minuten. Zum Glück nur Schwarz-Weißfilm, den ich aus künstlerischen und besonders aus finanziellen Gründen gewählt hatte.

Besondere Aufmerksamkeit richtete ich auf die Erklärung, warum die Horde ungewaschener Gammler mit derartigen Namen herumlief, allerdings erst viel später, als Siegfried mich, also Hagen, fragte, wofür er so viele Autos klauen müsste.

„Wir brauchen Geld. Weißt du, ich lege einen Notgroschen an, den Hort der Nibelungen!", war Hagens Antwort.

„Nibelungen? Wat soll dat denn sein?", fragte er zurück, irritiert die Stirn runzelnd.

„Na, ist doch klar. Hast du dir schon mal Gedanken gemacht, warum du Siegfried heißt, deine Frau Kriemhild, ich Hagen, na und so weiter?"

„Ach so."

Damit war die Sache erledigt.

Für cineastisch motivierte Spurenverfolger und Leser genialer Drehbücher hatte ich aber schon gleich zu Beginn des ersten Teils eine Fährte gelegt. Als Siegfried seine Geringschätzung der weltpolitischen Lage mit der spontanen Einnahme härterer Drogen bekämpfen will, kommt gerade ein Mädchen vorbei, das ihn auf den Pfad der Tugend zurückführen möchte.

Weil sie ihm die Trips weggenommen hat und nun schon mal so mädchenhaft herumsteht, greift er ersatzweise zu ihr, denn der Kasten Bier neben ihm ist leider schon leer. Nach einigem wilden Herumknutschen fragt er sie: „Wie heißt'n überhaupt?"

„Kriemhild."

„Komischer Name!"

„So komisch wie Siegfried."

Von solchen interpretationsschwangeren Momenten abgesehen ist die Handlung einfach und schnell erzählt. Gerade im intellektuell unvorbelasteten Kostgänger der weit verbreiteten Boulevardkinos sah ich mein

Klientel, allein schon deshalb, weil man hier die größere Anzahl auf seiner Seite weiß und nicht so hohe Ansprüche fürchten muss. Die Leute wollten doch eigentlich das Gleiche wie wir auch: nicht so viel nachdenken und sich amüsieren.

Hier kurz das Storyboard des Films[27]. Der aufmerksame Leser erkennt durchaus die mythologischen Hintergründe:

Siegfried ist ein Jugendlicher von 17 Jahren, der trotz seines neuen Kinderzimmers gern die Zeit irgendwo draußen mit Gitarre, einem Kasten Bier und anderen Drogen verbringt. Zufällig lernt er Kriemhild kennen und führt sie heim in ein aufgegebenes Stellwerk an einer stillgelegten Nebenstrecke, wo die ganze Bande sich eingerichtet hat. Dazu gehören Gunther, Brunhild und der böse Hagen (meine Rolle!).

Gunther kann bei Brunhild nicht landen, also bittet er Siegfried um Hilfe, der das gern für 200 Gramm erledigt. So wird Brunhild von einer Gruppe böser Drogenjäger niedergeschlagen und ausgeraubt. Gunther nähert sich zur geplanten „Rettung", aber die Bande raubt auch ihn aus und lässt ihn liegen. Immerhin gelingt es Gunther, vor Brunhild wieder zu sich zu kommen und sich als Held aufzuspielen. Das macht endlich Eindruck auf Brunhild und sie lässt ihn nun ran.

Die Handlung des zweiten Teils ist auf dem gleichen sehr mittelhohen Anspruchsniveau angesiedelt:

Bei einem Fahrzeugbeschaffungsdelikt zugunsten der Gemeinschaftskasse wird Siegfried erwischt, kann aber entkommen. Er macht Kriemhild, die sich beim Schmiere stehen hat ablenken lassen, starke Vorwürfe und Brunhild als Boss der Bande will sie bei der nächsten Verfehlung auch einschneidend vernaschen. Das wiederum erregt Kriemhild sehr und während der Streit der beiden Alpha-Zicken eskaliert, verrät Kriemhild das Geheimnis um Gunthers Schachzug, was wiederum Brunhild ergrimmt.

Die ganz logische Folge daraus ist, historisch belegt, ein umfassendes Gemetzel. Als erste Rache muss Siegfried beseitigt werden. Sie benutzt dafür Hagen, der für ein paar Gramm mehr den nächsten Villeneinbruchtermin brühwarm und anonym der Polizei weiterreicht. Dabei wird Siegfried dann unglücklicherweise erschossen, aber nur, weil er sich wehrt, was man ja nie tun sollte. Brunhild kannte ihn aber gut und rechnete fest

---

[27] Endtitel: *Ein Hauch von Nibelungen*

mit solch einem Zwischenfall. Der hinterlistige Gunther wird von ihr kurzerhand schnell selbst vergiftet.

Im dritten Teil endlich beginnt Kriemhilds Rachefeldzug, der uns sehr viel Spaß bereitet hat. Sie beschafft sich von Gernot eine Schusswaffe und von Etzel, den sie eigentlich ekelhaft findet, für den Obolus einer Nacht ein Auto. Zwischenzeitlich erscheinen aber Dietrich von Bern, dem in den USA der Boden zu heiß geworden ist und Hildebrandt, sein alter Waffenmeister. Hier konnte Hajo sich für unseren Schauspielerverleih revanchieren und spielte diese Rolle im zu kurzen Matrosenanzug mit seiner langen blonden Atlanperücke. Sehr modern dabei übrigens die Rahmenhandlung. Wir lernen Hildebrandt beim Containern kennen. Das gab es schon damals, nur nannte man das noch nicht so.

„Igitt, das habe ich doch schon einmal gegessen!", bemerkt er angewidert nach dem Öffnen der Hausmülltonnen und sie machen sich auf die Suche nach den anderen Mitgliedern der Gang. Viele treffen sie aber nicht mehr an. Brunhild hat inzwischen mitten auf der Straße durch die Begegnung mit einem schnell fliegenden Projektil das Zeitliche gesegnet und als Gernot und Dietrich am Abhang eines Bahndammes die Situation diskutieren, ahnen sie nichts von dem Showdown, der sich gerade oben an den Gleisen abspielt. Hagen schaut irritiert in die Mündung von Kriemhilds Pistole.

„Steck doch das Ding weg. Woll'n wir uns nicht in Ruhe darüber unterhalten?", versucht Hagen, das Schicksal aufzuhalten.

„Nein, keine Lust!", erwidert Kriemhild, der endlich alles klar ist und drückt ab.

Hagen greift sich hochdramatisch an die Brust, kullert den Damm hinunter und bleibt vor Dietrich und Gernot liegen.

„Ich glaube, Hagen können wir auch streichen!", erkennt der Heimgekehrte in einem Moment der Klarheit.

Auf den darauf folgenden vierten Teil war ich besonders stolz, konnte ich doch die gerade einsetzende Vampir- und Geisterwelle mit einbinden. Nachdem nun endlich auch Hildebrandt, wahrscheinlich als Folge des Containerns, einen Totenschein ausgestellt bekommt, erlebt Dietrich beim Trostbetrinken eine Erscheinung. Statt weißer Mäuse ist es aber Hagen aus dem Jenseits, der sich sehr darüber ärgert, dass Etzel den Hort der Nibelungen ausgegraben hat und nun für seine privaten Ausgaben verwendet. Diese verlockende Beute bewegt nun Dietrich und Gernot, die Wohnung des Beschuldigten zu inspizieren, gerade als dieser am Ku'damm ein Mädchen kennenlernt. Hier eine erschütternde Dialogprobe, die treffend dem Leben entlehnt war:

„Ich heiße Sieglinde. Meine Eltern hatten so einen Nibelungentick. Mein Bruder hieß Siegfried."

„Wieso hieß?"

„Naja, als er 17 war, ist er bei einem Einbruch erschossen worden."

„Ach so. Soll ich dich nach Hause bringen?"

„Zu wem?"

„Na, zu dir!"

„Zu mir? Hast du denn keine eigene Wohnung?"

Aus Gründen der raffiniert auf das Ende hin zugeschnittenen Dramaturgie kommen die beiden gerade nach Hause, als Etzels Wohnung durchwühlt wird.

Dietrich und Gernot willigen ein, das anhängige Verfahren später auszudiskutieren, weil sie großherzig einsehen, dass Etzel gerade jetzt etwas viel besseres mit dem angebrochenen Abend beginnen möchte. Er bringt sie noch hinaus und als er sich danach das Blut im Altberliner Ausguss von den Händen wäscht, erscheint ihm wieder Hagen, der seine Rache nun als vollzogen ansieht.

Etzel hat allerdings noch kognitive Schwächen und begreift erst auf genaue Hinweise von Hagen, dass seine Eckzähne im Laufe der letzten Minuten durch bösen Zauber überproportional gewachsen sind und was das soll.

„Tja, du kannst dich jetzt nur noch von Blut ernähren!"

So wird es noch ein schöner Abend für Etzel, was Sieglinde aber leider nicht überlebt.

Ich zeigte das Machwerk sogar ehemaligen Lehrern und bin bis heute dankbar, dass mir darauf hin das Abitur nicht nachträglich aberkannt wurde.

Immerhin war es für damalige Verhältnisse ein Meisterwerk der Vertonung. Alles synchron, obwohl es keine direkte Verzahnung mit dem Film gab.

Neidvoll blickte ich auf Thunack und seinen Projektor *Siemens 800*, der neben dem Filmlaufwerk ein Perfobandlaufwerk besaß. Genau so, wie es die Profis auch hatten. Das konnte ich mir leider nicht leisten.

Bei meinem Projektor wurde die Synchronität über einen Schleifkontakt auf einem Spulenwiderstand geregelt. Das war zwar billig, das bedeutet ich konnte es bezahlen, aber nach ein paar Stunden Filmvertonung, was gleichbedeutend mit der Fertigstellung eines kurzen Filmes war, gab es einen erheblichen Dämpfer. Der Schleifer hatte den Draht durchgeschabt und der Projektor musste in die Reparatur. Das wiederum dauerte Wochen und kostete. Wahrscheinlich wäre es billiger gewesen, sich auch so einen teuren Projektor zuzulegen. Heute bin ich davon überzeugt. Aber diese Rechnung kann man erst hinterher aufmachen.

Ende Februar 1969 waren die ersten drei Teile des Machwerkes fertig und wir feierten das angemessen und jede weitere Vorführung für irgendwelche Leute ebenfalls. Vielleicht war das der hauptsächliche Grund, warum meine Mutter sich schließlich eindringlich verbat, noch irgendwelche Säuferpartys in ihrem Keller mitansehen zu müssen. Vielleicht fühlte sie sich auch von allen Seiten umzingelt, denn kurz zuvor bei einer Veranstaltung für unsere Lehrer hatte Frau Großmann ein große Flasche Scharlachberg mitgebracht.

Ende Mai war ich dann mit den Dreharbeiten zum vierten Teil fertig und ich bemühte mich neben der Vertonung, auch Hajos Film weiterzubringen, zumal ich nun selbst in Neukölln wohnte, zehn Minuten zu Fuß von ihm entfernt.

Ich besuchte ihn zu Hause. Die bisherigen Aufnahmen sähen alle sehr schön aus, meinte er, zeigte aber nichts. Leider fielen auch einige der wichtigen Außentermine wegen schlechten Wetters aus. Und weil er als Einziger noch den Überblick hatte, konnte man ihm auch nicht mehr helfen. Tatsächlich habe ich es noch versucht, als er drei Tage vor dem Con noch immer nicht fertig war. Aber die durchgemachten Nächte wurden ein Fiasko. Sein Ordnungssystem aus Plastiktüten kam durcheinander und nun wurde es schwer, so manchen Filmschnipsel zu finden.

Aber er gab nicht auf. Der Con rückte näher, er arbeitete wie besessen, schlief nicht mehr. Wir entschuldigten ihn, versuchten die Leute hinzuhalten und schließlich, als ein allgemeines Murren anhob, zeigte ich meinen Film, damit überhaupt etwas passierte.

Natürlich war es kein Science-Fiction-Film und schon lange keiner über Perry Rhodan, aber ich schindete Zeit. Dann, am Abend, war die Katastrophe nicht mehr aufzuhalten. Die Gäste wollten nun endlich sehen, weshalb sie gekommen waren.

„Dann zeig doch einfach, was du schon hast!", regte Jonny pragmatisch an und genau so geschah es.

Es wurde ein rauschender Erfolg, dem ich aus anderen organisatorischen Gründen leider nicht beiwohnen konnte. Als ich nach zwei Stunden wieder eintraf, kam Jonny gerade heraus.

„Jetzt zeigt er schon die Reste!", rief er mir zu. „Alle sind begeistert! Hätten wir gleich so machen sollen!"

Dem kann man eigentlich nichts hinzufügen.

Ich war sehr froh, dass die Geschichte doch noch gut ausgegangen war, musste mich jetzt aber um mein eigenes neues Projekt kümmern. Diesmal wollten wir alles zeigen, was die Drogenszene zu bieten hatte.

Hardcore.

Partytime und sturmfreie Bude

Die zweite Hälfte der 60er Jahre wurde später überall bekannt für die ausschweifenden Partys, die scheinbar pausenlos gefeiert wurden.

Differenziert betrachtet und vor allem, wenn man dabei war, ergibt sich ein viel weniger homogenes Bild.

Da war zum Beispiel der Mangel an Orten für ein derart ausuferndes Verhalten. Die Auflösung der Moral hatte sich altersmäßig nur ungefähr bis zu zwei, drei Jahrgängen vor mir „durchgefressen", die Älteren waren in Beruf und Familie angekommen, da lief nichts Außergewöhnliches in dieser Richtung. Natürlich gab es zu jeder Zeit „Seitensprünge" und Ehebruch, alkoholisierte Geburtstagsfeiern und absturzorientierte Hochzeiten, aber das ist ein anderes Terrain.

Kaum jemand meines Altersumfeldes hatte eine eigene Wohnung, das erklärte sich zum Beispiel auch aus dem Umstand der Volljährigkeit mit 21, denn bis dahin mussten die Eltern für alles schriftlich bürgen.

So etwas wie verlassene Bauwerke, wie ich eines in den Nibelungenfilmen verwendet hatte, oder besetzte Häuser wie in den 80ern gab es eigentlich nicht, aber manchmal stieß man auf Lokationen, die diesen späteren Umständen sehr nahekamen. Da freuten wir uns zum Beispiel, dass wir zu einer Silvesterfeier auf einem Hausboot eingeladen wurden. Flipper und ich machten uns am 31. Dezember 1967 zu angemessener Zeit auf den Weg.

„Bringt mal'n Likör für die Mädels mit!", hatte uns Toni geraten. Das war eine Ansage, die wir kannten, aber bei den Likören waren wir nicht so fit und fragten uns, was man da nehmen könnte. Flipper empfahl *Curacao Blau* und weil wir sonst nichts wussten, kauften wir eine solche Flasche.

Das Problem bestand lediglich darin, dass wir das Hausboot nicht fanden. Die Adresse eines Bootssteges ist immer etwas kompliziert, weil sie eher einer Schatzkarte ähnelt und vielleicht hatte ich auch etwas falsch aufgeschrieben. Aber das war nun nicht mehr zu recherchieren. Vermutlich war es der falsche Steg, nein sicherlich war es so, aber es war nicht zu ändern. Als wir um 22 Uhr ganz weit draußen in Haselhorst mitten in der Wildnis im Dunkeln an einem Ufer standen, sahen wir auch keine Anwohner, die wir hätten befragen können. Was also tun?

„Dann fahren wir eben zurück!", sagte Flipper, der Praktische. „Im *Rocker* soll auch eine Fete sein. Da muss man nicht eingeladen werden!"

Der *Rocker* war neben dem *Dorfkrug* immer noch unsere Stammkneipe. Mangels besserer Vorschläge machten wir uns auf. Nun ist der Berliner Nahverkehr keiner der Schlechtesten, besonders die West-Berliner Verkehrsbetriebe gaben sich wegen des S-Bahn-Boykotts[28] große Mühe. Dennoch hatte wir einige Schwierigkeiten, vom Havelufer termingerecht fürs Korkenknallen andernorts wegzukommen. Erstens dauerte es geraume Zeit, bis wir eine Bushaltestelle fanden, an der ein Nachtbus hielt und zweitens schlug der Nachtfahrplan eine stundenweise Frequenz vor, die je nach Beschaffenheit der Strecke sich verändern konnte. Hier draußen vor der Stadt konnte es durchaus Verzögerungen durch einen Wildunfall geben oder der Fahrer fuhr überall durch, wenn an keiner Haltestelle jemand wartete.

„Mir ist kalt", sagte Flipper, als wir neben dem nackten Halteschild vor uns hin bibberten. Eine einsame Straßenlaterne hielt Wacht. „Gib doch mal die Flasche her, die brauchen wir sowieso nicht mehr!"

„Bist du irre?", fragte ich. „Curacao einfach so? Dieses widerlich süße Zeug? Buah!" Ich schüttelte mich.

„Ist doch egal. Wärmt auf jeden Fall. Was soll'n wir sonst damit machen? Hier sind auch keine Mädchen!"

Und damit riss Flipper die Banderole auf, zog den Plastikkorken heraus und ließ sich die blaue Brühe in die Kehle gluckern.

„Ah, schon viel besser!"

Ich glotzte ihn an, und weil er nun fröhlicher wurde und sonst keine schlimmen Anzeichen zeigte, streckte ich dann auch die Hand aus.

„Hast ja recht, gib her!"

Es war wirklich scheußlich, aber der dritte Schluck war bereits erträglich. Man konnte aber keine größeren Portionen auf einmal trinken, und so brauchten wir tatsächlich bis kurz vor Mitternacht, bis die Flasche leer war. Zu diesem Zeitpunkt saßen wir schon im Bus nach Lichtenrade.

„Wir schaffen es, ganz knapp bis Mitternacht zum *Rocker*!"

„Neee, schaffen wir nich'!", lallte Flipper, „ich geh schon mal runter!"

---

[28] Vom Berliner Senat nach Mauerbau verkündete Aufforderung, die vom Osten betriebene S-Bahn nicht mehr zu benutzen. Man wollte so der DDR schaden, weil diese die Unterhaltspflicht hatte. Das Ganze wurde natürlich moralisch verbrämt.

Wir saßen im Oberdeck des Doppelstockbusses. Er ging. Unten knallte es. Der Bus hielt sofort an, mitten auf freier Strecke. Ich eilte zur Treppe und sah hinunter.

„Würden Sie bitte sofort aussteigen!", sagte der Schaffner.

„Was ist denn los?", fragte ich.

„Er hat hier im Bus einen Knaller gezündet!", belehrte mich der Bedienstete.

„Es is' doch Mittanacht!", entgegnete Flipper.

Er stieg, weiterhin protestierend, aus. Ich hinterher, wir waren schließlich Freunde. Allein weiterfahren ging gar nicht. Schließlich hatten wir noch acht Stationen bis zum *Rocker* zu bewältigen. Was nun?

Auf einen weiteren Nachtbus zu warten, war eine Geduldsfrage. Also liefen wir los und bei der nächsten Haltestelle erreichten wir tatsächlich einen Bus, der uns mitnahm. Wir kamen fünf Minuten zu spät. Mitten hinein in eine irre Knallerei!

Inmitten der sonst grundsoliden Partymeile West-Berlin konnte man auch solche Arten von verkorksten Silvesterfeiern erleben. Bei der nächsten Silvesterparty ein Jahr später wollte ich kein Risiko eingehen und machte mich mit Gratian auf in die Stadt zu den bekannten Etablissements.

Wir wollten ausprobieren, wie das in „der guten Gesellschaft" so funktionierte. Unser trautes Klein-Biotop *Dorfkrug* hatte ich nach jenem „Abschiedsabend" schon drei Wochen nicht mehr von innen gesehen.[29]

Also warfen wir uns „in Schale" und zogen hoffnungsfroh los. In die *Dachluke* in Kreuzberg kamen wir schon mal nicht hinein, weil wir vorab keine Karten gekauft hatten. Kopfschüttelnd zogen wir weiter. Am einfachsten war das *Sweet Beat* in Steglitz zu erreichen. Dort gab es auch Türsteher, aber, es erschien uns wie eine billige Komödie, wir kamen hinein, weil wir einen Schlips umgebunden hatten. Für so spießig hatte ich den Laden früher nicht gehalten.

Tatsächlich, es wurde auch ganz brav. Wir fanden einen Tisch, an dem schon zwei Mädchen saßen. Im Anquatschen hatte ich einige Übung, ob im *Dorfkrug* oder woanders, dachte ich, Mädchen sind Mädchen. Und siehe da, sie ließen uns an ihrem Tisch sitzen. Aber das war im Prinzip auch alles, was sie ließen, obwohl sie eigentlich recht nett waren. Wir

---

[29] Siehe 6. Kapitel, Ende: 8. Dezember 1968

unterhielten uns brav mit Tina und Margit und tanzten bis um 4 Uhr morgens.

Das Nachhausebringen lehnten die beiden höflich ab, das fand ich sehr erstaunlich und auch etwas frustrierend, weil man sich alle diese langen Stunden doch ziemlich abgearbeitet hatte. Aber so war das offenbar außerhalb des *Dorfkrugs*. Wir fuhren dann erstmal wieder nach Lichtenrade und tauchten um 5 Uhr morgens in der trauten Familie des *Rocker* unter. So, schworen wir uns, machen wir es auch nicht wieder.

Wir feixten noch eine Weile über die „bürgerliche Szene".

„Nach dem zehnten Mal Tanzen gehen darf man das Mädchen das erste Mal küssen. Nach zwei Jahren wird verlobt und dann kommen Beruf und Familienplanung!"

„Ja, und in der Hochzeitsnacht sieht man erst, was man sich angelacht hat. Oder besser: man sieht es nicht, *weil das Licht auszubleiben hat!*", nörgelte ich.

Nein, da stellten wir uns die Zeit der Partnerfindung anders vor, auch wenn man mal eine Woche oder sogar zwei (!) nichts zu beißen hatte.

Und es ging auch anders.

Manche Partys waren sehr klein, ab vier Personen würde ich diesen Begriff auch erst verwenden. Zum Beispiel für die Einladung auf die Segelyacht auf dem Stößensee am 1. Mai 1968. Sie gehörte den Eltern von Uwe, den ich über Doris kennenlernte, die wiederum mal mit Flipper etwas hatte. Als wir um halb elf vormittags das Boot bestiegen, wachten Uwe und seine Freundin gerade auf. Heute sind Segelyachten mit allem Komfort ausgestattet, damals aber kannte man noch keine tragbaren Toiletten und das Boot war vielleicht auch etwas zu klein für eine extra Nasszelle. Immerhin gab es zwei Kabinen. Aber weil wir auch genügend Alkohol mitgebracht hatten, störte es keinen, dass die Toilette eben aus einem einfachen Eimer bestand. Und die Bordküche war ebenfalls nicht gut bestückt. Wahrscheinlich hatten die Eltern noch nicht wieder alles eingeräumt. Deshalb fanden wir auch nur noch zwei Büchsen Erbsensuppe, einen Topf und zwei Löffel. Wenigstens funktionierte der Spiritusbrenner! Selten habe ich ein spaßigeres Mittagessen gehabt, weil man sich selbst den Löffel immer wieder erobern musste!

Natürlich hielten wir auch Mittagsschlaf! Das Boot war groß genug, dass es nicht allzu sehr schwankte. Um 8 Uhr abends brachte mich Uwe in seinem Mercedes zurück. Ein netter Ausflug eines Arbeiterkindes in die „Oberklasse". Und wo endete er? Im *Dorfkrug*!

Dort war eigentlich immer Familienfest. Angelika und ich spielten inzwischen „21 Jahre verheiratet", weil sich jede Sache auch mal weiterentwickeln muss. Silvia und Noppi waren unsere ziemlich ungeratenen Kinder, die wir vor dem Alkohol bewahren und auf den richtigen Weg leiten mussten. Natürlich ging das auch daneben, weil ich dann mit meiner „Tochter" rumknutschte. Das fühlte sich zu diesem Zeitpunkt besser als jemals zuvor an, denn durch unsere „Erziehungstätigkeit" hatte sie den ganzen Abend keinen Alkohol getrunken und war demgemäß auch weitgehend ihrer Körperkoordination mächtig. Sonst war das anders. Einmal kam sie von einer „Betriebsfeier" direkt in den Krug und nach kurzer Zeit roch ich ebenfalls durchdringend nach dem billigen Wein, den sie sich dort reingekippt hatte.

Aber jede Zeit geht einmal zu Ende und das kam, als Sigi die Bühne des Filmclubs betrat.

Zuerst hatte ich ihre Schwester erobert, wobei erobern das völlig falsche Wort ist. Damals wurde nicht erobert, sondern die Mädchen wollten es auch und wenn mal etwas wirklich nicht lief, wie ab und zu bei meinem Freund Flipper, der alles immer etwas zu ernst sah, dann war eben nichts zu machen. Damit fand man sich ab, denn es gab eine große Auswahl und wenn man nicht total schüchtern und verklemmt war, blieb man auch nicht allein.

Allerdings hielt kaum eine Beziehung lange, weil alle rumprobierten, aber ist das als Vorwurf zu werten? Doch dann tauchte Sigi auf und ich war hin und weg. Aber sie war sehr zurückhaltend. Ihre ein Jahr jüngere Schwester Ella jedoch nicht, und so lag ich bald mit dieser in der Dunkelkammer und machte, was wir da alle machten. Allerdings wurde ich den Eindruck nicht los, den Sigi gemacht hatte. Schließlich hielt ich es nicht mehr aus.

„Du Ella, was hält eigentlich deine Schwester von mir?"

Sie zögerte etwas, dann antwortete sie.

„Sie findet dich auch sehr süß."

„Ach."

Ich ließ ihre Antwort auf mich wirken, während wir weitermachten. Eine Woche später hatte ich alles sacken lassen.

„Du, Ella, weißt du, ich mag dich, aber da gibt es ein Problem."

„Ach ja, welches denn?"

„Ich hab mich verknallt. Und weißt du, in wen? In deine Schwester! Nichts zu machen, wenn ich mit dir hier liege, denke ich an sie, das ist doch nicht gut, oder?"

Ich konnte nicht sehen, was für eine Miene sie zog, aber sie sagte erstaunlich ruhig: „Nee, stimmt, wirklich nicht."

„Ich überlege schon die ganze Zeit, was ich da mache."

„Hm? Was meinst du? Frag sie doch einfach! Nun hast du's ja schon mir gesagt, das kann dann nicht mehr so schwer sein."

„Stimmt. Danke. Du bist toll." Und dann küsste ich sie noch mal, allerdings eher freundschaftlich, und stand auf.

Draußen ging wie üblich das Betrinken und Befummeln ab. Nur Sigi saß ziemlich brav im Gespräch auf einem Matratzensitz. Ich steuerte sie an, hockte mich vor sie hin. Weil die Musik einigermaßen laut war, musste man selbst auch etwas lauter sein.

„Ich hab eben mit deiner Schwester gesprochen. Ich habe ein Problem mit ihr."

„Problem? Wieso? Habt ihr euch gestritten?"

„Nein, überhaupt nicht. Ich hab ihr gesagt, dass ich nicht so richtig verliebt wäre."

„Häh?"

„Ja, ich habe ihr gesagt, dass ich viel lieber mit dir ginge. Es war eigentlich gleich klar, als du das erste Mal reingekommen bist."

„Und warum bist du dann mit Ella gegangen?"

„Ja, hm, hab mich nicht getraut, sie ist ja auch irgendwie mehr zugänglich. Aber mir ist klar, ich hätte viel lieber dich! Was meinst du?"

Sie zuckte die Schultern. „Naja, wir können es ja mal versuchen."

Das war der Anfang einer 17 Jahre andauernden, aus meiner Sicht fast immer glücklichen Beziehung. Und dieser nachträglich erstellte Dialog entspricht ziemlich genau dem ursprünglichen Wortwechsel, was Umfang, Inhalt und Wortwahl angeht. Ich hatte davor und auch später die Erfahrung gemacht, dass offene Worte nicht unbedingt unromantisch sein müssen und eine Entwicklung zu beidseitigem Nutzen abkürzen können.

Vielleicht hat mir dieses familiäre Biotop *Dorfkrug* geholfen, wo man immer alles offen durchführte, weil ohnehin nichts zu verheimlichen war.

In diesem Rahmen hatte ich mir eine Taktik überlegt, wie man Geschichten mit Mädchen ins Rollen bringen konnte. Ohne Anmache, wohl verstanden, denn das, was ich von den Platzhirschen mit ansehen musste, gefiel mir überhaupt nicht. Nach einigen Erfahrungen mit dem Abgewiesenwerden wegen zu großer Schüchternheit überlegte ich mir, genau da einzuhaken. Und das ging so: Sah ich irgendwo ein nettes Mädchen, schaute ich erstmal, ob sie mit jemandem ging. Manche Burschen waren mir körperlich erheblich überlegen, das musste man nicht riskieren. War das schöne Kind noch frei, machte ich ein paar belanglose Bemerkungen, die sich immer ergeben. Auf den Mund gefallen war etwas, was man mir auf keinen Fall nachsagen konnte.

Je nachdem, wie sich das Gespräch so ergab, verabschiedete ich mich nett und wandte mich anderen Tätigkeiten oder Menschen zu oder aber kam schon zu Stufe zwei des Plans. An dieser Stelle erzählte ich meiner Gesprächspartnerin, dass ich mich tatsächlich in sie verliebt hätte, als ich sie das erste Mal sah. War ja auch nicht ganz gelogen.

Ihre Reaktion war dann sehr wichtig. Wenn sie lachte, nickte ich ernsthaft und meinte, dass sie natürlich keinen Grund hätte, das zu glauben und ich sie damit auch nicht weiter belästigen wollte. Es wäre eben mein Problem. Und dann verabschiedete ich mich wieder nett.

Manchmal brauchte ich das alles nicht so aufwändig zu gestalten. Manche Mädchen schienen darauf gewartet zu haben, dass ihnen jemand mal so etwas sagte. In meinen Aufzeichnungen fanden sich Beispiele von einer knappen halben Stunde des Gesamtaufwandes bis zum ersten Kuss.

Diese Taktik brachte mich ganz gut über die Runden, aber in diesem Fall hatte ich mich in den eigenen Stricken verfangen.

Zum Zeitpunkt, als ich mich Sigi offenbarte, hatte ich nämlich noch mehrere Verabredungen mit Moni. Und weil das schon so drei Wochen hintereinander stattfand, hätte man sagen können, wir „gingen" miteinander. Wir hatten sogar an einem Parkbankabend Fotos getauscht. Allerdings kam sie nie in den Filmclub und Sigi war nicht immer in der „Kanne".

Diese Verstrickung zu lösen machte mir ausgesprochen Angst. Moni mochte ich sehr gern, aber Sigi eigentlich … hm.

Hier einen Entschluss zu fassen, sollte gut durchdacht werden. Ich musste Zeit gewinnen.

Aber nach zwei, drei Dates mit Sigi wusste ich: Die oder keine! Na gut, keine … das sagt man so dahin. Aber ich hatte auch über ein Jahr mit Geli herumgemacht, immer mal wieder, beidseitig unterbrochen von vielen anderen Hüpfern. Das war etwas anderes. Ich ahnte schon, dass es keinem Vergleich standhält, wenn es einen wirklich erwischt.

Nach knapp zwei Wochen der Parallelität kam ich also in den *Dorfkrug* und beide Mädels waren da und sahen mich erwartungsvoll an. Der Zeitpunkt der Klarheit war gekommen. Dann musste es also sein. Ich ging zu Sigi und erklärte ihr, dass ich jetzt meine Verstrickungen lösen würde. Dann ging ich zu Moni und gestand ihr die Malaise. Es war das erste Mal, dass ich von meiner Seite her einem Mädchen eine konkrete Absage erteilte. Ich kannte es sonst nur anders herum oder man trennte sich gemeinschaftlich. Es war ein Schock.

Augenblicklich schossen ihr die Tränen in die Augen und es gab eine ziemliche Szene auf offener *Dorfkrug*-Bühne, während der sie mir hochdramatisch mein Foto zurückgab. Es war die Hölle.

Ich kehrte dann kleinlaut zu Sigi zurück, konnte aber erleichtert beobachten, dass Moni sich dann später am Abend doch mit einem anderen tröstete, weil das in diesem Ambiente eben so üblich war.

Auch Geli schaute merkwürdig, als ich später mit Sigi im *Rocker* auftauchte. Ich denke, auch ihr war sofort klar, dass ich für den allgemeinen Gebrauch nun verloren war.

Und wirklich. Fortan gab es wenige Tage, an denen ich meine neue Flamme nicht sah. Ich holte sie sogar von der Arbeit ab, wir verbrachten viele Nachmittage in Kneipen und Cafés. Nur zu Hause nicht. Ich fürchtete, dass eine kritische Äußerung meiner Mutter richtig Porzellan zerschlagen könnte. Und eines Tages sagte sie es mir auch, dass sie etwas Besseres erwartet hätte, denn Sigi hatte vier Geschwister und lebte in einer Mehrfamilienhaussiedlung der *Terrassenhausbaugesellschaft* [30]. Das Gespräch mit ihr darüber hatte ich nie verstanden. War ihr das Mädchen

---

[30] In den 50er Jahren bauten verschiedene Wohnbaugesellschaften und Genossenschaften größtenteils mit staatlicher Unterstützung dringend benötigte Unterkünfte für sozial schwache und/oder kinderreiche Familien. Bei den Besitzern der umliegenden Villen-/Einfamilienhausgebiete breitete sich die Ansicht aus, dass hier „Asoziale" untergebracht wurden. Für meine Mutter führten erstaunlicherweise die Informationen „fünf Kinder" und „Neue Heimat" auch zur Schlussfolgerung „asozial", obwohl sie selbst vom Lande kam, wo viele Kinder eigentlich üblich waren.

nicht gut genug? Wollte sie mich mit einer reichen Industriellentochter verkuppeln?

Sollte ich es besser haben als sie? Aber Liebe fällt eben dahin, wo sie eben hinfällt. So ist das immer, wenn es richtig ist. Jedenfalls bekam sie von meiner Beziehung nun gar nichts mehr mit.

Im Gegenteil, ich ließ mich bei den Filmfeten im Keller öfter mit anderen Mädchen im Arm „erwischen", das war kein Problem. Man kannte sich ja. Im Geheimen wünschte ich mir aber eine eigene Wohnung. Doch leider war ich erst 20.

Im Februar 1969 knallte es dann wirklich. Die Differenzen mit meiner Mutter bezüglich der Performance einer „Filmbesprechung" drifteten immer weiter auseinander. Sie hatte auch nicht ganz Unrecht; die freitäglichen Zusammenkünfte mündeten immer mehr in eine Art Orgie.

Es war klar, dass meine Mutter dem nicht ewig zusehen konnte. Ihre Weltsicht zwang sie förmlich dazu, einzuschreiten. Als sie sich dann schließlich lautstark über „Trunkenbolde und Flittchen" ausließ, war ich heilfroh, dass sie immer nur die Spitze des Eisbergs gesehen hatte. Zum Beispiel war ihr entgangen, dass die Mädchen meist erheblich minderjährig waren, von den anderen Dingen gar nicht zu reden.

Aber nun wollte ich unbedingt ausziehen. Als Minderjähriger ohne eigenes Einkommen kaum realisierbar. Meine Mutter musste bei einem Mietvertrag für mich bürgen und mir Unterhalt gewähren. Das war ein erheblicher Knackpunkt.

Natürlich wollte ich den Unterhalt selbst bestreiten, das forderte schon die Ehre.

Ich hielt das auch für lösbar, denn inzwischen arbeitete ich viel in Tagesjobs bei der *TUSMA*. Das hieß: „Telefoniere und Studenten machen alles!"

Und es war auch wirklich alles, was man angeboten bekam: vom Nachhilfejob bis zum Tag am Presslufthammer, vom Messebetreuer bis zum Lagerarbeiter.

Besonders beliebt war der Beifahrerjob. Monatelang hielt ich mich mit Tiefkühlkost über Wasser, weil mein Fahrer einen Super-Trick kannte, immer nur einen Teil der Ware in den Läden auszuliefern, aber trotzdem alles abgezeichnet zu bekommen.

Bei der Menge noch verwendbarer Nahrungsmittel, die Supermärkte wegwerfen, machte ich mir über die moralische Seite dieser Aktion keine besonderen Gedanken. Im Übrigen war man als Student weisungsgebunden, sonst verlor man den Job. Das ist bis heute ein gesamtgesellschaftliches Phänomen. Wer riskiert schon seinen Job, indem er den Chef anzeigt? Irgendwie bin ich dankbar, dass mir das Schicksal auch diese Erfahrung hat zuteil werden lassen. Nur zu selbst erlebten Umständen kann man sich wirklich eine Meinung bilden.

Später arbeitete ich in einem Auslieferungslager für Weine und Fische (interessante Kombination!), wo ich lernte, Ware als verdorben auszubuchen. Leider machen Finanzmakler auch nichts anderes.

Nach zwei Monaten harter Suche und ungemütlicher Stimmung zu Hause war es tatsächlich so weit: Am 1. Juni 1969 bezog ich meine erste eigene Wohnung. Tiefster Neuköllner Kiez, Hinterhof, vier Treppen (natürlich ohne Fahrstuhl) und die Toilette im Treppenhaus ein halbes Stockwerk höher. Allerdings hatte ich diese nicht allein, sondern zusammen mit der Wohnung gegenüber, in der eine 80-jährige, noch recht rüstige Dame wohnte.

Wir kamen eigentlich ganz gut miteinander aus. Ich trug ihre Sachen hoch, wenn es anlag und sie hörte von unserer lauten Musik nichts, weil das Treppenhaus dazwischen lag und sie sowieso schwerhörig war. Die Leute unter mir waren auch nicht gerade leise, aber das Ganze wurde dadurch getoppt, dass alle Flugzeuge, die auf dem Flughafen Tempelhof landen wollten, direkt vor meinem Fenster die Einschwenk-Kurve drehten. Ideale Bedingungen für junge Leute mit modernem Musikgeschmack und vielen Freunden. Nach wenigen Tagen nahm ich die Flugzeuge nicht mehr wahr.

Jetzt konnte das gesellschaftliche Geschehen richtig losgehen. Die erste Party fand allerdings fast ohne Möbel statt: eine hölzerne Umzugskiste, die von verblieben alten Sesseln und mitgebrachten Kissen und Matratzen umlagert wurde. Zum Glück war meine neue Dauerbeziehung inzwischen 18 geworden! Damit musste sie zwar jeden Abend nach Hause (45 Minuten mit U-Bahn und Bus), aber sie war schon beschränkt geschäftsfähig, das heißt, sie konnte sich nun Dinge kaufen ohne zu fragen und niemand konnte ihr mehr in eine private Beziehung hineinreden. Das war damals nicht unüblich: „Mit dem triffst du dich nicht mehr, verstanden?"

Aus den Gesprächen mit meinem Umfeld im ähnlichen Alter wusste ich, dass es hauptsächlich zwei Maximen bei den Eltern gab: Entweder streng zu kontrollieren oder nicht hinzuschauen und dann, wenn was passiert war, ach herrje! – draufhauen, was durchaus physisch zu verstehen war. Verständnisvolle Väter und freundschaftlich beratende Mütter waren Mangelware.

Es war genau, wie ich vor Jahren in diesem Zeitschriftenartikel gelesen hatte. [31]

Dass man solch ein Vorgehen damit entschuldigen konnte, dass die Kriegsgeneration zwar töten und durchhalten gelernt hatte, weniger aber über die Psychologie von Heranwachsenden unter dem Ansturm angloamerikanischer Lebensart und Popkultur, kann man ihnen nicht zum Vorwurf machen, das ist richtig. Aber es machte auch nichts besser. Ich halte die nie gelernte Toleranz der Kriegsgeneration für genau den Grund, warum der Generationskonflikt in den 60ern so eklatant aufbrach. Es war durchaus nicht so, dass wir nicht über Konventionen diskutiert hätten. Abgesehen davon, dass Heranwachsende einen natürlichen Erfahrungshunger haben, stellten wir fest, dass die Vermeidung von Umständen nicht dazu führt, mit diesen umgehen zu lernen. Die Elterngeneration, das begriffen wir sehr wohl, hatte sich einwickeln lassen und wurde dann blind vertrauend zur Schlachtbank geführt. Das konnte nicht unser Lebensziel sein!

In meinen Kreisen waren politische Diskussionen nicht unbedingt Gesprächsinhalt bei Partys oder Diskothekenbesuchen. Auch wenn es immer wieder Vertreter einer radikalen politischen Meinung gab, wie etwa Toppi, der die Weltrevolution anstrebte oder Peti, der Mao Tse-tung für einen Papiertiger und die chinesische Kulturrevolution für unfähig hielt. Unsere allgemeinen Diskussionen bezogen sich auf die einfache soziale Verständnisdiskrepanz mit der älteren Generation.

„Waren die nie jung?"

„Doch, aber da war Krieg!"

Mein Vater kam 1910 zur Welt und meine Mutter 1913. Ihre Kindheitserlebnisse waren der Erste Weltkrieg und als sie das erste Mal eine Familie gründen sollten, kam das Dritte Reich und der Zweite Weltkrieg. Und die Aufbrüche dazwischen, die sittengelockerten 20er Jahre, fanden in den Großstädten statt und führten auch nur in die weltweite Inflation.

---

[31] Siehe 6. Kapitel: „Zu früh zu alt" in der *Quick.*

Dass wir verstanden, weshalb die Eltern kein funktionierendes soziales Konzept gelernt hatten, half uns nicht weiter, und da konnte auch keine „parteipolitische" Meinung mit „Massenbewegungen" helfen, wir mussten für uns angemessene neue Konventionen selbst und individuell herausfinden, auch, wenn es weh tat.

Eines Tages, es war irgendwann im Sommer 1967, las ich in einem Reisebericht über Amerika: „Die jungen Amerikaner sind harte Burschen, die stechen sich ein Messer in die Hand und lächeln dabei!"

Ich fand dieses Verhalten durchaus sehr unklug, vor allem, wenn man bedachte, was man sich mit einem Messer in der Hand alles irreparabel zerschneiden konnte. Trotzdem kam ich aber nicht davon los, mir Gedanken über die Rezeption von Schmerzen zu machen und wie man sie (und sich!) beherrschen konnte. Schließlich war man als junger Karl-May-Leser oft mit dem Marterpfahl und verschiedenen Praktiken konfrontiert worden, die einen Krieger zu Jammern bringen sollten. Also, wie war das nun mit den Schmerzen?

Als ich mal wieder im Sommerbad mit anderen auf der Decke saß und eine Zigarette rauchte, fiel mir diese ungeklärte Angelegenheit wieder ein. Ich erzählte der am nächsten Sitzenden von meinen Überlegungen und als ich nur noch eine kleine, glühende Kippe in der Hand hielt, sagte ich: „Ich muss das mal ausprobieren!"

Dabei senkte ich die Glut auf den Spann meines linken Fußes und drückte zu. Es zischte, schmorte, dann war die Zigarette aus. Schmerzen fühlte ich merkwürdigerweise kaum. Nur eine riesige Brandblase zierte meinen Fuß.

„Aha", sagte ich, während rings um mich die anderen ziemlich irritiert dreinschauten, „so ist das also."

Ich war um eine Erfahrung reicher und vor allem: Ich hatte selbst herausgefunden, wie diese Zeitungsmeldung über die „harten Burschen in Amerika" zu bewerten war!

Ich denke, alle meine Erlebnisse erklären sich wunderbar aus dem Umstand, dass ich alles ausprobieren musste, weil es praktisch keine Verhaltensvorlagen gab, die man aufgrund von überzeugenden Erfolgsbeweisen übernehmen konnte. Die unterschiedlichen konservativen Lebensstile hatten wir in den Elternhäusern ständig vor Augen; sie endeten entweder im gleichgültigen Mief der täglichen Belanglosigkeit oder in wilden, kampfbetonten Ehezerrüttungen.

Was aber konnte man wollen, wenn nicht das?

Nachdem ich aus dem Vorort in die Stadt gezogen war, kam ich immer mehr mit Leuten zusammen, die andere Drogen als Alkohol nahmen. Ein neues Experimentierfeld erschloss sich, das sich auch auf die Partys auswirkte.

Je nachdem, wen man eingeladen hatte, wurde die eine oder die andere Droge konsumiert. Ich war eine Weile unschlüssig, bekam aber dann vom Alkohol massive Magenprobleme und sagte diesem bei einer Fete eines ehemaligen Klassenkameraden in Lichtenrade Adieu. Stattdessen rauchte ich einen Joint und fand die Fete auch ungemein spaßig – ganz ohne körperliche Nebenwirkungen. Das gab mir zu denken.

Einmal noch versuchte ich es mit Alkohol, dann gab ich auf. Mir war so schlecht geworden wie nie zuvor. Also ließ ich das Trinken gänzlich sein. Vielleicht war es ein Zeichen des Schicksals.

Auf jeden Fall führte der veränderte Drogenkonsum dazu, dass man nun in allen Einzelheiten mitbekam, was sich an einem Partyabend abspielte. Man fühlte sich zwar gut und hatte auch keine reduzierte Zurechnungsfähigkeit. Im Gegenteil, Haschisch und später LSD ermöglichten stundenlange intensive Beobachtungen, an die man sich später noch genau erinnern konnte. Man sah „die Trinker" die Kontrolle verlieren und schließlich schnarchend herumliegen, manchmal in ihrem Erbrochenen. In einem Zustand erhöhter Sensibilität bringt solch eine Fete den Kiffer immer weiter auf Abstand zum Alkohol. Ich habe darüber in sehr unterschiedlichen Kreisen viel diskutiert. Es gab auch diejenigen, die kaum eine Droge einnahmen. Wenn diese mitdiskutieren wollten, fand ich das Gespräch immer sehr nervig. Es war, wie ich in einem späteren Film formulierte, „als ob ein Blinder über Farbe redet".

Ein erster Höhepunkt der Gegenüberstellung der verschiedenen Drogen bot sich am 31. Dezember 1969, anlässlich der legendären Silvesterfete bei Flipper. Ich werde sie nie vergessen.

Nach den unbefriedigenden Erlebnissen der letzten Jahre waren wir der Meinung, diesmal richtig zu feiern. Flipper hatte nun auch eine Wohnung, und weil sie mit zwei Zimmern die größte war, die einer von uns besaß, wählten wir diese. Wir erzählten ein bisschen im Freundeskreis davon und dachten, naja, wenn es 20 Leute werden, dann ist es voll und wir haben Spaß.

„Ich glaub ja nicht, dass viele kommen. Es sind minus zehn Grad und über zehn Zentimeter Schnee!"

Es kam anders.

Nachmittags schafften wir meine Musikanlage zum Veranstaltungsort, der leider etwas entfernt am Bundesplatz in Friedenau lag. Niemand öffnete. Nun hatte Werner das Auto nur für diesen Transport besorgt und wir konnten Tonbandgerät, Verstärker und Boxen unmöglich im Treppenhaus stehen lassen. Also klingelten wir bei anderen Mietern. Die Leute unter seiner Wohnung waren zu Hause.

„Sie werden doch nicht sehr laut werden?", erkundigte sich die ältere Dame etwas eingeschüchtert angesichts der voluminösen Geräte. Ich sagte einige beruhigende Worte, dachte aber bei mir, dass wir genau das vorhatten. Dann fuhren wir zurück zu meiner Wohnung. Dort stand Flipper mit seinem Bruder vor der Tür. Erste Sorgenfalten erschienen auf seiner Stirn, besonders, als Etzel noch auf die Idee kam, Lupe, den buddhistischen Theoretiker aus der Kiffer-Fraktion, anzurufen.

Abends um halb neun sah noch alles sehr moderat aus. Die Ruhe vor dem Sturm wurde durch Noppi beendet, der in Begleitung von drei Kästen Bier, einem riesigen Karton mit Knallzeug und seiner Trinker-Fraktion auftauchte. Darunter waren auch Udo und Jürgen, die sich beim letzten Urlaub in Schweden völkerverbindende Beziehungen geangelt hatten. So gab es also auch drei blonde Mädchen mit wenig Deutschkenntnissen auf dieser Party. Als es richtig gemütlich geworden war, kam Lupe mit seiner tiefsinnigen Raucher-Gruppe. Er selbst konnte eine Feier schon dadurch sprengen, dass er plötzlich eine divergente Meinung vertrat. „Das ist Zen!", war dann seine Erklärung.

Aber an diesem Abend lief alles recht einvernehmlich, was auch den anderen Leuten zuzurechnen war, die er mitgebracht hatte. Die verschiedenen Gruppen tauschten friedlich ihre Drogen aus. Vielleicht tranken die Kiffer etwas weniger als die Trinker rauchten, aber das war schwer auseinander zu halten. Lupe drehte insgesamt sechs große Joints, da bekam jeder etwas ab. Dann kamen andere Leute. Viele davon kannten weder Etzel noch ich. Flipper schon gar nicht, aber er freute sich noch, weil er in jeder neu eintreffenden Horde auch die drei Mädchen vermutete, die *er* eingeladen hatte. Zu diesem Zeitpunkt ging er mit keiner „festen Frau", wie wir es nannten und hatte mit Bedacht eine vielversprechende Auswahl getroffen. Die Stunden vergingen. Flipper wartete.

Eigentlich hatten Sigi und Ella eine schöne Dekoration ausgebracht. Als sich das Wohnzimmer derart füllte, dass nur noch Stehplätze mit wenig Spielraum zur Verfügung standen, war davon längst nichts mehr zu sehen. Außer man musterte den Boden, was aber schwierig war, weil man so dicht nebeneinander stand. So der Aufmerksamkeit entrückt, landete dort alles, was keinen Platz auf den wenigen Ablagen wie Tisch, Fensterbrett oder Schrankabsatz fand. Aschenbecher wurden, wenn sie voll waren, kurzerhand daneben ausgekippt. In verhältnismäßig kurzer Zeit war der Teppich mit einer fingerdicken Schicht bedeckt, deren Zusammensetzung nicht mehr beschreibbar war. Ich grübelte darüber nach, woher die vielen Leute kamen, die teilweise auch wieder gingen. Und immer wieder gab es Nachschub. Kurz vor Mitternacht zählte ich 45 Personen, kam aber wegen der Fluktuation etwas durcheinander und gab dann auf.

Die Zweizimmerwohnung war völlig überfordert, daran hatte der Architekt nie gedacht.

Zwischendurch wurde das Ganze durch Einzelaktionen erschüttert. Manche konnte es nicht erwarten und griffen in die große Knallerkiste. Das Zünden von größeren Sprengkörpern in einer geschlossenen Wohnung stößt allerdings meist auf Ablehnung und es gab einige, die hämisch grinsten, als ein Kanonenschlag in Mankes Hand vorzeitig zündete, weil er ihn machoartig so lange wie möglich halten wollte.

„Von 21 bis 23 zählen!", gab es den guten Ratschlag. „Und nicht von eins bis 23!"

Schmerzverzerrt hielt er sich die Hand, aber zum Glück kam das Gefühl in der nächsten halben Stunde wieder und nur ein paar Brandblasen zeugten von dem Malheur. Nichts, was ihn von weiteren Sprengungen abhielt.

Etzel und ich hatten irgendwann einen Trip geschluckt, der aber nicht besonders stark kam. Eher stimulierte er die Beobachtung. Beinahe wie im Film sah ich das Geschehen abrollen. Während die eine Hälfte der Gäste immer mehr die Kontrolle verlor, gaben sich eine ganze Reihe anderer sehr sinnlichen Tätigkeiten hin. Manche hörten einfach nur der Musik zu.

Der Küchenboden schwamm inzwischen, und das deshalb, weil der Tisch voll war. Nicht jede Flasche wurde ausgetrunken, und wenn von hinten eine weitere Flasche abgestellt wurde, kippte das, was vorn stand, über die Kante.

Eine Ecke war inzwischen etwas angebrannt, weil man sie als Startplatz für eine Rakete benutzt hatte.

Im Wohnzimmer konnte man noch sitzen, aber nur, wenn einem der Bodenbelag nichts ausmachte. Manche allerdings kratzten zu diesem Zweck das ganze Zeug solange auseinander, bis der Teppich zum Vorschein kam.

Eine ganze Weile beobachtete ich ein Mädchen, das in einer Ecke vor sich hintanzte und dabei das eine oder andere Kleidungsstück auszog. Ich wurde aber abgelenkt, weil Etzel und Lupe einen kleinen Horrortrip bekamen und wild herumzuckten.

Beim Aufstehen fiel ich über Werner, der seine Freundin mitgebracht hatte und sich mit ihr den ganzen Abend nicht vom Fleck rührte.

Das Schlafzimmer hatten wir mit dem Einschrauben einer roten 15-Watt-Birne kuschelig gemacht. Mit Erfolg. Das Bett und die ausgeklappte Couch waren ständig überfüllt. Und alle waren begeistert, denn die Schwedenmädchen führten uns skandinavischen Humanismus vor. Sie trösteten alle diejenigen sehr physisch, die trotz einer zwischenzeitlichen erfolgreichen Mädchenaktion von Noppi in den umliegenden Kneipen immer noch keins abgekriegt hatten. Nur Flipper hockte unglücklich in der Ecke, weil keine seiner Favoritinnen gekommen war.

Ich bin nicht sicher, ob ihm da schon der fortschreitende desolate Zustand der Wohnung bewusst geworden war.

„He, hör mal, das nutzt doch jetzt nichts!", versuchte ich ihn umzustimmen. „Halt dich doch mal an Inga oder eine der anderen Schwedinnen!"

Ich war von deren Einsatzfreudigkeit sehr angetan und beschloss, dieses Land auch einmal zu besuchen. Er aber schüttelte vergrämt den Kopf, murmelte einen Namen und schniefte weiter.

Beim Anstoßen um Mitternacht reichten die vorhandenen Plastikbecher natürlich nicht, aber wenigstens gab es genug Sekt.

Noppi, Manke und seine Freunde waren beim Gongschlag schneller, als man ihrem Zustand zugetraut hätte, die drei Treppen hinuntergestürmt. Ihre Kiste mit dem Knallzeug stellten sie direkt vor den Eingang.

Wenn man auf Trip ist, findet man dieses traditionelle Verhalten kleinbürgerlich, zwanghaft und unter aller Würde. Ich war zwar ebenfalls auf die Straße gegangen, hatte mich aber mit Sigi auf die andere Straßenseite zurückgezogen, von wo aus wir mit Plastikbechern in der Hand das Treiben beobachteten.

Damals kamen die ersten übergroßen Kanonenschläge auf, die, aus China importiert, irgendwie deutsche Importbestimmungen erfolgreich umgangen hatten. Erstaunt stellte ich fest, dass Noppi auch hier offenbar gute Verbindungen hatte. Mit großer Sorge beobachtete ich, in welcher Nähe zu den abgestellten Autos diese mörderischen Sprengkörper explodierten.

Und dann kam, was offenbar unausweichlich war. In der Kiste waren auch ein paar Vulkane, die zur Beleuchtung des Geschehens hingestellt wurden. Einer der mittlerweile völlig unzurechnungsfähigen Sprengmeister hatte in dem Haufen Kracher, die er der Kiste entnommen hatte auch so ein Ding. Offenbar hielt er diesen Vulkan für einen Knallkörper wie den Rest seiner Munition, denn er zündete ihn an und warf ihn weg. Leider rutschte er dabei aus und traf genau die Kiste, die kaum zur Hälfte geleert war.

Zwei oder drei Sekunden passierte nichts, dann begann die Kiste von innen zu glühen. Ein Feuerstrahl drang seitlich heraus. Weitere zwei Sekunden später – irre, wie sich Zeitlupen im realen Leben abspielen können – detonierte die ganze Kiste mit einem irrsinnigen Lärm. Einige Kanonschläge flogen noch ein Stück weiter und zerknallten dann dort.

Diese Explosion hatte alle derart beeindruckt, dass sogar Schuldzuweisungen zunächst ausblieben. Stattdessen suchte man nach versprengten Resten im tiefen Schnee. Sigi und ich gingen wieder hinein, denn ganz allgemein flauten die Aktivitäten ab und wir fanden die weiter gesunkene Temperatur einfach zu ungemütlich. Die meisten waren sowieso oben geblieben, weil ihnen einfach zu kalt war. Stattdessen wärmten sie sich lieber in Flippers Doppelbett.

„Die haben sich dabei nicht mal die Schuhe ausgezogen!", beschwerte er sich bitter. Ich konnte ihm auch nicht klarmachen, dass das ganz logisch war, wenn man den Zustand des Fußbodens betrachtete. Niemand wollte sich die Socken ruinieren.

Inzwischen wurde in der Küche Jagd auf die letzten Vorräte gemacht. Wir hatten einige Riesenbrote gekauft und Töpfe mit Griebenschmalz, eine einfache Verköstigung, die damals sogar in vielen Kneipen gereicht wurde.

Aufgrund des allgemeinen Zustandes der Ablageflächen war es aber ein logistisch anspruchsvolles Unternehmen, sich eine solche Schmalzstulle zu schmieren.

Inzwischen waren auch die hauptamtlichen Feuerwerker wieder heraufgekommen. Mit Erstaunen stellte ich fest, dass sie weitgehend unverletzt erschienen. Aber nun plagte sie der Hunger.

Hotte, ein Schrank von einem Kerl, stieß mit stierem Blick das große, scharfe Brotmesser in den letzten Laib und schaffte es tatsächlich, etwas abzusäbeln was einer Scheibe nicht unähnlich war. Flüchtig wischte er den ganzen Müll, der sich auf der Anrichte angesammelt hatte, herunter und klatschte dieses Ding auf den freigewordenen Platz. Der Schwung trug es allerdings über die Kante und ließ es halb in der Schicht verschwinden, die man mit Recht hätte Bodensatz nennen können.

Stirnrunzelnd starrte Hotte hinterher. Dann fischte er das Brot dort heraus, schüttelte es unwillig mit dem Erfolg, dass die meisten Sachen, die daran klebten, auch wieder abfielen.

Die meisten. Nicht alle.

Irgendwie schaffte er es auch, das Schmalz aus dem Plastiktopf einigermaßen gleichmäßig über die Brotscheibe zu verteilen. Für das sichere Festhalten hatte er allerdings nicht mehr genug Konzentration übrig. Also segelte die Stulle wieder nach unten.

Kompetente Physiker und Kollegen aus der Mathematik haben einmal bewiesen, dass ein Marmeladenbrot aufgrund des unterschiedlichen spezifischen Gewichtes der einzelnen Schichten auf die Seite mit der Schmiere fallen muss. Schmalzbrote beanspruchen für diesen Fall keine eigenen Naturgesetze.

Wieder wie in Zeitlupe beobachtete ich erst den flüchtigen Ärger in Hottes Gesicht, dann den erneuten Griff zu seiner störrischen Delikatesse und wieder den Versuch, die jetzt ziemlich abenteuerlich gewachsene Beschichtung zu bereinigen. Als er ungeschickt mehrere Luftschlangenreste abzog, begann nun auch Sigi neben mir zu kichern. Andere waren inzwischen ebenfalls aufmerksam geworden.

„Dit findet ihr komisch, wa?", schnauzte er uns an und schnippte verärgert eine Kippe vom Brotbelag in unsere Richtung, die aber wegen des Schmalzkontaktes fehlgeleitet an der Schranktür kleben blieb. Er machte noch ein paar Versuche, die Beschichtung seiner Stulle zu bereinigen.

Niemand von uns wollte genau wissen, was sonst noch auf dem Schmalzbrot verblieben war.

Gerade, als ich meine Fassung wieder gewonnen hatte, rutschte ihm das Brot noch einmal aus. Final, könnte man sagen.

Hotte war nun am Rand seiner Geduld angekommen. Mit einem weiteren strafenden Blick in unsere Richtung zog er unwillig die herausragendsten Fremdkörper aus dem Schmalz, pustete rituell über die Fläche und schob sich das Brot ungerührt zwischen die Zähne.

Natürlich war wegen der lauten Musik nicht zu hören, welche Geräusche er beim Kauen machte, aber meine drogenangeregte Fantasie spielte mir entsprechende Eindrücke ins Gehirn.

Hotte aß zu Ende, ohne eine Miene zu verziehen. Hätte es damals ein Dschungelcamp gegeben, ich hätte ihn an RTL empfohlen.

Um 2 Uhr gingen die meisten im Hinterzimmer schlafen. Es war so voll, dass ich nur in einer Ecke Platz für meinen dicken Mantel fand, auf dem Sigi und ich uns niederließen.

Um fünf stand ich resigniert wieder auf. Draußen knallte es erneut. Einige der Gäste waren hinuntergegangen und hatten nun im Tageslicht nach Überbleibseln der Knallkiste gesucht. Erfolgreich, wie man weithin hörte, denn inzwischen waren alle sonstigen Aktivitäten erstorben.

Ich gebe zu, die Musik war noch immer unverschämt laut. Weil nun wieder alle wach wurden, führten Noppi und Hotte einen Striptease vor, der durchaus mit Interesse betrachtet wurde. Um halb zehn wurde noch einmal geknallt. Man hatte den Radius der Suchaktionen erweitert und war immer noch fündig geworden. Udo fand sogar noch ein paar Raketen, die er vom Fensterbrett startete. Haarscharf zischten sie an den Balkonen gegenüber vorbei.

Da klingelte es.

Irgendjemand öffnete.

Draußen standen zwei Polizeibeamte.

„Guten Morgen. Uns wurde gemeldet, dass es hier zu ruhestörendem Lärm …"

Man ahnte mehr, was sie sagten.

Auf keinen Fall war es so, dass wir die Vertretung der Staatsgewalt nicht ernstnahmen. In Wahrheit fühlte sich nur keiner der Leute zuständig, die gerade an der Tür herumstanden. Als klar war, dass kein Nachschub an Drogen anrollte, wandten sich die meisten uninteressiert ab und gingen einfach wieder nach hinten.

„Wer ist denn hier der Wohnungsinhaber?", fragte einer der Herren mit strengem Blick, um die Situation zu retten. Allgemeines Schulterzucken. Schließlich führte ich sie zu Flipper in die Küche, der sich einen geheimen Rest Brot schmierte.

Die Polizisten redeten auf ihn ein. Sie waren sehr freundlich. Es war mittlerweile 10 Uhr und man konnte verstehen, dass manche Hausbewohner wünschten, dass die Aktivitäten endlich abflauten.

Obwohl ich Flipper ganz gut kannte, konnte ich nicht erkennen, ob er den Polizisten wirklich zuhörte. Zwar nickte er ab und zu beiläufig, aber das konnte auch der Schmiertätigkeit zuzurechnen sein. Um ihn und die Gesetzeshüter herum ging das gewohnte Treiben unbekümmert weiter.

Schließlich wandten sie sich mit einem leicht frustrierten Ausdruck auf den Gesichtern dem Ausgang zu.

„Aber nun etwas leiser!"

Leider war kaum jemand da, der ihnen zuhörte. Der Ordnung halber schloss ich die Tür.

Jetzt untersuchte die Trinkerfraktion sämtliche herumstehenden Behältnisse und trank, was noch vorhanden war. Dass noch ein Anwohner hochkam und sich über Brandschäden an seinem Wagen beschwerte, fand kein wirkliches Interesse mehr. Udo und Jürgen fuhren meine Anlage und mich zu mir nach Hause. Erschöpft schlief ich sofort ein.

Diese Party war der Auftakt zu einer wilden Zeit, in der später auch eine Fabriketage eine entscheidende Rolle spielte, eines der ersten „Lofts" in Berlin.

Trips in der City

„Hast du mal'ne Mark?", fragte mich Etzel, als wir im Frühling 1970 aus der *Teestube* auf die Xantener Straße hinaustraten. Es war 2 Uhr morgens und wir waren auf Trip, jeder ein Löschblatt mit LSD im Magen und wir hatten zusätzlich einige Joints hinter uns, die herumgereicht worden waren. Nach ein paar Stunden bekommt man einen Riesenhunger, aber das kannten wir schon. An der Ecke Bayerische Straße am Olivaer Platz hatte ein *Bolle*-Lebensmittelladen an der Hauswand einen Automaten angebracht. Es war der gleiche Typ von Aufziehfächern, in denen auch Blumen auf späte Verehrer warteten. Nur wurden hier außer einigen anderen Angeboten auch Zitronen- und Marmorkuchen aus Kastenbackformen angeboten. Und dafür brauchte man ein Markstück.

So ein Kuchen brachte einen gut durch die Nacht. Am liebsten hatten wir den Marmorkuchen, aber egal, wir aßen, was es gab. Das war die Zeit, in der wir jedes Wochenende und manchmal auch öfter auf Trip durch die Stadt zogen.

Auf diese Art konnte man eine Menge erleben.

U-Bahnfahren war zum Beispiel fast eine Mutprobe. Mit all den fremden Menschen, die im ganz normalen Modus waren, zusammen zu sein, während die eigene Rezeption durch ein unbekanntes Weltall zickzackte und ab und zu Sinnestäuschungen und assoziative Fata Morganas erschienen, entwickelte sich zum Abenteuer und manchmal sogar zum Horrortrip. Es gab Trips, da benötigten wir Stunden, um anzukommen.

Ich erinnere mich gut an eine Fahrt, während der Etzel sagte: „Findest du nicht auch, dass die Leute alle wie Tiere aussehen?"

Erst sah ich ihn erstaunt an, dann fiel mir auf, dass er völlig recht hatte.

Direkt vor mir saß eine Eule, daneben ein Pferd in Ausgehkleidung und wieder einen Platz weiter ein Esel, ein Mops und ein Seelöwe. All die computeranimierten Filmfiguren, die vierzig Jahre später über die Bildschirme flackerten hatten sich offensichtlich ein frühzeitiges Stelldichein gegeben. Ich war stocksteif vor Erschrecken.

Nach einer Weile verwandelte sich dieser Zoo wieder zurück in normale Fahrgäste, die bleich oder geschminkt in der Nacht unterwegs waren, obwohl eine gewisse Affinität nie ganz verschwand.

Mit ziemlicher Erleichterung verließen wir den Zug am Zielort.

Diese Art, sich die Nacht lang mit spontanen Zielen durch die Stadt treiben zu lassen, war zu dieser Zeit schon in den USA sehr beliebt. Viele Jahre später würde man auch in Deutschland „Cruising" dazu sagen, oder sogar „Roaming".

Darauf gekommen war ich aber schon drei Jahre früher.

Natürlich, irgendwann gibt es immer ein „Erstes Mal". Diese Einführung in die Spontaneität der Nacht machte ich – wie sollte es anders sein – mit einem Mädchen an der Hand.

Kurz vor den Herbstferien 1966 kam unser Klassenlehrer fröhlich zum Unterricht und eröffnete uns, dass wir demnächst eine Partnerklasse aus Westdeutschland zu betreuen hätten. Man hätte sich in der Schulbehörde gedacht, es wäre pädagogisch besonders sinnvoll für Schüler von außerhalb von Berlin, wenn sie von Gleichaltrigen in die Situation dieser ummauerten Frontstadt eingeführt werden würden.

Die Reaktion unsererseits war verhalten.

„Was sind denn das für Leute?", fragte Wolfgang, der immer als unser Sprecher fungierte.

„Naja, eine Klasse in Ihrem Alter, Herrschaften. Zwölfte Klasse. Wohnen hier in einer Jugendherberge. Wir können sie da abholen und ihnen Berlin zeigen."

„Ooch. Hm. Naa …"

Herr Podlowski schielte uns über seine Brillengläser an und grinste irgendwie hämisch.

„Sie kommen aus Krefeld, ungefähr so 20 an der Zahl."

„Naja, kann doch ganz nett sein …?", kam es verhalten von unserer Mädchenfraktion am Fenster.

„Das will ich doch hoffen!", stellte unser Lehrer fest. „Alles Schülerinnen, eine Mädchenklasse, sozusagen."

Ein spürbarer Ruck ging durch die männlich besetzten Stuhlreihen.

„Wir könnten sie doch in einen Beatclub einladen!", schwirrte ein Vorschlag durch den Raum. Gemurmelte Zustimmung auch von Plätzen, wo ich dies nicht vermutet hätte.

„Ich habe als erstes einen gemeinsamen Zoobesuch anberaumt!", dämpfte der Lehrer die plötzlich aufflackernden Gespräche. Enttäuschtes Gemurmel.

Die Herbstferien kamen, die Partnerklasse auch und wir trafen uns vor dem Zoo. Tatsächlich! Alles Mädchen! Hoffentlich kamen die nicht aus einer Klosterschule!

Während des Rundganges durch das Aquarium und die Außenbereiche musste ich feststellen, dass dem nicht so war und, hm, ja, es gab auch ein paar dabei, die waren richtig nett. Eine irgendwie ganz besonders.

Die notorischen Mädchenversteher aus unser Klasse, Wolfgang und Klaus-Dieter waren ganz ähnlicher Meinung und so war nach kurzer Zeit klar, dass wir uns am Samstagabend im *Pop Inn* in Steglitz treffen würden, dem Lieblingsschuppen der beiden.

Und so begann es. Das eine wirklich hübsche Mädchen, mit dem ich im Zoo ein bisschen rumgealbert hatte, war auch da. Es schien zwingend nötig, hier aktiv zu werden, aber ich war mir noch unschlüssig, wie ich es angehen sollte. Die Süße saß mir schräg gegenüber und der Tisch war lang. Gerade hatte ich ein paar vermittelnde Worte durch den Diskolärm hinübergebracht, als Konni, der, aus welchem dummen Zufall auch immer, direkt neben ihr saß, aufstand und „Wollen wir tanzen?" sagte.

Was für ein freches Dazwischenfunken! Hatte er denn keinen Anstand? Er sah doch, dass ich dabei war, ihr ein Gespräch aufzudrängen. Es galt also, zu handeln.

„Tut mir leid, Konni", sagte ich deshalb schneller, als ich meine Worte verhindern konnte, „das haben wir schon grad beschlossen, da kommst du etwas zu spät. Nicht wahr?" Und ich blinzelte Lita fröhlich zu.

Wahrscheinlich war sie noch überraschter als Konni und ich zusammen, denn sie nickte und kam sofort mühsam um den Tisch herum.

Das war ja noch einmal gut gegangen, dachte ich und genoss Konnis Gesichtsausdruck. Ich mochte ihn sonst recht gerne, machte er doch auch immer irgendwelche ungewöhnlichen Sachen, genau wie ich. Aber hier saß mir das Hemd näher als die Hose, wie ein schönes altes Sprichwort sagt. Jedenfalls näher am Herzen.

Das Dumme war jetzt nur, dass ich als eingeschworener Nichttänzer mit einem absolut hinreißenden Mädchen auf der Tanzfläche stand und die Musik war schnell. Ich glaube, ich wuchs über mich selbst hinaus. Für ein lohnendes Ziel musste man eben Opfer bringen. Zu allem Unglück hatte ich beim Aufstehen mein Bier umgerissen, das sich zielgerichtet zum guten Teil über meine Hose ergoss.

Das hätte das frühzeitige Ende bedeuten können, aber Lita rette die Situation.

„Ja, komm. Ist doch nicht so schlimm. Ich tanz doch mit dir und nicht mit deiner Hose!"

Und so ging es los. Natürlich hatte ich auch Spaß beim Tanzen. Es macht alles gar nichts aus, wenn man an die Richtige gerät. Davor hatte mich meine Mutter schon immer gewarnt. Und so kam, was kommen musste. Ich kann mich noch gut an zwei Musikstücke erinnern: *With a girl like you* und *Summer in the city*. Das fand ich sehr passend.

Nach ungefähr einer halben Stunde fragte ich sie, ob wir nicht rausgehen wollten. Es war tatsächlich noch ein bisschen „Summer in the city" an diesem warmen Herbstabend und vielleicht wollte sie ja auch etwas von Berlin sehen und nicht nur die düsteren Wände des Beatschuppens. Sie ging auf mein Angebot ein und wir zogen von dannen. Ich war ziemlich erleichtert, dass ich alle Nebenbuhler auf diese Art aus dem Rennen geworfen hatte.

Es kann natürlich sein, dass sie selbst auch schon vorher ihre Auswahl getroffen hatte. Aber egal, es wurde eine wirklich schöne Nacht, die uns beinahe ziellos durch die City laufen sah, mal Schaufenster beguckend, mal versteckte Bänke oder schattige Parkanlagen auf ihren romantischen Aspekt hin überprüfend.

Die richtige Sightseeing-Tour wurde es nicht. So viel (außer uns) haben wir wohl nicht von Berlin gesehen.

Aber das Konzept des Abends blieb hängen: Nur kein festes Ziel, mal hierhin fahren, mal dort hereinschauen, eine Nacht wie ein Roadmovie. Und wenn man irgendwo ankam, hatte man meist tatsächlich eine Geschichte erlebt.

Als andere Drogen als Alkohol langsam in Mode kamen, öffneten immer mehr Lokale, die Musik spielten, die eigentlich nur bekiffte Leute aushalten konnten. Schon in meiner Schulzeit hatte ich vom *Closed Eye* berichtet, in dem man auffiel, wenn man kurze Haare und ordentliche Kleidung trug. Hier wurde durch die Bank weg alles konsumiert, was greifbar war. Einen Dealer zu finden war völlig unproblematisch, das hatte ich schon verbrämt in der Schülerzeitung beschrieben. Ob die Gäste homo oder hetero waren, kümmerte auch keinen, damals eine absolute Besonderheit. Aber das Licht war sowieso stark gedimmt.

Das *Closed Eye* war ein schöner Startpunkt für einen Trip auf der Stadt. Man konnte sich mit Stoff versorgen und losziehen, wenn man das Gedränge des gut besuchten Ladens nicht mehr ertragen mochte. Witzig damals war, dass selbst in diesem Lokal noch Garderobenabgabe Pflicht war. Später änderte sich das, als solche Läden wie das *Park* oder das *Black Corner*, eher eine Kneipe, aufmachten. Oder die *Teestube* in der Xantener Straße. Oder das *Zodiak*.

Unterwegs von einem Laden zum anderen gab es viele erstaunliche Dinge zu sehen.

Autos, die nicht zum Fahren gemacht waren, Menschen, die offenbar nur als Kleiderständer fungierten und Schaufenster, in denen Artikel ausgestellt waren, deren Sinn und Zweck für mich nicht erfassbar waren. Wir konnten lange davorstehen und uns die Leute vorstellen, die hier kauften. Den Kopf voll psychedelischer Drogen verliert man das Verständnis für Konsum, der über den nötigen Bedarf hinausgeht. Vielleicht war das der Grund, weshalb der Kapitalismus den Haschischgenuss so intensiv bekämpfte.

Seinerzeit gingen auch solche Gerüchte um wie der Verdacht, dass der Berliner Senat anfänglich so wenig gegen die Drogenszene unternommen hatte, weil man glaubte, so die linken Demonstranten zu entpolitisieren. Denn bekifft konnte man sich über die verschiedenen „-ismen" nur vor Lachen ausschütten.

Manchmal standen wir eine halbe Stunde vor einer Litfasssäule. Damals gab es sie noch, die analogen Nachrichten, die Plakate, die auch für kleinere Veranstaltungen geklebt wurden und die Gewohnheit, dort auch Suchanzeigen und andere Tipps anzubringen. Wenn man von oben nach unten die Überschriften hintereinander las, ergaben sie oft eine sehr schräge, aber durchaus zusammenhängende Geschichte.

Am Schlimmsten aber war jenes Pelzgeschäft, wo die Mäntel plötzlich lebendig wurden. Manche Eindrücke waren so, dass ich mich später fragte, ob die bekannte Harry-Potter-Autorin J.K. Rowling vielleicht auch ihre Jugend mit solchen Erfahrungen verbracht hatte.

Während dieser Nachterlebnisse besuchte man die bekannten Diskotheken, „Läden", wie sie genannt wurden. In denen die richtige Musik lief, die richtigen Leute verkehrten und die gleichen Drogen konsumiert wurden. Und das war auf keinen Fall Alkohol. Es war die hohe Zeit der

Limonaden und Fruchtsäfte. *Florida Boy Orange* war ein sehr beliebtes Getränk und es enthielt auch das, was man für die Nacht brauchte.

„Gib mir mal'ne Flo!", sagte man am Tresen, genau so wie später in den 80ern: „Wirf mal ein Becks rüber!"

Bier war aber in den genannten damaligen Kulturstätten fast verpönt, stattdessen wurden völlig offen riesige Joints gebaut, die dann herumgereicht wurden. Eines dieser Etablissements war das *Park* am oberen Kurfürstendamm, Ecke Nestorstraße. Dort konnte es vorkommen, dass man in eine offene Geburtstagsfete hineingeriet. Eines Abends stieß mich Etzel an: „Da sieh mal, der baut einen 30-Blatt!"

Übersetzt für alle Nichtbeteiligten oder Nichteingeweihten bedeutete es, dass jemand 30 Zigarettenblättchen aneinanderklebte und zu einer ungefähr 40 Zentimeter langen und 3 Zentimeter durchmessenden Röhre formte, die dann mit Tabak, Haschisch und/oder Marihuana gefüllt wurde. Solch ein „schweres Gerät" hinzukriegen benötigte schon ein hohes Maß an Kunstfertigkeit oder noch besser: Erfahrung. Wie so etwas aussieht, habe ich später in meinem dokumentarischen Spielfilm *Orpheus in der Oberwelt* vor der Kamera gezeigt.

Wenn immer im *Park* ein größeres „Rohr gebaut" wurde, breitete sich die Information schnell im ganzen Laden aus. Wenn der Joint dann brannte, wurde er in weiten Kreisen durch den Raum gereicht. Zufällig vorbei kommende reihten sich ohne besondere Diskussionen in die die Schar der Kostgänger ein.

Wie ich feststellen konnte, hatte man die Tüte tatsächlich gut gefüllt. Nach ziemlich kurzer Zeit war der ganze Laden ziemlich „stoned", denn auch an anderen Tischen hatte es wie üblich einschlägige Vorarbeit gegeben. Die Musik an dem Abend war eine Mischung aus Dr. John, Pink Floyd, Amon Düül, Sacred Mushrooms, Cream und anderen, ähnlich „progressiven" Musikgruppen.

An solchen Abenden konnte es natürlich passieren, dass eine Razzia durchgeführt wurde. Ich selbst machte mir darüber nie Gedanken, da ich alles, was ich an Drogen besaß, selten in der Tasche hatte.

Ich ging eigentlich immer erst ins *Park*, wenn ich alles dem Blutkreislauf übergeben hatte, wo es bei einer reinen Ausweiskontrolle mit Taschenleerung kaum entdeckt werden konnte. Komplexe chemische Analysen gab es damals noch nicht. Aber das Erlebnis einer Drogenfahndung war mir zu diesem Zeitpunkt nie vergönnt. Etzel dagegen schon, wenn er allein losgezogen war.

„Gestern war wieder eine Razzia. Musste meinen letzten Krümel wegwerfen. So ein Ärger! Wo warst du denn?"

„Zu Hause. Im Bett. Privatfete zu zweit."

„Ah, ja. Gut. Aber die Razzia war auch nicht schlecht. Nur die Leute sehen komisch aus, wenn man auf Trip ist."

Nach einem guten Jahr machte das *Park* dann zu, nur um eine Woche später unter dem Namen *Takt* wieder zu öffnen. Später, als auch das behördlich geschlossen wurde, mietete ein Schlüsselservice die Räume. Heute residiert dort der Heimwerkerkonzern *Bauhaus*.

Während dieser Zeit, versuchte die Polizei, sich der rasend schnell ausbreitenden „Drogen-Szene" irgendwie entgegenzustellen. Ich beobachtete den planlosen Aktionismus mit Interesse. Immer, wenn sich ein Laden etabliert hatte, machte man eine Razzia. So hoffte man, die Strukturen zu zerschlagen. Das Ergebnis war kontraproduktiv.

Nachdem wieder einmal solch eine Razzia einen der Treffpunkte getroffen hatte, merkte ich im trauten Kreis an, dass das einzige Ergebnis nun war, dass man sich woanders traf. Die Polizei hatte jetzt die undankbare Aufgabe, den neuen Standort herauszufinden und ihn wieder zu observieren. Wir dagegen wussten noch am gleichen Tag, wohin sich die Szene verlagert hatte. Buschtrommeln sind ein wertvolles Instrument in der Hand des Kundigen. Hätte man sich mit V-Leuten konsequent hineingearbeitet, wäre die Szene in wenigen Monaten trocken gewesen. Aber mit ihrer Art des Vorgehens erwischten sie kaum einen der Dealer, jedenfalls keinen, den wir kannten. Diesem Umstand musste ich in einem späteren Film über die Drogenszene ein kleines Denkmal setzen.[32]

Wenn wir diesem Nachterlebnis des „sich durch die Stadt treiben lassens" frönten, war der Kurfürstendamm, kurz Ku'damm genannt, erste Wahl. Eine wunderbare Erlebnismeile, wenn man sich von der Joachimsthaler Straße bis zum Lehniner Platz vorarbeitete. Dort wartete das *Racing Center*, eine Diskothek, die früher einmal eine Spielhalle gewesen war. Als dann das *Park* aufmachte, machten wir den Abstecher dorthin seltener.

---

[32] *Wie ein Blinzeln in die Sonne*, Berlin 1972, 52 min.

Man konnte Trips natürlich genauso zu Hause einnehmen. Das taten wir auch des Öfteren.

Der erste, soweit ich mich erinnere, fand im Frühling 1969 bei Etzel statt, in seiner Einzimmerwohnung in der Neuköllner Warthestraße. Ofenheizung und Außentoilette, das war damals üblich. Aber er benutzte die Toilette allein. Dass es auch anders sein konnte, wusste ich noch nicht, denn ich wohnte noch zu Hause.

Der Ort war aus Sicherheitsgründen gewählt. Wir wussten noch wenig von LSD und anderen halluzinogenen Drogen, rechneten aber mit Wahrnehmungsdiffusionen und das hielten wir im Straßenverkehr für bedenklich. In gewisser Hinsicht stimmte das auch.

Später, als wir es uns zur Gewohnheit gemacht hatten, nach dem „Einwerfen" des Trips erst einmal ins Kino zu gehen, gab es schon einige unwägbare Situationen. Ich erinnere mich noch mit nachträglichem Schrecken an die Minuten, als wir nach dem Film *Rückkehr zum Planet der Affen* aus dem Kino kamen.

Wir liefen hinaus und mussten den Mehringdamm überqueren, um zu unserer Fabriketage zu gelangen. Schon damals hatte man in Filmen die besten Effekte an den Schluss gesetzt und auch die normalen Zuschauer waren ziemlich mitgenommen.

Wir aber waren auf Trip.

Irgendwie kamen wir über den Bürgersteig und gelangten an die Reihe geparkter Autos, hinter der der fließende Verkehr dahinbrauste. Sigi ging einfach drauflos. Ich lief dicht neben ihr und erst, als wir in der Lücke zwischen zwei der Parkenden ankamen, registrierte ich die Autos, die vor uns vorübersausten. Sigi nicht.

In einem Moment plötzlicher Klarheit und mit dem Gefühl, mich mit zähen Bewegungen durch eine schlammige Zeitlupenaufnahme kämpfen zu müssen, streckte ich die Hand aus und hielt sie fest. Ich stolperte auch fast, zog aber noch etwas und wir torkelten einen Schritt rückwärts.

Wusch! machte es vor uns.

Ich glaube, sie hat gar nicht mitbekommen, wie knapp das war.

In den folgenden Monaten verbrachten wir nach dem Kino erst einmal ein paar Minuten draußen auf dem Bürgersteig, um uns wieder zu akklimatisieren. Nennenswerte Effekte gab es aber, soweit ich mich erinnere, nur nach dem Konsum von Kubricks *2001* und Frank Zappas *200 Motels.* Letzterer war einer der ersten Kinofilme, die auf Video gedreht worden waren und auf Bildschirmen geschnitten, das ergab einen ziemlich schnellen Schnitt, abrupte Bildwechsel und heftige Zooms. Für einen Kinozuschauer im Normalmodus auf großer Leinwand kaum zu ertragen. Ich auf Trip fand den Film in seiner Geschwindigkeit gerade angemessen und ich war mir sicher, dass die Macher ihn auch auf Droge bearbeitet hatten.

Als wir aus dem Kino kamen, mussten wir uns mit Mühe an die normale Sichtweise gewöhnen.

Bei meinem ersten Trip war es deshalb, nachhinein betrachtet, vielleicht genau die richtige Entscheidung, zu Hause zu bleiben, aber es hatte auch seine eigenen Facetten.

Etzel meinte zu dieser Zeit, man müsse Musik ohne Lichtverschmutzung im Halbdunkel hören und knipste seine Deckenlampe aus. Da seine Wohnung im Erdgeschoss lag, kam sehr wohl noch Licht von außen herein, wir waren schließlich mitten in der Stadt.

Straßenlaternen und Geschäftbeleuchtungen zeichneten durch den halboffenen Vorhang wirre Schatten auf den Teppich. Vielleicht hätte ich nicht so viel darüber nachdenken sollen, sondern mich mehr der Musik hingeben, aber die Konturen in der Dämmerung waren nun mal sehr interessant.

„Die Konturen der Dämmerung" … schönes Bild.

Ich fand es damals nach ziemlich kurzer Zeit überhaupt nicht mehr schön. Denn aus diesen Schatten krochen Dinge hervor, die mir sofort die Nackenhaare aufstellten.

Natürlich wusste ich, dass ich auf Trip war, aber es half nichts.

In sehr kurzer Zeit lernte ich eine Menge über subjektive Wahrnehmung. Die Dinge, die zwischen den Stuhlbeinen hervor krochen, waren zwar nicht genau identifizierbar, aber sie verbreiteten ein starkes Unwohlsein bis hin zu nackter Angst.

„Ich bin auf Trip, ich bin auf Trip!", sagte ich mir immer wieder leise vor, aber das wirkte nur insofern, dass sie anhielten und mich wartend anglubschten, bereit, bei jeder Nachlässigkeit des Denkens wieder vorzurücken.

Ich sah zu Etzel hinüber, aber er schaute fasziniert in eine andere Richtung.

Heute würde man das vielleicht als gutes Vortraining für solche Schadenfreude-Spektakel wie *Dschungelcamp* benutzen. Ich kann aber versichern, dass ich damals darüber nachdachte, nie wieder so ein Löschblatt auf der Zunge zergehen zu lassen.

Aber wie das so ist, als sich die Musik änderte, verschwanden diese Dinge wieder und es wurde noch ein sehr schönes Hörerlebnis.

Was wir hörten? Eine Experimentalmusik-Schallplatte.[33] Der Höhepunkt davon war, dass eine Männerstimme mit verschiedenen, über die Stereobasis verteilten Echos ungefähr hundertmal den Satz „She was a visitor" wiederholte. Es ist auch heute noch ein interessantes Erlebnis, diesen Track im Dunkeln anzuhören, ganz ohne Drogeneinnahme.

Erlebnisse dieser Art wurden damals unter dem Begriff „Horrortrip" subsumiert.

„Boah, hatte ich wieder einen Horrortrip!", hieß es dann im praktischen Sprachgebrauch. „Was haben die da wieder Speed reingemischt und vielleicht auch H[34] oder Koks oder sonst was!"

„Was sagt denn dein Dealer dazu?"

„Na nix, er kannte sie auch noch nicht."

Einmal schien ein Kreislaufmittel zugemischt worden zu sein, aber das war viel später, als es generell sehr gefährlich wurde, Trips zu nehmen. Wir mussten immer in Bewegung bleiben, um nicht „auszuflippen", wie man dazu sagte. Unter diesen Umständen wurde es ziemlich anstrengend, durch die Stadt zu ziehen. Einer, der mit uns „unterwegs" war, hatte ziemliche Beschwerden. Mike klagte über Befindlichkeiten, die uns sofort große Sorge bereiteten.

„Lass uns laufen!", riet ein erfahrener Tripgänger. „Dann hat er was zu tun! Immer um den Block!"

Das taten sie dann auch. Mir ging es nicht so schlecht und ich versank in einem Sessel unserer Fabriketage. Ungefähr um 5 Uhr morgens ließen die Symptome nach und wir waren heilfroh, wieder „unten" zu sein.

Ich glaube, dass es mein letzter Trip war, danach habe ich nie wieder etwas in dieser Art angerührt.

Aber bis dahin hatte ich schon einiges konsumiert. In den ungefähr drei Jahren dieses Lebensabschnittes waren wir fast jedes Wochenende auf solch einer Droge. Die genaue Zahl der eingenommenen Trips kann ich trotz meiner Tagebücher nicht mehr genau feststellen. Irgendwo zwischen 50 und 100, eher gegen 100, schätze ich.

---

[33] The Brandeis Universe Chorus: *Extended Voices*
[34] Sprich „eitsch", von engl. H = Heroin

Von den beschriebenen Ausnahmen abgesehen, habe ich aber nie ein schlimmes Erlebnis auf Trip gehabt. Wäre es öfter passiert, „auf den Horror zu kommen", hätte ich auch nicht so umfassend weiter gemacht. Dabei muss man etwas gegen die weit verbreitete Meinung sagen, dass LSD physiologisch süchtig macht. Ich denke, wenn so etwas vorkam, wären die zugemischten weiteren Inhaltsstoffe der Trips als Ursache in Erwägung zu ziehen. Ich persönlich war sicher, jederzeit aufhören zu können und so ist es dann auch geschehen. Wer nicht aufhören konnte, hatte mit Sicherheit psychologische Probleme, die auch unter anderen, gesellschaftlich akzeptierten Drogen aufgebrochen wären.

Schon einige Zeit vor dem besagten Trip mit dem Kreislaufanregungsmittel hatte ich festgestellt, dass ich nicht mehr besonders viel Neues erlebte. Ich hatte alles, was ich mir vorstellen konnte, unter diesen Bedingungen ausprobiert, alle Gedanken gedacht, alle Philosophien durchgespielt, alle Haikus aufgesagt. Es wurde langweilig.

Schräge Ideen konnte man auch so haben, das Universum war, wie es war, wunderbar, und all die lustigen Arten, etwas zu erleben, konnte man auch ohne Drogen durchziehen. Da kam mir im Prinzip dieser Horrortrip ganz recht. Ich hatte ohnehin schon von mehreren Leuten gehört, dass sich die Qualität der Ware erheblich verschlechtert hatte.

Es war wie ein Zeichen. 1972 sagte ich „Adieu!" und weil ich es ja auch Alkohol schon unter ähnlichen Vorzeichen durch hatte, fiel ich darauf nicht mehr auf zurück. 1973 hörte ich sogar gänzlich mit dem Rauchen auf, weil mich der Gedanke der möglichen Abhängigkeit ärgerte.

Vorher kamen aber noch viele andere Erlebnisse, die nicht nur prägend, sondern auch typisch für diese Zeit in dieser Szene waren. Aber das ist ein anderer Kontext und so muss ich sie notgedrungen in die nächsten Kapitel abschieben. Aber das ist das Schöne: man kann einfach weiterblättern und weiß, letztlich ging es für den Erzähler gut aus. So schön hatte es nicht jeder.

Orpheus in der Oberwelt

Wenn Drogen zum Alltag gehören, ändert sich das Leben. Ganz besonders, wenn diese Drogen gesellschaftlich nicht toleriert werden.

Man taucht ab in eine Gegengesellschaft. Es gab Erkennungsmerkmale, wer dazu gehörte. Erst dachte ich, V-Leute der Polizei müsste man am kurzen Haarschnitt erkennen. Dann traf ich aber knallharte Dealer, die genau so aussahen. Nein, es waren andere Dinge, die sofort auffielen. Bewusst nahm man das eigentlich selten wahr. Die nachlässige Kleidung oder die langen Haare mussten mit einer gewissen Gestik und Sprache einhergehen, die man nach einer gewissen Zeit übernahm und die in einem starken Widerspruch zur Beamtendiktion stand. Jemand, dem solche Formulierungen durchrutschten, war sofort unten durch. Kurz gesagt: man merkte einfach, ob jemand selbst ein User war oder nicht. Man muss aber hinzufügen, dass Polizeispitzel damals noch eine sehr oberflächliche psychologische Ausbildung mitbekamen und nicht aus der Szene rekrutiert wurden.

Zusätzlich zu diesen unterbewussten Einschätzungskriterien kam noch eine andere Art, sich abzuschotten: Guckloch-Kneipen etablierten sich. Man kam dort nur hinein, wenn man irgendjemandem bekannt war. Entweder den Wirtsleuten oder vertrauenswürdigen Gästen.

Eines dieser Lokale war das *Blind Faith* [35] in der Schöneberger Leberstraße, nicht weit von der Kolonnenstraße. Ein ehemaliger Lebensmittelladen wurde zu unserem „Wohnzimmer". In gewisser Hinsicht wurden wir „sesshaft". Nur noch gelegentlich gingen wir in jene Etablissements, wo einem ständig aus verschiednen Ecken leise zugeraunt wurde: „Shit, Trips, Verzehrbons …"

Inzwischen hatten wir nicht nur persönlich bekannte Drogenversorger, sondern ab und zu auch selbst Kilos zu Hause, die an den Mann gebracht werden mussten.

Es hatte also nicht lange gedauert, da war ich tatsächlich in genau so einer Gesellschaft gelandet, wie ich sie in meiner vierteiligen Nibelungen-Trilogie noch „auf die Schippe genommen" hatte, wie der Berliner so

---

[35] = „Blindes Vertrauen", nach einer damals gerade aktuellen Rockgruppe benannt

blumig formuliert. Nun, aus dem eigenen Erleben der Verhältnisse heraus, wollte ich diese Szene ernsthaft filmisch abbilden.

Der Beginn einer neuen Ära, sozusagen.

Ernsthafte Filme zu machen, ist so ziemlich das Schwierigste, das man sich vornehmen kann. Überall lauerte die unfreiwillige Situationskomik, und wenn nicht bei den Darstellern, dann spätestens bei der Unvollkommenheit der zur Verfügung stehenden Technik.

Für cineastisch Interessierte gibt es eine Fülle von Beweismaterial, dass es auch bekannteren Regisseuren mit viel größerem Budget spielend gelang, in den Sumpf der Peinlichkeit abzuleiten. Von den deutschen Heimatfilmen der 50er Jahre bis zu den Trashfilmen der 80er findet man eine Bandbreite, die in manchen Videotheken ganze Regale füllen kann.

Diese Problematik schleppte ich durch Trips und bekiffte Nächte und hatte schließlich nur eine Lösung. Man musste mit der Kamera einfach draufhalten, lange und unkommentiert, und wenn etwas peinlich erschien, herausschneiden. Außerdem sollten die Dialoge so sparsam wie möglich sein. Hier verrät sich der unausgebildete Amateur sofort und die einzige Rettung war dann, dass die Personen wenigstens authentisch waren.

Diese Kriterien habe ich später immer wieder bemüht, wenn es um größere Projekte ging, bis hin zu den Horrorfilmen der späten 80er Jahre. Vielleicht hätte ich die Namen anders wählen sollen, doch die historisch-literarische Überhöhung war zu verlockend und aus dem „großen Kino" [36] kannte man dies auch. Also hießen die Hauptakteure nun nach Personen der Kulturgeschichte. Eine Weile war ich geneigt, den Hauptakteur „Nemo" zu nennen, aber schließlich siegte doch die griechische Sagenwelt mit ihren Vorstellungen der Dinge, die nach dem Tod kamen. Das passte besser, denn es traf unser Lebensgefühl damals, wir fühlten uns zwar nicht tot, aber für die normale Gesellschaft durchaus gestorben. In der Sage bildete der Hades auch eine Gegenwelt, die von außen nicht verstanden wird, in der man erst aufgehen muss, bevor man sich deren Sichtweisen aneignet.

Also hieß die Hauptperson, die sich noch mit der Außenwelt auseinandersetzte, Orpheus. Und weil er sich nicht mit dem Tod an sich auseinan-

---

[36] Ich war damals glühender Verehrer von M.A. Antonioni, Fellini und Jean Cocteau

dersetzte, sondern mit der Erhöhung des Geistes, die wir damals durch Einnahme von Drogen erreichen wollten, sollte der Film *Orpheus in der Oberwelt* heißen. Zwingenderweise gab es auch einen Gegenspieler. Man kennt das ja, ohne das Spannungsfeld zwischen Gut und Böse verkauft sich selten eine Geschichte. In dieser Hinsicht darf man kein Risiko eingehen, da hört auch in Hollywood der Spaß auf. Das hat schließlich auch Goethe eingesehen und seinen frivolen und lebenshungrigen Faust mit dem Pudel konfrontiert.

Für mich aber wurde der große Versucher des Menschen nicht unbedingt durch die Gestalt des Mephisto oder Teufels repräsentiert. Die wahre Versuchung, so befand ich, war der Drang nach mehr Wissen über diese Welt, in der man sich als sinnsuchender Mensch sonst dem dumpfen Glauben hingeben müsste, um über die Runden zu kommen.

Diese Polarität entsprach viel mehr unserer damaligen Lebenseinstellung. Stundenlang hatten wir mindestens bekifft darüber diskutiert, dass Gut und Böse doch nur untergeordnete Positionen wären, die auch beliebig einsetzbar seien. Den Grundkonflikt des Lebens aber hatten doch alle Herrschenden immer klar erkannt: Wer mehr weiß, muss als möglicher Konkurrent ausgeschaltet werden. Deshalb wurde auch der Göttersohn Luzifer, der den Menschen das Feuer bringen wollte, zur Unperson und böse hingerichtet.

Auf unsere Situation bezogen war der Versucher des noch zwischen den Welten pendelnden Orpheus derjenige, der ihn immer wieder zur Einnahme von Drogen überredete, jemand der scheinbar mehr wusste und in der Gegengesellschaft vollständig sozialisiert war.

Dazu gab es selbstverständlich auch weibliche Rollen.

Da war zum Beispiel die Vertreterin der bürgerlichen Normalgesellschaft. Sie sollte Petra heißen, ein Name, den ich immer als Essenz einer angepassten, karriereorientierten Versteinerung und Geschmacksverkalkung ansah. Wie konnte jemand seine Tochter „Petra" nennen! Aber es gibt immer Namen, die sich plötzlich ausbreiten und dann eine besondere Bewertung erlangen. Später erging es den „Chantals" der ehemaligen DDR so. Dieser Name war eigentlich als Protest gegen die westfeindliche kommunistische Regierung gedacht, mutierte später aber zum Symbol der Bildungsferne einer Familie.

Viel später wurde auch das wieder pervertiert: *Cindy aus Marzahn* [37] benutzte den bemüht extravaganten Vornamen als Geschäftsidee für den Erfolg in einer dekadenten Fernsehgesellschaft.

In meinem Film gab es aber noch eine andere Frauengestalt, die in der Gegenwelt der Drogen angesiedelt ist und dort selbstbewusst agiert. Dazu fiel mir eine eher amerikanische Sage ein, mit der sich die USA durchaus auch selbst karikierten – oder gar symbolisierten? Peter Pan, der Junge, der immer eingreift, aber niemals erwachsen werden will. Manchmal ist diese Geschichte, finde ich, eine schöne Allegorie auf dieses weltbestimmende Land. Und die kleine Fee, die kein exponierter Actionträger ist, sondern einfach nur auf eigene Rechnung lebt, schien eine gute Vorlage. Aus Tinkerbell wurde „Glöckchen", eine Wortschöpfung, die auch die damalige Neigung der Hippies zur Verniedlichung symbolisierte und für uns den Bezug zu diesem, unserem „Nimmerland" symbolisierte.

Die künstlerische Qualität wollte ich durch die Benutzung von Schwarz-Weiß-Material klarstellen. Die Handlung sollte ohnehin im Winter spielen, da gab es sowieso wenig Farben und die Tristesse der Handlung würde so unterstützt werden.

Und weil ich mich auch so fühlte, wollte ich den Orpheus selbst spielen. Man könnte es ein Ich-Findungs-Spektakel mithilfe des Films nennen.

Soweit die Theorie.

Wie alle Geschichten, die wirklich passiert sind, hatte der Alltag ein gehöriges Wort mitzureden.

Auf dem Papier sieht immer alles ganz einfach aus.

Es begann auch sehr positiv.

Ellen, Sigis Schwester, hatte mal wieder einen Neuen. Eine Weile hatte es so ausgesehen, als ob Peter, ihr letzter Lover, es doch geschafft hatte, in dieser Beziehung Vater zu werden, aber es löste sich alles in Rauch auf

---

[37] Für alle Nicht-Berliner: Marzahn ist einer jener Ost-Berliner Randbezirke, in denen in schneller Plattenbauweise ganze Kleinstädte hochgezogen wurden, um den Wohnungsmangel in der Stadt zu beseitigen. Im Westen waren das die Gropiusstadt und das Märkische Viertel. Da die Verhältnisse eben so waren, dass meist sozial schlechter gestellte Familien angesiedelt wurden, schuf man sich hier bald ein schönes Studiengebiet für soziologische Doktoranden, denn hier traf eine größere Anzahl von sozial Heimatlosen ghettoartig aufeinander. Ähnlichkeiten mit den Mietskasernen der Gründerzeit sollten eigentlich vermieden werden. Wo aber damals über die Struktur der (Hinter-)Höfe ein soziales Miteinander entstand, erreichte man hier durch die Auflockerung der Bebauung eher das Gefühl der persönlichen Isolation. Die Einheitlichkeit und Beliebigkeit des Ortes, wo sich die Wohnung in der ästhetisch anspruchslosen Einheitsfassade befand, trugen dazu erheblich bei.

und plötzlich kam sie mit Norbert. Unter Zusammenziehung der Anfänge von Vor- und Nachnamen kam der Spitzname „Nofi" heraus. Er ging im letzten Jahr auf das Gymnasium und hatte auch schon mal in der Schultheatergruppe mitgemacht. Film interessierte ihn aber erheblich mehr. Als er Anfang August 1969 bei uns aufschlug, wusste ich sofort, dass ich einen neuen Hauptdarsteller hatte.

Meine Beziehung zu Sigi dauerte nun schon ein halbes Jahr und wir sahen uns beinahe jeden zweiten Tag, Tendenz steigend, obwohl wir mit dem Bezug meiner Neuköllner Wohnung eine dreiviertel Stunde Fahrzeit auseinander wohnten. Erstaunt stellte ich fest, dass ich schon zum 60., 70., 80., 90., ja sogar zum 100. Mal mit ihr zusammen gewesen war. Das sah ziemlich ernst aus. Unglaublich! War das vielleicht die sogenannte Liebe fürs Leben? Auf jeden Fall ging man nun schon etwas anders miteinander um, nahm den anderen als Teil seines eigenen Lebens wahr. Aus der ersten Verliebtheit heraus wurde jetzt die Alltagstauglichkeit auf den Prüfstand gestellt. Es gab die ersten Reibereien, der andere wollte nicht so, wie man selbst, Besitzdenken und Eifersucht kamen auf, Verdächtigungen und Schuldzuweisungen. Als wir das durch hatten, wurde die sexuelle Beziehung diskutiert, und zwar offen, denn wir waren schließlich ein junges, modernes Paar in den fortschrittlichen 60er Jahren.

Angesichts der eigenen Wohnung hatten wir nun auch die Gelegenheit, jederzeit ungestört miteinander intim sein zu können. Aber, erhob sich die Frage, musste ein modernes, (junges, verliebtes) Paar auch unbedingt miteinander schlafen? Nein, war die Schlussfolgerung. Musste es nicht. Der Mann muss die Frau auch nicht ausziehen. Das war tatsächlich irgendwie chauvinistisch. Es war jene Zeit, als Vorlesungen zu revolutionären Diskussionsplattformen umfunktioniert wurden und Uschi Obermeier in der Kommune 1 bestimmte, mit wem Frau schlafen wollte. Es schien alles im Umbruch, keine Konvention wurde verschont. Das färbte natürlich auch auf unsere Beziehung ab. Eine neue Einstellung zum alten Thema Zweisamkeit zu finden wurde fast zum Dogma. Wir überlegten eine ganze Weile die Konsequenzen dieser Aussagen, sowohl in politischer, ästhetischer und besonders natürlich in persönlicher Hinsicht, distanzierten und umkreisten uns. Nach ungefähr einer Woche hatten wir die Nase voll und ließen die meisten dieser blöden intellektuellen Bedenken wieder fallen.

Die Frage, wer in der Küche steht, war ohnehin nie in der Diskussion, denn es war meine Wohnung und ich war gewohnt, mich selbst zu versorgen, mit allem, was dazu gehörte. Ich kreierte auch einige neue Schnellgerichte für die Pfanne, die manchmal sogar recht aufwändig wurden.

Allerdings kochte Sigi gern und, wie ich vermerkte, „es schmeckte". Und was das Abwaschen anging, denn es gab selbstverständlich keine Spülmaschine, so habe ich ein einziges Mal aufgeschrieben, dass sie allein den Abwasch machte, weil ich einfach zu platt war. Viel nerviger war schließlich, dass andere unsere Zweisamkeit offenbar so kuschelig fanden, dass sie uns den ganzen Abend „auf der Pelle hockten", wie der Berliner sagt.

Einmal, als Etzel nach dem Essen noch stundenlang herumsaß, flohen wir in die Küche.

„Sag mal, will der denn gar nicht gehen?", sagte sie. „Kannst du nicht mal mit ihm reden, ist doch dein Freund!"

Mit Etzel und einem Drogendealer namens Achmed entwickelte ich gerade das neue Drehbuch. Das führte teilweise dazu, dass Etzel mehr bei mir als bei sich zu Hause war. Was sollte ich also dazu sagen?

Und dann, als wir Anfang Oktober die ersten Dreharbeiten zu planen begannen, machte Ellen plötzlich mit Nofi Schluss und kehrte wieder zu Peter zurück. Es war Samstagabend, was eine sehr unglückliche Zeit für verliebte Jungs ist, wenn die Beziehung zerbrochen. Also blieb Nofi erstmal bei mir und schniefte sich durch die Nacht. Und so hielt er es die nächsten Tage. Nach Hause wollte er nicht, und zur Schule auch nicht. Ich war ein wenig ratlos, so hart hatte es mich noch nie erwischt.

„Entweder er nimmt die Sache mit Ellen tatsächlich so schwer oder er will bloß die Mathearbeit am Dienstag nicht mitschreiben", vermerkte ich in meinem Tagebuch.

Eine Woche später brachte Sigi ihre Schwester wieder mit zum Filmclubabend. Es war offensichtlich, dass hier auch eine kleine Diskussion stattgefunden hatte. Im Laufe des Abends vertrugen sich Nofi und Ellen wieder.

Fröhlich wurden die ersten Drehtage geplant. Nofi wurde zum zweiten Hauptdarsteller bestellt und spielte den Luzifer. Die Straßenszenen fühlten sich recht gut an und bald bot sich auch die Gelegenheit, eine richtige Drogenfete zu filmen.

Am 22. November wollte Noppi Geburtstag feiern und so luden wir dazu alle Kiffer ein, die wir kannten. Es waren, wie sich bei einer Zählung dann herausstellte, 43, darunter sehr „komische Typen", wie ich notierte.

Noppi wohnte noch bei seiner Mutter und sah bei jedem Dutzend, das hereinschneite, eine Spur besorgter aus. Er patrouillierte die ganze Zeit zwischen seinem Zimmer und dem Wohnzimmer hin und her und versuchte, jede Interaktion zu unterbinden.

Bald wurden Joints gedreht und es begann, gemütlich zu werden. Etzel packte die Kamera aus und machte das Licht an. Das war eine sehr schlechte Idee. Alle protestierten. Nun wiesen wir sie darauf hin, dass wir die Fete eigentlich nur wegen der Dreharbeiten angesetzt hatten. Und ohne Licht würde Film nicht funktionieren.

Das Ende der Diskussion war dann, dass wir das Licht eben nicht ganz so hell anmachen sollten. Etzel zückte den Belichtungsmesser, machte ein bedenkliches Gesicht und meinte, es würde schon gehen.

In dieser Fetenszene sollte gezeigt werden, wie Orpheus dem Rauschgift verfällt. Eigentlich verliefen die Aufnahmen sehr zufriedenstellend und erst, als alles abgedreht war, gab es einen Zwischenfall. Soni kam herein und erzählte, dass es möglich sei, dass die Polizei demnächst vorbei käme. Möglicherweise hätten Leute von der Fete einen Betrunkenen misshandelt. Ich hatte keine Möglichkeit, diese Botschaft auf Wahrheitsgehalt überprüfen zu können, aber als sich die Warnung unter den Leuten verbreitete, gab es eine spontane Aufbruchswelle. Binnen fünf Minuten war Noppis Zimmer leer.

„Den Trick muss ich mir merken!", sagte ich zu Etzel, während wir Filmrollen und Kamera verstauten.

Als die Aufnahmen aus dem Labor zurückkamen, machten wir lange Gesichter. Praktisch alle Aufnahmen waren unterbelichtet.

Woran konnte das nur liegen?

Wahrscheinlich hatten wir die Verschlusszeit der neuen Kamera einfach zu optimistisch interpretiert. Wir verzichteten darauf, die Verantwortlichkeiten bis aufs Messer auszudiskutieren, und das war eine sehr weise Entscheidung. Immerhin war dadurch das Projekt zunächst gestorben. Aber die persönlichen Beziehungen in unserem kleinen Filmclub ließen auch keine kontinuierliche Arbeit zu. Das verpfuschte Material war wie ein Abbild der Vorgänge auf mitmenschlicher Ebene.

Der frühere Filmsternchenverbrauch auf alten Matratzen war weitestgehend festen Beziehungen gewichen. Jeder hatte eine feste Freundin oder Freund, nur wenige waren noch solo.

In einem unbewachten Moment nach unserem ersten Drehtag machte sich Etzel an die Freundin von Flipper heran. Die andere Variante, die ich über diesen Vorfall hörte, war, dass Gisela mit Flipper Schluss machen wollte, weil er immer so eifersüchtig wäre.

Ich wollte mich zwar auf keinen Fall einmischen, fand aber, dass es eine sehr unglückliche Art war, Flipper von krankhafter Eifersucht zu heilen, wenn sich nun seine Geliebte mit einem seiner besten Freunde auf meinen Matratzen herumwälzte. Kein Wunder, dass er wutschnaubend zur Tür hinausstürmte.

Der nächste Eklat entstand dadurch, dass Nofi seiner angebeteten Ellen nicht nur ewige Liebe gestand, sondern auch, dass er sie intellektuell weit unter sich sah. Ich hatte diese Szene nicht mitbekommen, bemerkte nur eine plötzliche Versteinerung der Stimmung. Am nächsten Tag hatte er sich entschuldigt, aber solche Äußerungen sind schwer zu tilgen.

Ich wollte natürlich, dass die Gruppe der an dem Film Beteiligten zusammenblieb. Wenn auch nur einer hinschmiss, war das Projekt am Abgrund. Also versuchte ich, zu vermitteln, wo es nur ging und trommelte die Leute auch zu außerordentlichen Besprechungen zusammen. An den Abenden von Freitag bis Sonntag mündete das unweigerlich in eine spontane Fete ein. Besonders nach den Dreharbeiten kam man gern noch auf ein (oder mehrere) Stündchen mit nach oben.

Es gab mehrere Leute, die diese Aktivitäten aktiv unterstützten. Soni, Etzel oder sonst jemand hatten immer halluzinogene Drogen dabei und wenn nicht, wurden sie schnell noch beschafft. Noppi und seine Freunde, die mehr dem Alkohol zugewandt waren, holten mal eben einen Kasten Bier und eine Flasche Wodka aus der Kneipe und brachten auch öfter mal ein oder mehrere Mädchen mit.

Wie sie das anstellten, blieb mir immer ein Rätsel, aber dann wurde die Benutzung der Wohnung sehr umständlich. Noppi lag mehr als einmal mit einer dieser Mitbringsel völlig versunken in der Küche vor dem Kühlschrank, andere blockierten schnarchend die Matratzen.

Wenn die andere Fraktion beschloss, auf Trip zu gehen, war die Nachtruhe hinüber, weil dann hochphilosophische Gespräche oft bis in den frühen Arbeitsmorgen hinein alle verfügbaren bequemen Sessel blockierten.

Inzwischen musste Sigi nicht mehr unbedingt um 22 Uhr zu Hause sein, denn sie war nun schon 19. So brachte ich sie eher zwischen zwei und 4 Uhr morgens nach Haus, je nachdem, wie die Verhältnisse es zuließen. Ab und zu waren Nofi und Ellen mit von der Partie und nach erledigter Ablieferung der Mädchen standen wir oft zusammen an der Haltestelle des Nachtbusses. Wenn die Nacht noch nicht zu weit fortgeschritten war, statteten wir noch den einschlägigen Lokalen einen Besuch ab.

In diese Zeit fiel auch der *Perry Rhodan Con* und der verzweifelte Versuch, den Atlan-Film fertig zu stellen.

Im ganzen Getümmel ging unbemerkt Etzels Beziehung zu Gisela den Bach runter. Ich merkte es erst, als er wieder häufiger bei mir übernachtete, zum Beispiel, weil er kein Brot mehr zu Hause hatte oder am nächsten Morgen den Gang zur Arbeit nicht verpassen wollte oder einfach nur ein paar Platten auf Tonband aufnehmen wollte.

Mein Lebensunterhalt war in dieser Zeit vorzüglich gesichert. Wenn ich nicht zur Uni ging, arbeitete ich als Beifahrer abwechselnd bei verschiedenen Auslieferungslagern. Dort lernte ich mehr wertvolle Dinge für mein späteres Leben als in den Vorlesungen, zum Beispiel, wie man Ware legal ausbucht und dann dem Eigenkonsum zuführt.

Merkwürdigerweise kam das in allen Firmen vor und manche Angestellte hatten die Technik bis ins Professionelle hinein verfeinert. So brachte ich eigentlich jeden Tag irgendeine „beschädigte", „verdorbene" oder „abgelaufene" Ware mit nach Hause. Und alles war legal.

Irgendwann arbeitete ich in der Berliner Filiale der *Deutschen Grammophon*.

„Welche Platten möchtest du denn haben?", fragte mich die Lagerbuchhalterin.

„Hm, naja, also …"

„Such dir was aus und gib mir die Katalognummern. Wir haben in letzter Zeit öfter beschädigte Remittenten."

Sprachs und verschwand mit einem Arm voll hochwertiger Klassik-Editionen nach vorn zum Bürobereich.

Ich fand dieses Verhalten ganz schön frech, dachte mir aber, ich müsse auf dieser Arbeitsstelle nicht unbedingt durch tugendhaftes Verhalten unangenehm auffallen. Erst ein paar Tage später erfuhr ich den Grund für die exzessiv zunehmenden Ausbuchungen. Die Filiale sollte demnächst geschlossen werden und die Angestellten waren darüber ziemlich sauer.

Man musste nur am Pförtner vorbei, aber der nickte immer freundlich zurück.

Dieses Verfahren wird auch heute noch gern für persönliche Bereicherungen in großen Auslieferungslagern genutzt. Und oft helfen hier die Verträge mit Herstellern, die zur Vereinfachung der Warenabwicklung geschlossen werden.

Bei Buchvertrieben zum Beispiel ist es üblich, dass großen Verlagen beschädigte Exemplare nicht zurückgeliefert, sondern vernichtet werden. Was soll der Verlag auch mit einzelnen Mängelexemplaren? Viel zu viel Aufwand.

Kleinere Verlage, die auf dieses Verfahren nicht eingehen, bekommen gern so lange eingerissene, verknickte und verschmutze Exemplare zurück, bis sie auch auf die „körperlose Remission" einwilligen.

Und wer kann einem Lieferfahrer auch böse sein, wenn ihm ab und zu eine Kiste Wein vom Wagen fällt und er zum Beweis auch mal einen abgebrochenen Flaschenhals mitbringt?

„Haben Sie denn alles schön aufgefegt und in den Müll geworfen?"

„Aber na sicher, da bin ich zuverlässig, Sie kennen mich doch!"

Ja, die Welt ist schlecht.

Jedenfalls lebte ich damals mit dem Ausfahren von Sekt und Wein, Fisch und Kaviar, Brot und Feingebäck sowie mediterranen Erzeugnissen aller Art ziemlich glücklich und zufrieden. Die Firmen nahmen auch gern wiederholt die gleichen Aushilfskräfte, die sie nicht immer neu anlernen mussten. Als ich alles recht gut begriffen hatte, kam mir mein Fahrer bei der Tiefkühltour abhanden. So musste ich den Neuen in die speziellen Techniken der Verpflegungsbeschaffung einarbeiten. An manchen Tagen war die Auswahl recht opulent: Je eine Packung Himbeeren, Brechbohnen, Rinderschmorbraten, Spinat, Fleischklöße und zweimal Champignontaschen, notierte ich. Davor gab es Eistorte mit Fischstäbchen.

Eine Weile lang trank ich ganz gern einen Retsina, aber irgendwann konnte ich den auch nicht mehr sehen.

Das Jahr endete mit der schon beschriebenen katastrophalen Silvesterfeier bei Flipper und im Januar beschloss ich, den Film noch einmal zu beginnen, diesmal in Farbe. Ich dachte, man könnte vielleicht auch in Bildern zeigen, wie man sich so auf Trip fühlte. Und das sähe in Farbe sicher besser aus.

Und nun tauschte ich mit Nofi die Rollen. Er war doch der bessere Darsteller und die Gestalt des in der Gesellschaft hin- und herschlingernden Orpheus entsprach auch ein wenig seiner Realität.

Und plötzlich funktionierte alles. Die Kamera streikte nur ein einziges Mal, zwar ausgerechnet während der Feten-Aufnahmen, aber weil ständig irgendwo eine Fete stattfand, nahm ich das nicht zu tragisch.

Das Unangenehmste war eigentlich das Wetter. Wir erlebten einen ungewöhnlich strengen und schneereichen Winter bis Ende März. Bei den vielen Außenaufnahmen froren Finger und Füße gleichermaßen ein.

Meine Toilette im Treppenhaus lud deshalb natürlich nicht zu langen Sitzungen ein, aber ich hatte gelernt, wie man einen Zimmerecken füllenden original Berliner Kachelofen heizt. So war es wenigstens in der Wohnung warm, was besonders unter Drogeneinfluss angenehm auffiel.

Da niemand von uns von irgendeiner Schauspielerausbildung berührt worden war, beschloss ich, alles so natürlich wie möglich ablaufen zu lassen. Im Klartext bedeutete das, jeder spielte sich selbst und wenn im Film gegessen wurde, hatte die Leute auch Hunger und für den Rest der Aufnahmen waren die Darsteller zumeist bekifft.

Ich glaube, dass auch einige andere bewährte Faktoren halfen, die Beteiligten bei der Stange zu halten. Zum Beispiel gewannen unsere Dreharbeiten schon allein durch die beeindruckende Größe und Kompliziertheit der Kamera, einer *Bolex H8*, eine Ernsthaftigkeit, der man sich schlecht entziehen konnte.

Es kann aber auch sein, dass die Leute gern kamen, weil immer Wein und „Shit", wie Haschisch im normalen Sprachgebrauch hieß, zum allgemeinen Konsum vorhanden waren.

Schon nach zwei Monaten waren fast alle Szenen im Kasten. Das Konzept, welches auch immer, zahlte sich aus.

Zusätzlich gab es immer neue Leute, die von irgendjemand mitgebracht wurden. Im April brachte uns Toni, unser Lieblingsdealer, einen mit ungefähr 30 schon etwas älteren Burschen und dessen Frau mit, die schon von der Kleidung her gar nicht in unsere Szene passten. Es stellte sich heraus, dass Wieland in einem Maklerbüro arbeitete und so eine andere Kleiderordnung gewohnt war, die er nur durch eine grünliche Lederjacke etwas neutralisierte. Er war gerade in die Drogenszene eingestiegen und man kann schon sagen, dass diese Art eines beginnenden Doppellebens sich in den Triperlebnissen widerspiegelte.

Weil er auch weit herumkam, hatte er weitere Erlebnisse, die mit seiner durchaus bürgerlichen Erziehung kollidierten.

„In New York", erzählte er mit der ihm eigenen intensiven Ernsthaftigkeit, „da sind die absolut irre. Ich komme aus dem Hotel und da steigen plötzlich Frauen mit blauen oder grünen Haaren aus einer Limousine. Und die Frisur und die Kleidung kann man kaum beschreiben. Unglaublich!"

Als wir dann zusammen auf Trip gingen, schien ihn nun selbst die plötzlich erfahrene Unkonventionalität zu überwältigen. LSD führt verstärkt zu der Ansicht, dass es einfach Quatsch ist, wie man sich in einer Gesellschaft in Konventionen einwickelt und festschnürt.

Als wir in der U-Bahn fuhren, schaute er uns erst ganz ernsthaft an, dann begann er zu jodeln und zu singen und sprang herum. An der nächsten Haltestelle verließ er mit einem Satz den Zug und rannte davon.

„Hinterher!", meinte Yogi. „Der rastet aus und dann passiert womöglich was!"

Also sprangen wir ebenfalls raus und erreichten ihn tatsächlich auf der Treppe. Es folgte eine angeregte, mimisch und gestikulierend für das damalige Straßenbild sehr ungewöhnliche Unterhaltung. Wir liefen dabei mit ihm von Mehringdamm bis zum Bahnhof Zoo. Schließlich beschlossen wir, zum Herunterkommen ins *Blind Faith* zu fahren.

„Gute Idee", meinte Wieland und hielt kurzerhand eine Taxe an, ein für uns damals beinahe unerschwingliches Transportmittel. Im Film war für ihn nur noch die Möglichkeit in einer Trickszene zu agieren, nicht einmal gut zu erkennen, denn er symbolisierte mit einem Strumpf über dem Gesicht die unangenehmen Begegnungen im Leben. Aber seine Arbeit als Makler verschaffte uns die Möglichkeit, eine Fabriketage zu mieten.

Mit 150 Mark war die Miete für unsere Verhältnisse ziemlich hoch. Allerdings bekamen wir dafür ungefähr 200 Quadratmeter Nutzfläche. Allein traute ich mir diesen Geldaufwand nicht zu. Etzel sagte leider ab, aber immerhin konnte ich Nofi für dieses Mietobjekt erwärmen.

„Das ist jetzt sehr modern!", erläuterte Wieland dem Vermieter, der uns abschätzig musterte. „In New York nennen sie das Loft. Da ziehen jetzt reihenweise ganz berühmte Künstler ein. Habe ich selbst gesehen. Machen absolut erstaunliche Sachen. Kennen Sie Andy Warhol? Der ist schon ganz berühmt!"

Der Vermieter schüttelte den Kopf, wollte sich aber keine kulturelle Blöße geben und unterzeichnete den Mietsvertrag.

Das „Loft" lag in Kreuzberg, in der Hagelberger Straße nahe dem Mehringdamm. Ursprünglich war es eine Hinterhof-Fabrik, wie man sie in der Berliner Innenstadt häufig fand. Vorn stand ein Wohnhaus, dahinter Gebäude für gewerbliche Nutzung.

In diesem Fall fehlte allerdings das Vorderhaus. Es war im Krieg ausgebombt worden und so lag dort nur noch ein Schutthaufen. So etwas gab es 1970 tatsächlich noch gelegentlich.

Das Fabrikgebäude selbst machte auch keinen besonders gepflegten Eindruck. Der Fahrstuhl funktionierte nicht mehr. Wahrscheinlich hatte deshalb auch der Vormieter, eine kleine Strickwarenfabrik, gekündigt. Er hinterließ uns einen Riesenballen Strickstoff-Farbproben.

Daraus fertigte meine Mutter dann eine Großserie von sehr eigenwilligen T-Shirts, die durch die Streifen von sehr unterschiedlichen Farben absolute Unikate wurden. Kein Hemd war wie ein anderes. Für einige Zeit symbolisierten wir uns durch die Farbenzusammenstellungen, die wir trugen. Meine war blau in allen Variationen, Etzel hatte gelb und rot, Nofi trug eine sehr asymmetrische Kombination von rot, blau und grün. Und weil die Hemden aus dünnem Strickstoff bestanden, waren sie äußerst angenehm zu tragen, luftig und trotzdem warm. Einmal gingen wir als größere Gruppe mit diesen Hemden bekleidet auf einen Rummel. Schon auf große Entfernung konnten wir uns wiedererkennen und – finden.

Anfang Mai 1970 trommelte ich alle verfügbaren Freunde zusammen, um die heruntergekommenen Fabrikräume zu renovieren. Das fing schon bei den Fenstern an, an denen mit Sicherheit seit dem Krieg nichts mehr getan worden war und die demgemäß völlig verrottet waren. Die Mengen von Moltofill, die wir an allen Ecken und Enden in die Bausubstanz füllen, übertraf die Menge der Farbe bei Weitem. Zwei Jahre später erfuhren wir den Grund für diese bauliche Nachlässigkeit. Das Gebäude sollte ohnehin abgerissen werden. Aber so weit sind wir noch nicht.

Es war ein sehr schöner Mai und zu dieser Zeit kam die Berliner Verwaltung auf die Idee, den Einwohnern zu helfen, Dachböden und Keller zu entrümpeln. An solchen Tagen waren an den Straßenrändern große

Berge Sperrmüll angehäuft, die kostenlos von der Müllabfuhr abtransportiert wurden. Dort konnte man sich manchmal in seiner eigenen Einrichtung erheblich verbessern. Wir hatten gar keine, und das machte die Entscheidung sehr einfach.

Für den Transport konnte ich Sigis Vater gewinnen, der zu dieser Zeit Kraftfahrer war und mit einem Pritschenwagen Bauschutt fuhr. Auf dem „Rückweg" nahm er unsere „Sammlung" mit und wir stellten sie zunächst in den Hof vor dem Treppenhaus.

Vier Treppen bei 30 Grad sind mit einer Couch auf dem Rücken ziemlich anstrengend, und nach mehreren dieser Aktionen hockten wir oben und starrten hinunter, wo noch immer ein ziemlicher Haufen stand. Aber da kamen Leute, Typen, Besuch für uns, die von unserem tollen Loft gehört hatten.

„Ey, könnt ihr mal was mit hochbringen?", rief ich hinunter.

Durch diese Art des Delegierens verringerte sich die Ansammlung mit der Zeit erheblich. Den Rest besorgten wir dann alle gemeinsam mit einmal Hinuntergehen.

So kalt und lang, wie der Winter gewesen war, so warm kam dann der Sommer daher. Aus den offenen Fenstern zogen oft die Schwaden von Marihuanarauch weit über die Dächer von Kreuzberg hin und mit unserer Musik versorgten wir auch nachts noch die gesamte Nachbarschaft. Besonders die Mieterin von nebenan, eine Kunstmalerin, die schon vorher einen kleinen Teil der Etage als Atelier gemietet hatte, beschwerte sich bitterlich. Es war uns aber unmöglich, ihren Geschmack zu bedienen, das wollten wir uns und unseren Gästen nicht antun.

Denn kaum, dass wir einen Monat in der Fabriketage residierten, kamen wir auf die Idee, die ständige Anwesenheit von irgendwelchen Leuten kommerziell zu nutzen. Dann brauchten wir auch nicht mehr irgendwohin zu fahren, um jemanden zu treffen. Und wir konnten die Miete dadurch zusammenkriegen.

Natürlich war uns der Aufwand für eine legale Gaststätte zu groß. Behördenrechtlich hätten wir das sowieso nicht durchgekriegt. Aber wir hatten ja den Filmclub, und das hefteten wir auch an den Eingang. Unsere Gäste besuchten also Clubveranstaltungen. Ab und zu zeigte ich dann auch einen Film, aber in der Hauptsache wurden die visuellen Erlebnisse durch Einnahme von chemischen Substanzen erstellt.

Darüber, dass in der ganzen Umgebung schnell bekannt wurde, dass die ganze Nachte finster aussehende Gestalten mit furchtbar langen Haaren und sehr eigenwilliger Kleidung bei uns ein- und ausgingen, machte ich mir wenig Gedanken.

Später erfuhren wir, dass im Nebenhaus ein berufsbegeisterter Polizist wohnte, der eifrig Daten sammelte.

Den Stress, den der tägliche Einsatz mit sich brachte, hielten wir ohnehin nur einem Monat aus. Tagsüber in die Uni oder zu diversen Aushilfejobs, nachts bedienen oder trotz der intensiven Musik ein paar Stunden schlafen, das konnte auf Dauer nicht gutgehen. Gelegentlich bediente ich auch auf Trip, was sich als ganz besondere Variation der Lohnarbeit herausstellte, denn man konnte unter diesen Gegebenheiten keine besonders wertschätzende Beziehung zu Geld aufbauen. Hinzu kamen andere Umstände, die schwer zu ertragen waren.

Wir hatten uns mit unserer Geschäftsidee leider an ein wenig zahlungskräftiges Klientel gewandt. Ich erinnere mich an Ralf, einen lang aufgeschossenen, mittelblonden 19-jährigen, der immer eifrig bestellte und als wir fragten: „Hast du denn auch Geld?" immer sagte: „Nö, keine Mark!"

Irgendwann bekam er Hausverbot, aber das löste den Fall auch nicht zur Zufriedenheit.

Im Laufe der Zeit schliefen immer mehr Leute bei uns. Zuerst schliefen sie nur vollgekifft ein und wurden morgens hinausgeschickt, dann wurden wir selbst dieses autoritären Aufwands müde.

Einer dieser Leute war Jerry, ein wild aussehender Typ mit einem uralten VW aus den 50er Jahren, in dem er sonst gelebt hatte. Eigentlich hätte der Wagen dringend zum TÜV gemusst und es hätte sicher der Verkehrssicherheit gedient, wenn er einige Reparaturen ausgeführt hätte. Aber ein paar Schrauben waren verloren gegangen und so lauschte er ständig auf die Fahrgeräusche, ob das ernsthafte Folgen zeitigte.

Jerry interessierte sich ebenfalls für Film und schließlich blieb er irgendwie einfach da. Er kriegte sogar eines unserer Speziell-T-Shirts, eines in Grüntönen mit unterschiedlichen Lila Streifen.

Dazu gesellte sich ein ziemlich junges Mädchen, das von zu Hause ausgerissen war und auf den schönen Kurznamen Elfi hörte. Nach einer Nacht in unserem Clubraum schlief sie mit Jerry in einem Abstellraum hinter dem Bereich, in dem ich meine Film- und Tongeräte aufgestellt hatte.

Eines Tages kam bei mehreren Leuten der Wunsch auf, auszuwandern. Wegen verschiedener Geschichten und Gerüchte und dem Umstand, dass bekannte Popmusiker sich dort philosophisch-religiöse Erleuchtung geholt hatten, kam nur Indien als Ziel in Frage. Man gab seine Wohnung auf und schlief einfach bei uns in der Hagelberger.

Auch Etzel gehörte dazu. Vor einem Jahr noch hatte er sich eine teure Stereoanlage für mehrere tausend Mark gekauft, nun versuchte er sie zum Zweck der Reisefinanzierung wieder loszuwerden.

Nofi und ich dagegen schmiedeten andere Pläne. Inzwischen hatten sich ein paar unserer alten Lichtenrader Clique nach Schweden verheiratet und da tauchte natürlich die alte Neugierde wieder auf, was an den Schwedenmädchen wirklich dran war, dass sie diese alten Szene-Haudegen binden konnten.

Also schlossen wir am 5. Juli 1970 den Laden zunächst einmal vorübergehend „für sechs Wochen" und ließen die restliche Meute mit der Auflage zurück, nach ihrem Indien-Aufbruch Sigi den Schlüssel zu geben. Und dann waren wir weg. Hinter uns das Chaos, vor uns die Landstraße.

Auf dem Daumen unterwegs

Es dröhnte, röhrte und schnaufte. Mühsam versuchte ich den Weg zum Bewusstsein wiederzufinden. Die Geräusche klangen laut, gefährlich und vor allem nah. Eine Straßenkehrmaschine?

Unmöglich. Wir lagen auf den Rändern eines Strohhaufens mitten auf einem Feld.

Ein Nashorn? Nein, eher ein Wildschwein. Denn der Strohhaufen befand sich nahe Rens, und das liegt in Dänemark, dicht hinter der Grenze. Weiter waren wie am Vortag nicht gekommen. Deshalb hatten wir uns in der hereinbrechenden Dunkelheit ein Lager auf dem Strohhaufen gemacht.

Langsam wurde ich wirklich wach. Ich wühlte in meinen Sachen nach der Taschenlampe. Jetzt schnorchelte es direkt vor mir. Die Lampe ging an und ich starrte in zwei dunkle Knopfaugen über einer kleinen, feuchten Nasenmurmel. Darüber unzählige, schmutzigbraune Stacheln. Ein Igel!

Er drehte nach einer Schrecksekunde ab und verschwand mit weiterem, unglaublichem Geräuschaufwand in der Finsternis um uns herum.

Hatte man uns nicht gesagt, im Norden wird es im Sommer nie richtig dunkel? Nun gut, es war Sonntag, der 19. Juli 1970, einen Monat nach der kürzesten Nacht des Jahres, da konnte es schon weniger hell sein. Aber, nachdem die Gefahr vorüber war, fielen diese Gedanken in sich zusammen und danach schnarchte ich wieder genau so wie Nofi neben mir.

Als ich wieder erwachte, war eindeutig Morgen, wenn auch noch sehr früh. 5 Uhr, schätzte ich. Es war frisch und ziemlich kühl. Fröstelnd zog ich den Saum der Decke hoch. Hätte ich doch nur eine dickere eingepackt! Hinterher ist man schlauer.

Ich schaute mich um. Tatsächlich, wir lagen mitten auf einem Feld, im Rücken eines Strohhaufens. Das hatten wir gestern Abend nicht mehr so genau sehen können. Vor mir dehnten sich Reihen von Kohlpflanzen und mitten drin stand ein alter Volvo. Dass er dort zufällig parkte, schien mir ziemlich absurd. Denn er war auch nicht leer, sondern darinnen bewegte sich etwas, sogar so sehr, dass er wippte und dabei ächzte und quietschte.

Das ist ja wie im Film, dachte ich. Kaum sind wir unterwegs, stellen sich die Erlebnisse in einer Reihe an, um uns zu besuchen. Dabei waren wir gerade eineinhalb Tage unterwegs.

Gestartet am Freitagmittag am Flughafen Tempelhof. Jerry fuhr uns mit seinem 56er VW-Käfer hin und moserte: „Irgendwie finde ich das dekadent. Ihr geht trampen und beginnt die Reise mit einem Flugzeug!"

Und ich hatte geantwortet: „Das ist nicht dekadent. Ich habe nur absolut keine Lust, mir die Urlaubsstimmung durch griesgrämige und sadistische Vopos[38] verderben zu lassen."

Und das sah er ein.

Wir flogen also nach Hannover, Nofi und ich, und dort hielten wir den Daumen raus. 200 DM hatte jeder mitgenommen, damit wollten wir bis nach Schweden und zurück kommen, und vier Wochen überleben. Damals kamen wir mit 20 Mark eine Woche aus, wenn es nichts Außergewöhnliches zu essen geben sollte. (Nachdem wir abgereist waren, unterboten allerdings die Zurückbleibenden in der Fabriketage diese Marge noch um einiges.)

Wir kamen am ersten Tag ziemlich schnell nach Bremen, wo Nofi eine Freundin namens Ilka hatte. Die Idee dahinter war, in der ersten Nacht noch ein ordentliches Dach über dem Kopf zu haben, um sich langsam einzugewöhnen, auf der Straße zu leben. „On the Road", wie Jack Kerouac.

Bei Ilka konnten wir nicht schlafen, aber ihre Freundin Helga hatte Brüder, und deren Räume im Keller standen leer. Helga war nett, aber Nofi kannte sie von früher und so entzog ich mich ihren gemeinsamen Reminiszenzen über alte Zeiten und ging in einem der Jungszimmer schlafen. Das Bett war ziemlich hart, aber Nofi beschwerte sich am nächsten Morgen mehr. Auf dem Küchentisch, meinte er, sei es noch härter, vor allem, wenn man sich auszieht. Helga schwieg dazu, dabei hätte sie einwenden können, dass sie sogar noch unten lag.

Ihr Vater brachte uns nach einem ausgiebigen Frühstück zur Autobahnraststätte und dort lernten wir einen Pariser Studenten kennen, der uns in seinem 850er Fiat mitnahm. Damit war der Wagen voll. Wir verständigten uns mehrsprachig. Bald verstanden wir, warum er uns mitgenommen hatte. Er wollte nach Århus zu einer Hochzeit und war bisher

---

[38] Umgangssprachliche Abkürzung für Volkspolizist, oft auch für Grenzbeamte der DDR gebraucht. Siehe auch Kapitel 8: „Die ständige Herausforderung".

ohne Pause durchgefahren, wohl, weil der Termin drängte. Und wir sollten ihn wach halten, was gelegentlich ziemlich gefährlich wurde. Immerhin kamen wir bis Neumünster, wo er dann doch mal etwas Pause machen musste und wahrscheinlich auf dem Parkplatz einschlief. Er gab uns noch einen Franc zur Erinnerung: „If vous will kommen one time à Paris!"

In Neumünster kamen wir lange nicht weg. Schließlich hielt ein Mercedes, der komischerweise einen anderen im Schlepp hatte. Herr Hansenborg hatte ein Omnibusunternehmen in Flensburg und gerade einen seiner Fahrer aus Straßennot gerettet. Leutselig, wie er drauf war, lud er uns zu einer Sightseeing-Tour und einem Pølser an einer Snackbar[39] ein und fuhr uns schließlich nach Tondern. Und von dort kamen wir nur noch einige Kilometer weiter, eben bis zu jenem Strohhaufen.

Der Volvo hatte aufgehört zu wippen. Die Türen gingen auf und ein blondes Mädchen und ein schwarzhaariger Bursche krabbelten heraus und zogen sich an.

Ich winkte freundlich. „Guten Morgen!"

Er winkte zurück. Dann stiegen die beiden ein und fuhren weg. Nach einer Weile kam er wieder, diesmal in Begleitung einer Tüte Brötchen.

„Wir Deutsche und Dänen müssen zusammenhalten", sagte er (!) und riss die Tüte auf. „Ich hab meine Freundin nach Haus gefahren. Jetzt wird erstmal gefrühstückt!"

Butter, natürlich dänisch, hatte er auch mitgebracht, und ein Messer. Und dänisches Bier. Wir waren hin und weg von soviel Fremdenfreundlichkeit. Allerdings hätten wir lieber einen Kaffee gehabt.

Der Däne erzählte uns mit ziemlich tiefliegenden Augen von einer schrecklich alkoholischen Fete, die dann in seinem Volvo auf dem Feld endete. Er war 22, ziemlich genau in unserem Alter und hatte den schönen Beruf eines Schlossers ergriffen. Offenbar half ihm das auch bei den Mädels.

Und dann war er weg, ausschlafen. Aus irgendeinem Grund konnte er uns nicht irgendwohin mitnehmen. Ich vermutete, dass er in seinem Wagen nicht aufräumen wollte. Kann man verstehen.

---

[39] „Eine Snackbar ist eine Bar, wo man snacken kann!" (O-Ton)

Für uns bedeutete das einen ganzen Vormittag an dieser Stelle der Landstraße und als wir um 13 Uhr in Ribe ankamen, hatten wir einen Eindruck davon, wie man in Skandinavien weiterkommt. Für die 50 Kilometer hatten wir insgesamt sieben Stunden und drei Fahrzeuge benötigt, zuletzt einen Trecker. Manche Leute laufen diese Strecke in der Hälfte der Zeit.

Das Unangenehme war, dass es angefangen hatte, zu nieseln. Bei Regen nimmt einen niemand gern mit, aber das ist genau das, was man als Tramper eher früher als später gerne hätte. Denn im Laufe der Zeit sieht man so unansehnlich durchnässt aus, dass es sich die Leute genau überlegen, ob sie sich mit einem feuchten Landstreicher die schönen Polstersitze ruinieren wollen.

Und wir waren zwei.

Deshalb fassten wir den genialen Entschluss, uns zu trennen. Stunden später erreichte ich Esbjerg. Nicht viel mehr als 25 Kilometer weiter. Im Kopf überschlug ich, wie lange wir bei dieser Reisegeschwindigkeit bis nach Mittelschweden benötigen würden. Wahrscheinlich konnten wir dort sofort umkehren! Denn unser Rückflugticket war für den 16. August gebucht, und diesen Termin wollten wir unbedingt einhalten!

Die nette dänische Familie setzte mich irgendwo am Rand der Innenstadt ab und die ersten Leute, die ich dort traf, waren zwei langhaarige Typen wie wir, die einen Joint rauchten. Diese Gelegenheit konnte man sich schlecht entgehen lassen.

Zusätzlich bekam ich noch wertvolle Informationen für eine Übernachtung. Ja, es gab ein Youth-Hostel, aber man konnte auch im Bahnhof schlafen.

Esbjerg ist nicht besonders groß, aber sicherheitshalber hatten wir uns am Bahnhof verabredet und dort traf ich Nofi auch. Er war ebenfalls in Sachen Recherche an der Arbeit. Einen Undergroundschuppen sollte es auch geben. Zum Weitertrampen war es ohnehin zu spät, also beschlossen wir, dorthin zu gehen und vielleicht ein Mädchen kennenzulernen. Unser Gepäck ruhte sicher im Schließfach.

Das *Tago Mago* erwies sich als genau das, was wir erwartet hatten: eine ziemlich dunkle, rauchgeschwängerte Musikhöhle. Wie sollte man hier ein Mädchen kennenlernen?? Aber, oh Wunder, wahrscheinlich muss man nur naiv genug sein. Die Erste, mit der wir näher ins Gespräch kamen, war Hanne, eine Deutsche, aber die musste um 23 Uhr im Youth

Hostel sein. Nö, dachte ich, das geht gegen die Ehre. Das nächste Mädchen war Dänin und hieß Bodil und ich fand sie wirklich sehr nett. Leider suchte sie selbst eine Bleibe und dachte wohl, wir könnten die liefern. Aber weil wir uns sehr nett fanden, zeigte sie mir den Hafen. Zum Glück hatte es aufgehört, zu regnen, sonst wäre das Ganze sehr unromantisch verlaufen. Irgendwann dachte ich dann wieder an Nofi, und wir gingen ins *Tago Mago* zurück, um zu sehen, wie weit er es gebracht hatte. Beim Trampen war er immer der erste, der mitgenommen wurde.

Wir fanden ihn ziemlich deprimiert im sich langsam leerenden Schuppen vor und beschlossen, zum Bahnhof zu ziehen. Dort war es halbwegs warm, nur die Bänke waren elendig hart. Nofi war ziemlich bald eingeschlafen, aber ich hatte etwas Nettes im Arm, das hält bekanntlich wach. Irgendwann jedoch schlief ich auch kurz ein. Bodil musste um 3 Uhr gehen, wohin auch immer und ich fragte auch nicht lange. Der Abschied war sehr merkwürdig. Wir wussten beide, dass wir uns nie wiedersehen würden.

Um 5 Uhr warf uns der Bahnhofsvorsteher hinaus. Nofi und ich liefen in den Sonnenaufgang hinein, hin zum Stadtrand. Vielleicht hätten wir hier bleiben sollen. Irgendwie eine nette Stadt. Plötzlich stoppte neben uns ein Taxifahrer. Nein, nein, wehrte ich ab, wir wollen nicht Taxi fahren! Aber der Mann hielt uns eine Tüte unter die Nase: frisches Backwerk!

Am Stadtrand standen wir nicht sehr lange. Ein Biologe nahm uns mit. Er war auf dem Weg nach Strib, den ganzen Kofferraum mit einem Plastikcontainer vollgestellt. Darin schwamm eine Ladung Fische für das dortige Aquarium. Das störte uns jedoch nicht sehr und weil es so schön warm war und so angenehm schunkelte, schliefen wir ein und wachten erst auf, als unser Fahrer anhielt, weil er nun von der Strecke abbiegen musste. Eine Dreiviertelstunde später kletterten wir ins Führerhaus eines Tanklasters. Irgendwie scheinen die Volvo-Trucks höher zu sein als die Lastwagen, die wir aus Deutschland gewohnt waren. Und am frühen Nachmittag erreichten wir nach zwei weiteren Zwischenstopps Kopenhagen. Zum Bahnhof mussten wir dann aber doch eine Weile laufen.

Schließfächer sind eine praktische Sache, und so konnten wir uns dann freier bewegen. Wieder fragten wir die Leute aus, die wir in unserem Alter trafen. Auf den Rathaustreppen genossen einige Leute, die wir wegen ihres Aussehens für kompetent hielten, die warme Nachmittagssonne. Besondere Schlafplätze kannte aber keiner.

„Auf der Straße oder in Hausecken", meinten sie. Und ja, auch hier sollte es einen entsprechenden Musikladen geben, aber leider konnte uns keiner genau sagen, wo.

Wir suchten mehrere Stunden, dann gaben wir auf. Inzwischen war es dunkel und es begann wieder zu regnen.

„Lieber latsche ich rum, als hier einzunässen!", gab Nofi ungemütlich von sich. Wir hatten nämlich gerade entdeckt, dass bezüglich der Nachtruhe ein unerwartetes Problem aufgetaucht war: Wir kamen nicht mehr an unsere Sachen, denn der Bahnhofsteil mit den Schließfächern war zu. Einfach so: geschlossen. So standen wir da, nur mit dem, was wir auf dem Leib trugen und wer den Norden kennt, weiß, dass es nachts ziemlich kalt werden kann.

Ich ließ Nofi ziehen und wandte mich dem Stadtpark zu, der genau gegenüber vom Tivoli, jenem bekannten Vergnügungspark, lag. Vielleicht gab es dort etwas, unter den großen Bäumen.

Ich traf einige Leute, die eine Lücke im Zaun entdeckt hatten, denn der Park war natürlich auch abgeschlossen. Die Dänen sind da sehr ordentlich. Aber in einem Gebüsch konnte man etwas Maschendraht zur Seite schieben und ich war überzeugt, dass dieser Eingang keine natürliche Ursache hatte.

So liefen wir im Park herum, aber es gab nicht wirklich ein schönes Plätzchen. Also legte ich mich auf eine Bank. Man sah das ja immer im Film. Leider fehlte mir jetzt die obligatorische Zeitung zum Zudecken. Eine Weile dachte ich, so könnte es gehen, wenn man sich sehr zusammenkrümmte. Aber der Regen hatte leider nicht aufgehört und nun tropfte es durch das Laub.

Nach einigem Suchen fand ich einen überdachten Fahrradständer, in dem schon andere Typen Schutz gesucht hatten. Die Hütte hatte nur einen Nachteil, aber der war gravierend. Vom Boden bis in eine Höhe von 30 Zentimetern gab es keine Wand. Man konnte sich also nicht hinhocken, denn dort zog es sehr, sehr ungemütlich. Also blieb man lieber stehen.

Ich hätte nie gedacht, dass man im Stehen schlafen kann, aber es ging irgendwie. Ab und zu fiel zwar jemand um, aber weil es so eng war, gab es auch immer jemanden, der einen auffing. Um 5 Uhr schließlich gab ich auf und lief zum Bahnhof. Und, oh Wunder, die Schließfächer waren wieder zugänglich. Jetzt hatte ich aber keine Lust mehr, zu schlafen und holte nur die Filmkamera. Regennasses Kopfsteinpflaster und die erste Straßenbahn sind sehr melancholische Bilder, an die ich mich gut erinnern kann. Dazu die Neonreklame des Tivoli.

Ich beschloss, dass mir diese Geschichte nie wieder passieren sollte. Aber wie es so ist, dafür passierte eben etwas anderes.

Süße schwedische Brötchen

„Smutzige Deutze!", rief der Bahnhofsbeamte. Diesmal hatten wir uns selbst mit Brötchen versorgt, und das sah man auf dem Boden. Alles vollgekrümelt.

Es nutzte überhaupt nichts, dass ich ihn darauf hinwies, dass ich persönlich mich sehr bemüht hatte, nichts von unserem Frühstück zu verstreuen. Der Mann hatte mich beim Ärmel erwischt und verlangte, dass ich das alles saubermachte. Leider hielt er mich ziemlich fest und plötzlich war auch jemand von der Bahnpolizei da. Sie nahmen mich in die Mitte und führten mich zur Amtsstube.

„Ausweis!", schnarrte der Polizist. Dänen können meist ziemlich gut deutsch. Natürlich war ich nicht zur Fahndung ausgeschrieben und hatte eigentlich auch sonst nichts verbrochen. So mussten sie mich gehen lassen und sie sahen wirklich aus, als ob sie das bedauerten.

Vielleicht hätten sie jemand anderen aufgreifen sollen, aber die waren inzwischen verschwunden. Nur ich war nicht sofort weggerannt, denn ich hatte mir nichts vorzuwerfen. Solche Einstellung kann auch manchmal weniger nützlich sein.

Draußen traf ich dann Nofi.

„Wo hast du denn die Nacht gesteckt?", fragte ich.

„Ach, in irgend so einem Hauseingang!", wehrte er ab. „War kalt und zugig."

Ich nickte. Das mit dem Norden war doch eigentlich eine Schnapsidee gewesen. Es würde nicht wärmer werden, wenn wir weiter nach Schweden vordringen würden. Vielleicht sollten wir lieber in den Süden trampen.

„Aber dann können wir das mit den Schwedinnen nicht überprüfen!"

Ja, das stimmte. Über diesen Menschenschlag gingen die wildesten Gerüchte um. Und eigentlich war das auch der Grund für uns gewesen, ausgerechnet nach Schweden zu trampen. Der zweite Grund war allerdings, dass sich Udo und Jürgen aus der Lichtenrader Clique Schwedenmädchen angelacht hatten. Die Silvesterfeier bei Flipper war unvergessen. Es gab in diesem Zusammenhang auch Gerüchte, man wolle sogar heiraten. Das war eine sehr interessante Botschaft, die förmlich nach eigener Recherche schrie. Und außerdem hatten wir erfahren, dass auch andere aus der

Lichtenrader Clique planten, nun im Sommer zu ihnen zu fahren. Dann konnten wir nicht fehlen.

Nachdem wir eine Weile herumgestritten hatten, holte ich noch ein wenig Geld vom Postsparbuch und kaufte einen richtig dicken Schlafsack. Zusammen mit den Bundeswehr-Ponchos, die wir mithatten, glaubten wir nun, jedem Wetter gewachsen zu sein. In gewisser Hinsicht stimmte das, aber es hatte dann doch noch interessante Varianten zu bieten. Aber das wussten wir noch nicht. Und so machten wir uns auf nach Schweden.

Die Fähre bekamen wir gerade noch und die Sonne strahlte herab, als hätte es die letzte Nacht nie gegeben.

In Malmö mussten wir alle Dinge auf ein Fließband legen. Dann waren wir dran. Der Zoll wollte unbedingt etwas finden, um Leuten wie uns die Einreise zu verwehren. Ich erlebte meine erste Leibesvisitation. Aber die Zollbeamten waren wenigstens ehrlich. Weil ich nichts dabei hatte, fanden sie auch nichts. Und so erging es auch Nofi. Hinterher, als wir den Rest unserer Sachen wiederbekamen, stellte ich fest, dass sie mindestens meinen Schlafsack nicht angerührt hatten. Soviel zum Thema Schmuggeln.

Von Malmö wegzukommen, stellte sich als Geduldsspiel dar. An der entsprechenden Ausfahrt standen schon sechs Personen. Einer Eingebung folgend, stellte ich mich auf den Mittelstreifen. Es sah ziemlich sinnlos aus und das muss auch ein deutscher Autofahrer gedacht haben, der mich aus dieser aussichtslosen Situation „errettete". In Lund, wohin er mich brachte, stand ich dann aber fünf Stunden. Irgendwann hielt ein Student, um mir mitzuteilen, dass das ein sehr schlechter Standort sei. Er beließ es aber nicht nur bei dieser Information sondern fuhr mich umgehend zu einer besseren Stelle.

Er hatte recht. Ich kam beinahe sofort weiter. Zwei barmherzige Frauen mittleren Alters nahmen mich mit. Aber sehr weit brachte mich das nicht. An der Raststätte Höom war wieder Schluss. Dort standen bereits zwei Pfadfinder. Sie erzählten, dass man mit so einer Uniform ziemlich gut von der Stelle käme. Und wie zum Beweis hielt auch gleich ein älterer Mann an, der uns erzählte, er wäre früher auch getrampt. Wir durften uns alle in seinen Wagen zwängen, was bei dem Gepäck der Pfadfinder durchaus eine Herausforderung war. Weit ging es auch diesmal nicht, in

Kristianstad mussten wir aussteigen. Immerhin hatten wir ganze 125 Kilometer geschafft!

Am Ortsausgang machten die Pfadfinder umgehend ein Lagerfeuer und kochten Nudeln. Nach der Mahlzeit legten wir uns unter dem Vordach eines Autohauses zum Schlafen. Der neue Schlafsack war prima warm. Nackter Betonboden aber ist ziemlich hart. So hielt sich die nächtliche Erholung in Grenzen.

Am Morgen stellten wir fest, dass es nachts wieder geregnet hatte.

Zum Kaffeekochen holzten die Pfadfinder ein wenig das nahegelegene Wäldchen ab, dann stellten sie sich wieder an die Straße und kamen sofort weg. Jetzt wünschte ich mir auch so eine Uniform.

Nach einer Weile kam Nofi des Weges. Er war mit einem LKW weitergekommen und hatte die Nacht bei jemandem verbracht, den er am Bahnhof angesprochen hatte.

„Einfach so?", fragte ich.

„Ja, einfach so", bestätigte Nofi.

„Und dann übernachtet?"

„Ja."

„Und sonst nichts?"

„Nö. Sonst nichts."

Ich schüttelte irritiert den Kopf. Sachen gab's!

Herumstehen macht auch hungrig, also ging ich in den Laden, der auf der anderen Seite lag und lernte dabei gleich das schwedische Preisniveau kennen. Während ich noch sorgenvoll die Reisekasse überschlug, entdeckte ich, dass Nofi mit zwei Mädchen quatschte. Das waren also die berühmten Schwedinnen! Nun, anders als zu Hause sahen sie auch nicht aus. Immerhin gaben sie uns den guten Tipp ein Schild mit unserem Wunschziel zu malen und den Autofahrern so übersichtlich unser Begehr zu signalisieren.

Diese Technik hatte auch sofort Erfolg. Zwei italienische Gastarbeiter nahmen uns bis Karlskrona mit. Der Tag war heiß und wir lernten einige Kurzstreckenfahrer kennen. Da war der junge Bursche, der bei 100km/h und kurviger Landstraße seelenruhig das Tonband neben ihm auf dem Vordersitz wechselte, als Kontrast dann der ältere Herr, der seinen VW-Käfer nie über 50km/h, dafür aber mit Sturzhelm fuhr, was übrigens gar nicht so selten zu sehen war.

Nachdem wir dann wieder vier Stunden standen, beschlossen wir, für heute abzubrechen. In einem nahen Gehölz legten wir uns nieder, eingewickelt in Schlafsack und Ponchos. Aber das Gesicht konnten wir nicht abdecken und als wir morgens aufwachten, sahen wir uns erstaunt an.

„Wie siehst du denn aus!", rief ich erschrocken.

„Na, du müsstest dich mal sehen!", antwortete Nofi. Und das ist ein wirklich verbriefter Dialog.

In der Nacht hatte sich ein Mückenschwarm über uns hergemacht, und wie es so aussah, waren sie alle satt geworden. Es ist interessant, wie sehr ein Gesicht allein durch so kleine Stiche verformt werden kann. Wenn es genug sind. Vielleicht haben die Urheber von Zombie-Filmen auch einmal solch eine Metamorphose erlebt. Wir jedenfalls warteten über eine Stunde, bis wir uns an die Straße trauten. Und weil wir wieder nicht wegkamen, trennten wir uns. Als Tramper musste man immer zum Ortsausgang laufen, weil die meisten Leute offenbar immer nur in den Nachbarort fuhren. Auf diese Art lernten wir viele nette Schweden kennen und etwas über Landessitten. Zum Beispiel, dass man hier wegen der hohen Kosten lieber schnupfte statt Zigaretten zu rauchen. Und dass ein VW-Käfer bei den Einheimischen „Hitlermobil" hieß.

In Alem traf ich Nofi wieder. Er malte gerade ein Schild „Vimmerby", denn da sollten sich unsere Freunde aufhalten. Aber bis dahin kamen wir an diesem Tage nicht mehr.

Als erster nahm uns ein älterer Pfarrer mit, der die fünf Kilometer in einem Stil fuhr, dass ich zu Nofi sagte: „Das ist ja schlimmer als Altherrenangeln!"

Wir starrten besorgt auf dieses Geschehen, waren wir doch ab und zu überzeugt, der Mann sei eingeschlafen. Aber dann öffnete er doch wieder die Augen und bewegte sich. Vielleicht fuhr er mit Gott.

Diesen Eindruck hatten wir auch von unseren nächsten Mitnehmern, nur in entgegen gesetzter Richtung. Zum Beispiel lernten wir, dass man ein „Hitlermobil" auch so tunen und fahren kann, als wäre man gerade in eine Rallye verwickelt. Und gleich danach fuhr ein ebenfalls jugendlicher Fahrer nicht unter 140 die engen Landstraßen und Kurven entlang, sodass wir glücklich waren, schließlich mit weichen Knien hinaus zu klettern. Aber dann, 23 Kilometer vor unserem Ziel, mussten wir an der Ausfahrt Hulsfred aufgeben. Irgendwann legten wir uns auf der nahen Wiese zum Schlafen.

Leider regnete es auch in dieser Nacht wieder ein bisschen, und so war am Morgen alles ziemlich klamm. Lange schläft man als Tramper ohnehin nicht. Unsere Aufstehzeiten waren bisher fast immer zwischen 5 und 7 Uhr.

Schließlich kamen wir auch in Vimmerby an. Nach einem kleinen Frühstück am Friedhof dachten wir, dass vielleicht jemand unsere Freunde Udo und Jürgen kennen könnte. Und wie es in kleineren Orten so ist, bereits die ersten, die wir fragten, wiesen uns den Weg. Unsere Kumpel arbeiteten in einem Campingbetrieb am See. Ihr Erstaunen war echt, nur den Grund erfuhren wir erst später. Sie hatten eigentlich gedacht, dass nun keiner mehr von ihren deutschen „Freunden" kommen würde, denn es waren schon sieben an der Zahl da. Sie hatten einen Ferienbungalow in Västerwik, einem Seebad an der nördlichen Ostsee, gemietet. Am nächsten Tag fuhr uns Udo hin. Und so trafen wir sie alle wieder: Noppi, Manke, Rabe, Tutti, Vogel, Avid und einen Schweden namens Fred. Von den Deutschen her fast alles genau die Bande, mit denen ich damals in die Automatenknackergeschichte verwickelt war.

Es war Samstag und ihr letzter Tag. Also wurde der Eimer herausgeholt und die Samstagsbowle gebraut. Wie wir erfuhren, hatten sie jeden Tag eine Bowle in diesem Blecheimer hergestellt und sie jeweils nach dem Wochentag benannt. Das rief meinen uneingeschränkten Respekt hervor. Nofi und ich hatten mittlerweile die schwedischen Preise kennengelernt und wussten, was hier der Alkohol kostete. Aber wir erfuhren auch, dass der meiste Grundstoff aus Deutschland mitgebracht worden war und man eventuell deshalb abreisen wollte, weil der Schnaps nun zur Neige ging.

Es dunkelte, der Eimer stand in der Mitte und plötzlich erschien eine Horde Mädchen auf der Bildfläche. Ohne besonderen Smalltalk setzten sie sich einfach dazu.

Aha, dachte ich, man kennt sich schon. Klar, es war ja auch schon die Samstagsbowle.

Es wurde auch schnell so lustig, dass die Politi einschritt und Mahnungen aussprach. Wahrscheinlich war sie von den Ferienhausbewohnern geholt worden, die schon die anderen Bowlen miterlebt hatten. Natürlich versprachen wir den Ordnungshütern, brav zu sein. Nicht allzu lange danach fand ich mich mit einem Mädchen namens Jasmin auf den Klippen einer sehr kleinen Insel wieder. In Schweden sprach man ihren Namen mit einem Rachenlaut am Anfang aus, meinte sie, aber irgendwie war mir das auch egal. Was nicht so egal war, waren die Felsen, beziehungsweise ihre Härte und Kantigkeit. Beim Sitzen ging es noch, aber das Liegen war völlig unmöglich. Und weil wir wieder etwas Durst bekamen, kehrten wir zum Bungalow zurück. Der Eimer hatte sich inzwischen erheblich geleert und der Zustand der Trunkenheit weit um sich gegriffen.

Wir stolperten im Fastdunkel über Berliner, Schwedinnen und alle möglichen Kleidungsstücke. Ein heilloses Durcheinander. Es erinnerte mich ein wenig an Flippers Silvesterfete.

Leider hatte Noppi zusätzlich zum Alkohol auch noch Lösungsmittel geschnüffelt. Er lag in einer Ecke und stöhnte leise vor sich hin. Ich überlegte, ob man da nicht was tun sollte, aber Avid meinte, das wäre nicht das erste Mal. Und weil Avid so ein großer ruhiger Typ war, glaubte ich ihm und suchte noch ein Plätzchen für Jasmin und mich. Wir fanden uns dann so halb unter einem Bett wieder. Natürlich hätten wir lieber **auf** einem Bett gelegen, aber da waren schon die Leute, die den Bungalow gemietet hatten. Immerhin war der Holzboden zwar hart, aber immer noch besser als der Rasen, der zu dieser Nachtzeit schon erheblich abgekühlte. Danach hatte ich eine Art Filmriss. Was ich noch weiß, ist, dass die Mädchen um 2 Uhr gingen. Aus irgendeinem Grund war danach der Boden weiterhin voller Schlafsäcke. Leider ist der weitere Verlauf der Nacht nicht überliefert.

Am Morgen war großes Ausziehen angesagt. Und Saubermachen. Zwei von den gestrigen Mädchen erschienen und machten sich auch sofort an die Arbeit. Der ganze Vorgang war ausgesprochen praktisch organisiert. Man warf einfach alles aus dem Fenster und konnte dann drinnen fegen. Draußen wurde sortiert und in die beiden Autos eingeladen.

Avid hatte inzwischen Zelte aus Vimmerby geholt. Man hatte beschlossen, noch ein paar Tage am Ufer zu zelten. Wir bauten alles auf, dann gab es Bratkartoffeln mit Zwiebeln vom dreifüßigen Grill. Ein Festessen! Natürlich haben wir das Feuer sorgfältig gelöscht, als wir zum Fußballspiel gegen die Reinigungsmannschaft von Lysingsbadet fuhren.

Das Spiel endete 5:1 für uns und ich überlegte, ob das so klug gewesen war, aber es passierte eben. Nach dem Saunabesuch kam Noppi auch prompt mit der Nachricht, wir könnten die Zelte abbauen und verschwinden. Der Bungalow sei nicht sauber genug gewesen, da hätte er 50 Kronen zahlen müssen und außerdem hätten sich die anderen Anwohner beschwert. Und der Lagerleiter, der auch der Schiedsrichter gewesen war und eine kritikwürdige Leistung zu unseren Ungunsten abgeliefert hatte, war wohl auch mit dem Spielergebnis nicht einverstanden gewesen.

Ich fand, dass man uns diese Konditionen schon vor dem Spiel hätte mitteilen können.

Also bauten wir ab und verluden alles in die Autos. Leider war für Nofi und mich nun kein Platz mehr und wir mussten trampen. Das war wegen der schon heraufziehenden Dunkelheit recht bedenklich, aber die anderen sahen das ziemlich unbekümmert.

„Ach was, hier kommste gut weg!", sagte Udo und der kannte sich doch aus.

Im Prinzip stimmte das auch. Weg kamen wir sehr wohl, aber nur wenige Kilometer, nämlich bis zur nächsten Weggabelung. Dort stand schon ein Soldat, der wohl zur Einheit zurück musste.

Ah, dachte ich, Uniform! Das war ein schon erfahrener Vorteil. Ich fragte ihn, ob er nicht auch für uns ein Auto anhalten könne. Und während ich noch mit ihm sprach, hielt ich den Daumen raus und siehe da, ein älteres Ehepaar hielt. Für uns ging es aber nur bis zum nächsten Abzweig. Und dann kam kein Auto mehr. Wir sahen uns einer Nacht mitten im Wald gegenüber.

„Nee", meinte Nofi, „das mach ich nicht mit. Und wenn ich zu Fuß nach Vimmerby laufen muss!" und damit stapfte er los. Eine Weile lief ich hinter ihm her. Dann, als es begann, stärker zu regnen, gab ich auf.

„Du kannst dich ja meinetwegen durchweichen lassen!", rief ich hinter ihm her. „Ich bleibe hier!"

„Na, mach doch!"

So trennten wir uns. Ich rollte meine Sachen unter einer riesigen Fichte aus. Der Waldboden war gar nicht so hart, wie ich dachte, und mit dem Poncho um den Schlafsack herum war ich auch einigermaßen vor dem Regen geschützt. Leider hatten diese Bundeswehrumhänge ein Loch in der Mitte, das war eigentlich für den Kopf gedachte, während der Rest der Plane das Marschgepäck abdecken sollte. Durch dieses Loch saugte sich dann doch die Feuchtigkeit und morgens war natürlich wieder alles nass.

Die Haare waren genau so feucht wie der Morgennebel und ehrlich gesagt, ich hätte mich so aussehend wahrscheinlich auch nicht mitgenommen. Dabei waren es noch 48 Kilometer!

Endlich, als ich wieder einigermaßen trocken war, nahm mich ein Lokalreporter nach Nossenbadet mit.

Die anderen hatten auch keine besonders tolle Nacht hinter sich. Für die Zelte war es schon zu dunkel gewesen und so hatten sie in den Umkleideräumen der Badeanstalt geschlafen. Nofi war auch dabei. Ihn hatte gestern Abend noch die Barmherzigkeit eines frischgebackenen Vaters angespült.

Kaum hatten wir wieder unsere Zelte aufgebaut, (Nofi und ich „wohnten" zusammen unter unseren miteinander verknüpften Ponchos,) da fing es wieder an zu regnen.

Auf dem Zeltplatz lungerten auch hier immer einige Mädchen herum. Es war die Sorte, die sich immer schnell auf Schwedisch unterhielt und dann miteinander giggelte. Eine auf die Dauer sehr unbefriedigende Unterhaltung, denn mehr lief einfach nicht. Jedenfalls noch nicht.

Am Dienstag machten Noppi und seine Freunde noch einmal eine Bowle, vermutlich mit den Resten. Aber komisch, hier konnten wir den Eimer selbst austrinken. Und weil es auch wieder regnete, war die Stimmung ziemlich tief gesunken. Am nächsten Tag machten die anderen Berliner ihre Ankündigung wahr und fuhren ab – nach Rothenburg, wie sie sagten. Dort kannte Noppi auch Leute. Vor allem war der Sprit billiger – alle Sorten. So konnten wir in ihr Vier-Mann-Zelt umziehen, das uns wie ein Palast vorkam.

Die Gacker-Mädchen waren jeden Tag da und rückten näher an unser Zelt heran. Am Freitag, nachdem wir bei zwei wirklich hübschen Schwedinnen auf ihrer Decke abgeblitzt waren, weil sie bald gehen mussten, „to help mother in the kitchen", kamen sie bis zu unserem Zelt und hockten sich da hin. Irgendwie sahen wir das als Aufforderung und so schnappte sich Nofi eine von ihnen mit Namen Annette. Das ging auch soweit gut und die Lotta kam mit mir ins Zelt. Aber irgendwie war es komisch und so schickten wir sie wieder raus. Das Problem war ein wenig, dass sie kaum Englisch sprachen und wir so schnell nicht Schwedisch lernen konnten.

Aber am nächsten Tag gegen Abend waren sie wieder da und begannen, das Zelt über unseren Köpfen abzubauen.

Wir sprangen hinaus und eine kleine Rauferei begann. Als ich wieder die lange Lotta im Arm hielt, rannten plötzlich alle wie auf Kommando weg. Während ich noch ungläubig hinter ihnen herstarrte, sackte das Mädchen in meinen Armen plötzlich schlaff in sich zusammen.

Nofi und ich hockten uns neben sie.

„Meinst du, sie ist ohnmächtig?", fragte er.

„Weiß nicht." Ich fühlte ihren Puls. Er war ziemlich schnell, um nicht sagen, er raste. „Hm, nee, ich glaube, sie ist ziemlich aufgeregt und stellt sich nur so."

Wir schauten uns an, dann sagte Nofi: „Dann habe ich eine Idee."

Er zog die leblos Scheinende wie ein Eiszeitjäger ins Zelt. Nicht gerade an den langen, blonden Haaren, sondern an den Schultern, aber das Bild war wie aus einem superbilligen Trashfilm entnommen. Die Plane am Eingang fiel hinter den beiden herunter.

Ich überlegte. Eigentlich war es ja meine Eroberung gewesen. Aber während sie so dagelegen hatte, benutzte ich die Zeit, sie in Ruhe zu betrachten. Wahrscheinlich war sie höchstens 14. Deshalb fand ich die Sache höchst bedenklich.

Ich zündete mir eine Zigarette an, denn damals rauchte ich noch, und lauschte den Geräuschen im Zelt, die eine eindeutige Sprache übermittelten. Konnte es vielleicht sein, dass die Mädels uns verladen wollten? Waren sie vielleicht weggerannt, um die Politi zu holen? Möglicherweise dachten sie sogar wirklich, der Lotta sei etwas passiert.

Eingedenk ihres Alters war ich sehr im Zweifel, was zu tun sei. Nofi war das offenbar nicht. Ich ging ein paar Schritte weiter, weil ich es irgendwie peinlich fand, zuzuhören. Fremdschämen sozusagen. Nach einer weiteren Zigarettenlänge krabbelten die beiden wieder aus dem Zelt. Lotta zog sich noch die Hosen richtig hoch, drückte Nofi einen Kuss auf die Lippen und sagte: „Tak!"

Dann war sie verschwunden und ward auch nicht mehr gesehen.

„Sage mal …", begann ich.

„Nee, war schon in Ordnung", versicherte mir Nofi. „Das musste jetzt sein. Sie wollte das so, konnte ich nichts machen. Kaum war ich drin, hat sie mich umklammert und geküsst."

„Hm."

Ich erzählte ihm von meinen Bedenken und dass die Mädchen erheblich minderjährig wären.

„Das stimmt", meinte er. „Aber sie wollte es so. Wirklich."

Dann räumte er seine völlig verklebte Decke weg. Wenigstens war es nicht meine. Wir quatschten noch eine Weile, dann schliefen wir ein. Später trafen wir noch einmal zwei aus der Mädchenclique. Ich erkundigte mich nach Lotta, wie es ihr gehe.

„Quite well. She always does so."

Schweden ist schon etwas anders.

Wir verbrachten noch einen sehr schönen, ruhigen Tag auf dem Zeltplatz mit ein bisschen Herumschäkern mit den Verlobten von Udo und Jürgen und deren Freundinnen. Am Montag nahm uns ein Pärchen aus Gifhorn, das wir auf dem Zeltplatz kennengelernt hatten, zu einer guten Stelle außerhalb des Dorfes mit. Sie hätten uns auch bis Malmö fahren können, aber wir wollten noch etwas Schweden sehen und über Jönköping heimreisen.

LKW-Fahrer sind eine hervorragende Gattung. Leider sprachen sie in Schweden nur Schwedisch. Immerhin hatten wir es ihnen zu verdanken, dass wir schnell weiterkamen. Wir brauchten für die ungefähr 130 Kilometer bis Jönköping fünf Lifts und acht Stunden. Unser letzter Trucker brachte uns zu einem „better place" vor der Stadt, direkt an der Autobahnauffahrt. Wir bedankten uns, sahen aber leider dort schon zwei Schweden stehen. Nachdem wir angekommen waren, gesellten sich noch zwei Holländer, ein weiterer Schwede und zwei Finnen dazu. Das sah nach einer schwierigen Mitnahmeprozedur aus. Zwar gab es das ungeschriebene Gesetz, dass der erste, der irgendwo stand, auch als erster wegkam, aber wenn der den Fahrern nicht gefiel, gab es schon mal eine kleine Diskussion.

Und richtig, wie wir da so standen, hielt ein Wagen direkt bei Nofi. Freudig kamen die beiden Schweden herbei. Aber in dem Wagen saß Helga, bei der wir in Bremen genächtigt hatten. Und der Wagen war so voll, dass wir wirklich nicht mehr hineinpassten, auch nicht einzeln. Helga und ihre Familie hatten ebenfalls eine Woche Urlaub in Schweden verbracht, was für ein Zufall. Als sie uns sah, wollte sie nur mal „Hallo" sagen. Enttäuscht zogen die beiden Schweden ab. Wir aber meldeten uns bei der Familie gleich für einen Besuch an, sobald wir es schafften, zurück nach Bremen zu kommen. Zunächst aber hatten wir vor, nach Neumünster zu gelangen, wo Nofi ebenfalls ein Mädchen kannte. So aus „alter Zeit". Aber Helga in Bremen wollten wir auch nicht auslassen.

„Wieder eine Karte gespart, und das Porto dazu!", beurteilte Nofi die zufällige Begegnung an der Auffahrt zur Autobahn nach Hälsingborg.

Aber so weit kamen wir nicht. Mit einem weiteren LKW erreichten wir Värnamo, immerhin 50 Kilometer voran. Aber nun war es 22 Uhr und da sahen wir keine Chance mehr, dass noch irgendjemand anhielt.

Außerdem fielen mir meine Schuhe von den Füßen. Ja, tatsächlich, ich hatte sie aufgetragen, bis sie sich in Teile auflösten. Als wir an einem Schuhladen vorbeikamen, ließ ich sie als Mahnmal im Eingang stehen. Zum Glück steckten in meiner Tasche noch ein Paar leichte Turnschuhe. Am Ortsausgang, wo wir wider besseres Wissen bis um halb eins standen, bereiteten wir schließlich ein Lager. Und, wie üblich, begann es in der Nacht zu nieseln.

Um halb fünf weckte mich Nofi mit der Begründung, er könne nicht mehr schlafen.

„Aber ich kann noch!", gab ich zurück und drehte mich wieder um.

„Na gut", sagte er grummelnd, „ich geh dann schon mal!"

„Viel Spaß!"

Aber irgendwie war ich nun wach und Nieselregen ist auch nicht das, was man gern hat zum Kuscheln. Also packte ich auch meine Sachen. Ich kriegte fast sofort einen Laster, der allerdings nur zehn Kilometer weiter wollte. Aber das kannten wir ja schon. Unterwegs fuhr ich an Nofi vorbei, der noch munter ausschritt. Ich ließ ihn laufen.

Jetzt fängt das wieder an mit dem Kurzstreckenhopsen, dachte ich, aber da hielt ein deutscher Wagen mit drei Typen darin. Ich winkte, sie setzten zurück. Es stellte sich aber heraus, dass sie mich nur mit jemand verwechselt hatten, den sie auch kannten.

„Aber das ist doch jetzt kein Grund, mich hier stehen zu lassen", argumentierte ich. „Wo ihr doch schon mal angehalten habt!"

Dieser zwingenden Logik konnten sie sich nicht verschließen.

Schon um 8 Uhr morgens erreichten wir Hälsingborg, aber die Fahrt war doch eine Tortur. Nicht nur, dass der Beifahrer seinen Sitz weit nach hinten geschoben hatte und mir damit sozusagen die Beine abklemmte, die ganze Bande hatte vorher einen Trip eingeworfen und war entsprechend high. Wahrscheinlich hatten sie es wegen der „Weckamine" getan, die solchen Drogen immer beigemischt waren, um wach zu bleiben. Aber weil ich Fahrten mit Drogenabhängigen kannte, dachte ich ab und zu, dass es vielleicht besser sei, für den Rest der Strecke zu beten. Doch tatsächlich, wir kamen heil an. Das sind alles Erlebnisse, die ich meiner Mutter nie erzählt habe. Sie machte sich ohnehin genug Sorgen. Und sie hatte ja auch recht.

„Mal sehn, wann Nofi kommt", dachte ich, und da pilgerte er bereits heran, noch jemanden im Schlepptau. Aber es war kein Mädchen, erstaunlicherweise, sondern ein Tramper wie wir mit einem geradezu unverschämt großen Rucksack.

Wir kauften uns etwas zu essen und frühstückten auf einer Bank an einer Haltestelle.

„Was bin ich froh, wenn ich nicht mehr dieses süße Brot essen muss!", versuchte ich, den Abschied von Schweden herunterzuspielen.

„Aber die Mädchen waren doch auch süß", wandte Nofi ein.

„Nur teilweise", stimmte ich widerstrebend zu und dachte an die lange Lotta. „16 sollten sie schon sein."

Da hatte uns die Love-and-Peace-Revolution gehörig vor Probleme gestellt, die juristisch gar nicht absehbar waren. Schuld ist immer der Ältere, das war klar. Mir fiel ein, dass wir versäumt hatten, die Schwedenmädchen zu fragen, ob sie schon die Pille nahmen. Aber kann man so etwas in einem ersten, lockeren Gespräch thematisieren? In Schweden wahrscheinlich schon.

Mädchen, Kif und neue Straßen[40]

Da stand ich also vor dem Bahnhof von Ringstedt und wartete auf Nofi. Wir hatten uns in Roskilde wieder getrennt und das Letzte, was ich von ihm sah, war, wie er auf dem Soziussitz eines Motorrades vorüberbrauste. Meine Sachen lagen wie üblich im Schließfach. Noch bevor ich hier eintraf, hatte es begonnen, ziemlich stark zu regnen. Ich dachte an Nofi. Das war nicht wirklich das richtige Wetter für Motorradfahrer.

Ich wettete mit mir selbst, was zuerst passieren würde: dass Nofi käme oder der Regen aufhörte. Nichts davon trat ein.

Ich schaute mich ein wenig in der Stadt um, nach Nofi, einer Schlafgelegenheit oder wie man hier wieder wegkam. Auch dieser Rundkurs brachte nichts ein außer klatschnasse Kleidung. Also beschloss ich, mich erst wieder zu trocknen, bevor ich irgendetwas unternahm. Nofi kam immer noch nicht. Heutzutage würde man sich einfach auf dem Handy anrufen, aber damals war das alles noch Science Fiction. Ich hatte keine Ahnung, was ihm passiert war.

Um 19 Uhr kam endlich die Sonne wieder heraus. Nun war es langsam an der Zeit, sich ernsthaft um einen Schlafplatz zu bemühen. Aber wie macht man das in solch einem schmucken dänischen Kleinstädtchen? Ich lief erst einmal zur Stadtgrenze, dorthin, wo die Häuser kleiner wurden und langsam in Landschaft übergingen. Unterwegs strich ich um alte Scheunen, in die man nicht hineinkam, ohne sie aufzubrechen und um Unterstände, die aussahen, als wären sie schon bewohnt – von Ratten. Ich prüfte kleine Wäldchen, aber die waren zu nass. Als ich schon einen Kilometer außerhalb war, fiel mir ein Haus mit zersplitterten Scheiben auf, direkt an der Hauptstraße. Schnell sprang ich über den Zaun und kletterte von hinten durch ein Fenster. Tatsächlich, ein Abbruchhaus. Alles sah noch recht sauber aus, nur die Möbel fehlten. Sogar die Türen ließen sich noch richtig schließen.

In der Küche im ersten Stock schlug ich mein Nachtlager auf, denn es wurde schon bedenklich dunkel. Die wichtigen Dinge tat ich in einen Wandschrank oder stopfte sie in den Schlafsack. Leider konnte man die Tür nicht verriegeln, aber man kann nicht alles haben. Und so legte ich

---

[40] Kleine Hommage an Jack Kerouac *Engel, Kif und neue Länder*, zweites Buch seines Beat Generation-Zyklus *Desolation Angels* 1960

mich zur Ruhe. Es war zwar hart, auf dem nackten Fußboden zu schlafen, aber das kannte ich schon. Wenigstens war es ruhig und trocken.

Um 6 Uhr wachte ich auf, erfrischt und mit frohem Mut. Sogar die Toiletten in dem Haus funktionierten noch, was für ein Luxus!

Ich kletterte wieder hinten aus dem Fenster und machte mich auf den Weg zum Bahnhof. Nofi war immer noch nicht da und es begann mal wieder einmal zu regnen. Wie ich so rumstand, kam ich mit zwei anderen jungen Burschen ins Gespräch, die eigentlich mit der Bahn nach Kopenhagen wollten. Aber weil sie noch Zeit hatten, luden sie mich im Kaufhaus gegenüber zu einem Frühstück ein. Wir unterhielten uns so angeregt, dass sie den Zug versäumten und den nächsten dann auch noch. Inzwischen war es Mittag geworden.

Was auch immer Nofi widerfahren war, länger wollte ich nicht mehr warten. Ich setzte mich in Richtung Naestvaed in Bewegung.

Nun regnete es zwar nicht mehr, aber dafür gab es überall Pfützen. Und weil ich auf diesem Trip schon so viele unterschiedliche Begegnungen hatte, wollte mir das Universum auch weiterhin spannende Variationen präsentieren. Der nächste Fahrer, der anhielt, gischtete mit Effet durch eine nahe Pfütze, womit er meine Sachen komplett durchnässte, bevor er rutschend anhielt. Vielen Dank! Und dieser beeindruckende Auftritt für ganze fünf Kilometer! Mittlerweile wusste ich schon ein wenig, was Demut bedeutet. Zum Ausgleich nahm mich gleich danach ein Kaffeehändler bis Naestvaed mit, der sich auch sehr fürs Filmen interessierte. Im Ort lud er mich dann auch noch zu einem – na, was wohl? – natürlich Kaffee ein und zeigte mir ein paar Skelette.

Eigentlich waren es ja nur Fotos davon und die Skelette lagen im heißen Wüstensand. Aber so bunt, wie er erzählte, stieg seine Zeit bei den UN-Truppen in Palästina sehr lebhaft vor meinen Augen auf.

Später dann, in Vordingborg, lernte ich einen baumlangen, hageren Amerikaner kennen, dessen Gesicht im wüsten Urwald eines wilden, krausen Haarwuchses verschwand. Nur die Brille und die Nasenspitze blieben als Anhaltspunkt. Und siehe, als wäre er Jesus, sofort kam er wieder weg. Zum Glück überredete er den Fahrer, auch mich noch mitzunehmen.

Der nächste, der danach anhielt, war ein werdender Vater auf dem Weg zur Klinik. Er erzählte mir aufgeregt die ganze Geschichte auf Dänisch und ich wünschte ihm alles Gute. Wenigstens hatte ich soviel verstanden, dass es sein erstes Mal war.

An der Auffahrt Sakskøbing kam ich nicht mehr weiter. So kurz vor der Fähre! Aber es nutzte nichts, sich zu ärgern. Zum Glück war es trocken und eigentlich recht warm. Trotzdem ist es immer wieder ein Abenteuer, einen guten Schlafplatz zu finden. Eine weiche, trockene und sogar vor nicht allzu langer Zeit gemähte Wiese unter einem riesigen Baum in einem Park schien mir das Beste im momentanen Angebot. Zufrieden kuschelte ich mich ein. Das Gras war weich, der Schlafsack warm und die Umgebung menschenfrei. Wunderbar!

Mitten in der Nacht wachte ich auf, ohne zu wissen, was mich geweckt hatte. Angespannt lauschte ich. *Brumm ... bssss ... plop!* Was, zum Geier war das? Und wieder: *brumm ... bsss ... plop! Bssss!* Die Geräusche kamen so häufig und vor allem nah, dass ich mir ernsthafte Sorgen machte. Hastig fingerte ich nach meiner Taschenlampe. Der trübe Kegel fiel auf ein bienengroßes Insekt, das brummend rücklings auf meinem Poncho lag und irgendwie nicht mehr sehr gut aussah. Ein paar Mal machte es noch *bssss.* Dann lag es still. Von oben kam aber Nachschub. Alle hatten das gleiche Syndrom. Ich wunderte mich, dass noch keins mir auf den Kopf gefallen war und wollte das auch nicht weiter abwarten. Aus einiger Entfernung hörte ich dann sehr viel beruhigter dem Schauspiel zu. Ausgerechnet unter einem Wildbienenstock musste ich mein Lager aufschlagen! Und treffsicher natürlich genau in der Nacht, in der sie die abgekämpften Drohnen nach ihrem letzten Einsatz entsorgten! Ich dachte nicht weiter darüber nach, dass man daraus auch eine menschliche Allegorie machen konnte, sondern schlief zufrieden mit dem gelösten Rätsel ein.

Ich schlief lange und sehr entspannt. Erst um halb zehn stellte ich mich wieder an die Straße. Und siehe da, eine einzelne Frau hielt an! Wie sich herausstellte, arbeitete sie bei der Bahn und brachte mich sozusagen im beruflichen Interesse zum Ticketschalter der Fähre nach Fehmarn!

Brav kaufte ich eine Fahrkarte, aber eigentlich hätte ich mir das sparen können. Denn, so erfuhr ich, der Kontrolleur hatte verschlafen und die Abfahrt verpasst.

Als ich auf Fehmarn ausstieg, traf mich fast der Schlag. An der Autobahnauffahrt Puttgarden standen so viele Tramper, dass ich mir den Frust ersparte, sie auch noch zu zählen.

„Sagt mal, wie lange steht ihr schon hier?", fragte ich einen.

„Zwei Tage! Hier kommt man nicht weg!", war die düstere Antwort.

Oha. Das sah wirklich übel aus. Hier war Intelligenz gefragt. Schon auf der Fähre hatte ich mich mit einer Schwedin angefreundet. Wenn überhaupt, kamen Mädchen erheblich besser weg, das hatte ich schon erlebt. Das kam gleich nach Uniformen. Sie war auf „Studienreise" sagte sie. Neben ihrem schweren Rucksack trug sie noch eine Tasche voller Bücher.

„Die muss ich alle unterwegs lesen!", behauptete sie.

„Die kannst du wahrscheinlich hier schon lesen!", eröffnete ich ihr und informierte sie über meine letzten Erkenntnisse. „Da müssen wir wohl einen Trick anwenden. Hier fahren ja nur die Leute entlang, die von der Fähre kommen. Dass die keinen mitnehmen, leuchtet mir ein. Ich schlage vor, wir laufen ein Stück, sodass wir auch die Leute bekommen, die hier wohnen, Die halten vielleicht auch deshalb an, weil sie dann diese Herumtreiber von ihrer schönen Insel entfernen können!"

Das leuchtete ihr ein, wahrscheinlich, als sie mich so ansah, mit den deutlichen Spuren von wochenlangem Aufenthalt im Freien. Sie selbst sah noch ganz adrett aus. Aber es war gerade ihr erster Tag.

Ich trug ihr die Tasche und dachte bei jedem Schritt, wie man sich so etwas antun konnte. Ein paar von den Wälzern hätte sie bestimmt zu Hause lassen können! Und damit wollte sie nach Italien. Das konnte nicht gut gehen.

Im Prinzip hatten wir fürs Erste den gleichen Weg, denn die kürzeste Route zur Autobahn war die gleiche, die ich nehmen wollte, nämlich nach Neumünster zu Nofis Freundin. Dort hatten wir uns als letztes Ziel verabredet.

So pilgerten wir die Straße entlang und wir entdeckten in keinem der vorbeifahrenden Autos einen einzigen der Tramper. Ob wir nun wegkamen, stand natürlich auch in den Sternen, aber ich dachte, dass man auch etwas für sein Glück tun müsse. Zum Beispiel laufen.

Wir erreichten die erste große Kreuzung. Hier, unter der Überführung der kreuzenden Landstraße, hielten wir an. Die Betonwand war dicht mit Sprüchen beschriftet.

„Shitty to stand here!", war der allgemeine Konsens. Aber irgendwie mussten die Schreiber ja doch weggekommen sein, denn wir waren allein an dieser Stelle. Und richtig, nach zwei Stunden hielt jemand, der uns bis nach Burg brachte, das ist die größte Ortschaft, um nicht zu sagen Stadt auf der Insel. Unsere Chancen stiegen, das sah auch meine Begleitung ein. Mit neuem Mut stellte sie sich an die Straße. Und es dauerte nicht lange, da hielt jemand an. Der Mann hatte mich offenbar übersehen, weil ich mich gemütlich ins Gras gesetzt hatte, jedenfalls sah er mich weniger freundlich an als die Schwedin. Aber nun hatte er schon angehalten und ließ uns generös einladen. Er sei Psychologe, erzählte er uns und auf Urlaub. Unterwegs baggerte er dann das Mädchen an und fuhr uns sogar nach Plön und aus der Stadt heraus, was gar nicht auf seinem Weg lag. Und fragte sie, ob sie nicht noch weiter mitkommen wollte, denn ich musste ja hier aussteigen. Die Schwedin, deren Namen ich tatsächlich nicht aufgeschrieben habe, lehnte aber dankend ab und rettet sich und ihr Gepäck an meine Seite. Als wir gerade draußen waren, raste der Ferien-Akademiker mit einem Kavalierstart davon.

„Der hat dich aber gern gehabt!", sagte ich.

„Aber ich ihn nicht!", antwortete sie finster und ich glaube, in diesem Moment wurde ihr klar, was sie sich da vorgenommen hatte. Und wir waren noch in Deutschland und dazu im kühlen Norden. Ich tröstete sie damit, dass sie ja bewaffnet sei und zeigte auf ihre Bücher. Vielleicht würde sie die bis Rom brauchen.

Bald nahmen uns ein paar Typen in einem schrottreifen NSU-Prinz bis Bornhöved mit, und damit waren wir an der Autobahn. Hier trennten wir uns.

„Viel Glück!", sagte ich und schaute ihr besorgt nach, als sie sich an die Auffahrt zur A7 stellte. Ich selbst versuchte nun einen Lift für die letzten 17 Kilometer zu finden, was gar nicht so einfach war. Schließlich nahm mich jemand bis vor die Tür in der Mozartstraße mit. Doch auf mein Klingeln öffnete niemand. Also ging ich erstmal einkaufen und legte mich dann auf die Wiese hinter dem Haus. Dort schlief ich ein.

Nofi und Bärbel weckten mich spät nachmittags. Leider konnten wir bei ihr nicht schlafen, aber sie kannte den Inhaber einer Szenekneipe, die allerdings gerade hatte schließen müssen. Bis das Gebäude, in dem das *Underground* sich befand, geräumt werden musste, lebten Gerd, der Wirt, und seine Frau Gila noch darin und sie ließen in einem leeren Zimmer im ersten Stock auch Tramper übernachten. Dort lagen acht Matratzen und noch vier andere Leute.

Wir ließen uns auf die freien Plätze nieder. Matratzen! So etwas hatten wir schon lange nicht mehr gesehen. Bevor ich aber einschlafen konnte, wollten Nofi und Bärbel zum Jugendlichen-Treff im Park. Dort lungerte schon eine ganze Horde herum.

Auf der Hinfahrt waren wir schon in Neumünster vorbeigekommen und hatten ein Mädchen nach dem Weg gefragt. Ich konnte mich genau erinnern. Und so traf man sich wieder.

Inge war eigentlich ziemlich nett. Etwas rustikaler gebaut, als mein normales Jagdverhalten verlangte, aber, na schön. Außerdem hatte sie so harte Hände, als ob sie den ganzen Tag mit einem Spaten umgehen musste. Aber immerhin war sie hier zu Hause und konnte uns mit Frühstück versorgen, was sie auch tat.

Nofi erzählte zwischendurch seine Geschichte. Er war in Roskilde eingeregnet, genau wie ich es befürchtet hatte. Daraufhin war er in einem Youth Hostel abgestiegen und hatte die Route über Flensburg gewählt, die ihn auch tatsächlich mit zwei Stunden Vorsprung nach Neumünster brachte. Mein Warten in Ringstedt war also völlig vergebens gewesen. Und wie die Parallelen so sind, auch er hatte eine Anbaggerei zu erleben, aber weil er nicht schwul ist, ging es aus wie die Begegnung der Schwedin mit dem Psychologen.

Auch wenn man nur mal ein halbes Jahr so wie wir unterwegs wäre, dachte ich, dann hätte man wohl wirklich alles gesehen. Mittlerweile war ich bereit, den Reiseschriftstellern auch die unwahrscheinlichsten Sachen zu glauben.

Ein bisschen erlebte ich Dinge, die ich von Jack Kerouac kannte, dem Begründer der „Beat Generation". Ich hatte seine Bücher verschlungen, sie hatten mich tief beeindruckt. Aber er war auf einer Art Jakobsweg gewesen, hatte seine Erlebnisse mit religiöser Suche und philosophischen Erkenntnissen verbunden.

Das war bei uns, jedenfalls auf diesem Trip, nicht der Fall. Was wir erlebten, waren die „Sex-im-Rucksack"-Geschichten, die bloße Aneinanderreihung von Details, die spontanen Begegnungen und unvollendeten Geschichten, alles Inhalte, die Kritiker Kerouac immer vorgeworfen haben. Das sei keine Literatur, behaupteten sie.

Aber das genau war es, was *ich* jetzt verstand. Natürlich, zu Hause im Lehnstuhl konnte man sich an den Kopf fassen, was dieser Autor da aufgeschrieben hatte. Begab man sich aber selbst auf eine solche Reise, wurde einem alles geliefert was man benötigte, um hautnah zu verstehen, wie unvorhersehbar sich das Leben durch die Landschaft der Wirklichkeit mäandern konnte. Man begriff, diese Sesselnörgler würden solche Erlebnisse nie erfahren und schon wurden ihre Scheinweisheiten aus zweiter Hand komplett unwichtig. Wenn ich etwas weder damals noch heute bedauert habe, dann ist es das Erleben all dieser Kleinigkeiten. Gewiss, es gibt Lebenslagen, die möchte man auf keinen Fall noch einmal oder überhaupt durchmachen müssen und wenn man gerade mittendrin ist, betet man inständig, es möge aufhören.

Aber solange man im Geiste noch einen Schritt zurücktreten kann und feststellen, dass es letztlich immer gut endete, ohne wirkliche körperliche und seelische Schäden, so muss man sich für alle diese Erlebnisse bedanken. Bei Jack London hatte ich jederzeit den Eindruck, dass er selbst erlebt hatte, was er in seinen Büchern beschrieb. Eine Erfahrung des Lebens, so gering die Ereignisse in ihrer Bedeutung für die Welt sein mochten, so konnte man sie doch auch durch jahrelanges intensives Studium von schweren Folianten nicht ersetzen.

Und ich als Leser kriegte davon zwar einen lebendigen Abdruck, weil er es wie kaum jemand verstanden hatte, diese Erlebnisse eindringlich zu Papier zu bringen. Aber während ich las, saß ich immer trocken und warm im Lehnstuhl. Und so musste ich mich selbst aufmachen um festzustellen, dass es natürlich viel spektakulärer ist, mitten drin zu sein und zu wissen, wie es sich tatsächlich anfühlt. Ich spüre noch immer die nassen Kleidungsstücke im Morgennebel, die warmen Lippen flüchtiger Bekanntschaften und den kalten Wind, der um den zugigen Unterstand bei Nacht wehte. Ich kann mir die Empfindung zurückholen, die ich nach stundenlangem vergeblichem Warten verspürte, Hoffnung, Freude und Enttäuschung. Und nach einigen sehr unbequemen Nächten weiß ich auch, dass es nicht das Ende bedeutet, wenn es nur dunkel wird.

Der nächste Tag war ein Freitag und wir schliefen lange bis in den Vormittag. Nofi wachte kurz auf, als ich vom Einkaufen mit Frühstück zurück kam. Und, weil es so schön war, schliefen wir gleich wieder ein, bis in den Nachmittag.

Dann liefen wir in den Stadtpark, dorthin, wo sich die Jugend traf. Als es dunkel wurde, wollten einige noch hinaus vor die Stadt fahren, zu jemandem, der dort im Zelt lebte.

„Kommt doch mit!", sagte Inge. „hier wird's jetzt einsam."

Recht hatte sie.

Tatsächlich gab es den Einsiedler und sein Zelt, nur hatte das jemand eingerissen und die Sachen überall verstreut. Solche Leute gab es offenbar überall. Wir halfen, das Zelt wieder aufzubauen und die Sachen einzusammeln. Natürlich diskutierte man auch darüber, ob es nicht einen besseren Ort gäbe.

Gegen elf fuhren wir zurück und jemand kam noch auf die Idee, ins *Mad House* zu gehen, dem aktuellen Treffpunkt für alle Kiffer. Aber so mad war es dort doch nicht und irgendwie bekamen wir keine Lust, weiter zu machen. Außerdem hatten die meisten der Gruppe unterwegs Trips genommen, was sie sowieso in eine andere Erlebniskategorie enthob. Was also machten Nofi und ich? Schlafen gehen.

Am nächsten Tag holte Nofi Frühstück und wir trieben uns dann im Park herum. Dort gab es auch ein Toilettenhäuschen, eine sehr wichtige Einrichtung, wie wir gelernt hatten.

Das Herumhängen mit der „Dorfjugend" war ungeheuer langweilig. In einer Remittendenkiste eines Buchladens entdeckte ich einen Nietzsche, das passte mir gerade als Lesestoff. Am späten Nachmittag zogen wir schließlich auf den Rummel und Nofi verprasste sein restliches Geld im Autoscooter. Ich persönlich fand es jammerschade, dass die anwesenden Mädchen ungemein einfach gestrickt waren. Irgendwie klickte es bei mir überhaupt nicht. Kann ja mal vorkommen! Als wir ins *Underground* zurück kamen, fand wieder eine Shit-Fete statt. Gila, die Frau von Gerd, war zum x-sten Male depressiv und brachte alle herunter. Man erzählte sich, dass es mit ihr ziemlich bergab gegangen war, nachdem ihr Laden schließen musste. Wir stiegen nicht weiter in die komplexe Geschichte ein, die von schlechten Finanzen und Abrissplänen für das Gebäude handelte.

Also gingen wir schlafen. Auf Nofis Matratze lag schon ein Mädchen, das eventuell auch öfter hier schlief. Es war aber nicht Nervi, jene hyperaktive Magersüchtige, die den ganzen Tag nach ihrem Marc suchte, der angeblich fünf Mescalin und zehn Tabletten Rosimon geschluckt hatte und auch hier „wohnte".

Nofi hatte jedoch keine Lust, auch dieses Mädchen kennenzulernen, was ich sehr erstaunlich fand, und so schickte er sie rüde ein Lager weiter. Die Geschichten der Leute, die hier mehr oder weniger oft schliefen, waren in nur zwei Kategorien einzuteilen. Entweder befanden sie sich auf der Durchreise wie wir, oder sie waren von zu Hause ausgerissen. Oder beides. Irgendwie erwartete ich jeden Moment eine Polizeiaktion. Es blieb aber alles ruhig und auf der ganzen Fahrt habe ich nie so gut geschlafen wie dort.

Etwas ärgerlich war die Toilettensituation. Gerd und Gila hielten jetzt ihre Etage immer abgeschlossen und das Häuschen im Stadtpark wurde erst um 10 Uhr aufgeschlossen. Leider war ich Frühaufsteher. Wohin also in der Zwischenzeit?

Übrigens: eine Rolle Klopapier sollte man immer dabei haben, wenn man unterwegs ist.

Die Tage in Neumünster, in denen wir gelangweilt abhingen, zogen sich ein wenig hin. Die Mädchen, die dort vorbeikamen, aus Neugier oder weil sie von zu Hause weggelaufen waren, stellten eine selten uninteressante Auswahl dar, darin war ich mit Nofi hundertprozentig einig. Und als wir gerade planten, weiterzuziehen, kam Gila und erzählte, dass das Haus geräumt werden müsste. Sie war ziemlich sauer, weil in ihrer Wohnung noch eine Scheibe eingeschlagen worden war. Da sie der Ansicht war, das könnte nur eine(r) von uns gewesen sein, hielt sie die Hand auf.

Wir gaben ihr unser Kleingeld, gerade mal vier Mark dreißig, was allerdings auch fast unser gesamtes Vermögen darstellte. Es war ja keine besonders große Scheibe, wie ich hinterher sah, nur so groß wie ein Schreibblock. Immerhin hatten wir uns bemüht, ihr zu helfen, denn sie hatte uns ja auch hier schlafen lassen. Marc, der inzwischen wieder von seinen exzessiven Drogeneinnahmen heruntergekommen war, versprach, den Raum zu säubern.

Aber nun war klar, wir mussten für die letzten Tage vor dem Heimflug eine schöne Unterkunft finden.

„Bremen!", sagte Nofi mit Nachdruck. „Helga erwartet uns ohnehin!"

Bremen liegt nicht direkt auf dem Weg nach Hannover, wie man durch einem kurzen Blick auf die Karte erkennen kann. Aber wir erinnerten uns an das hervorragende Essen von Helgas Mutter.

Also machten wir uns an die Straße. Natürlich regnete es wieder, aber an der Landstraße standen dichte Bäume. Bald hielt ein Hamburger und setzte uns direkt an der Reeperbahn ab. Vielleicht meinte er, das wäre ohnehin unser Ziel gewesen. Von dort aus nach Bremen wegzukommen, hielten wir aber für aussichtslos, und so nahmen wir den öffentlichen Bus nach außerhalb.

An den Elbbrücken standen aber schon so viele nasse Tramper, dass wir auch dort unsere Chancen als sehr minimal ansahen.

„Lass uns zur nächsten Raststätte laufen, da können wir die Leute persönlich anquatschen!", meinte Nofi. „Das ist unsere einzige Chance."

Ich sah das genau so und weil es nur fünf Kilometer waren, zogen wir mutig los. Wir hatten ja die Ponchos, die waren für das Marschieren im Regen konzipiert. Leider erwiesen sich die fünf Kilometer als Autobahnstrecke. Zu Fuß war es locker das Doppelte. Straßen und die Bahn kreuzten den Weg.

Als wir endlich in Stillhorn ankamen, mussten wir feststellen, dass einige andere Tramper auf die gleiche Idee gekommen waren. Nun hieß es, Glück zu haben.

Plötzlich hielt unweit von mir ein holländischer Volvo, der zwei andere Tramper einlud, die nach Hannover wollten. Unter der Annahme, dass Bremen irgendwo auf dem Weg nach Holland liegt, sprach ich sofort den Fahrer an. Dann, als er uns an der Auffahrt in Bremen absetzte, hielt auch gleich ein anderer Volvo. Eine junge Frau sprang heraus und fragte: „Wollt ihr zur Jugendherberge?"

Nette Frage, aber wir hatten etwas Besseres, und es erwies sich wieder einmal als gute Idee, Ortskundige zu finden, denn man brachte uns bis vor die Tür. Später, als ich bei Black Sabbath mein Tagebuch vervollständigte, hingen Nofi und Helga wieder in der Küche. Alles war in Ordnung.

Bis Freitag durften wir bleiben.

Der Tag verging mit beschaulichem Herumhängen. Eine Zeitlang überlegte ich, aus Langeweile etwas mit Ilka, Nofis erster Kontaktperson hier, anzufangen. Aber dann dachte ich: „Nee, zu anstrengend!"

Später konnte das problematisch werden, denn am Sonntag schon würde ich zu Hause Sigi wiedersehen.

„Dann fahren wir weiter. In Hannover kenne ich auch ein Mädchen!", verkündete Nofi.

„Aber du bleibst erstmal unten stehen, so wie du aussiehst!", sagte er dann, als wir nach einer Irrfahrt mit den dortigen öffentlichen Verkehrsmitteln bei Heike ankamen. Sie selbst war zwar nicht da, aber die Eltern erkannten ihn wieder.

„Der Norbert!", hörte ich den mittelmäßig erfreuten Ausruf bis unten zur Haustür.

Was immer Nofi getan hatte, es war nützlich gewesen und ich durfte hochkommen. Am Bahnhof hatte er auch schon eine Bekannte getroffen. Immerhin war interessant, mit welch unterschiedlichen Mädchen er einmal etwas gehabt hatte. Die kleine, dunkelhaarige Heike hatte auch noch eine etwas kompaktere, blonde Schwester. Es dauerte nicht lange, da hing Nofi mit dieser herum. Sie hieß ebenfalls Sigi und als Heike dann sehr nett zu mir wurde, hatte ich alle Mühe, die Situation kompatibel zu halten. Nein, Heike war wirklich nicht meine Beutevision. So nötig hatte ich es dann doch nicht. Auch wenn sie uns in die lokale Diskothek namens *Pep* einlud.

„Selten", so trug ich in mein Tagebuch ein, „habe ich einen unzutreffenderen Namen für einen Laden gesehen."

Aber wir verbrachten die letzten Tage bis zum Rückflug sehr angenehm. Am Ende blieb Nofi noch genau das Fahrgeld für die Berliner U-Bahn.

So weit wie Jack Kerouac hatten wir es nicht gebracht. Wir waren nicht auf Güterzügen mitgefahren und auch nicht auf einen Berg gestiegen, um eine Erleuchtung zu haben. Dafür hatten wir ja zu Hause den Kreuzberg. Man muss nicht alles auf einmal haben. Unsere Erlebnisse waren für mich auch so recht lehrreich. Zum Beispiel, dass auch nach sehr ungemütlichen Nächten immer ein Morgen kommt. Nach gemütlichen leider auch.

Die Reise ins Licht

Nichtsahnend stiegen Nofi und ich am 16. August 1970 um 18 Uhr 55 aus dem Flug Nr. 650 und gedachten, uns heimlich nach Hause zu stehlen. Aber nichts da. Etzel hatte uns verraten. Fröhlich strahlend standen Sigi und Elfi am Passagierausgang.

„Warte mal, bis du nach Hause kommst!", orakelte Sigi und hakte sich unter. Wir liefen den Mehringdamm hinunter, etwas mehr als einen Kilometer, und sie erzählte sehr aufgeräumt, wie schön es die ganze Zeit ohne uns gewesen war.

Die Fabriketage lag leer und verwaist. In unsere Zimmer kamen wir aber leider nicht hinein.

Man (oder Frau?) hatte dreidimensionale Stilleben aus einem unglaublichen Sammelsurium von antiken Gebrauchsgegenständen davor installiert, die eine schnelle Öffnung der Türen verhinderten.

„Na?", fragten die Mädchen erwartungsvoll.

„Hm, sehr schön", murmelte ich, denn eigentlich hatte ich mich gemütlich zurückziehen wollen statt künstlerisches Gestalten unter Drogeneinfluss zu bewundern.

Böses ahnend ging ich in die Küche.

„Wie lange waren die Typen noch da, bevor sie nach Indien abgereist sind?", fragte ich Elfi.

„Fast drei Wochen! Sie sind erst vor ein paar Tagen weg!"

Man konnte es deutlich sehen. Nichts, aber auch gar nichts Essbares war geblieben. Elfi, ohnehin nur ein Strich in der Landschaft, hatte sich eine Flasche Apfelsaft geleistet, die angebrochen herumstand.

„Und was habt ihr in der Zeit gegessen?" Mir war nicht klar, wieso die Küche so ratzekahl leer war.

„Gewürzsuppe! Kennst du nicht? Ist ganz einfach: Topf mit Wasser aufsetzen, kochen, Gewürze rein, was so da ist, und fertig! Wir haben immer auf dem Fußboden serviert. Alle hockten sich drum herum und los ging es."

Mich gruselte. Was hatten wir es unterwegs doch gut gehabt, auch wenn die nächtlichen Unterkünfte nicht immer so heimelig gewesen waren.

Immerhin hatten sie uns einen fertig gedrehten Joint dagelassen, den wir dann auch entzündeten.

Es wurde doch noch ein schöner Abend.

Aber Jerry war tatsächlich weg.

„Er wollte sie eigentlich nur bis zur Autobahn bringen!", vermeldete Elfi. „Dann sollten sie allein weiter nach Indien trampen."

Das mit dem Trampen über solche Entfernungen war mir schon vorher suspekt gewesen und nach unseren schwedischen Erfahrungen war ich mehr als skeptisch. Aber nun war Jerry auch weg. Und mit ihm sein alter, TÜV-vergessener VW-Käfer. Er war doch nicht etwa …?

Wenigstens war Elfi noch da, woran man auch sehen kann, dass Vermisstenmeldungen durchaus lange ins Leere laufen können. Soweit ich informiert war, hatten ihre Eltern noch immer keine Ahnung, wo sie sich herumtrieb. Wahrscheinlich versuchte die Polizei, sie in der Stricher- und Drogenszene rund um den Bahnhof Zoo, die sich damals gerade entwickelte, aufzuspüren. So wie Christiane F. vielleicht.[41]

Währenddessen lebte Elfi stillvergnügt in „der Hagelberger", wie wir die Etage in unserem Sprachgebrauch nannten und machte gelegentlich die Hausarbeit. Und eigentlich hatte sie ein Verhältnis mit Jerry. Aber der war nun weg. Vorsichtige Ersatzbeschäftigungen mit Nofi bahnten sich an.

Drei Tage später flatterte uns eine Karte aus Innsbruck ins Haus.

„Naja! Etzel."

„So! Jerry."

„Alles klar! Dietmar."

Außer, dass die drei es offenbar bis zu den Alpen geschafft hatten, war nichts klar. Wenigstens wusste Elfi nun, dass mit Jerry zunächst einmal nicht mehr zu rechnen war. Weitere Post kam nicht mehr. Aber auch auf Nofi und mich fielen die Schatten der Veränderung.

Am Freitagabend, wir waren noch nicht einmal eine Woche zurück und Nofi war gerade dabei sein Tagebuch aufzufüllen, lugte ein schwarzhaariger Wuschelkopf unaufgefordert zu seiner Tür herein und sagte entgeistert: „Was suchst du denn hier?"

Das war genau die Frage, die Nofi von keinem Ankömmling erwartet hätte.

---

[41] Christiane F.: *Wir Kinder vom Bahnhof Zoo* wurde in den späten 70er Jahren ein bekannter Roman darüber, was passiert, wenn junge Mädchen in den Sog der Drogenabhängigkeit geraten.

„Er hat dann tatsächlich versucht, mich aus meinem eigenen Zimmer zu entfernen!", erzählte er später.

Das war unsere erste Begegnung mit Paul.

Bei einer Tasse Tee klärte sich dann die Situation.

Paul war Vorführer im Zoo-Palast und lebte mit seiner Gitarre praktisch auf der Straße. Dort hatte ihn Jerry auf Trip kennengelernt und ihm seinen Wagen geborgt. Tatsächlich sah er den Wagen und Paul am nächsten Tag wieder, was immerhin für die Ehrlichkeit des Entleihers sprach, und so brachte ihn Jerry mit nach Haus. Allerdings hatte man Paul die Besitzverhältnisse der Fabriketage nicht mitgeteilt, und so kam er zu der Ansicht, er müsse die Fremdlinge hinauswerfen.

Was immer Jerry ihm erzählt hatte, auf jeden Fall mussten sie über Film zusammengefunden haben. Paul hatte sich nicht umsonst als Vorführer verdingt. Er war absoluter Filmfan und teilte auch meinen Geschmack weitgehend. Und so war es nicht weiter verwunderlich, dass er in der Hagelberger hängenblieb.

Da er immer nachts arbeitete, fanden wir ihn des öfteren morgens auf einem der vielen Sofas schlafend vor.

Viel erfuhr ich sonst nicht über ihn. Gerade einmal, dass er aus Beckum kam und sein Vater ein Möbelgeschäft hatte, das ihn aber gruselte. So zog er lieber mit der Gitarre in der Hand durch die Lande und spielte auch gelegentlich in einem der damals aus dem Boden schießenden Folk-Clubs oder einfach in der U-Bahn oder in Bahnhöfen.

In der letzten Augustwoche wurde es schwierig, unsere Heimstatt zu erreichen, besonders nachts. Man hatte sich endlich entschlossen, vorn an der Straße die Ruine wegzuräumen, und weil die Einfahrt auch unterkellert war, gab es bald ein Loch auf ganzer Breite. Immerhin wurde ein Durchgang in die Mauer zum Nebengrundstück gerissen, sodass man über den dortigen Hauseingang hinaus und herein kam. Nachts war dieser aber abgeschlossen und so musste man durch die Baugrube klettern, denn natürlich gab es keinen Schlüssel für uns. Schließlich bewohnten wir ein Fabrikgebäude, was hatte man dort nachts zu suchen?!

Besonders beschwerlich wurde dieser Umstand, als ich Gelegenheit bekam, meine Tischtennisplatte aus Lichtenrade her zu transportieren. Alles war geregelt, als wir mit dem Firmenbulli von *Fernseh-Behm*, natürlich nach Ladenschluss, an der Tür ankamen. Man hatte extra für uns offen gelassen. Die erste Platte kriegten wir noch durch, doch als wir mit der zweiten Hälfte ankamen, war die Tür abgeschlossen. Aus dem Fenster im ersten Stock lehnte sich pfeifend der uns bekannte Polizist und schaute feixend herunter.

Mithilfe einer anderen Mieterin kamen wir dann doch hinein.

Das konnte man nachts, also zu den Zeiten, wenn wir normalerweise heimkehrten, natürlich nicht einfordern. Schließlich wurden Leitern in die Baugrube eingebracht.

„Ein bisschen ist das, als wenn man an Bord geht!", kommentierte Nofi diesen Umstand. Bald wurde das Gefühl der Ausgegrenztheit unseres Domizils noch verstärkt, als die Wasserleitung einem Bagger zu Opfer fiel. Nun mussten wir uns bei den wenigen Leuten versorgen, die nicht irgendetwas gegen uns hatten. Und das waren nicht viele, dafür hatten wir durch unsere laute nächtliche Musik nachhaltig gesorgt.

Gerade, als dieses Problem gelöst war, klopfte das nächste Ereignis an die Tür. Und klingelte Sturm.

Es war 2 Uhr nachts und ich wollte gerade schlafen gehen.

Draußen standen Jerry, Etzel und Dietmar, ungefähr in dieser Reihenfolge.

„Ihr spinnt!", war meine erste Reaktion, dann schlurfte ich müde in den Wohnbereich zurück. Natürlich wurde es eine lange Nacht und unsere wieder angelegten Vorräte von den Ankömmlingen einer genauen Kontrolle unterzogen.

Bis Istanbul hatten sie es geschafft, beziehungsweise Jerrys alter Käfer. Erst hatte er sie nur zur Stadtgrenze fahren wollen, dann bis Hannover, dann bis Innsbruck zu Etzels Tante und dann konnte er wohl nicht mehr aufhören. In der Türkei ging ihnen schließlich das Geld aus und wie das so ist, wurde es nun ungemütlich. Den Weg zurück finanzierte die Deutsche Botschaft durch einen Kleinkredit. Das war damals nichts Ungewöhnliches. Ich schüttelte den Kopf, äußerlich und innerlich und konstatierte, dass es Zeit war, zur Arbeit zu gehen. Man hatte schließlich nicht jeden Tag einen Job.

Unseren Laden eröffneten wir nicht wieder. Erstens schien es aus Gründen unserer Bekanntheit in der Nachbarschaft nicht angeraten, und zweitens sollten wir nun nach Pauls Ansicht im Filmgeschäft weiterkommen. Er fand den inzwischen fertig geschnittenen Orpheus-Film sehr gut und drängte auf eine Vertonung.

Eines Morgens fand ich einen Zettel auf dem Tisch:

„Wollte euch nicht wecken, weckt mich, wenn ihr aufsteht. Habe Tontechniker gleich mitgebracht."

Tatsächlich, auf einer der Couchen lag ein bärtiges Individuum und schnarchte. Paul schlief ein Sofa weiter. Mittlerweile wohnten sieben Leute in der Etage, außer uns waren es noch Elfi und Jerry, Etzel, Paul und Baruch Schmidman, ein Kunststudent aus Israel, den Paul zu uns eingeladen hatte, weil er in Berlin keine Unterkunft gefunden hatte. Deutsch sprach er nicht, Geld hatte er auch keines mehr. Eine Situation, die wir durchaus verstanden. Er wollte zu seiner Filmschule in London zurück und dachte, sich mit einigen Plakaten für Eden[42] das Geld dafür zu verdienen. Was wir von ihm sahen, beeindruckte uns sehr. Schließlich malte er auch ein Filmplakat für uns, als Gegenwert für seine Unterbringung.

Der Tontechniker, den Paul mitgebracht hatte, hörte auf das schöne Namenskürzel Nick und machte sich auch sofort an die Arbeit. Da ich professionelle Mikrophone und Tonbandmaschinen hatte, kam ihm die Idee zu einem Orpheus-Soundtrack, der sehr viel mit Hall und Echo funktionieren sollte. Ein paar Proben überzeugten uns. Beinahe klang es wie Pink Floyd, eine Band, die wir auf Trip rauf und runter hörten.

Bei den Aufnahmen wurden alle Leute, die gerade in unserer Etage auftauchten, mit eingebunden. Neben Pauls Gitarrensongs gab es auch einen „Chor". Nick ließ jeden, der zufällig vorbeikam, Tonfolgen ins Mikro singen und kombinierte diese Stimmen dann. Das Ergebnis war sehr interessant.

Unsere Stimmung stieg, der fertige Film war in Reichweite. Doch dann kam der 12. September, ein Samstag. An diesem Tag wollten wir alle ausprobieren, ob es sich auf Trip besser arbeiten lässt. Unter Drogeneinfluss hatten wir immer supertolle Ideen. Das musste sich doch einmal praktisch umsetzen lassen.

Es ließ sich auch ziemlich gut an. Während Nick an dem Soundtrack bastelte und uns immer neue Klangkreationen vorstellte, arbeitete ich an einem neuen Drehbuch für einen SF-Film. Ich wollte es tatsächlich wagen und mit meinen geringen Mitteln ein phantastisches Epos auf die Beine stellen. (Manchmal müssen Männer tun, was Männer tun müssen.)

Nach drei Stunden saß ich noch immer an der ersten Szene.

---

[42] Rolf Eden: bekannter Berliner Playboy *1930, ab 1968 Besitzer der Diskothek *Big Eden* und schon früher von einem halben Dutzend Nachtclubs mit Erotik-Programm

Der Trip wirkte gut. Mir fielen immer neue Details ein, die bedacht und umgesetzt werden sollten. Schließlich kam ich dazu, alles in eine einzige Einstellung zu packen, für die ich ein kompliziertes Stangengerüst entwarf, das die Kamera bei einer sehr geschwungenen Fahrt tragen sollte. In dieser Einstellung musste auch eine Zeitung zu sehen sein. Um mir eine mögliche Großaufnahme erlauben zu können, feilte ich mindestens eine Stunde an Texten und dem Layout der ersten Seite. Ich kam vom Hundertsten ins Tausendste. Irgendwann gab ich erschöpft auf und zweifelte, ob dieses Konzept für den ganzen Film durchzuhalten sein würde.

Ein gutes Stück nach Mitternacht zog ich mich mit Sigi in mein Zimmer zurück.

Damit entging mir die weitere Entwicklung der Nacht. Als ich am Vormittag wieder ins gemeinschaftliche Leben einstieg, traf ich auf einen völlig depressiven Tontechniker.

„War ja mal ganz schön, mit solchen Geräten rumzuspielen", sagte Nick müde. „Aber damit ist jetzt Schluss. Es hat sowieso keinen Sinn." Und so ging er.

Der Trip hatte ihn dazu verleitet, mal bei *Pink Floyd* hineinzuhören, wie die es machten. Das wiederum führte dazu, dass er sich über die eigene Arbeit ärgerte und nur noch deren Musik hörte.

Ich kannte dieses Gefühl.

Es überschwemmte mich immer wieder, wenn ich Filme wie *2001* oder *Planet der Affen* sah. Dann wollte ich sofort mit der eigenen Stümperei aufhören. Nach einer Weile und mit Abstand setzte sich doch wieder die Lust am eigenen Machen durch.

Außerdem, so machte mir Paul klar, waren das völlig andere Universen. Wir produzierten hier einen Drogenfilm, so etwas sollte man am besten an der Basis betreiben, damit es echt wurde. Und das hatten wir hiernach seiner Meinung nach überzeugend getan.

Auch Nofi wollte nun erst recht nicht aufgeben. Was aber sollten wir mit einem halben Soundtrack?

Montagnacht setzten wir uns an die Apparate und um 8 Uhr früh hatten wir es tatsächlich geschafft, die vorhandenen Fragmente zuzuordnen und eine durchgehende Musikspur zu erstellen.

Dafür konnten wir tagsüber schlafen, denn niemand von uns hatte einen Job. Außer Paul natürlich, der uns mit den neuesten Nachrichten aus der Kinoszene versorgte. Bereits am gleichen Abend zeigten wir den Film einem Auswahlgremium der Berliner Jugendheime mit dem Erfolg der Vorführerlaubnis dort.

Zu mehr als drei Vorführungen kam es aber nicht.

Warum? Die Antwort ist einfach. Keiner wollte sich um die Verwaltungsaufgaben kümmern. Wir waren leider nur „Macher".

Nichts ist so alt, wie die Zeitung von gestern. Für uns waren das die fertigen Filme. Auswertung? Zuviel Arbeit. Wieland hätte es tun können, aber der war auf Weltreise. Wir bekamen eine Karte aus New York mit den Niagara-Fällen darauf.

„Viele Grüße aus den USA. Fliege jetzt nach San Diego." Das war das Letzte, was wir von ihm hörten.

Aber das war nicht schlimm, die nächsten Projekte warteten schon. Wir waren beschäftigt, den Kopf voller Ideen.

Leider waren wir alle komplett pleite. Komplett heißt: Nichts in der Tasche und nichts auf einem Konto.

Zum Glück konnte sich Etzel als Beifahrer einer Brotfabrik verdingen, ließ sich 30 DM Vorschuss geben und holte erst einmal etwas zu essen. Brote brachte er von der Arbeit mit, zur Sicherheit immer die 1500-Gramm-Kaliber.

Ich selbst hatte keine solchen nahrhaften Jobs mehr. Kurz danach fand ich eine Stelle beim *RIAS*[43] – als Verteiler in der Poststelle. So lernte ich jede Abteilung kennen, aber das brachte lediglich Geld. Immerhin hatte ich dort so viel Freiraum, um mein Drehbuch zu vollenden.

Für meine Mutter und ihre gerade anwesenden, sonst in Karlsruhe lebenden Verwandten machte ich auch eine Vorführung.

Das hätte ich vielleicht nicht tun sollen. Sie nahm den Film kaum wahr, und wenn, dann mit Erschrecken. Gleiches galt für ihre Rezeption meiner Lebensumstände. Sie war, vorsichtig ausgedrückt, entsetzt. Von ihrem Standpunkt aus gesehen, durchaus verständlich. Aber weil ich 21 war, gingen nun alle ihre Interventionen ins Leere. Das Unverständlichste für sie war sicher, dass ich bis auf diesen blöden Geldmangel rundum glücklich und zufrieden schien.

Hajo Thunack arbeitete ebenso an seinem Perry Rhodan-Film weiter, nun als Vater und Ehemann. Das Paar kam uns sogar in der Hagelberger besuchen.

---

[43] Rundfunk im amerikanischen Sektor, Berliner US-Besatzersender auf Deutsch bis zum Mauerfall.

In seinem Filmclub hatte es auch Neuzugänge gegeben.

„Wir haben jetzt eine Gruppe von Leuten, die noch andere Romanserien lesen und sie verfilmen wollen."

„Ach ja? Und welche?"

„Kommissar X.[44] Da brauchen sie wenigstens nicht solche aufwändigen Bauten."

„Also", sinnierte ich, „wenn sie Neukölln für Chicago verkaufen wollen … das muss ich mir auf jeden Fall ansehen. Und wie geht's dir und deinem Film?"

„Ich fange noch mal an. Mit anderen Darstellern. Mein Cousin hat hingeworfen …"

Das war ein Thema, das mir auch immer Angst gemacht hatte. Wenn einer der Darsteller vor dem Ende des Films aufhörte, konnte man alles wegwerfen. Es gab Leute, die dann mit den Resten einen Experimentalfilm machten.

An dieser Stelle deutete sich bereits das Schicksal von Hajos Perry Rhodan-Film an. Es war nicht das letzte Mal, dass er noch einmal von vorn beginnen musste. Diese Energie hätte ich nie besessen. Genau: „besessen" ist das einzige Schlagwort, das mir dazu einfällt. Und ich bin sicher, dass diese Einschätzung auch mir gelegentlich zuteil wurde.

Wir drehten nun für meinen SF-Film ebenfalls in unserer geliebten Kiesgrube. Allerdings hatte ich den Darstellern keine Raumhelme verpasst. Die Welt, die sie aufsuchen sollten, war schon vorher vermessen worden und die Luft als atembar befunden worden.

Man muss seine Darsteller nicht unnötig quälen, das hatte ich aus dem Perry Rhodan-Film gelernt.

Warum ich in die Kiesgrube zog? Ganz einfach: Eine Wüstenwelt hat nun mal etwas Fremdartiges an sich und vor allem muss man keine aufwändigen Hintergründe bauen oder sonst wie bereitstellen.

Der Film endete, wie damals so üblich, mit der Zerstörung der Erde durch einen Atomkrieg. Die beiden Protagonisten kehrten in ein zerstörtes, verstrahltes Gebäude zurück.

Diese Szene hatte ich natürlich nicht ohne die Kenntnis des existierenden Drehortes geschrieben. Damals war das ehemalige Luftwaffenminis-

---

[44] *Kommissar X* war in den 60er Jahren eine sehr beliebte Heftreihe des Pabel-Verlags um einen FBI-Ermittler. Natürlich spielten alle Action-Romane dieser Zeit in den USA, dem Land der Sehnsüchte.

terium an der Stresemannstraße nahe dem Potsdamer Platz noch nicht restauriert. Über einen heruntergetretenen Zaun konnte man in das ausgebombte Innere vorstoßen. Ein großartiger hallenartiger Riesenraum gab viel Platz für die Akteure. Und alles war richtig schön kaputt.

Noch großartiger war, dass ich in der Technischen Universität einen fast identischen Raum fand, nur dass er hier komplett erhalten und mit Teppichboden ausgelegt war. Für den Zuschauer ergibt sich im Film ein überzeugendes Vorher – Nachher.

Als Darsteller hatte ich mir Etzel und Jerry gesichert. Das war eine kluge Entscheidung. Nicht unbedingt, weil sie die besten Schauspieler waren, sondern eher, weil sie wohnungslos und bei mir untergekommen waren. Sie konnten also nicht entkommen, sozusagen.

Aber diese Zwangssituation war gar nicht nötig. Allen Beteiligten machte die Mitarbeit großen Spaß.

Zu dieser Zeit knüpften wir immer engere Beziehungen zu dem Fernsehhändler, der uns unsere Geräte verkauft hatte, und seiner Familie. Ganze Nachmittage verbrachten wir im Hinterzimmer des Ladens und erzählten ihm von unseren Erfahrungen mit Drogen und natürlich von den Filmen. Dafür, dass er zu diesem Zeitpunkt schon Ende 40 war, interessierte er sich völlig untypisch für unsere Themen. Besonders unsere Beschäftigung mit Zen-Buddhismus gab ihm zu denken.

Solches Interesse eines „Erwachsenen" an unseren Themen war für uns genau so ungewöhnlich wie die vielen Tassen Kaffee, die wir dort tranken, denn zwei Häuser weiter war eine Eduscho-Filiale. Nach solchen Gesprächen konnte es schon passieren, dass ich aus der Tür torkelte, denn der Kaffee bekam mir überhaupt nicht und führte zu Gleichgewichtsstörungen. Das war eine interessante Erkenntnis nach den vielen anderen Drogen, die ich mir zugeführt hatte.

Eines Tages besuchte er uns in der Fabriketage, zuerst allein, später zusammen mit seiner Frau.

Im Gegensatz zu meiner Mutter schockierte ihn unsere primitive Lebensweise nicht. Im Gegenteil, fast hatte ich den Eindruck, dass er eine Art zweiter Jugend erlebte. Viele Jahre später bestätigte er mir diesen Eindruck.

„Meine erste Jugend (Abitur Jan. 1941) hatte mir der «größte Feldherr aller Zeiten» gestohlen", schrieb er mir, „Nach viereinhalb Jahren Russland war der Spuk endlich zu Ende. Jugend fand nur bedingt statt."

Ganz so einfach war es mit dem Jugend-Nachholen jetzt aber nicht, denn er hatte eine Familie mit drei Kindern unter zehn Jahren und natürlich den Fernsehladen.

Aber unser Einfluss war nicht wegzudiskutieren. Irgendwann duzten wir uns und Gerhard begann, die gleiche Musik zu hören wie wir. Und nicht nur das: Er hörte sie unter den gleichen Bedingungen wie wir, nämlich bekifft.

„Es war wie ein Guss klaren, kalten Wassers", erzählte er später nach Abhören verschiedener Platten von *King Crimson*. „Die Gitarre fuhr mir direkt in den Nacken. Ich war völlig drin."

Seine Frau Molly stand der Sache distanziert gegenüber. Man kann nicht behaupten, dass sie verklemmt oder konservativ war. Sie war an die zehn Jahre jünger als Gerhard und als er sie kennenlernte, war sie 17 und fuhr ein Motorrad. Aber nun hatte sie drei Kinder und die Buchhaltung am Hals. Das hinterlässt Spuren.

„Bei mir wirkt das Zeug nicht!", betonte sie immer so laut, dass es jeder hören musste, wenn wir eine Tüte anzündeten. Aber wirklich mitzurauchen traute sie sich auch nicht. Nun nahm ihr das keiner übel, weil wir sie sonst sehr gern mochten, aber was wir sehr wohl bemerkten, war, dass sich unsere jugendliche Gesellschaft langsam mit Älteren durchmischte. Wenige Jahre früher wäre das unmöglich gewesen. Jetzt aber erkannten wir, dass es auch ältere „Typen" gab.

Baruch war schon Mitte 20 gewesen und Reinhold, der später dazukam, war 34, eine Zahl, die wir uns erschrocken zuraunten.

Im Prinzip lebten wir nur für den Film. Parallel zu meinem SF-Film, der den Titel *Die Reise ins Licht* erhielt, drehte ich noch einen Kurzfilm, der mit experimentellen Mitteln nicht nur den Untergang der westlichen Gesellschaft, sondern auch die Abwesenheit einer göttlichen Instanz zeigen sollte. Eine Dame in einem Schleierkostüm lud den Zuschauer zu einem Betriebsausflug der „Äußeren Mission" ein, in der Gott auch nur ein Büro hatte. Einige Szenen gefallen mir auch heute noch, zumal solche Themen wie Konsumrausch, Kampf der Geschlechter, Dekadenz, Gewalt in der Ehe und besonders Gedankenlosigkeit im sozialen Umgang im Lauf der Jahre bis heute auf keinen Fall abgenommen haben. Der Film hieß dann, dem Sinn entsprechend, *Geliebter Wahnsinn*.

Auch Etzel hatte sich ein Projekt vorgenommen und verfilmte ein altes Drehbuch mit Werner als Geheimagenten 006.

Dem gelangen so überraschend einleuchtende Sprüche wie: „Aha, unrasiert, also zwei Tage tot."

Die wahre Komik erschloss sich allerdings nur dem Insider, zum Beispiel, wenn Toppi, ausnahmsweise nüchtern und mit seinen zwei Zentnern im Nachthemd in Zeitlupe auf einer Wiese herumspringend verkündete: „Du bist im Himmel, Werner, hier gibt es keine Sünde. Hier ist alles keusch und züchtig – bis in alle Ewigkeit!"

Ein paar Kinder im ähnlichen Outfit vervollständigten die Szenerie, die wir aber auch extra mit „Himmelswiese 2. Klasse" ausgeschildert hatten. Man wusste ja: Zuschauer wollen genau informiert werden.

In dieser Klamotte bekamen alle eine Rolle. Nofi durfte sich als Gegenagent ausleben, der 006 soweit in seiner Ehre anstachelte, bis er die mitgebrachte Bombe zündete, die ihn schließlich in den Himmel brachte. Ich hatte immerhin die Gelegenheit, Werner von hinten einen Knüppel über den Kopf zu schlagen, was ich mit großem Spaß tat. Es war natürlich nur ein Papprohr.

In allen diesen Filmen spielte auch Gerhard mit, denn wir hatten immer eine Rolle frei für einen seriös aussehenden Mann in dem Alter, in dem man in führenden Positionen angekommen sein sollte. So jedenfalls die Definition der Arbeitswelt, denn damals gab es noch die traditionelle Rollenverteilung. Der Mann ging hinaus ins feindliche Leben und brachte die Nahrung der Familie nach Haus, wo die Frau Kinder bekam und in jeder Hinsicht das körperliche Wohl aller absicherte.

Dass sie dabei auch am Herd stand, wurde erst ein paar Jahre später als Problem erkannt.

Bei uns spielten diese Zuordnungen eine ausgesprochen unwesentliche Rolle. In der Küche war jeder zu finden, der Hunger hatte und die „Indienfahrer" kannten auch mehr Rezepte als nur Gewürzsuppe. Ich war es sowieso gewohnt, mich selbst zu versorgen.

Allerdings war das Highlight der Woche, wenn Sigi kochte. Das war ihr allerdings nicht in ihrer Rolle als Frau zugeordnet, sondern weil sie es einfach am besten konnte und sie alle dafür liebten. (Besonders Baruch, der sie ständig mit Anträgen verfolgte.)

Nein, es gab arbeitstechnisch keinerlei geschlechtsspezifische Zuordnungen in unserem Kreis. Jeder wurde dafür wahrgenommen, was er oder sie konnte. Auch Elfi versuchte sich am Mittagessen kochen.

Im Nachhinein kann man natürlich unseren Drogenkonsum für alles verantwortlich machen. Wir lebten ohnehin in einer Gegenwelt, und durch unser Verhalten distanzierten wir uns fast automatisch vom Rest der Gesellschaft und sie sich konsequenterweise von uns. Für uns passierte, was passierte. Und wenn etwas gemacht werden musste, dann musste sich eben jemand dafür erbarmen. Ob das Staubsaugen war oder den Wasserhahn reparieren, es kam darauf an, wer gerade da war und sich die Arbeit zutraute.

Wegen der Wasserleitung warteten wir natürlich sicherheitshalber auf Etzel, denn der hatte Klempner gelernt. Aber manchmal schien auch Staubsaugen ein ungeheuer komplizierter Prozess zu sein. Es kam vor, dass Anwesende reklamierten, sie hätten dafür keine ausreichende Ausbildung.

Zu manchen Zeiten konnte man allerdings auch sagen, dass die Küche Männersache war, denn inzwischen hatten Jerry, Etzel und Dietmar angefangen, zu dealen. Man kaufte Haschisch in größeren Mengen ein, um den Stoff dann für den Einzelhandel in praktische Stücke zu zerlegen. Das geschah vorzugsweise mit einem riesigen Sägezahnmesser auf dem Brett, auf dem wir uns normalerweise unsere Butterbrote schmierten. Manche Tage starteten deshalb sehr eigenartig und gewissermaßen wurde so der allgemein bekannte Spruch von uns ausgelotet, der da hieß: „Am Morgen ein Joint und der Tag ist dein Freund!"

Jedenfalls hatten wir, ganz im Gegensatz zu unserer finanziellen Lage, fast immer ziemlich gute Laune.

Und zu essen war eigentlich auch immer da. Etzel arbeitete bei *Schlüter-Brot* und Jerry später in einer Lichterfelder Kuchenfabrik. Alle Produkte waren für den Supermarktverkauf eingepackt, so konnte er immer seine Tasche füllen ohne Qualitätseinbußen hinnehmen zu müssen.

Die ersten Stücke waren noch sehr lecker. Aber bald baten wir ihn, es zu lassen. Die 27. Cremerolle lässt einen mit der Gewissheit zurück, dass man sich wirklich an allem überfressen kann. Auch, wenn man sonst nichts hat.

Turn on, tune in, drop out

Wir lebten ein bohemianisches Leben, ohne dass es uns bewusst wurde. Einen Plan gab es nicht, außer vielleicht den, Filme zu machen. Meinem Maschinenbau-Studium stand ich nun auch mit großer Abneigung gegenüber. Mathematik und Drogen sind keine echten Verwandten.

Ein bisschen, dachte ich, holt uns hier unser vorgedachtes Feld aus dem Orpheus-Film ein, jedoch gewannen wir unsere Lebenseinstellung durch die Beschäftigung mit fernöstlicher Philosophie, deren Diskussion unsere unzähligen LSD-Trips füllte. Wir lebten nicht nur für den Film, sondern auch wie in einem.

Die Nachrichten aus der realen Welt um uns herum drangen nicht mehr bedeutungsvoll zu uns durch und brachten sowieso keine Motivation, sich für eine geordnete Lebensführung einzusetzen. Kalter Krieg, Vietnam, die Mauer, die Berlin noch immer eingrenzte, und die oftmals entwürdigenden Grenzkontrollen, die immer härter werdenden Einsätze der eigenen Polizei bei Demonstrationen und nicht zuletzt die subtilen bis groben Beschimpfungen der Jugendlichen, die von früheren Konventionen abwichen.

Man liest die kleinkarierten Ermahnungen an die Jugend heute mit Kopfschütteln. Mit fortschreitender Abgrenzung der Jugendlichen von der Erwachsenenwelt schien die Schelte von abweichendem Aussehen bei „soliden Bürgern" beinahe zur Pflicht zu werden. Die sprachliche Ästhetik landete dabei auch gern unter der Gürtellinie.

„Wenn ich ein Mädchen wäre, würde ich euch anpissen!", rief uns „Langhaarigen" bereits am 8. August 1969 ein nicht mehr ganz nüchterner älterer Herr hinterher. Dabei winkte er mit einer zusammengefalteten Zeitung, die wir eindeutig als *BILD* identifizieren konnten.

Dieses Blatt hatte inzwischen eine führende Rolle bei der Denunziation Andersdenkender übernommen. Mit verkaufsfördernder Scheinmoral spaltete man eifrig die Gesellschaft. Und die Politik machte begeistert mit, völlig übersehend, dass man keine Integration in die Gesellschaft erreicht, indem man eine große Gruppe ausgrenzt. Und auch wenn die Ultralinken, die beständig in die Vorlesungen einmarschierten, von allen genervt kommentiert oder belächelt wurden, so rückte die Jugend in der Gesamtstatistik immer weiter nach links.

Alte Vorbilder hatten ausgedient, und wenn es überhaupt welche gab, dann wurde Albert Schweitzer[45] durch Timothy Leary[46] ersetzt.

„Aber ihr müsst doch die Werte von Tradition und Rechtschaffenheit erkennen!", wurde den Jugendlichen vom sogenannten „Establishment" vorgehalten. Jedoch, auch wenn die marxistisch-leninistischen Revoluzzer keinerlei realistische Hilfe bei der Einordnung von Recht und Gerechtigkeit, Gut und Böse, ehrlich und verschlagen, glücklich und erfolgreich bieten konnten, die „bürgerliche Gesellschaft" konnte es erst recht nicht, denn deren Verlogenheit hatte jeder von uns schon exemplarisch bewiesen bekommen.

„Wer zweimal mit der Gleichen pennt, gehört schon zum Establishment", ein Wahlspruch der berühmten *Kommune 1* funktionierte zur inneren Befriedigung genau so wenig wie die Aussicht, wegen des gesicherten Einkommens ein Leben lang am gleichen Schreibtisch sitzend, ausgefüllte Formulare zu kontrollieren. Die Gesellschaft hatte sich tatsächlich an einer Altersgrenze gespalten. Und die wurde durch die Beziehung zu Drogen definiert.

Dr. Timothy Leary, der amerikanische LSD-Papst, hatte es im Rahmen seiner Forschungen klar erkannt:

„Das Alter eines Menschen verrät, wie er zu LSD steht. Psychedelische Drogen sind das Medium der Jungen. Je weiter es in der Altersskala nach oben geht, umso weniger findet man Menschen, (die dem) ... aufgeschlossen sind. (...) Für den Menschen über 35 bedeutet das Wort Droge eines von zwei Dingen: Arzt – Krankheit oder Rauschgiftsüchtiger – Verbrechen. (...) Solche Leute sind auf diesen konditionierten Reflex eingeschworen wie ein Pawlowscher Hund. (...) Für das Amerika des mittleren Alters mag die Droge gleichbedeutend mit Geisteskrankheit sein, aber für die meisten Amerikaner unter 25 bedeutet die psychedelische Droge Ekstase, sinnliche Entfaltung, religiöses Erlebnis, Erleuchtung, Kontakt mit der Natur." [47]

---

[45] Albert Schweitzer, Arzt und Vorzeige-Deutscher in Lambarene (Afrika), der nach späteren Berichten doch nicht so selbstlos und aufopfernd „die armen Neger" medizinisch versorgte
[46] Dr. Timothy Leary, bis 1963 Harvard-Professor, machte Experimente mit LSD und wurde Messias und Martyrer seiner Lehre von der Bewusstseinserweiterung durch Drogen. Bekam insgesamt über 50 Jahre Gefängnis wegen sehr geringen Cannabis-Besitzes.
Buch: *Politik der Ekstase*
[47] Aus einem Interview Learys mit dem *Playboy* 1966.

Die exzessiv proklamierte Promiskuität der *Kommune 1* war gar nicht nötig, wir begriffen sie als reine Provokation der in starren Konventionen festgefahrenen Gesellschaft um uns herum. Man konnte mit immer demselben Partner immer wieder tolle sexuelle Erlebnisse haben, oder wie Leary es formulierte:

„Wir leben in einer Welt, (...) in der jeden Monat wunderschöne junge Mädchen vom Fließband kommen. (...) Was von Geschöpfen (...) mit unserem (geistigen) Repertoire erwartet wird, ist nicht bloß eine Affäre nach der anderen mit einem jungen Körper nach dem anderen, sondern die Erforschung der unglaublichen Tiefen und Vielfalt unserer eigenen Identität mit einem einzigen Menschen des anderen Geschlechts. Dazu braucht es Zeit und Bindung ..." [48]

Tatsächlich waren die sexuellen Beziehungen in unserer Loftgemeinschaft sehr stabil, Partnertausch kam einfach nicht vor. Der überall bemühte Begriff „Freie Liebe" war vielleicht für die früheren Dorfkrug-Zeiten ein wenig zutreffend, während der Zeit, als ich LSD schluckte, bedeutete er für unsere Verhältnisse fast nichts. Die sexuellen Erlebnisse teilte man voll Freude mit immer der gleichen Person. Jedes neue Erlebnis baute auf der positiven Erfahrung mit genau diesem Menschen auf und wurde das nächste Mal weiterentwickelt. Man könnte durchaus sagen, dass durch diese Steigerung auch eine gewisse Art von beziehungsfördernder Konditionierung entstand.

Es ist nicht wegzudiskutieren, dass die vielzitierte „Bewusstseinserweiterung" stattfand, sie wirkte sich nur bei jedem anders aus. LSD erhöht den Informationsaustausch zwischen den Neuronen und ändert die Wahrnehmung. „Es gibt mehr da draußen!", stellten auch wir fest, und diese kosmische Erkenntnis traf viele wie ein Keulenschlag bei der einfachen Betrachtung einer Blume oder eines grünen Blattes. Natürlich gab es zu allen Zeiten jede Menge Vordenker für die Erkenntnisse dieser Prozesse und wir fragten uns erstaunt, ob vielleicht Goethe auch mit solchen Substanzen experimentiert haben könnte.

Auch Timothy Leary berichtete von solchen Umwälzungen. Mönche kämen aus Klostern und heirateten, überhaupt würden viele Leute mit dem bisherigen Leben brechen und manchmal sogar eine neue Religion

---

[48] ebenda

gründen. Man findet zu dem, meint er, was einem selbst wichtig ist. Das war natürlich selten das, was gesellschaftskonform oder realisierbar war.

Die *Reise ins Licht* war nicht nur unser Filmtitel, sie fand wirklich statt und zwar inwendig. Und manche waren davon so fasziniert, dass sie den ganzen Tag auf der Couch lagen und in einen merkwürdigen Zwischenraum des Daseins eintraten. Und weil man nachts auf der Szene unterwegs war, um seine Philosophien auszutauschen und natürlich auch Abnehmer für die letzte Lieferung Haschisch zu erreichen, konnte man tagsüber auch keinem vernünftigen Job mehr anhängen. Einige konnten sich deshalb immer öfter nicht mehr dazu entschließen, eine normale Arbeitsstätte aufzusuchen.

Eigentlich war Learys „Turn on, tune in, drop out" anders gemeint, in unseren Kreisen bedeutete „drop out" nicht unbedingt die Realisierung neuer Lebensweisen aufgrund der tiefschürfenden Erkenntnisse über die eigene Bestimmung, sondern die Betroffenen "flippten aus", verließen ganz einfach die Gesellschaft. Viele kamen tatsächlich in Indien an.

Konkret bedeutete diese Entwicklung, dass bestimmte Mechanismen, die für andere unreflektiert Handlungsgrundlage und Lebensinhalt waren, einfach über Bord geworfen wurden. Nicht nur das Streben nach einer Führungsposition wurde völlig obsolet, es begann schon damit, dass man den Sinn eines Zahlungsmittels anzweifelte. Nach „draußen" hin musste man über Geld kommunizieren, innerhalb der Drogengemeinschaft wurde es mehr und mehr verpönt, für Leistungen klingende Münze einzufordern. Das brach vielen Existenzgründern, die sich mit Drogenhandel eine Einkommensgrundlage aufbauen wollten, das berufliche Genick. Nicht etwa, dass sie aufgegriffen und ins Gefängnis gesperrt wurden, verhinderte die weitere Ausübung ihrer Tätigkeit, sondern dass sie zuviel verschenkten oder selbst konsumierten.

„Rauche nie mit, wenn du dealst, und nimm auf keinen Fall einen Trip!", war die Erkenntnis, die auch wir bei der konkreten Durchführung unserer Handelsmissionen einfahren durften.

Man kann sich unschwer vorstellen, dass vieles von dem, was wir machten, von der Außenwelt als kriminell betrachtet wurde. Aber die Situation war verzwickt. Nach unseren transzendenten Triperlebnissen sahen wir viele Gegebenheiten einfach nicht mehr ein!

Da waren zum Beispiel die Gastspiele der Musikgruppen, die uns damals so viel bedeuteten. Warum sollte man Konzertkarten *kaufen?* Musik war für alle da. Jeder sollte das Erlebnis teilen dürfen. Also war es legitim, einfach hinein zu gehen. Konzerte zu „stürmen" wurde Mode.

Das erste große Konzert, das man solcherart umsonst besuchen konnte, war der Auftritt von *Pink Floyd* am 13. März 1970 in der Mensa der Technischen Universität.

Eigentlich dachte ich, man könne Karten dort kaufen. Aber die Gruppe war eigentlich schon zu berühmt und man hatte den Veranstaltungsraum zu klein veranschlagt. Das gab Unmut bei den draußen Verbleibenden.

Es wurde gedrängelt, bis schließlich die Eingangstore nachgaben. Oder vielleicht waren es auch die Veranstalter, die niemanden gefährden wollten. Das Resultat war genau so gefährlich. Es wurde so eng, dass man sich nicht mehr rühren konnte. Ich stand auf der rechten Bühnenseite, von der Band aus betrachtet. Mich trennten kaum drei Meter von dem Geschehen, aber ich konnte die Musiker gerade noch gut erkennen. Es war so eng, dass sich niemand auch nur Zentimeter rühren konnte. Das bedeutete zum Beispiel, dass man nur genau den Platz zum Stehen hatte, auf dem die Füße Platz fanden. Versuchsweise hob ich ab und zu einen Fuß und versuchte, ihn irgendwie anders abzustellen.

Zwecklos. Überall Füße. Resigniert stellte ich ihn wieder genau so ab wie vorher.

Aus versicherungstechnischer Hinsicht war das ein unmöglicher Zustand, aber nicht zu ändern. Ein Polizeieinsatz hätte zu einer ähnlichen Katastrophe geführt, wie eine Massenpanik aus irgendeinem banalen Grund. Die Anzahl der verkauften Karten, hörte ich hinterher, belief sich ungefähr auf etwas über 500. Hineingedrängelt hatten sich noch einmal ungefähr 1000. Eine kritische Situation.

Ganz offensichtlich besprach man sich Backstage. Mit etwas Verspätung kam die Gruppe ganz einfach und ohne Pomp auf die Bühne und spielte ruhig und schnörkellos ihr Programm herunter. Niemand fiel in Ohnmacht. Alle gingen friedlich nach Hause.

Für die Durchführung der nächsten Großkonzerte hatte dieses Ereignis jedoch eine prägende Ausstrahlung. Die nachfolgenden Auftritte von *Fleetwood Mac, The Nice* und *Flock* wurden in den Sportpalast verlegt, wo sich tausend Zuschauer fast ein wenig verliefen. Trotz der guten Chance, eine Karte erstehen zu können, wurden nun auch bei diesen

Veranstaltungen die Eingangsformalitäten ignoriert. Für *Fleetwood Mac* kaufte ich noch brav ein Ticket, weil ich mir nicht vorstellen konnte, wie das Stürmen des Sportpalast-Eingangs funktionieren sollte. Aber kurz vor Beginn brandete plötzlich ein Schwall von Menschen in den Saal.

Als danach *The Nice* spielten, sah ich das mit dem Kartenkauf auch nicht mehr ein. Bis in den Herbst hinein gab es kaum ein Konzert, das nicht gestürmt wurde. Dann hatte man sich Sicherheitsvorkehrungen ausgedacht, die diesen Vorgang nicht mehr ermöglichten. Vielleicht hatte es auch so lange gedauert, bis die Bestellung von neuen Absperrgittern ausgeliefert werden konnte.

Veranstaltungen dieser Art waren für alle neu, nicht nur für die Zuschauer, sondern auch für die Veranstalter. Inzwischen hatte man sich von der Entwicklung der Popmusik in Amerika inspirieren lassen und brachte mehr als eine Band auf die Bühne. Am 27. April 1970 waren im Sportpalast vier Gruppen angekündigt, ein echter Marathon an neuer Musik. Nach *The Can* spielte die Berliner *Neue Gang*. Hauptgruppen des Abends sollten *The Free* und *The Flock* sein.

Es war als langes Programm angekündigt, aber wie lange es dann wurde, ahnte keiner.

Der Beginn war irgendwann nachmittags. Die Bands schleppten sich so dahin, und um 20 Uhr sollte die letzte Gruppe, *The Flock*, auftreten. Leider wurde nichts daraus, denn *The Free*, die vorher spielten, hatten einfach ihre Verstärker abgebaut und mitgenommen, weil sie am nächsten Tag einen Auftritt etwas weiter entfernt hatten. Damit schien man nicht gerechnet zu haben. Ich rieb mir die Augen. Wie bitte? Ein Konzert dieses Ausmaßes und keine Backline für alle gemietet?

Eine größere Anzahl Gäste sah die Situation als Aufforderung, selbst für Unterhaltung zu sorgen. Ganz ohne Hammer oder Schraubenzieher nahmen sie die Bestuhlung auseinander, nur allein mit Fußtritten.

Der Veranstalter war entsetzt und wenn nicht Gerhard Augustin[49] das Publikum müde geredet hätte, wäre wohl eine Neuauflage des *Rolling Stones*-Konzertes von 1965 in der Waldbühne fällig gewesen.

---

[49] Gerhard Augustin war eine der umtriebigsten Figuren der Musikszene der 60er Jahre, Ansager der ersten Beatsendung Im Fernsehen (*Beat Club* von Radio Bremen), Manager vieler Gruppen, darunter Tina Turner und letztlich Autor eines sehr aufschlussreichen Buches über die Musik der 60er: *Die Beat-Jahre*

Leider konnte ich damals bei diesem legendären Event nicht dabei sein. Meine Mutter hatte mir die Teilnahme strengstens untersagt und ich musste deshalb den Erzählungen meiner Freunde lauschen, die nicht nur die Bänke in der Waldbühne, sondern auf dem Heimweg auch noch die Inneneinrichtung der S-Bahn auseinandergenommen hatten.

Solch eine Saalschlacht hätte im Sportpalast für alle durchaus unangenehme Folgen haben können, denn auch die Polizei war damals noch nicht dieser Art von Massenaktionismus gewachsen. De-Eskalations-Strategien und Diskussionen mit Jugendlichen gehörten noch nicht zu ihrem Ausbildungsplan.

Vielleicht wäre die Kleinholzerei auch tatsächlich weitergegangen, hätte sich nicht zufällig bei jemand, der seinen Lieferwagen vor der Tür des Sportpalastes geparkt hatte, eine komplette Verstärkeranlage für Rockmusiker befunden, die man nun eiligst mietete und aufbaute. Ich habe noch nie so lange auf den Auftritt einer einzigen Band gewartet. Es dauerte geschlagene sechs Stunden, bis *The Flock* endlich spielten. Bis dahin waren nun alle, auch die Band, müde und um 4 Uhr morgens wankten wir völlig erledigt hinaus in den grellen Tag.

Um diese Zeit kamen wir auch sonst immer von unseren Trips herunter, die zwischen sechs und acht Stunden vorhielten. Die oft beigemischten Weckamine, von uns lässig „Speed" genannt, hielten einen dabei wacher als eine ganze Kanne Kaffee. Aber hier war keiner von uns auf Droge.

Manchmal nahm ich zu dieser frühen Stunde auch die Kamera und drehte Szenen, die vor allem menschenleer sein sollten. Mein neuer Kurzfilm *Geliebter Wahnsinn* verlangte nach solchen Sequenzen. Schon damals stellte ich fest, wie unglaublich schwer es ist, solch ein Unterfangen durchzuführen.

Zum Beispiel auf dem Kreuzberg, der nur eine Querstraße weiter, also sozusagen vor unserer Tür lag. Sonst, wenn wir in der Frühe dort waren, ließ sich kein weiterer Mensch blicken. Sobald ich die Kamera mithatte, wuselten plötzlich alle Generationen über die Wege des Parks. Samstags oder sonntags zwischen 5 und 6 Uhr morgens!

Damals kannte ich den Ausdruck „Verschwörungstheorie" noch nicht, aber ich war durchaus bereit, eine höhere Macht anzunehmen, die ausgerechnet zu meinem Drehtermin alle möglichen Leute unter hypnotischem Zwang in frühester Morgenfrische auf den Kreuzberg schickte.

Drehorte organisieren gelang sonst relativ leicht. Einen Konferenzraum bekamen wir über den Kassierer im *Dorfkrug*, Rudi Richter, der dort auch sonst der gute Geist war. Damals schon über 60 Jahre alt, saß er an einem kleinen Tischchen hinter dem Eingang, ein Kassenkästchen vor sich und meist ein Mädchen auf dem Schoß.

„Ich erfahre immer als erster, wer mit wem wieder Schluss gemacht hat", erklärte er mir. „Und dann heulen sie sich alle bei mir aus!"

Mittwochs und manchmal auch sonntags gingen Sigi und ich noch immer in den *Dorfkrug*. Rudi war Mitglied der *SEW*[50], was aber niemanden störte. Wir waren der Partei sogar sehr dankbar, denn sie stellten uns ihren Konferenzraum zur Verfügung.

Einen Büroraum fanden wir in unserer Fabrik eine Etage tiefer, wo die Parfümfabrik *Taxor* residierte. Wir lernten sie näher kennen, als wir alle wegen der Baggerarbeiten auf dem Trockenen saßen oder gar nicht erst auf das Grundstück kamen.

Es kann sein, dass der Firmenchef nach diesen Dreharbeiten der Ansicht war, wir wären auch irgendwie seriös in der Gesellschaft angekommen, denn wir zogen mit großen Scheinwerfern an, die ich vorher von einem Fotografen im Ruhestand geschenkt bekommen hatte. Unsere Kontakte zur *SEW* zeigten aber viel deutlicher, wie das Universum uns immer unsere Lebenseinstellung durch entsprechend angelieferte Menschen reflektierte.

Interessanterweise war das durchaus anziehend, denn sowohl Rudi als auch Gerhard, unser Fernsehhändler, wurden später Mitglieder in unserem Filmclub. Mit Sigis Eltern hatte ich inzwischen auch ein sehr gutes Verhältnis, was mich nachhinein ziemlich wundert, denn unsere Lebensweise stand diametral ihrem ordentlichen Arbeitnehmerleben gegenüber.

Ich kann heute außer Gerhard auch niemanden mehr darüber befragen, aber vielleicht war ihre Unterstützung auch nur eine Aussage darüber, wie gern sie selbst aus ihrer geregelten Welt ausgebrochen wären. Ein bisschen konnte man das zum Beispiel daran sehen, dass Sigis Eltern im Sommer mitsamt ihren fünf Kindern in zwei sehr kleinen Häuschen in

---

[50] *Sozialistische Einheitsparte West-Berlins*, ein Ableger der vielgehassten *SED*, der Einheitspartei der DDR. Sie bekam zu dieser Zeit bei Wahlen immer 0,9 % und nur harte Kommunisten hielten das aus.

einer Kleingartenkolonie wohnten, „im Grünen", und nicht in Lichtenrade in der Neubausiedlung. Eine kleine Alltagsflucht, sozusagen.

Der Vater war LKW-Fahrer, eigentlich genau das Klientel, das mir als
langhaarigem Studenten bei Jobs auf einer Baustelle das Leben ziemlich
schwer machte. Nachdem er uns näher kennengelernt hatte, kam er vielleicht zu dem Schluss, dass wir doch nicht so „gefährlich und verwahr-
lost" waren, wie die *BILD*-Zeitung immer behauptete, aber ich stellte mir
manchmal vor, wie er diese Position bei seinen Kollegen auf der Arbeitsstelle verteidigen musste. Doch vielleicht war das auch nicht so schwierig,
denn als Fahrer fiel er auch aus dem normalen Arbeitsablauf heraus und
saß nicht unbedingt mit ihnen beim Frühstück im Bauwagen.

Vielleicht, dachte ich, waren wir nur die Spitze des Eisbergs, und viel
weitere Kreise der Gesellschaft realisierten ein gewisses „drop out" auf ihre Weise.

Dabei wollten wir durchaus etwas leisten, der Welt zeigen, dass wir
etwas konnten. Der Haken war nur, dass wir mit allem einfach zu früh
waren, wie sich auch bei der nächsten Aktion schmerzhaft und tragiko-
misch herausstellte.

Ich kaufe mal schnell ein Kino

Es war Anfang Oktober 1970. Draußen rieselte der Regen vom Himmel und drinnen ärgerten wir uns über falsch belichtete Aufnahmen aus der Kiesgrube. Außerdem war Paul nicht der richtige Darsteller für Part des Zivilisten, der in dem Film *Die Reise in Licht* mit auf fremddimensionale Entdeckungstour gehen sollte. Er wirkte einfach zu fröhlich.

Aber Filmschauspieler zu werden war auch nicht sein Anliegen.

„Woll'n wir nicht ein Kino kaufen?", fragte er unschuldig.

Wir erklärten ihn sofort für verrückt, aber da zog er schon einen Zettel mit einer Anzeige aus der Tasche, die er aus einer Filmzeitschrift herausgeschrieben hatte.

„Ja, es ist nur die Einrichtung, aber vielleicht können wir das Gebäude drum herum auch mieten!", gab er zu bedenken. Das leuchtete ein. Paul schrieb sofort einen Brief und die Antwort kam als Telegramm. Wir hatten den Zuschlag.

„Viel zu weit weg und ein Kino bringt es heute nicht mehr!", riet uns Gerhard ab, als er am Abend bei uns weilte, um sich nach der aktuellen Qualität der Filmaufnahmen und der Rauchwaren zu erkundigen. Im

Prinzip hatte er Recht, wir aber hielten ihn für einen Hasenfuß und seine Bedenken für die typische Vorsicht eines alten Sackes.

„Wir können dort immer unsere eigenen Filme zeigen!", argumentierte Paul, und das war ausschlaggebend. (Später hat er zu diesem Zweck einen eigenen Fernsehsender aufgebaut.[51] Leider hatte er deshalb kaum Zeit fürs Filmemachen.)

Nach der Vorführung unseres „Orpheus" vor den Jugendheimleitern von Kreuzberg sagte er: „Der Film ist gar nicht so schlecht, wie ich dachte. Könnte man wirklich im Kino zeigen."

Damit hatte er unsere Herzen gewonnen und trampte zwei Tage später mit Nofi ins Ruhrgebiet. Ein Auto hatten wir nicht mehr. Jerry hatte seinen Käfer auf Fehmarn stehen gelassen, auf der Rückfahrt von jenem legendären Open Air Festival, bei dem Jimmy Hendrix auftrat.

Gerade noch vor Verlassen unserer Etage bekamen die Abreisenden den Auftritt unserer Nachbarin, der Kunstmalerin, mit.

„Bei diesem Lärm kann ich einfach nicht arbeiten!", vermittelte sie uns ihren Standpunkt. Ihre Tonhöhe und die Lautstärke der danach ins Schloss fallenden Eisentür gaben uns die Gewissheit, dass hier ein unüberbrückbarer Konflikt herangewachsen war. Am meisten nahmen wir ihr die Wortwahl übel. Wir hörten auch ab und zu klassische Musik, besonders auf Trip, aber alles andere als Lärm zu bezeichnen, nagte hart an unserer Toleranzschwelle. Im Übrigen war sie über 40, was ohnehin ihre Zurechnungsfähigkeit minderte. Wie wir später erfuhren, kündigte sie dann auch folgerichtig ihre Räume.

Die drei Tage, bis Paul und Nofi zurückkamen, vertrieben wir uns durch Dreharbeiten. Das Wetter war schlecht, aber es passte zu den Szenen. Da war einmal die Szene in dem Kurzfilm, die zeigen sollte, wie bereits Kinder durch Fernsehserien in Brutalität geschult werden (Müsste man heute natürlich viel härter gestalten), dann die Szene, in der Jerry betrunken seine Frau, gespielt von Elfi, umbringt, weil sie einfach nicht will und letztlich der Untergang der Menschheit in der Ruine am Potsdamer Platz.

Eine runde Mischung und es lief alles sehr gut.

---

51 *FAB -Fernsehen aus Berlin,* erster kommerzieller Regionalsender in Berlin Ende der 80er Jahre

Dazu passend war Paul ziemlich aufgeräumter Stimmung, als er zurückkehrte. Sie hatten 1000 DM angezahlt. Mehr hatten wir nicht zusammenkratzen können. Und sie hatten das Kino besichtigt.

„Das sollten wir weiterführen, aber in unserem Sinne!", gab er seine Ideen zum Besten. Und er setzte sich an die Schreibmaschine, um die Pacht zu übernehmen und die Bedingungen von Filmverleihern zu ermitteln.

Film war unser Leben. Paul lernte wieder einmal „zufällig" - wie, war sein Geheimnis - an der DFFB[52], genau dort, wo man mich ein Jahr vorher abgewiesen hatte, einen Absolventen kennen, der gerade einen Abschlussfilm drehte. Der brauchte noch einen Regieassistenten.

„Das wäre doch eigentlich ein Job für dich!", meinte er zu mir, nachdem er einen Tag dort gearbeitet hatte, und führte mich mit den besten Empfehlungen ein. Er selbst trampte wieder hinüber nach Oer-Erkenschwick, denn so hieß die Stadt, in der wir das Kino gekauft hatten.

„Wie heißt das Kaff?", fragten wir zuerst kopfschüttelnd, aber dann sollte uns dieser Name sehr geläufig werden. Das Städtchen liegt nahe bei Recklinghausen und unser erster Eindruck war, dass der Parkplatz vor dem Rathaus größer war, als der vor dem Schöneberger Rathaus in Berlin. Der Umstand, dass er auch als Marktplatz genutzt wurde, imponierte uns in keiner Hinsicht, denn das taten sie in Berlin auch.

Während Paul also wieder in Richtung Ruhrgebiet trampte, begab ich mich in die DFFB, um seinen Job zu übernehmen.

Man drehte dort natürlich professionell, mit all dem Equipment, das wir gern gehabt hätten. Voller Sehnsucht strich ich über den Kassettenbuckel einer *Arriflex SR*, die dort als Aufnahmekamera herumstand. Ach ja, die müsste man sich leisten können! Hier stand die richtige Ausrüstung.

Aber wie ging man damit um!

Ich fand das ganze Prozedere der ganzen Produktion unglaublich betulich. Manchmal warf ich ein paar ungewöhnliche Vorschläge für Kameraeinstellungen in die Diskussion, bedeutungsvoll und die Situation interpretierend, wie ich es von Antonioni und Fellini her kannte. Das waren immerhin Größen des Kinos, die musste man doch auch hier kennen. Aber wenig davon fand Gnade in den Augen von Constantin, dem Regis-

[52] Deutsche Film- und Fernsehakademie

seur. Dabei hatte ich mich in der Wahl der Perspektiven noch zurück-
gehalten.

Er sah mich sinnend an, überlegte etwas und sagte dann:

„Das können wir nicht machen, das ist zu ... hm ... hm." Er verstumm-
te.

Ich fragte mich, was er meinte. Zu künstlerisch? Nicht den Lehrinhal-
ten entsprechend oder der Philosophie der Hochschule? Nicht action-
gerecht? Aber der Film hatte keine Action, er war eine einzige Bezie-
hungskrise. Vielleicht kamen auch meine Lieblingsregisseure nicht im
Lehrplan vor. Bei diesen Überlegungen fand ich es fast schon wieder gut,
damals abgelehnt worden zu sein.

Der Drehtag begann um 9 Uhr morgens und endete meist um 22 Uhr.
In dieser Zeit hatte ich wenig Gelegenheit, an meinen eigenen Filmen
weiterzuarbeiten. Eines Sonntagmorgens warf ich Jerry aus dem Bett, um
wenigstens die Titel zu drehen. Wir benötigten eine leere Wiese und Bäume
für den Hintergrund. Kaum hatten wir im Park auf dem Kreuzberg unsere
Utensilien aufgebaut, füllte sich die Szenerie. Kinder tobten durchs Bild,
sämtliche Hunde der Umgebung wurden uns vorgestellt und selbst die ältesten Rentner schlichen rheumatisch, aber zwanghaft über die Wiese.

Später machte ich ähnliche Erfahrungen bei anderen Außenaufnahmen. Abgelegene Kopfsteinpflaster-Nebenstraßen entpuppten sich plötzlich als Umgehungsstraßen für den Schwerlastverkehr und ein wegen des
kühlen Wetters herrlich einsamer Strand wurde plötzlich zum Treffpunkt
aller umliegenden Reiterhöfe.

Irgendwie kriegten wir die kurze Sequenz in den Kasten, aber ich verbrauchte eine ganze Filmrolle nur dafür. Und hinterher stellte ich fest,
dass mir einer der Hunde auch noch in den Kamerakoffer gepinkelt hatte.
Ein Sonntagmorgen, wie man ihn manchmal anderen wünscht.

Solche Probleme gab es an der Filmakademie natürlich nicht. Die Story
war ein Kammerspiel, der Drehort verließ nie die schützenden vier Wände und war deshalb immer unter Kontrolle. Wieso man trotzdem so viele
Stunden benötigte und Rolle um Rolle mit jeweils nur einem Kopierer
verdrehte, blieb mir ein unlösbares Rätsel.

Währenddessen drehte Etzel mit Werner fleißig an seiner Agentenpa-
rodie weiter. Das konnte er auch ungestört tun, denn er war mal wieder
gekündigt und Werner studierte inzwischen. Oder auch nicht.

Paul benachrichtigte uns, dass es wohl kein Problem sei, den Pachtvertrag des Kinos zu übernehmen.

Ende Oktober tauchte er mit einem riesigen Möbelwagen seines väterlichen Geschäftes bei uns auf und sagte: „Pack die Sachen, der Orpheus läuft bald im Kino!"

Ich schaute mir sein Landfahrzeug an und fragte zurück: „Sag mal, ist dein Wagen nicht ein bisschen zu groß für einen 8mm-Projektor und eine Rolle Film?"

„Das machen wir hinterher. Ich hab noch eine Tour für meinen Vater drauf. Kannste mal mitkommen und ausladen helfen?"

Paul legte gern Ressourcen zusammen. Rationell arbeiten, nennt man das.

Abends um sieben waren wir bereits unterwegs. Von der Grenze aus rief ich noch schnell Sigi und meine Mutter an. Leere Lastwagen waren den DDR-Grenzwächtern damals sehr suspekt. So dauerte es ewig, bis sie bei der Ein- und Ausfahrt den ganzen Wagen auf versteckte Menschenschmuggel-Zwischenräume untersucht hatten. Leider fuhr der Wagen auch nur maximal 80km/h. Um 4 Uhr morgens kamen wir im Ruhrgebiet an.

Leider war es nicht so, dass die Pachtübernahme bereits klar war. Eigentlich wollte Paul die Sache jetzt erst angehen. Den ganzen Tag über versuchten wir, ein fahrfähiges Auto aufzutreiben, was uns aber nicht gelang. Erst gegen Abend kam ein alter Freund von Paul mit seinem Mercedes vorbei und fuhr mit uns zu dem Kino. Der Inhaber war sogar da und während wir draußen im Auto saßen, ging Paul hinein, um zu verhandeln. Nach kurzer Zeit kam er wieder heraus.

„Der will plötzlich nicht mehr!", murrte er und ließ sich in die Polster fallen. Ein bisschen konnte man ihm ansehen, wie ein Traum in ihm kleiner wurde und verblasste. Dann raffte er sich wieder auf.

„Na, dann kann er sich den Kaufvertrag für die Kinoteile auch was-weiß-ich-wohin stecken! Ich bin ja erst 20 und damit noch gar nicht geschäftsfähig. Kann ich alles annullieren! Das wird ihn ärgern!"

Wir diskutierten kurz, ob das überhaupt unser Ziel gewesen war.

„Natürlich nicht!", meinte Paul dazu. „Ich versuchs noch mal. Offiziell habe ich gerade mit meinem Vater telefoniert, wenn mal jemand fragt."

Und er ging wieder hinein. Es dauerte eine dreiviertel Stunde, bis er wieder herauskam.

Fröhlich warf er den Packen mit dem Geld wieder in den Wagen. Später, während wir in einem Imbiss saßen, erzählte er mehr.

„Das Geld kriegt er erst, wenn wir den Pachtvertrag haben. Da wird er sich schon für einsetzen, denn wir sind wohl die einzigen Interessenten. Am Samstag soll das bei einem Rechtsanwalt vollzogen werden!"

„Das sind ja noch drei Tage!", wandte ich ein. „Also nee, dann fahre ich erstmal wieder nach Berlin!"

Paul versprach, mich am nächsten Tag früh zu wecken, dann schlief ich im Wohnzimmer auf der Couch ein.

Geweckt wurde ich sehr wohl, aber durch einen gellenden Schrei des Entsetzens. Pauls Oma hatte ihn ausgestoßen. Da lag ein fremder Mann im Wohnzimmer!

Sie beruhigte sich erst, als Paul ihr versichert hatte, dass ich ganz harmlos sei und mir auch die Haare gewaschen hätte. Ich wusste gar nicht, worum es ging. Erst ein paar Monate später machte ich im Ruhrgebiet meine erste Erfahrung mit Sachen, die sich auf dem Kopf einnisten können.

Immerhin kam ich so schon um 8 Uhr zur Autobahnauffahrt Beckum.

„Die ist göttlich!", meinte Paul, und tatsächlich stand ich nicht lange, bis mich jemand direkt nach Berlin mitnahm. Die Reise nach Schweden war eine gute Schule gewesen. Den Daumen hielt man eigentlich nur raus, wenn man an einer Straße stand. Wir versuchten jedoch, immer eine Raststätte zu erreichen, denn dort konnte man Leute ansprechen. Ich hatte diese Masche inzwischen soweit verfeinert, dass mich fast jeder zweite mitnahm, den ich ansprach. An diesem Donnerstag brauchte ich genau sechs Stunden für die Strecke Auffahrt Beckum – Fabriketage Hagelberger, immerhin 550 Kilometer!

Am nächsten Nachmittag war ich wieder unterwegs, zurück ins Ruhrgebiet. Diesmal wollte ich direkt vor dem Kontrollpunkt Dreilinden stehen, wo manche Leute noch einmal kurz anhalten, um sich zu vergewissern, ob mit ihnen und dem Auto alles in Ordnung sei. War man erst einmal in der sowjetisch besetzten Zone, oder DDR, wie man dort sagte, dann war es zu spät für irgendwelche Befindlichkeiten oder gar Reparaturen.

Außer in den wenigen Raststätten war es streng verboten, anzuhalten und womöglich auszusteigen. Wer auf einen einfachen Parkplatz fuhr, brachte sich und die DDR-Autofahrer in Verlegenheit, denn wenn ein Streifenwagen auftauchte, gab es garantiert die Verdächtigung der Kontaktaufnahme. Und das war etwas, was zu dieser Zeit des Kalten Krieges überhaupt nicht gern gesehen wurde.

Ich hörte von einigen Leuten, denen man Anstiftung zur Republikflucht vorgeworfen hatte, nur weil sie sich mit DDR-Bürgern unterhalten hatten, was dann ihren Transitweg nach Westdeutschland um einige Tage verlängerte. Schenkte man gar einem Kind eine Tafel Schokolade, gab es ein zollrechtliches Verfahren wegen unerlaubter Einfuhr von Luxusgütern.

Ganz besonders gefährlich wurde es, wenn man Zeitungen oder Zeitschriften dabei hatte. Sie wurden prinzipiell abgenommen. Wehe dem, der solche Hefte wie *Bravo*, *Das goldene Blatt* oder *Burda-Moden* offen im Auto herumliegen hatte. Auch *Quelle*-Kataloge wurden konfisziert. Da Schickedanz in der DDR fertigen ließ, wollte man offenbar verhindern, dass die entsprechenden Arbeiter sahen, zu welchen Spottpreisen man ihre Werkstücke im Westen feilbot.

An jenem Tag verlief ich mich erst einmal auf dem Weg zum Kontrollpunkt, denn es gab keinen richtigen Fußweg von der S-Bahn dorthin. Man musste sich halblegal über Autobahnauffahrten und Wiesen dorthin durchschlagen. Dann aber bekam ich beinahe sofort eine Mitfahrgelegenheit. Allerdings machte der VW-Käfer, in den ich dann einstieg, einen sehr dubiosen Eindruck. Überall aus dem Dach ragten Schrauben heraus, sodass er einige Ähnlichkeit mit einem Igel erreichte.

Ich teilte mein Befremden dem Fahrer mit, der kaum älter als ich war.

„Och, ja, das ist, weil ich mich mit dem Auto vor einiger Zeit überschlagen habe", erklärte er mir. „Als wir das Dach wieder ausgebeult hatten, blieben da viele kleine Löcher zurück. Also habe ich mir einen Karton mit Topfdichtern gekauft und sie da überall reingesetzt."

Für alle, die damit nichts anfangen können: Ein Topfdichter bestand aus zwei sehr großen Unterlegscheiben und einer Gewindeschraube. Wenn man sie festzog, dichteten die beiden Scheiben jedes Loch ab was kleiner als sie war.

Ich hatte den Fahrer auch kaum überreden müssen, mich mitzunehmen. Er suchte tatsächlich nach einem Mitfahrer, denn es herrschte gehöriger Sturm und er hatte Angst, von der Fahrbahn geweht zu werden. Leere VW-Käfer standen damals in dem Ruf, durch ihr Strömungsprofil schon sehr früh abzuheben. Unterstützt wurde das von dem Umstand, dass der Kofferraum vorn war, und wer kein Gepäck mit sich führte, tat gut daran, eine ordentliche Ladung Ziegelsteine mitzunehmen. Leider stand außer mir kein weiterer Tramper da, den man ebenfalls hätte als Ballast einsetzen können.

Eine halbe Stunde nach Mitternacht klingelte ich bei Paul. Aber die ganze Fahrt war umsonst, denn am nächsten Vormittag lag die Einwilligung des Hauseigentümers noch immer nicht vor. Also trampte ich am frühen Nachmittag wieder zurück nach Berlin, wo ich um 9 Uhr abends auch ankam.

„Das viel zu kurze Wochenende", notierte ich in mein Tagebuch, „bescherte mir einen weiteren Drehtag von Etzel." Aber da musste ich zum Glück nicht mit.

Die Gesamtlänge dieses Wochenendes war für mich von Samstagabend 21 Uhr bis Sonntagnachmittag 15 Uhr. Aber immerhin konnte ich mit Sigi zusammen sein, die nun samstagnachts bei mir schlafen durfte. Immerhin wurde sie in vier Monaten 20 Jahre alt, da konnte man als Eltern die Zügel schon mal etwas lockern. Vielleicht dachten sie, wenn wir nun seit zwei Jahren noch keine Schwangerschaft hingekriegt hatten, wären wir wohl außer Gefahr.

Nach einer weiteren, rekordverdächtigen Trampfahrt langte ich also Sonntagabend um 22 Uhr wieder bei Paul an. Der war aber nicht zu Hause, und so legte ich mich erschöpft in sein Bett und war eingeschlafen, bevor er zurückkam. Morgens dann war er sauer, weil er auf der Couch hatte schlafen müssen. Aber wenigstens hatte sich die Oma nicht erschreckt.

Zum Dank durfte ich mit ihm eine Liefertour mit dem Möbelwagen fahren. Und weil wir des Wartens überdrüssig geworden waren, fuhren wir kurzerhand bei dem Kinobesitzer vorbei und holten uns seine Einwilligung zur Fortsetzung der Pacht ab. Jetzt erfuhren wir auch, warum alles so lange gedauert hatte. Das Kino war im Besitz einer Erbengemeinschaft.

Am nächsten Tag war ich in Münster und unterschrieb den Kaufvertrag. Das zentrale Problem war nämlich, dass ich als Einziger schon 21 war und damit in jeder Hinsicht geschäftsfähig. Geld hatten wir natürlich immer noch keines, aber ich schaffte es, den Besitzer des Interieurs mit einer weiteren Teilzahlung hinzuhalten. Vielleicht war er auch froh, dass er überhaupt noch etwas Geld sah, obwohl man die Kinoprojektoren damals noch ganz gut hätte verkaufen können. Als ich anschließend wieder auf dem zugigen Bahnhof in Münster stand, während der noch immer andauernde Sturm mir den Regen waagerecht ins Gesicht klatschte, überlegte ich schon, ob ich mich hier nicht ein wenig zu weit vorgewagt hatte. Aber wir wollten doch vorankommen, hatten Ideen, wollten endlich etwas erreichen. Ach was, wird schon, dachte ich, übergab Paul die ganzen Geschäfte und machte mich wieder auf die Straße.

„Aber am Samstag bist du wieder da!", nahm er mich ins Gebet. „Und zwar mit Film und Projektor! Dann machen wir Eröffnungsparty!"

Ich hatte das Kino gesehen. 400 Plätze, wie es sich für ein ordentliches Lichtspieltheater der 50er Jahre gehörte. Wie wir mit einem 8mm-Projektor und seiner 100-Watt-Birne ein sichtbares Bild auf die Leinwand kriegen sollte, war mir völlig unklar. Aber Paul war voll guten Mutes.

Ich ließ mich ein wenig von diesem Schwung tragen und so kam ich auch zunächst gut weg. Aber dann stand ich in Lehrte, das ist eine kleinen Tankstelle hinter Hannover, und kam nicht mehr weiter. Ich dachte an Schweden, aber da war es Sommer gewesen und ich hatte immerhin einen Schlafsack gehabt. Jetzt fuhr mir der schneidende Wind schmerzhaft durch die Kleidung und es war mittlerweile 1 Uhr nachts. Die Tankstelle hatte geschlossen, die LKW-Fahrer schliefen in ihren Führerhäusern und es regnete noch immer. Das sah nicht gut aus.

Aber ich wusste, man darf sich nicht unterkriegen lassen.

Tatsächlich hielt plötzlich ein Ford Capri an der geschlossenen Tankstelle. Bevor der ältere Fahrer alles richtig realisiert hatte, stand ich schon vor ihm und brachte ihn tatsächlich dazu, mich aus der unangenehmen Situation zu erlösen.

„Ich nehme sonst nie jemanden mit!", sagte er brummig, aber dann war er doch froh, dass ich ihn auf der langweiligen Interzonenstrecke wach hielt. Er fuhr direkt nach Berlin und um 6 Uhr früh stapfte ich die Treppen zu unserer Fabriketage hinauf. Das war auch gut so, denn am Abend hatten wir eine Vorführung unseres Filmes in einem kirchlichen Jugendheim.

Nach der regen Diskussion mit den Zuschauern dort, die sich an die Vorführung anschloss, hatte ich gerade vier Stunden, um mich aufs Ohr zu legen. Um 2 Uhr nachts kam ein Freund von Nofi vorbei und fuhr mit uns und den Geräten in Richtung Erkenschwick los.

Die Fahrt dauerte etwas länger, weil ausgerechnet bei dem noch immer andauernden Sauwetter der Scheibenwischer ausfiel. Nachts auf unbeleuchteter DDR-Autobahn ist das nicht sehr lustig. Man muss sich dann jemand suchen, an den man sich hängen kann und nach dessen Rücklichtern steuern. Aber als wir um 10 Uhr vormittags bei Paul eintrafen, war der noch nicht mal aufgestanden. Und es galt noch das Problem mit der Projektionslampe lösen. Damit mussten wir uns beeilen, denn die Läden schlossen damals an Samstagen pünktlich um 14 Uhr. Schließlich kaufte ich in einem Fotogeschäft eine Lampe für einen Diaprojektor und erreichte durch die Hinzuschaltung eines anderen Projektors auch die nötige doppelte Voltzahl. Eine Weile hatten wir überlegt, ob wir die Lampe nicht einfach an die Batterie der Notstromanlage anschließen sollten. Aber das schien uns letztlich zu unsicher.

Wenn man sämtliche Lampen, auch die der Notbeleuchtung, ausschaltete, konnte man sogar ein Bild auf der Leinwand erkennen.

Leider wurden wir mit der Tonanlage des Kinos nicht glücklich. Der Zusatzeingang funktionierte irgendwie nicht. Zum Glück hatten wir auch eine Band engagiert, die als Rahmenprogramm spielten sollte. Schließlich klappte auch der Ton über ihren Gitarrenverstärker. Diese Beschreibung sollte eigentlich jedem vernünftigen Techniker die Haare zu Berge stehen lassen, aber es kam noch besser.

„Kalt hier!", stellte Paul fest. Ich hatte das im Schweiße meines Tuns gar nicht gemerkt. „Kein Wunder, die Öfen sind aus."

Ich weiß nicht, wieweit er sich mit Gasöfen auskannte, jedenfalls konnte er alle in Gang bringen. Bis auf einen, den hinter der Kasse.

Es gab eine kurze, heftige Explosion, die ich sogar oben im Vorführraum hörte.

Als ich hinunterkam, taumelte mir Paul entgegen.

„Ich kann nichts mehr sehen!", stöhnte er.

Aus der Erfahrung der letzten Silvesterfeiern unternahmen wir erstmal – nichts. Glücklicherweise kam seine Sehkraft nach einer halben Stunde wieder einigermaßen zurück, und so konnten wir die Tür öffnen und die Kasse besetzen.

Leider hatte sich unser Unternehmen trotz Pauls gegenteiliger Prognosen noch nicht besonders herumgesprochen. Es kamen gerade genug Leute, um die Band zu bezahlen.

„Immerhin!" wird der erfahrene Veranstalter rufen.

In der regionalen Tageszeitung stand sogar ein kleiner Artikel, allerdings unter der Überschrift: *„Rauschgift im Stadtkino!"* Darunter war etwas über die Vorführung zu lesen und dass die Polizei (bisher) noch keinen Grund zum Eingreifen sähe. Ich überlegte krampfhaft, wie das gemeint sein könnte. War es ein gut gemeinter Werbeschachzug eines befreundeten Journalisten oder hatte das etwas mit Micha zu tun?

Der war nämlich am Nachmittag mit ein paar anderen sehr dubiosen Typen aus Berlin eingetroffen. Ich hatte keine Ahnung, wer ihm diesen Tipp gegeben hatte. Micha war einer unserer Dealer, von dem wir gelegentlich etwas Stoff bezogen, ihn aber eher in die Kategorie „nicht vertrauenswürdig" einstuften.

Als wir bemerkten, dass er eigentlich nur wegen des Geschäftes gekommen war, schritt Paul sofort ein. Aber wir befürchteten, dass sich solche Informationen selbstständig machen können …

Am Sonntag kamen etwas mehr Leute, aber befriedigend war die Vorstellung nicht. Allerdings waren ein paar Leute dabei, mit denen wir dann länger zusammensaßen. Irgendwo fanden sich eine Kanne und Teebeutel. Und sogar Tassen. Wir hatten die ersten Freunde gefunden und das sollte sich noch als sehr wichtig herausstellen.

Um 22 Uhr packten wir aber wieder alles ein und setzten uns Richtung Berlin in Bewegung. Die Fahrt verlief ungefähr im Sinne der launigen Bemerkung, die unser Fahrer machte: „Wenn wir da sind, weckt mich!"

Wir weckten ihn mehrfach vorher, irgendwo auf der stockdunklen Autobahn. Wir mussten nur früh genug merken, wann der Mann am Steuer allzu gerade nach vorn schaut oder das Kinn auf die Brust sinkt.

Am frühen Morgen waren wir zurück in der Hagelberger, und das war gut so, denn für abends war wieder eine Vorführung im Jugendheim Naunynstraße angesagt. Das war schon damals der zentrale Szeneort des östlichen Kreuzberg. Unser Publikum rekrutierte sich überwiegend aus erfahrenen Drogenkonsumenten, die streng darauf achteten, ob in dem Film auch alles richtig dargestellt wurde.

Wie gut, dass ich dafür ausreichend Erfahrung gesammelt hatte. Diese Sachkenntnis nutzte mir ein paar Tage später, als wir in Konkurrenz zu bayerischen Institutionsfilmern antraten, die genau wie wir ihren Drogenfilm dem Gremium der Landesbildstelle vorstellten. Im direkten Vergleich merkte man sehr gut, wo die Kompetenz bei diesem Thema lag.

Das sahen auch unsere Diskussionspartner im Jugendheim so und manche gewannen sogar ein paar Anregungen aus dem Film, zum Beispiel, wie man besonders große Joints fertigt.

Arbeiten ging ich in dieser Zeit auch. Es ist nicht ganz leicht, einen normalen 7-16-Uhr-Job auszuhalten, wenn man abends dreht und nachts bekifft irgendwo auf einem unserer Sofas liegenbleibt.

Schon damals hatte der Tag auch nur 24 Stunden. Die Kunst bestand darin, sie alle zu erleben. Ich habe es wenigstens versucht.

Gerhard, unser Fernsehhändler, spielte ja, wie bereits erwähnt, nun auch in unseren Filmen mit. Wir hatten diverse Chef-Rollen im Angebot, die er alle vorzüglich meisterte. Daneben versuchte ich, eine Band als Lieferanten für einen Soundtrack zu gewinnen. Mein alter Schulkamerad Achim hatte eine. Am Freitag, den 13. November kamen sie vorbei. Wer außerdem noch kam, war Nofi, denn er wohnte ja dort. Nicht aber die beiden stark minderjährig aussehenden Mädchen, die er im Schlepptau hatte. Gerade lehnten wir uns zurück und träumten von eigenen Produktionen mit eigener Musik, da schneiten sie herein. Nofi ging ab und zu ins *Shop-Pop*, einem Szeneladen in Kreuzberg. Dort traf man immer Leute mit besonderen Geschichten, zum Beispiel auch diese beiden Mädchen, die gerade aus einem Erziehungsheim (so nannte man das damals) ausgerissen waren. Und wo sollten sie in Berlin auch schon unterkommen. Nofi nahm sich das sehr zu Herzen und die eine, die kleine mit den langen, pechschwarzen Haaren gleich mit ins Bett.

Sie hieß Gabi und in den folgenden Wochen brannte sich ihr Name in den Gehirnen aller Bewohner der Fabriketage fest, nämlich im Zusammenhang mit der Rede, die wir nun öfter von Nofi hörten: „Hat jemand Gabi gesehen? Wir haben uns ein bisschen gestritten und sie ist einfach weggelaufen ...“

Ein paar Tage arbeitete ich bei *ALDI* im Lager und entdeckte eine größere Charge von merkwürdig gelochten Wellpappeplatten. Fasziniert rief ich Gerhard an, der auch prompt mit dem Firmenbulli kam und sie einlud. In der Hagelberger baute ich daraus ein drei Meter hohes Zehneck auf, das nach einem hellblauen[53] Anstrich durch Elfi die Bezeichnung „Käfig" erhielt. Wenn man sich darin aufhielt, machten die vielen, unregelmäßig verteilten Löcher in den Wänden einen sehr beunruhigenden Eindruck. Das Beste war jedoch, dass man dadurch jemand in dem Zehneck mit der Kamera beobachten konnte.

Ich hatte allerdings nicht vor, dem Boulevardfernsehen eine beliebte Deprivierungsidee[54] vorwegzunehmen. Dinge wie es *Big Brother* heutzutage ausschlachtet waren uns egal. Ich fand eher, dass dieses Bauwerk wie die Entmaterialisierungskammer von Aliens aussah. Später sperrte ich Jerry darin ein und drehte genau diese Szene für meinen SF-Film.

Eine weitere Szene ist mir noch gut in Erinnerung geblieben. Gerhard als Projektleiter der Forschungsabteilung musste Jerry als „Major Claniff" eine Zigarette anbieten, die auch entzündet wurde. Leider ging ständig irgendetwas daneben, bis die Schachtel leer war. Natürlich warf man eine kurz angerauchte Zigarette nicht weg. Und so füllte sich Gerhards Kitteltasche. Als ich die Einstellung noch einmal wiederholen wollte, sagte Gerhard: „Major Claniff, ich habe nur noch eine Kippe für Sie!"

Ich habe dann die beste Version der bereits gedrehten Einstellungen verwendet.

Die Weihnachtszeit verging mit vielen intensiven Drehtagen und auch die soziale Interaktion wurde nie langweilig. Zur Not belebte eine wiederholte Suche nach Gabi die allgemeine Stimmungslage.

Die riesige Pute, die Etzel Heiligabend von seiner Arbeitsstelle mitgebracht hatte, wurde von Jerry und Nofi beinahe allein vertilgt, was zu schwierigen Schlichtungsgesprächen in unserer Wohngemeinschaft führte, die immer noch sechs Personen umfasste.

Fast hatten wir Paul und das Kino vergessen. Aber am Heiligabend stand er wieder vor der Tür, genau in dem Moment, in dem ich vollgepackt und erschöpft nach dem Einkauf im vierten Stock anlangte.

„So hatte ich mir das nicht vorgestellt!", beschwerte er sich, während ich auspackte. „Ich habe mir ja Uli und Wilfried, meine alten Kumpel, ins Boot geholt, weil wir doch das Geld für die Pacht zusammenkriegen mussten. Aber jetzt wollen die ganz normales Kino machen und haben schon alle möglichen Schrottfilme terminiert! Da laufen jetzt so Streifen wie *Abarten körperlicher Liebe* oder *Töte alle und kehre allein zurück!*

---

[53] Die einzige Farbe, die von der Renovierung übrig geblieben war.
[54] Deprivierung = Vereinzelung;   das Gefühl, allein, verlassen und abgesondert zu sein.

Danach soll dann *Dr. Fummel und seine Gespielinnen* laufen. So komme ich mit dem Jugendzentrum nicht voran!"

Das war einzusehen.

Also trampten Nofi und ich am 29. Dezember wieder in das kleine Städtchen im Ruhrgebiet. Wir waren nun schon Profis im Autoanhalten und wurden diesmal von einem Postrat im orangefarbenen Ford Capri mitgenommen, das war damals die Kleine-Leute-Version eines Porsche. Und so fuhr er auch, mit 180 durch den Schneematsch. Ich machte drei Kreuze, als wir an der Raststätte Garbsen ausstiegen. Mit viel Glück kamen wir auch weiter und landeten gegen 19 Uhr an der Landstraßenabzweigung nach Erkenschwick. Natürlich hatten wir uns erkundigt, wie man dann zum Kino kam. Als letztes in dem Bus, dessen Haltestelle wir zufällig fanden.

„Ja, da hätten Sie beim Böttcher umsteigen müssen, aber wenn Sie hier bei der Zeche vorbeigehen, kommen Sie auch hin!" Einige weitere Wegbeschreibungen folgten, die darauf aufbauten, dass wir genau wussten, wo mal der Böttcher gewesen war, die Zeche lag und früher die Spedition ihren Parkplatz gehabt hatte.

Kurz vor Ende der Abendvorstellung langten wir endlich im Kino an. Alle waren da, und so kam es dann auch kurzfristig zu einer Aussprache.

„Wir wollen das Kino eigentlich gern als Kino weiterführen!", meinten Uli und Wilfried.

„Aber wir wollten doch etwas anderes machen! Deshalb würden wir euch gern von diesem Job entbinden!", hielt ich entgegen.

„Das versuch mal!", sagte Wilfried, der Größere von beiden. „Wir könnten ja auch die Polizei holen, wenn ihr hier Hausfriedensbruch begeht!"

„Oh, ja, bitte!", gab ich zurück. „Wenn du dich erinnerst: Die Einrichtung habe ich gekauft und du stehst hier grad auf meinem roten Kokosläufer!"

Natürlich war das alles nur Geplänkel und wir einigten uns, dass wir ihnen ihren Anteil auszahlten, worüber sie vielleicht sogar ganz froh waren.

Am nächsten Tag meldete ich ein Gewerbe an, was ich auch problemlos tun konnte. Immerhin war der 30. Dezember und ein Arbeitstag.

So waren wir dann abends rechts guter Stimmung und zogen in die Imbissstube um die Ecke, um endlich mal was Vernünftiges zu essen. Das

Abendprogramm ging zuende, als wir zurückkehrten. Der alte Vorführer, den wir übernommen hatten, packte die Rollen ein und schaffte die Kisten mit den Kopien zum Ausgang. Kinofilme wurden damals durchweg auf 35mm ausgeliefert, das bedeutete, dass der Film in mehrere Rollen aufgeteilt werden musste, um in eine transportgerechte Verpackung zu passen. Jede Rolle hatte einen ungefähren Durchmesser von 50 Zentimeter, lief maximal ein wenig mehr als 20 Minuten und wurde „Akt" genannt, wie im Theater. An der Anzahl der Rollen konnte man auf einen Blick sehen, wie lang der Film war. Normale Filme hatten vier Akte, manche fünf. Die letzte Rolle war dann oft sehr kurz.

Als ich den Filmkarton sah, meinte ich zu Paul:

„Oh, ihr habt ja ein *Ein toller Käfer* gespielt. Da habe ich den Schluss verpasst, das ist ja schade!"

„Aber ich bin doch Vorführer!", meinte Paul, womit er durchaus recht hatte. Er öffnete noch einmal den Karton und ich bekam eine Sondervorstellung.

„Und weißt du, was morgen läuft? *2001* von Kubrick! Den habe ich selbst … äh, organisiert, der war noch nicht bereit für die Provinzkinos!"

Dieser Film war damals unser aller Leib- und Magenfilm. Er hatte sechs pralle Akte und es wurde 3 Uhr, als wir endlich auf die Matratzen fielen.

Aber es war ein wirklich erhebendes Gefühl, in einem „richtigen" großen Kino eine Privatvorführung zu bekommen. Naja, es gehörte mir ja auch, denn Paul war noch nicht vollständig geschäftsfähig, wie er immer wieder betonte.

Nofi und ich hatten fest eingeplant, die Silvesterfeier in der Hagelberger zu erleben, aber dazu hätten wir sehr früh lostrampen müssen.

„Ich krieg meine Augen nicht auf!", stöhnte Nofi und Paul drehte sich einfach noch einmal um. Was tun? Glücklicherweise hatte ich mir von Lisa, der neuen, regionalen Freundin von Paul ihre Telefonnummer geben lassen.

„Wir kommen mit Frühstück vorbei!", rief sie durch die Leitung und so geschah es auch. Lisa hatte noch eine Schwester, die auch sehr nett aussah, und ihre Eltern einen Bauernhof. Frische Milch und frische Brötchen aus zarter Hand holten auch Paul und Nofi von den Matratzen und um 12 Uhr mittags brachten uns Lisa und Gitte in ihrem roten R4, einem aufpolierten Totalschaden mit Zündaussetzern, zur Raststätte Hamm,

Der Opel Caravan, der uns bis Hannover mitnahm, war genau so klapprig. Aber es war erst 15 Uhr, das machte uns Hoffnung. Als wir um 17 Uhr noch immer an der gleichen Stelle standen, ging dieser Optimismus doch stark zurück. Wir befanden uns vor dem Autobahnkreuz mit der A7, die nach Flensburg führte.

„Wir müssen hinter das Kreuz, dann fahren alle in die gleiche Richtung!", argumentierte ich. „Lehrte ist auch eine Raststätte!"

„Lehrte? Da hält doch keiner, die ist viel zu klein!", gab Nofi zurück, aber als ein Ehepaar extra ihren Rücksitz für uns freiräumte, stieg er doch ein.

Tatsächlich war der Verkehr an dieser Tankstelle eher zurückhaltend. Ein VW-Bus mit Berliner Kennzeichen war leider bis zur Decke vollgepackt. Aber schließlich gelang es mir, eine Familie zu überreden, Nofi bis zur Grenze mitzunehmen. Wie ich später erfuhr, nahmen sie ihn tatsächlich bis Berlin mit und er war um 23 Uhr in unserer Fabriketage.

Gut, Nofi war weg, aber für mich wurde es sehr karg. Die Fahrer, die ich ansprach, wollten höchstens noch bis Braunschweig. Logisch, wer fährt nach 18 Uhr noch zu einer Silvesterfeier nach Berlin?

Kurz vor sieben, den Ladenschluss der Tankstelle vor Augen, saß ich also mutlos in dem geheizten Kassenraum und dachte über einen Jahreswechsel in Eis und Schnee nach.

„Alles ist besser, als hier zu bleiben!", entschied ich, genau wie die legendären Bremer Stadtmusikanten und warf mich fast vor das letzte Auto, das die Zapfsäule benötigte. Aber es waren auch nur Braunschweiger. Egal, dachte ich, denn an einer Autobahnauffahrt kämen sicherlich mehr Leute vorbei als an einer kleinen, geschlossenen Raststätte.

Das war allerdings ein Irrtum. Hinzu kam, dass genau an dieser Auffahrt eine Polizeistation lag. Genau genommen durfte man nicht an der Auffahrt stehen, denn die gehörte gesetzlich schon zur Autobahn. Es wurde 20 Uhr und ich dachte, das wäre es nun gewesen. Immerhin könnte ich mich noch der Polizei stellen und eine warme Zelle beantragen. Aber das wäre die allerletzte Lösung.

Als wieder ein Schwung Fahrzeuge kam, hielt auch ein LKW, leider nur, damit mir der Fahrer mitteilte, er könne mich nicht mitnehmen.

Und dann hielt an der Polizeistation ein roter VW, der offensichtlich Probleme mit den Rücklichtern hatte. Der Fahrer schaute nach, sie brannten aber. Ich überfiel ihn mit meiner drängenden Bitte.

„Ja, wir fahren nach Berlin, aber da müssen Sie meine Frau fragen!" Ich lugte hinein. Tatsächlich, eine Mutter um die 30 mit Kleinkind. Oje, jetzt allen Charme ausgepackt!

„Na gut, bis Helmstedt können wir Sie ja mitnehmen!", entschied die Frau.

Unterwegs lernt man sich immer etwas näher kennen, und als ich mich ebenfalls bemühte, sie durch den dichten Nebel zu lotsen, erzählten sie mir, dass sie zu einer Silvesterparty nach Berlin wollten.

Hah!, dachte ich und fragte: „Wohin denn da in Berlin? Die Stadt ist ja groß!"

„Ja, das stimmt. Wir kennen uns auch leider nicht aus, wir müssen uns dann sicher durchfragen!"

„Silvester? Das wird nicht einfach mit dem Durchfragen!", antwortete ich aus dem Schatz düsterer Erfahrungen. Es gab ja noch keine Smartphones und Navis.

„Nun, äh ... die Adresse ist in der Großbeerenstraße."

„Welcher Bezirk? Mit diesem Namen gibt's mehrere in Berlin."

„Hm ... Kreuzberg, nicht wahr?"

Das war tatsächlich bei mir um die Ecke!

„Da kann ich Sie hinführen! Das ist nur eine Querstraße weiter, wo ich hinwill!"

15 Minuten vor Mitternacht waren wir auf der *AVUS*. Ich hatte mich entschieden, nicht die Stadtstraßen-Route zu nehmen.

So hatten wir freie Fahrt und dann nur den leeren Kurfürstendamm, dessen Ampeln wir eher weniger gelten ließen.

Bei den ersten Neujahrsböllern stieg ich aus, verabschiedete mich artig und hetzte um die Straßenecke. Die ersten Partygäste hatten gerade im Hof Aufstellung genommen.

„Wo ist Sigi?", fragte ich diejenigen, die ich kannte.

„Noch oben!"

Ich stürmte die Treppe hoch, aber da kam sie mir schon entgegen – mit zwei gefüllten Sektgläsern.

„Ich wusste, dass du es noch schaffst!", erklärte sie mir treuherzig.

Ich verzichtete erst einmal darauf, ihr zu erzählen, auf welche Weise ich es „geschafft" hatte und stürzte mich ins Wiedersehen.

Dann schaute ich mich um. Von den anwesenden Partygästen kannte ich mal wieder nur sehr wenige.

Einer dieser Typen kletterte volltrunken auf das Dach eines Autowracks, das im Hof stand, rutschte natürlich auf dem Schnee aus und fiel herunter. Unglücklicherweise spießte er sich dabei auf dem Treppengeländer auf. Schnell fand sich ein auch nicht mehr ganz nüchterner Partygast, der sich bereit erklärte, den Unglücklichen ins Krankenhaus zu bringen. Die Fahrt endete erst einmal in der Baugrube vorn an der Straße. Mit vielen vereinten Kräften musste der Wagen wieder herausgeschoben werden.

Man kann Silvester sicher auch anders feiern, dachte ich, aber irgendwie ist mir die Normalität wohl nicht vergönnt.

Das war das Losungswort für die nächsten Monate.

Volle Hütte, volles Programm

Es sollte eine Schilderung der 60er Jahre „an der Basis" werden. Schön bunt, hatte ich gedacht, war ja auch einiges los. 200 Seiten, schätzte ich, dann würde ich alles locker abgehandelt haben. Als ich die 250. Seite hinter mir gelassen hatte, überdachte ich das Konzept noch einmal. Ich war noch lange nicht am Ende. Sollte man beginnen, Ereignisse wegzulassen? Was war denn wichtig? Wo könnte man sich eingrenzen?

Es ist bekannt, dass viele Autoren sich nicht disziplinieren können. 800 Seiten, 1000 Seiten sind keine Seltenheit mehr, als gäbe es ein Zeilenhonorar. Wird etwas wichtig, wenn es die 500-Seiten-Grenze überschritten hat?

Eine Rückbesinnung erfolgte. Was soll denn vermittelt werden? Abseits des Schwelgens in Erinnerungen, die manchmal auch recht schmerzhaft waren, fiel mir auf, dass die Schaffung eines Romans mit einer großen, aber straffen Linie nicht den Effekt gehabt hätte, der mir zu Beginn vorschwebte. Es wäre eine Bevormundung der Ereignisse, ja des Gesamteindrucks dieser Zeit gewesen, alle Geschehnisse nur einmal, sozusagen beispielhaft, die Kategorie abhakend, darzustellen. Ein Film für alle, ein Mädchen, eine Wohnung, einmal kriminell, eine Tramptour. So war das damals.

Nein, so war es eben nicht. Zeitgeschichte ist nicht nur die große, plakative Idee, hinter der alles zusammengeballt und gleichgeschaltet verschwinden kann. Natürlich hatten die 60er eindeutig formulierbare Konsequenzen, sowohl im einzelnen Menschenverhalten als auch in den Standards der gesellschaftlich erlaubten, ja praktizierten Lebensweisen.

Was immer man für einen Eindruck bekommen kann, man sollte wissen, dass dieser aus einer Fülle an Einzeleindrücken entstanden ist, und diese Erkenntnis sollte sich in die Synapsen hineinfressen, ganz gleich, zu welchem Gesamturteil man am Ende kommt.

Es passiert immer alles mehrmals, die Tendenz der Entwicklung ist aus ihren Variationen abzulesen. Und keine der Kategorien von Ereignissen sollte über andere erhoben werden.

Die Zeit, in der wir das Kino in Erkenschwick betrieben, könnte man an unserer Art, Programm zu machen, darstellen. Wir waren sicherlich, wenn nicht die ersten, dann aber unter den allerersten[55], die in einem Kino spielten, was wir für sehenswert hielten und verschiedene Kulturbereiche dort einbeziehen wollten. Reale Nachfolger hatten wir eigentlich erst in den 80ern, in den Aktivitäten der besetzten Häuser in Berlin[56] und anderswo, aber auch in kommerziellen Einrichtungen wie zum Beispiel dem *Kant-Kino*. Aber das war nur ein Teil des ganzen Komplexes.

Man könnte sich an unseren Auseinandersetzungen mit den Behörden hochziehen. Das sowieso. Die Ereignisse waren eine ungeheure Lehre für mich und sicher auch für alle anderen, wie Sozialpolitik mit wirtschaftlichen Verflechtungen betrieben wird und wie Establishment tatsächlich als Unterdrücker neuer Ideen funktioniert.

Heute, nachdem sich viele dieser Verflechtungen aufgelöst haben und eigentlich niemand mehr für sich den Stein der Weisen beanspruchen kann, mag alles das obsolet erscheinen. Aber „damals" ist auch nur ein anderes „heute" und man kann sehr wohl Parallelen ziehen. Auf jeden Fall in der Hinsicht, wie soziales Engagement nicht nur bei jungen Leuten zugunsten wirtschaftlicher Interessen Weniger eingestampft wird. Das hat sich zum Beispiel nicht geändert. Inzwischen gibt es aber das Internet und eine Vielzahl von Organisationen, die gegen alles mögliche antreten, von kleinen Behördenprojekten bis hin zu den Machenschaften großer Konzerne. Vielleicht ist das schon zu viel des Guten, wer kann dem noch adäquat folgen? Muss man sich eigentlich überhaupt noch engagieren? Ist es nicht besser, nur noch an sich zu denken?

Eltern sind heute irritiert, wie angepasst ihre Kinder eigentlich sind, haben aber in der gesamten Zeit der „Erziehung" beständig die neuen, in Stein gemeißelten gesellschaftlichen Mantras gepredigt: „Streng dich an, mach einen guten Zensurenschnitt, du MUSST etwas werden, denk doch nur an deine Rente!" Was soll sich entwickeln, wenn man bereits in der Pubertät an die Rente denken soll?

Dummerweise wird man sofort in eine vorab sorgfältig definierte politische Ecke gerückt, wenn man darauf hinweist, dass diese Vorgaben von denjenigen durchgesetzt wurden, die davon profitieren, wenn keine Fragen gestellt werden. Inzwischen dämmert nun die erste Erkenntnis hoch, dass man so die Probleme der Zukunft nicht lösen kann, aber der Krug

---

[55] Beispielhaft natürlich die *Freunde der deutschen Kinemathek*, die uns mit ihrem Kino *Arsenal* in Berlin-Schöneberg großen Mut machten – aber keine Musik spielten.
[56] *Kino Eiszeit, Frontkino, Kukuck – Kunst- und Kultur-Centrum Kreuzberg* u.a.

geht so lange zum Brunnen, bis er bricht. Vielleicht wäre es klüger gewesen, frühzeitig eine Wasserleitung zu legen. Ja, aus dieser Sicht könnte man vordringlich berichten.

Man könnte auch andere Dinge in den Vordergrund rücken. Zum Beispiel die Aspekte Transport und Verkehr. Heute fasst man sich an den Kopf, wenn man sich unsere Motorisierung anschaut. Inzwischen hat fast jede Familie mindestens zwei Autos, und dass jemand eine Arbeitsstelle in 500 km Entfernung annimmt, ist in unserem gelobten 21. Jahrhundert auch kein Einzelfall. Auch das hatten wir schon.

Ja, man könnte meine Erlebnisse auch als eine Tramp-Geschichte aufzäumen. Ich pendelte wöchentlich ohne Geld zwischen dem Ruhrgebiet und Berlin hin und her. Jede Fahrt war eine Reise ins Abenteuer, keine war gleich. Erst wenn man mehrere beschrieben hat, wird das klar. Die einfach nur hingeworfene Bemerkung „Ich trampte mal wieder" hat keinerlei Aussagekraft.

Ich stellte beim Schreiben immer wieder fest, dass gerade die Vielfältigkeit der beste Darstellungsmodus sein musste. Die sehr kleinteiligen Aufzeichnungen von damals haben meine eigene pauschale Erinnerung aufgerissen und in völlig neue Bahnen gelenkt. Es war viel mehr und ganz anders, als ich selbst in Erinnerung hatte. Also entschloss ich mich, genau so weiterzumachen. Vielleicht erreiche ich so beim Leser ähnliche Aha-Momente.

Gleich nach Neujahr 1971 trampte ich wieder los in Richtung Ruhrgebiet. Paul und ich machten alle Formalitäten klar, die Übernahmebedingungen, die Versorgung der amtlichen Stellen mit ausgefüllten Formularen und nicht zuletzt die Organisation des weiteren Betriebes. Ein paar Tage später kam Etzel nach und wurde von unserem alten Vorführer eingearbeitet. Dabei stellte sich heraus, dass er das schon früher einmal getan hatte … bevor wir uns kennenlernten.

Am 5. Januar wollte ich wieder zurück nach Berlin.

„Auffahrt Recklinghausen, da kommst du super weg!", sagte Hacky[57], einer unserer neuen Freunde in Erkenschwick. Nach einer Stunde wiederholten Aufwärmens des Daumens sah ich das etwas anders. Wir hatten aber auch einen extrem kalten Winter erwischt. Ich suchte einen besse-

---

[57] Wie viele Spitznamen war auch dies eine Abkürzung des Nachnamens

ren Standort, fand allerdings heraus, dass am Ende der Auffahrt eine Polizeistation lag, wo man mich beobachtete und entschieden zurückwies.

Als dann ein einarmiger Student mit seinem VW-Käfer hielt, schlugen sie zu und stoppten uns. Eigentlich wollten sie von uns zusammen 30 DM haben, wegen unbefugten Stehens und Haltens an einer unerlaubten Stelle. Dieses Geld hatten wir aber beide nicht, und weil sie dann wohl auch den weiteren dienstlichen Bearbeitungsweg scheuten, ließen sie uns mit Ermahnungen ziehen. Leider wollte der Student nur nach Münster, was gar nicht auf dem Weg lag. Also musste ich am nächsten Autobahnkreuz raus, ob ich wollte, oder nicht.

So stand ich nun also direkt an der Autobahn, genau gegenüber von – na, was wohl? – natürlich einer weiteren Polizeistation. Ein paar Büsche und Bäume konnte ich in die Sichtlinie bringen, aber als dann ein Polizeiwagen des Weges kam, blieb mir zur Rettung nur noch der schnelle Sprung ins Unterholz.

Ich wartete mal wieder auf ein Wunder.

Das geschah dann auch in Form eines wuchtigen Wagens mit amerikanischen Kennzeichen.

„Die Polizei, hah? Was soll denn sein? Ehe die eine Anzeige gegen mich durchhaben, habe ich längst graue Haare! Sollen sie nur versuchen!" So gestaltete sich damals das Besatzungsrecht.

Immerhin brachte mich der Soldat bis Rhynern Süd. Ich kannte inzwischen alle Raststätten und ihre Reihenfolge auswendig. Dieser Ort war auch nicht sehr optimal. Wieder einmal traf ich auf einen Capri-Fahrer, der „normalerweise keinen mitnimmt!" Aber er wurde doch zu meinem Lift nach Garbsen.

Als ich dort bei einer jungen Frau einsteigen durfte, die nach Berlin wollte, war ich sicher, nun sei alles gelaufen. Nachdem wir auch die Zonengrenze problemlos passiert hatten, entspannte ich mich etwas. Es dunkelte und ich dachte, ein kleines Nickerchen wäre nun ganz angebracht.

„Du, weißt du, was ich dir noch sagen wollte: Ich bin übrigens nachtblind!", schreckte mich meine Fahrerin im nächsten Moment auf.

„Ja, und was machen wir nun?", fragte ich ratlos zurück.

„Du musst mir immer sagen, wo der Mittelstreifen ist!"

Das hätte noch angehen können, aber dann fiel die Heizung aus und das Gebläse konnte nicht mehr verhindern, dass die Frontscheibe vereiste. Und als wäre das nicht schon genug, es wurde so neblig, dass man nur noch zehn Meter weit sehen konnte. Wenn sie mit mir ein nachtblindes Tête-a-tête hatte anfangen wollen, so ging das gründlich daneben.

Ich hängte den Kopf aus dem Seitenfenster und versuchte, den weißen Streifen zu erkennen, der die beiden Fahrbahnen trennte. Das war nicht so einfach, denn seit dem Kriegsende hatte auf dieser Autobahn niemand mehr irgendwelche Markierungsarbeiten vorgenommen. Teilweise im Schritttempo kämpften wir uns voran. Deshalb verbrauchten wir auch mehr als die doppelte Zeit für die Transitstrecke und das wiederum machte die Grenzbeamten vor Berlin misstrauisch. Wir mussten den gesamten Wagen ausräumen und alles Gepäck in eine Baracke tragen, wo es sehr detailliert durchwühlt wurde. Ich hatte nur das, was ich in den Taschen meiner Kutte bei mir trug, aber meine Fahrerin lernte ich so sehr intim kennen. Mein Gott, was Mädels so alles mitschleppen! Und den Grenzern schien es richtig Spaß zu machen!

Immerhin war ich noch vor Mitternacht zu Hause.

Am nächsten Wochenende nahm ich Sigi mit, weil sie das Kino auch einmal sehen wollte. Sie bekam die Wunder des Trampens auch ein wenig mit. Nach zwei Stunden Wartens in der winterlichen Kälte hatten wir sehr gute Anschlüsse bis fast vor die Tür.

Das Kino hatte sich in den letzten Tagen erheblich verändert. Man sah deutlich, welche Richtung das Programm nehmen sollte. Für Konzerte brauchte man keine Sitzreihen bis vor die Bühne, also hatte Etzel sie kurzerhand demontiert.

„Da vorn sitzt sowieso keiner!", war sein Kommentar.

Das hat man sich zehn Jahre später nicht einmal im *Kant-Kino* getraut. Auch das Filmprogramm bekam eine neue Richtung. Paul stornierte Filme wie *Eine Jungfrau von 18 Karat*, *Sie kannten kein Gesetz* oder *Wie schmeckt das Blut von Dracula?* und versuchte, kulturell wertvollere Streifen zu bekommen.

Gern hätte er die beiden letzten Beatles-Filme *Yellow Submarine* und *Let it be* gehabt, aber die wollte man ihm (und unserer Spielstätte) nicht anvertrauen.

„Wir können leider keine Kopie für Sie reservieren, denn wir haben keine übrig!"

Aha.

Beim Hinausgehen erblickte Paul im Flur einen Filmkoffer, auf dem „Yellow Submarine" stand. Vielleicht hatten sie den in ihrer Aufstellung vergessen? Kurzerhand nahm er ihn mit.

Später rief er dann bei *United Artists* an und eröffnete ihnen, falls sie die Kopie vermissten, er könne sie wiederbeschaffen. Aber erst, nachdem wir sie gespielt hatten.

„Die waren so froh, sie wiederzubekommen, dass sie mir sogar noch *Let it be* draufgelegt haben!", verkündete er.

Ich schüttelte den Kopf. Funktionierte so die geschäftliche Welt? Ich konnte es nicht glauben, hätte aber besser daran getan, mich auf Wild-West-Manieren einzustellen, denn unter diesem Motto stand auch das weitere Geschehen in unserem „Stadtkino".

Sigi bekam so gleich eine nette Einführung in unsere geschäftlichen Verhältnisse, und nach dem Abendprogramm *Draculas Rückkehr* legte Paul natürlich noch die ergaunerte Kopie des Beatles-Films ein, der damals sehr aktuell war. Hinterher besprachen wir die neue Programmstruktur.

In der Woche sollte es nach Öffnung zunächst Musikunterhaltung geben, die dann von Filmen unserer Wahl unterbrochen wurde. Am Wochenende wollten wir Konzerte veranstalten.

Filmdiskothek und Jugendbegegnungsstätte nannten wir es offiziell und die Zeitung berichtete darüber.

Olaf, unser Lieblingsreporter, brachte Sigi und mich dann zur Raststätte Recklinghausen und, oh Wunder, wir kamen mit nur zwei Lifts bis Berlin. Ich sollte öfter mit Sigi trampen, dachte ich.

Ihre Eltern fanden das überhaupt nicht. Als ich von Helmstedt aus meine Mutter anrief, weil ich es gestern vergessen hatte, drängte das Unheil sich schon am Horizont empor.

Genau aus dem Grund, dass ich mich nicht gemeldet hatte, machte sich meine Mutter Sorgen und rief bei Sigis Eltern an. Denen hatte ihre brave Tochter erzählt, dass wir mit Jerry fahren würden, denn Trampen hatte man ihr verboten. Aber weil Sigi auch nicht angerufen hatte, fuhr also ihr Vater in die Hagelberger, um herauszufinden, was nun stimmte. In der Fabriketage traf er Jerry an, der von allem nichts wusste und wegen seiner Anwesenheit uns natürlich auch nicht chauffiert haben konnte. So flog alles auf.

Als wir dann ankamen, gab es ein reinigendes Donnerwetter und vertrauensbildende Maßnahmen in Form von Bewirtung und schließlich durfte Sigi sogar über Nacht bei mir bleiben – eine geradezu ungeheuerliche Entwicklung. Solche Ereignisse machten deutlich, dass ein neues Jahrzehnt angebrochen war.

Dem mussten wir auch in unserem Kino Rechnung tragen. Dazu benötigten wir technisches Gerät: eine Musikanlage und einen 16mm-Projektor.

Die Tonanlage des Kinos war natürlich nicht „HiFi", also stellte ich einen Teil meiner Geräte zur Verfügung. Aber wie sollten wir diese großen Lautsprecherboxen hinüberschaffen? Es war unvorstellbar, mit solchem Gepäck zu trampen. Ein Auto zu mieten war viel zu teuer. Da kam Wolfgang, jener, der Etzels Wohnung übernommen hatte, mit einem VW-Käfer vorbei. Der Wagen hatte große Ähnlichkeit mit Jerrys Auto, das er kurz nach seiner Heimkehr aus Istanbul leise weinend hatte aufgeben müssen. Der Unterschied war nur, dass Wolfgangs Gefährt noch TÜV hatte, dafür aber fehlten die Muttern der Motorbefestigung. Mit anderen Worten: Das Antriebsaggregat lag einfach nur so hinten im Motorraum. Und vielleicht sollte der Wagen auch einmal neu lackiert werden. Das vermutete ich jedenfalls, weil die Karosserie über und über mit gepinselten Sprüchen beschriftet war – schwarz auf rotbraunem Grund. Ich musste mir eingestehen, dass ich noch nie (und nie wieder) ein hässlicheres Fahrzeug gesehen hatte.

Jerry setzte sich hinein und kurvte um den Block.

„Fährt doch noch super! Also, wann geht's los?"

„Meinst du das ehrlich?"

„Klar. Kenne mich doch mit Käfern aus. Der brummt wie eine Nähmaschine!"

Abgesehen davon, dass ich Jerry die Kenntnisse über das Betriebsgeräusch einer Nähmaschine nicht recht abnahm, schaltete sich auch noch Wolfgang ein.

„Ihr müsst alle 100 bis 200 Kilometer Öl nachkippen! Die Kolbenringe sind ein wenig runter!"

Daher kam vielleicht der nagelnde Sound. War das besorgniserregend? Ach, was!

Wir luden also die Anlage ein und am Dienstag, den 12. Januar, mittags, begann die Spießrutenfahrt. An der Grenze steht man eine Weile in der Schlange und, ganz klar, das Auto, das alle anderen befremdlich beguckten, war unseres. Es ging aber alles ganz glatt. Der Motor klopfte bei jedem Bremsvorgang zwar immer an der Rückbank an, aber das kannten wir schon und bis auf das leidige Ölnachfüllen kamen wir schnell in Marienborn an. Dort allerdings erregten wir das Missfallen der für ihre Konservativität besonders Langhaarigen gegenüber bekannten Grenzbeamten. Wir mussten alles ausladen, damit es genau untersucht wurde. Und weil man nichts Republikfeindliches fand, kam Jerry als Fahrer noch ins besondere Verhör. Gerne fragte man die politische Einstellung zur DDR ab, um Westler im gegebenen Fall noch ein wenig mehr zu schikanieren. Wieso sie sich dafür nicht die wirklich fetten Industriesäcke, wie wir sie nannten, aussuchten, die ja auch manchmal in ihren Luxuskarossen den Landweg benutzten, war uns ziemlich schleierhaft. Die einzige Schlussfolgerung war, dass auf finanzieller Ebene auch verfeindete Staaten gut zusammenarbeiten können. Und von uns waren eben weder Devisen noch Jobs für die Zulieferindustrie zu erwarten. Da konnte man ohne Risiko auch mal dem kleinen, täglichen Sadismus frönen. In der Spießigkeit, so fanden wir, waren sich Ost wie West auf Regierungsebene einig.

Jerry erzählte den Ost-Grenzern treuherzig, wie gut es ihm damals bei der von der DDR betriebenen Reichsbahn gefallen hatte, und wie schwer man es im Westen hätte. Konnten sie ja sehen.

Nach acht Stunden kamen wir dann endlich in Erkenschwick an.

Inzwischen hatte Olaf einen weiteren, sehr positiven Artikel in der WAZ veröffentlicht und irgendjemand hatte uns schöne Plakate gemacht, die unser neues Konzept mit wilder Kleberei in der Umgebung kundtaten. Eine Musikanlage besaßen wir nun auch, was von der steigenden Zahl der Besucher gut angenommen wurde. 50 bis 60 Leute hatten wir immer drin. Aber wir konnten uns nicht ewig mit den wenigen in diesem Rahmen spielbaren Kinofilmen durchjonglieren. *Yellow Submarine* lief immer noch und nicht nur ich konnte ihn langsam auswendig. Dass man aus so etwas auch einen Kult machen kann, war uns noch unbekannt, *The Rocky Horror Picture Show* war eben noch nicht gedreht.

Paul hatte schon einige Male versucht, einen 16mm-Projektor aufzutreiben und fuhr auch jetzt mit Jerry und dem klopfenden VW durch die Gegend. Er sollte ja billig sein und etwas aushalten. Dafür kam eigentlich nur ein *Siemens 2000* in Frage, also eines jener Geräte, die nun schon seit Jahrzehnten in Schulen, Landesbildstellen und auch privat klaglos ihre

Dienste leisteten. Das hätte einfach sein können, aber genau zu jener Zeit hatte die Firma *Bauer* eine Umtauschaktion eingeleitet, nachdem *Siemens* diesen Geschäftsbereich für uninteressant befunden hatte. Ganz klar, die Geräte liefen störungsfrei und der Markt war gesättigt, da war nichts mehr zu verdienen. Deshalb auch die Umtauschaktion.

Bauer hatte einen neuen Projektortyp entwickelt, mit automatischer Einfädelung und „Führerscheinfrei" und bot nun den Schulen diese neuen Plastik-Produkte zum Sonderpreis an und entsorgte zudem die nicht totzukriegenden alten *Siemens* unentgeltlich. Paul konnte in der *Bauer*-Vertretung Regale voller funktionsfähiger *Siemens 2000* sehen, die aus Gründen des Firmeninteresses verschrottet werden mussten. Er kochte vor Ärger.

Die neuen *Bauer*-Geräte sahen vielleicht etwas schicker aus und waren etwa zwei Kilo leichter, aber sie mussten öfter in den Service. Wenn nämlich die Einfädelautomatik nicht hundertprozentig eingestellt war, gab es schnell Filmsalat. Nach zwei bis drei Einsätzen in solchen Projektoren war dann der Vorspann der Filmkopie aufgebraucht und nun ging es der Handlung selbst an den Kragen. So bekamen die Kinder Filme zu sehen, deren Anfänge von den Lehrern erzählt werden mussten, aber dieser Vorgang gab auch den Kopierwerken Auftrieb, was wiederum als löblicher Beitrag zur Förderung der Wirtschaft und der Arbeitsplätze angesehen wurde. Diese Methode hat man heute bis zur Perfektion verfeinert.

Nach einer Woche intensiver Suche fand Paul endlich ein verfügbares Gerät bei der Landesbildstelle Marl. Den ersten Streifen, den wir zeigten, hatten wir von *Atlas-Film*, die man durchaus als „alternativen Verleih" einstufen konnte. Hier fanden sich Klassiker wie *Nosferatu* neben Kultur- und Lehrfilmen, Werken aus der dritten Welt, Experimentalfilmen, Produktionen der gerade beginnenden deutschen Independent-Szene, wie z.B. *Wilde Reiter GmbH* von Franz Josef Spiekers und amerikanische Undergroundfilme. Also genau das Programm, das wir brauchten. Wir spielten es auch in Zukunft rauf und runter und in dem beschaulichen Städtchen im Ruhrgebiet erfuhr die Jugend endlich etwas über kubanische Wanderzirkusse und nordamerikanische Stadtguerillas.

Hinzu kamen noch die Filme der *Freunde der deutschen Kinemathek e.V.*, die meist von Revolutionen in Südamerika, der Apartheid in Südafrika, den Sorgen der Menschen in Vietnam und vielleicht noch der Situation der psychiatrischen Abteilung eines Kreiskrankenhauses in Venezuela handelten.

Also allesamt echte Kassenknüller.

Gelegentlich kamen uns Vertreter der großen Verleihfirmen besuchen. Einmal, ich habe es aufgeschrieben, kam ein Vertreter von Mercator abends vorbei.

„Wir haben wieder ein paar sehr schöne Filme zum beliebten Thema Sex und Western im Programm, wenn Sie mal freundlich schauen wollen?"

„Och nee, wir sind eigentlich ganz zufrieden, so ..."

„Ach, was spielen Sie denn gerade?"

„Heute? *Let it be*, Konzertfilm mit den Beatles."

„Was? Aber das läuft doch gar nicht!"

„Hm, wenn Sie mal schauen wollen?" Paul öffnete die Tür zum Saal. Auch ohne Anpassung der Augen an die Dunkelheit konnte man feststellen, dass der Saal gerammelt voll war. Der Vertreter schüttelte den Kopf, umso mehr, als er den Rest unseres doch sehr revolutionären Kinoprogramms sah.

Farm der Tiere, ein Zeichentrickfilm nach Orwells Roman und *Achmed*, ein längerer Scherenschnittfilm, waren unsere ersten Hits. Aber auch Lehrfilme über Schüchternheit zeigten wir ohne Skrupel.

Die Jugend der Stadt und der näheren, später auch der weiteren Umgebung stieg sehr schnell auf unser Konzept ein. Es dauerte kaum zwei Wochen, da waren wir der absolut angesagte Laden im ganzen Revier. Das hatte insgesamt sehr ambivalente Konsequenzen. Einerseits kamen immer mehr Gäste, 400 bis 500 an einem Tag waren keine Seltenheit, andererseits hatte man praktisch kein Privatleben mehr. Und weil wir verständnisvoll und nett mit unserem Publikum umgingen, wurden wir oft schon von verschiedenen Leuten um 9 Uhr morgens geweckt und wir hatten oft den starken Verdacht, dass diese Heranwachsenden eigentlich in der Schule sein sollten.

Wir versuchten, das Beste draus zu machen und drückten ihnen Besen oder Schraubenzieher in die Hand, je nach Talent. Besonders anhänglich waren die 12-14-Jährigen, die uns oft regelrecht belagerten. Im Ruhrpott-Jargon wurde diese Altersgruppe „Kröten" genannt.

Natürlich waren unter den vielen Leuten, die wir durch den Betrieb näher kennenlernten, auch einige Mädchen. Paul hatte sich eine der beiden Schwestern angelacht, die uns oft des Morgens mit Milch von ihrem Bauernhof und frischen Brötchen versorgten. Gitte, die andere Schwester war etwas stämmig, aber auch sehr nett. Oft half sie uns mit ihrem roten R4 aus, wenn etwas zu besorgen war. Manchmal dauerte das auch etwas länger, wenn wir zum Beispiel spezielle Lampen brauchten, die man in Berlin an jeder Ecke bekam. Jedenfalls nach meiner Meinung.

Ulrike und Connie kamen hinzu. Irgendwann entwickelte sich ein Gespräch und wenn der Abend lang wurde, ergab auch ein Wort das andere. Anders kann man das nicht erklären. Neben vielen anderen Nettigkeiten brachten sie uns oft das Frühstück und halfen ausfegen.

Hacky wurde ebenfalls ein guter Freund des Hauses. Eines Abends, als ich gerade wieder aus Berlin hereinschneite, sagte Paul: „Guck mal auf die Leinwand!"

„Was ist denn das?"

„Wir nennen das Lightshow."

Man sah Farben. Und die Farben bewegten sich, formten Blasen, explodierten, formierten sich wieder. Man konnte auch unbekifft stundenlang zuschauen. Es war wirklich das, was man unter „psychedelisch" verstehen konnte. Ich ging nach oben.

Im Vorführraum hatte Hacky, schmal, bärtig, bebrillt und hoch aufgeschossen, ein Mensch wie das Faktotum eines verrückten Wissenschaftlers, unseren Werbediaprojektor zum experimentellen Effektbildwerfer umdefiniert. Aber wir wollten ja ohnehin keine Werbedias mehr zeigen.

Für jeden anderen Betrieb war das Gerät nun auch nicht mehr zu gebrauchen. Die gesamte Halterung für Kleinbildrahmen war von Farbe und Öl regelrecht beschmaddert. Mir fällt dazu kein gepflegtes Schriftsprachewort ein, denn mein Entsetzen war zunächst auch nicht in Schriftsprache abzufassen. Allmählich begriff ich den Sinn der Vorrichtung.

Hacky nahm ein vollformatiges Diaglas aus einer 500-Stück-Packung, tropfte farbige Tinte darauf und sprühte etwas Kriechöl darüber. Das Ganze wurde mit einem zweiten Glas zugedeckt und in den Bildträger des Projektors eingesetzt. Anschalten, fertig. Die Hitze der Projektionslampe brachte binnen Kurzem das Öl zum Kochen, es versuchte, sich durch die Farbe kämpfend, zu entweichen und auf der Leinwand explodierten die Farben.

„Wie findest du meine Blubberdias?", fragte er stolz.

„Genial!", gestand ich ohne Neid, nur mit einem ganz kleinen Bedauern, als ich den Zustand unseres schönen Leitz-Projektors sah. Die ölige Substanz quoll natürlich über und lief als zähe, braunschwarze Masse an den Funktionsteilen herunter. Nach einer Weile war das Öl verpufft und das Bild erstarrte. Dann musste man eine neue Vorlage kreieren. So gab es jede Stunde einen neuen „Film" ohne besondere Kosten. Hacky wurde zum Lightshowexperten befördert. Dazu gehörte sonst noch ein Steuergerät für Lampen, die je nach Lautstärke der Musik ein- oder ausgeschaltet wurden und ein Stroboskop. Das alles war damals der allerletzte Schrei und wurde von den Gästen gehörig bewundert.

Die Werbung für unseren Laden lief ganz offensichtlich über die Mundpropaganda, aber Paul befeuerte das Ganze auch noch durch sehr eigenwillige Aktionen, denen ich mit gemischten Gefühlen zuschaute. Zum Beispiel tauchte er mit Mikrophon und portablem Tonbandgerät vor der *Metro* in Marl auf, einer der größten Diskotheken der Umgebung, und interviewte die auf Einlass wartenden Gäste.

„Warum geht ihr denn nicht in die *WILMA* [58]? Das ist ein neuer Laden in Erkenschwick, praktisch an der gleichen Straße, wenn ihr hier runterfahrt ..."

Der Mann an der Kasse hätte ihm missbilligend bei dem Tun zugeschaut, berichtete Paul. Andere erzählten später, dass sich die umliegenden Diskotheken proportional zu unserer Fülle konsequent leerten. Eigentlich konnte das nicht gut gehen.

Die größte Attraktion war natürlich der Eintritt. Egal, was lief, Filme, Bands, sonstiges, es kostete eine D-Mark. In der Größenordnung der Gästezahlen bediente das durchaus unsere Ausgaben für eben diese Programmpunkte und die Gebäudekosten. Der Rest kam durch den Süßigkeiten-Verkauf zusammen. Beinahe täglich musste jemand – meist traf es Gitte, wenn gerade sonst kein Auto zur Verfügung stand – zu *SÜGRO* [59] fahren und Nachschub holen.

„Unglaublich", schrieb ich in mein Tagebuch, „wie viel die Leute fressen!"

---

[58] *WILMA* war Pauls Abkürzung für *Wild Movies Association* und so hießen wir dann auch. Erinnerte etwas an Fred Feuerstein aus der Steinzeit-Comicserie, die gerade im TV lief.
[59] **SÜ**ßwaren-**GRO**ßmarkt

Den alten VW-Käfer hatten wir übrigens nach Tagen endlich in die Werkstatt gebracht, um den Motor zu befestigen. Wochen später chauffierte ihn Jerry nach Berlin zurück.

Mit den üblichen Filmverleihern hatten wir inzwischen gebrochen. Der letzte Film aus den noch laufenden Verpflichtungen, den wir spielten, war *Grand Prix*, wie man vom Titel erwartet, ein Rennfahrerfilm. Die Kopie war dermaßen schlecht, zerstückelt und voller Schrammen, dass wir sie nach einmaliger Vorstellung unter Protest zurückschickten.

Dementsprechend fiel auch unsere Abrechnung aus. Mit Paul machte ich nachts um drei die Abrechnung.

„Wie viele sollen denn dagewesen sein?"

„Schreib: 3 Parkett, 1 Loge. Bei so einem Scheißfilm gehen eben nicht mehr rein. Wetter? Schreib: war auch! Was die alles wissen wollen! Und, äh, schreib 2 Loge. Das ist logischer, ein Pärchen!"

„Du weißt, dass ich mit den Kartennummern hinkommen muss?"

„Klar, kriegen wir morgen wieder hin oder wenn eine Band spielt!"

So konnten wir uns auch moralisch zufriedenstellen.

Zwischendurch verbrachte ich wieder mal ein paar Tage in Berlin. Dort hatte man sich auch arrangiert. Elfi war dazu übergegangen, den ganzen Tag zu schlafen, das verbrauchte weniger Energie. Sie aß nur ein Brötchen. Nofi war wegen Gabi Tag und Nacht unterwegs. Eigentlich sollte sie wieder in ein Heim, aber da hielt sie es nicht aus. Also beschloss er, sie nach Erkenschwick zu bringen, weil in Berlin eher die Möglichkeit bestand, aufgegriffen zu werden. Und weil sie keinen Ausweis mehr hatte, benutzte er einen anderen und flog, denn am Flughafen kontrollierten sie nicht so heftig wie an der Zonengrenze.

Insgesamt war das keine gute Lösung, aber wer hätte das zu diesem Zeitpunkt schon sagen wollen ... oder können?

Die Regeln des Chaos und ein Sack Flöhe

Es war Freitagabend, der Laden war voll und ich fand mich auf der Couch wieder, die eifrige Unterstützer unseres Unternehmens angeliefert hatten, damit man auch mal bequem sitzen konnte. Die Kinobestuhlung war durchweg ohne Polster. Aus irgendeinem Grund, den ich schon damals nicht mehr mitbekam, saß neben mir ein nettes Mädchen und die Unterhaltung wurde zunehmend physisch. Vielleicht hatten wir uns näher kennengelernt, weil sie auch eine etwas größere Nase hatte, genau wie ich. Es sind oft sehr kleine Gemeinsamkeiten, die verbinden.

Ich hatte völlig vergessen, nach ihrem Namen zu fragen, aber immerhin versprach sie, uns mit Frühstück zu wecken.

Nach gerade drei Wochen Öffnung mit neuem Konzept lief der Laden fast von allein. Irgendjemand saß immer in der Kasse. Man berichtete mir, das sei sehr gemütlich und da dieses ortsansässige Personal die anderen Jugendlichen gut kannte, wurden auch Schummeleien kaum möglich. Gitte, Lisa, Ulrike, aber auch Jungs wie Hacky, den wir allerdings nicht gern vorzeigten, weil er wegen der Lightshow immer völlig verdreckte Finger hatte, kannten da kein Erbarmen. Es ging ja um die Sache an sich, dieses Jugendzentrum. Paul war in Sachen ideologischer Überzeugungsarbeit immer sehr nachhaltig. Alle, die uns halfen, waren bald der festen Überzeugung, das Kino gehörte ihnen.

Deshalb sahen sie zum Beispiel nicht ein, wieso wir um halb acht morgens noch schliefen. Und klopften so lange, bis wir öffneten.

Dafür übernahmen sie das Auskehren und andere lästige Tätigkeiten.

Auch wenn es mal technische Probleme gab, (und wann gab es sie nicht!) wurde kaum gemurrt, sondern man sprang hinzu und half. Da war zum Beispiel die Damentoilette verstopft. Ein großes Problem, wenn es auf das Wochenende zuging. Also griff ich hinein, förderte aber nur ein Stück Binde zutage. Der wahre Grund musste tiefer liegen, dort, wo man nur mit speziellem Gerät hinkam.

„Ach was, mach dir keine Gedanken, das regeln wir schon!"

Minuten später gab es eine Einsatzgruppe, die im Reißverschlusssystem die Mädchen auf der Jungentoilette einschleuste. Später dann, als es einen Stromausfall gab, halfen alle mit, Kerzen zu entzünden.

Die Faszination unseres Etablissements hatte sich inzwischen schon bis Dortmund und Holland herumgesprochen, jedenfalls gaben sich Gäste dergestalt zu erkennen.

Um uns rechtlich bei der Umwidmung des Kinos in ein Multimedia-Zentrum abzusichern, übernahmen wir von den *Freunden der Deutschen Kinemathek* nicht nur die Satzung, sondern auch die Veranstaltungsmodalitäten. Jeder Gast musste Mitglied werden und bekam einen Ausweis. So gelangten wir auch an eine Fülle von Adressen. Wenn eine Gruppe spielte, wurde die Ausgabe von Ausweisen etwas schwierig, aber bald hatten wir ein paar hundert Mitglieder, Tendenz steigend.

Paul kam auf die Idee, ein Amateurfilmfestival zu machen und ging deshalb mal hinüber zum Rathaus, das nur durch den Marktplatz von uns getrennt war. Tatsächlich, wir lagen sehr zentral. Der Bürgermeister mit Namen Netta erwies sich als sehr freundlich und wir dachten, vielleicht ist ja Nomen auch Omen. Und weil alles so schön lief, beschloss ich, mal wieder nach Berlin zu fahren. Diesmal allerdings wollten wir ab Hannover fliegen. Nofi meinte, ich solle das Ticket von Gabi nehmen und so geschah es. Bis Hannover kamen wir mit zwei Lifts, was wir aber nicht wussten, war, dass Flugtickets persönlich ausgestellt wurden und nicht übertragbar waren. Und leider sah ich nicht aus wie Elfriede M., von der sich Gabi den Ausweis geborgt hatte.

Also saß ich erst einmal bei der Polizei und versuchte, mir eine Erklärung dieses Malheurs auszudenken. Nofi war vor mir durch die Sperre gegangen und nicht mehr erreichbar.

Ich glaube, man hielt mich für einen Drogenkurier, aber die stellten sich mit Sicherheit nicht so dumm an. Deshalb führte man die angedrohte Leibesvisitation wohl auch nicht durch. Was aber konnte ich zu meiner Befreiung tun? Ich hatte auch kein Geld mehr dabei, um ein neues Ticket zu kaufen. Nein, ein dicker Fisch war ich sicher nicht. Man telefonierte herum, befragte Nofi in der Maschine, rief im Kino an, aber keine der Erklärungen schien sie wirklich zu befriedigen.

Mir war auch nicht klar, wie ich da herauskommen sollte, denn weil Gabi mit falschem Ausweis geflogen war, konnte ich die echte Person schlecht auftreiben, denn die konnte sich nicht mehr ausweisen. Irgendwann, Nofi war inzwischen zu Hause bei seinen Eltern, gab man das Herumtelefonieren behördlicherseits auf und entließ mich mit einem neuen Ticket, das ich zu bezahlen hatte. Und weil ich keine Barschaft hatte, behielt man bis zu einer Bezahlung meinen Ausweis ein. Für Berliner ein wirklich bedrohlicher Umstand.[60]

Um das Maß voll zu machen, verlor ich am nächsten Tag mein Schlüsselbund. Leider tauchte es bei keinem Fundbüro auf und nach zwei Nächten auf der Couch, zugedeckt mit einem alten Vorhang, und einem Versuch mit einem Dietrich meine Zimmertür zu öffnen, wobei dieser abbrach, drang ich mit Gewalt ein. Das Schloss hielt so gut, dass hinterher der ganze Rahmen ruiniert war.

Von Gabi kam ein Brief aus dem Kino. Man war inzwischen dabei, die 500-Leute-Marke pro Abend zu knacken. Ohne Nofi ging es ihr offenbar sehr gut. Dieser schneite inzwischen mit einem Pärchen herein, das „on the road" war und genau so aussah. Sie gaben sich als Olga und Bernd von *Amon Düül* aus, einer sehr freakigen Musikgruppe, die in Undergroundkreisen recht bekannt war. Sogar ich hatte eine Platte von ihnen. Ob es stimmte, dass sie dazu gehörten, konnte ich schlecht überprüfen, denn die ersten *Amon Düül* waren eine eher unübersichtliche, stark fluktuierende Kommune. Immerhin brachten sie Schrippen und Trips mit und so war die nächste Nacht auch wieder recht unterhaltsam.

Noch völlig unter Droge bekam ich am nächsten Morgen gerade noch die 9:35 Uhr-Maschine, denn jedes Flugticket, das man damals kaufte, war mit Rückflug. Und das wollte ich natürlich nutzen. Fliegen ist wirklich schön, dachte ich später, als ich wieder mit dem Daumen weiterzukommen versuchte. Endlich hielt ein VW an, dessen Fahrer ins Ruhrgebiet wollte. Ich freute mich sehr.

Unterwegs sah das dann schon anders aus, denn der Mann legte mir ständig gefühlvoll die rechte Hand auf Knie und Oberschenkel, was bei mir zwar gern, aber nur Mädchen tun durften. Ich sah der langen Autofahrt mit Sorge entgegen und ließ mich nach kurzer Überlegung mit einer Ausrede an der nächsten Raststätte absetzen. Sexuelle Bedrängung abzuwehren ist wirklich anstrengend, egal von wem. Homo oder hetero, in

---

[60] Was kaum jemand wusste: In Berlin herrschte juristisch noch Kriegsrecht. Das bedeutete, dass die Alliierten ermächtigt waren, jeden standrechtlich zu erschießen, der sich nicht ausweisen konnte. Für alle, die das nicht glauben wollen, lohnt sich eine juristische Recherche. Natürlich kam es meines Wissens nie vor, dass sich solch ein Vorfall wirklich ergab. Tatsache aber war, dass man mit Inhaftierung rechnen musste.

erster Linie sollte man Respekt vor der Einstellung des anderen haben. Man merkt doch, ob jemand willig ist oder nicht. Wenn ein Mädchen nicht interessiert auf meine Annäherungen reagierte, habe ich alle weiteren Bemühungen sofort eingestellt. Vielleicht gab es dabei auch solche, die sich darüber ärgerten, weil sie es liebten, umworben zu werden. Aber das habe ich mir nie als Problem zueigen gemacht.

Der Trampergott jedenfalls honorierte meinen Entschluss und schickte mir umgehend einen britischen Soldaten, der mich bis Castrop-Rauxel mitnahm.

Im Kino war wieder volles Haus, obwohl eigentlich nur der orientalische Scherenschnitt-Film lief und Paul hinterher Ravi Shankar spielte. Vielleicht war es gerade diese kulturelle Unverfrorenheit, die wir an den Tag legten, die unseren Mythos fütterte. Oder dass Paul so ein weiches Herz hatte.

„Wir haben wieder einen Wohnungslosen aufgenommen. Achim heißt er", schrieb ich auf.

Am Wochenende spielte ein Band aus Castrop mit Namen *Too* und der Laden war voll. Nofi kam auch wieder rüber. Weil es so schön war, leistete er sich noch einmal ein Flugticket bis Hannover. Wie wir später erfuhren, war das eine goldrichtige Entscheidung. An der Zonengrenze schaltete man die Abfertigungsanlagen auf niedrigste Geschwindigkeit herunter. Die FDP hatte nämlich einen Generalkongress in Berlin anberaumt, schon deshalb, um zu zeigen, dass West-Berlin zur Bundesrepublik Deutschland gehörte. Die sowjetische Lesart des Potsdamer Vier-Mächte-Abkommens war jedoch, dass Berlin (West) eine selbstständige politische Einheit bildete, was schon dadurch bestätigt schien, dass wir West-Berliner keinen deutschen Pass bekamen. Wir tingelten mit dem kleinen grünen „behelfsmäßigen" Personalausweis durch die weite Welt. Die Folgen der ganzen politischen Querelen hatten natürlich die Normalbürger auszulöffeln. Wenn wieder ein Parteitag in Berlin stattfand, waren logischerweise die Grenzen dicht. Die teilnehmenden Politiker waren davon wenig betroffen, fast alle kamen natürlich per Flugzeug.

Nofi war deshalb guter Dinge, denn den Riesenstau hatte er somit elegant überflogen. Weniger elegant lief dann seine Performance in Erkenschwick. Kaum war er da, hörten wir den ersten Streit mit Gabi. Und weil es so schön war, verbrachten sie den ganzen Tag damit. Was ich nicht mitbekam, war, ob sie sich zwischendurch wieder vertrugen. Stattdessen bemerkte ich, dass unsere ganze Kinobelegschaft inklusive Freunde Partei nahm. Und sich nun auch über Dinge stritten, die mir ebenfalls nicht soweit erklärt wurden, dass ich sie wichtig nehmen konnte. Also dachte ich messerscharf, wenn Gabi wieder nach Berlin fahren würde, weil Nofi ja hierbleiben wollte, wäre das Problem gelöst.

Ach, was war ich naiv!

Die Folge meines Vorschlags war, dass nun alle auf mich einredeten und mich herzlos und gemein nannten. Und wenn wegen der vielen Gäste nicht solch ein Trubel gewesen wäre, ich weiß nicht, ob man nicht mich nach Hause geschickt hätte.

Auf jeden Fall lernte Nofi so Erkenschwick kennen, weil Gabi nach jedem Streit immer woanders hin wegrannte – und er natürlich hinterher.

Später erfuhren wir, dass ihre Familie da möglicherweise prägend war, sie lebten in einer Art Datscha auf dem Gelände einer Mülldeponie, tatsächlich ohne echte postalische Adresse, man könnte sagen: gesellschaftliche Runaways. Ein Jahr später feierten wir dort Gerhards 50. Geburtstag. Sie hatten einen Schrottplatz und mir ist selten ein programmatischerer Ort für solch ein Jubiläum untergekommen. Jedenfalls hatte Gabi wunderschöne, tiefschwarze Haare.

Das Treiben im Kino strebte inzwischen einem noch unbekannten, aber vorausfühlbaren Höhepunkt entgegen. Ich kannte natürlich die Ursachen, sah aber nicht, wie man dem abhelfen konnte. Da war zum Einen natürlich unsere finanzielle Situation. Eigentlich würde sich niemand unter den gegebenen Bedingungen in solch ein Unternehmen gestürzt haben, aber einen Kredit konnte und wollte ich unter der Prämisse von über 14% Zinsen nicht eingehen und hätte ihn auch in größerer Höhe nicht bekommen.

Ein weiteres Problem war Pauls soziales Verhalten. Unsere Übernachtungsgäste wechselten beinahe täglich und hatten manchmal auch bedenkliche Krankheiten. Auch als die beiden Düüls ankamen, fanden sie sofort einen Schlafplatz bei uns. Welche Botschaft das Aussehen unserer „Gäste" und die Gerüchte darüber für die Elterngeneration der Stadt hatte, ließ sich nur furchtsam erahnen.

Natürlich knüpfte Paul auf der anderen Seite auch innige Kontakte zum Jugendamt, weil oft stark Minderjährige, die meist noch drogenabhängig waren, bei uns angeschwemmt wurden.

So richtig glücklich sahen die Beauftragten des Jugendschutzes aber nie aus, wenn wir wieder mit einem „Fall" zu ihnen kamen. Meist lief es so ab: Die Eltern wurden benachrichtigt, fielen aus allen Wolken, stritten ab, dass ihr „liebes Kind" etwas mit so schmutzigen Dingen wie Drogen zu tun hatte und schoben die Schuld auf uns.

„Die Kinder sind doch verführt worden!"

Die aktuelle Nähe zum damals schon sehr liberalen Nachbarstaat Holland wurde sorgsam ignoriert. Möglicherweise war diese Einstellung der Hauptgrund für unsere späteren Schwierigkeiten, denn der Bürgermeister musste auf Stimmungen seiner Bürger reagieren.

Aber unsere soziale Positionierung hatte auch manchmal sehr schöne Auswirkungen – in gewissen Grenzen. Oft tauchten Leute auf, die uns einfach nur helfen wollten, und sei es beim Ausfegen. Am 22. Februar, ausgerechnet Rosenmontag, wachten wir morgens davon auf, dass eine Gruppe von circa zehn Mädchen unser Kino stürmte.

„Wir müssen hier mal aufräumen!", riefen sie und setzten das auch in die Tat um. Einige von ihnen kannten wir, sie saßen oft auch an der Kasse, meist zu zweit oder dritt, „weil es mehr Spaß macht!"

Nicht ganz so lustig waren manchmal weitere Kontakte. Sabine und Connie zum Beispiel. Sie luden uns zum Essen ein.

„Haben wir selbst gekocht!", erklärten sie stolz.

Ich mochte die beiden viel zu gern, um ihnen offen den Rat zu geben, dieses Thema noch einmal ordentlich anzugehen. Oder sich später einen Partner zu suchen, der sich als begnadeter Koch sah.

Paul reiste auch bei anderen Dienststellen herum. Da war zum Beispiel das Kulturamt. Hier wurden allerdings nur Projekte verhandelt, die der Stadt großräumig Ansehen bei den Nachbargemeinden und überhaupt in der Welt einbringen würden. Dazu gehörten wir auf keinen Fall. Nach einem Besuch in der Redaktion der *Stimberg-Zeitung*, die „ja auch mal über uns schreiben könnte", stellte Paul anschließend fest: „Da sitzen auch nur Idioten!"

Dass wir uns am Rande der Existenz dahinretteten, spiegelte sich in vielen kleinen Episoden unangenehm wieder. Zum Beispiel die Finanzierung unseres täglich wechselnden Filmprogramms. Wir spielten nun jeden Tag einen anderen Film des *Atlas-Schmalfilmverleihs*, darunter einige später sehr bekannte Streifen damals noch junger Filmemacher wie

Katzelmacher von Rainer Werner Fassbinder [61] Diese Filme kamen unterschiedlich beim Publikum an, einmal mussten wir eine Vorführung „auf Wunsch des Publikums" abbrechen. Zwischendurch spielten wir aber immer wieder Klassiker wie *Arsen und Spitzenhäubchen* oder *Nosferatu*, den ich selbst vorführte, weil gerade niemand sonst greifbar war.

Die Kopien mussten immer vom Bahnhof Recklinghausen abgeholt werden und die Festleihmiete wurde dabei kassiert. Oft war zur offiziellen Öffnungszeit unseres Veranstaltungsraumes kein Geld da, um den aktuellen Film auszulösen. Wir mussten dann warten, bis genug Geld in der Kasse war und schnell losfahren. Um *Wilde Reiter GmbH* abzuholen, blieb mir nichts anderes übrig als zu trampen, weil kein Wagen vorhanden war.

Diesen unhaltbaren Zustand konnte man nicht weiter ertragen. Als ich wieder einmal für über eine Woche in Berlin war, machte mir Sigis Schwester ein überraschendes Angebot. Sie hatte einen Wagen geschenkt bekommen, einen Opel Rekord P2L, aber weil sie noch keinen Führerschein hatte, könnte ich den Wagen benutzen. Ein verlockendes Angebot, aber auch diese Geschichte entwickelte sich zu einem Hindernislauf.

Das Fahrzeug hatte nämlich keinen TÜV mehr und war auch nicht angemeldet. Trotzdem musste es ausprobiert werden. Jerry schnappte sich den Schlüssel, lud Etzel mit ein und rief noch etwas wie „Stadtautobahn, mal sehn, was er bringt!"

Es dauerte lange, bis wir die beiden wiedersahen.

Inzwischen machte mir Sigi eine Szene. Nofi war ein paar Tage zuvor mit Gabi nach Berlin zurückgekehrt und diese hatte aus Rache wilde Geschichten über meinen Frauenkonsum in Erkenschwick in Umlauf gebracht. Vielleicht hätte ich gern alles das erlebt, was sie erzählt hatte, ich fragte mich nur, wann. Und das sagte ich Sigi auch und versprach ihr, dass sie alle diese Mädchen kennenlernen könne, wenn sie das nächste Mal wieder drüben wäre. Connie, Heidi, Sabine, Marion und alle andern, versprochen! Sie könne sich auch gern mit allen zusammen in die Kasse hocken, wenn es richtig voll sei. Vor einer Gegenüberstellung hatte ich überhaupt keine Angst, alle dort wussten von meiner Festbeziehung in Berlin.

---

[61] 1969 gedreht, also sehr aktuell.

Irgendwann kamen Etzel und Jerry wieder. „Dem alten Kraftfahrer", schrieb ich ironisch in mein Tagebuch, „war einfach das Benzin ausgegangen." Zum Glück passierte das nicht auf der Stadtautobahn. Der Samstagabend gestaltete sich dann doch noch sehr harmonisch.

Gleich am Montag wollten wir den Wagen anmelden. Versicherung, Vorfahrtschein mit roten Kennzeichen, alles kein Problem. Aber woher ein Warndreieck nehmen? Schließlich borgte mir Fernseh-Gerhard die nötigen Sachen. Aber leider gefielen dem TÜV die Bremsen nicht so hundertprozentig. Dienstag stand der Wagen also in der Werkstatt. Mittwoch, mit neuem Vorfahrtschein, nahm der Werkstattmeister den Wagen gleich mit. Juhu, wir bekamen die Plakette!

Am nächsten Tag beim Kraftverkehrsamt zählte das plötzlich nicht mehr. „Ich sehe grad, der Wagen war ja so lange abgemeldet! Nein, da brauchen Sie ein Vollgutachten!"

„Was ist denn das?", fragte ich entgeistert.

„Nun, alles überprüfen!", sagte man beim TÜV. „Hier zum Beispiel, die Fahrgestellnummer, die ist verrostet. Muss neu eingeschlagen werden! Dafür brauchen wir eine Bescheinigung vom KVA, dass wir das dürfen!"

Ja, sie durften. Wir verbrachten Stunden, um diese Genehmigung einzuholen. Jede Ziffer kostete eine Mark. Jetzt wusste ich endlich, was ein Vollgutachten war. Nach weiteren zwei Stunden Wartezeit beim KVA durften wir den Wagen endlich offiziell fahren. Also eigentlich Jerry, denn ich hatte keinen Führerschein.

Und wie er dann so dahinfuhr, sagte er plötzlich: „Du, ich krieg den zweiten Gang nicht mehr rein! Und – äh, den ersten auch nicht!"

Zum Glück kannte er die Technik, im dritten Gang anzufahren, was im Stadtverkehr recht mühsam ist. Mit stinkenden Kupplungsbelägen erreichten wir wieder die Werkstatt, wo man herausfand, dass bei der Reparatur vergessen wurde, einen Plastikknippel einzusetzen. Jedenfalls erklärte man das so.

Zwei Stunden später waren wir endlich auf der Autobahn Richtung Westen.

Alles hätte nun gut sein können, aber es sollte nicht. Um Mitternacht standen wir ohne einen Tropfen Benzin am Kamener Kreuz.

„Was soll den das?", wunderte sich Jerry. „Die Benzinanzeige steht noch auf Viertelvoll. Dann muss sie wohl kaputt sein!" Er stapfte los zum nächsten Telefon. Es regnete natürlich und ein ungenehmer Wind klatschte das Wasser ins Gesicht. Eine in der Nähe gelegene Autobahnmeisterei machte uns wieder flott. Endlich, um halb zwei langten wir am Kino an.

„Oh, ein Auto!", rief Paul und wollte gleich eine Probefahrt machen. Ich setzte mich mit hinein, und das war gut so, denn auf der Rückfahrt ging wieder das Benzin aus und da gab es einen mehr zum Schieben.

Dann konnte ich die Neuerungen im Kino bestaunen. Das Wichtigste war die Tonanlage.

Vor einer Woche, als ich gerade zwei Tage in Berlin war, kam am Abend Etzel in die Fabriketage. Paul hatte ihn losgeschickt, um mir möglichst schonend den Verlust der Beschallungsanlage durch eine Stromspitze nahezubringen. Etzel tat das so: „Du wirst staunen, deine Anlage drüben ist vollkommen im Arsch!"

Soweit die zarten Seiten meines besten Freundes.

Pauls Art war anders. Am nächsten Tag kam ein Telegramm: *„Anlage gekauft, 140 Watt, alles OK!"*

Ich fragte mich nur, wovon. Aber wahrscheinlich waren wieder 600 Zuschauer bei einer No-Name-Band dagewesen. Und vielleicht hatten sie auch unsere Süßigkeiten-Vorräte aufgekauft.

Tatsächlich stand da ein neuer Verstärker mit Boxen, denn die alten waren gleich mit abgeraucht. Es waren natürlich keine Markengeräte, aber wen störte das schon.

„Du warst doch bei der Filmförderung", fragte mich Paul, als wir dann noch bei einem Tee zusammensaßen. „Was sagen die denn zu einer Beihilfe zur Kinorenovierung?"

Tatsächlich hatte ich mich während des Hagelberger Chaos auch dorthin begeben.

„Da sitzen nur Halsabschneider!", imitierte ich Pauls liebste Art, Behörden zu beschreiben. „Die leisten nur Beihilfe. Du musst schon selbst die Summe aufbringen, dann kriegst du einen Teil davon zurück. Deshalb drehen die Amis so gern hier, weil sie das Geld sowieso haben und es dann auch noch zurückkriegen."

„Ja, oder man nimmt einen Kredit auf. Wahrscheinlich ist das alles mit den Banken abgestimmt."

In Zeiten des Vietnam-Krieges konnte man so gesellschaftlichen Durchblick in der Jugendszene beweisen. Man ging längst nicht mehr auf die Straße dafür, aber das politische Weltbild im Großen wie im Kleinen hatte sich bei der Jugend durchgehend geändert. Man unterstellte Staaten, Politikern und Institutionen inzwischen automatisch Seilschaften und Verschwörungen. Und sogar schon damals bestätigten mir manchmal die Tagesnachrichten, dass ich nicht ganz Unrecht hatte. Neben anderen Beispielen hatte auch die Spiegel-Affäre ihre Spuren hinterlassen. Und der Dollar wurde noch für fast 4 DM gehandelt. Die sich heranbildende politische Meinung der Jugend war von beinahe täglichen Hinweisen geprägt, dass man in einem besetzten Land lebte, mit dessen Geschichte man durch die späte Geburt eigentlich nicht zu tun hatte. Manchmal war das gut. Wenn ich beim Trampen im Halteverbot stand, nahmen mich mehr als einmal ein britischer oder amerikanischer Armeeangehöriger mit. Wenn es schon die unteren Dienstränge nicht nötig hatten, sich um die hiesigen Gesetze zu kümmern, wie musste es da erst weiter oben aussehen!

Dass wir die Pop-Musik der Besatzer liebten, war damit gut zu vereinbaren. Schließlich kam die auch von aufmüpfigen Jugendlichen, die mit der politischen Lage zu Hause ebenfalls nicht einverstanden waren. Woodstock strahlte noch immer, natürlich lief auch der dort gedrehte Film etwas später bei uns.

Und leider war die deutsche Musikindustrie, abgesehen vom Schlagermarkt nicht in der Lage, ausreichend eigenständige Gegenpositionen in der Popmusik aufzubauen, wie es zum Beispiel in Frankreich geschah. Natürlich lag das auch daran, dass die meisten der betroffenen Jugendlichen deutsch als Sprache für die Songlyrik verschmähten. Gruppen wie *Ihre Kinder* waren der Zeit um mehr als zehn Jahre voraus. Die Reaktion auf dieses Problem ließ einige deutsche Spitzengruppen (denn die gab es auch) Sprache generell vermeiden. Wenn man sich zum Jazz hin orientierte, wie etwa *Embryo*, dann war das durchaus machbar. Die andere Möglichkeit wurde durch *Can* und später durch *Kraftwerk* präsentiert: Weniger ist mehr.

Bei uns im Kino lief zu den Zeiten, wenn nicht geöffnet war und Paul anwesend, durchgehend *Steve Miller 5*. Wenn er nicht da war, spielte Lollo, der mitsamt seiner Plattensamlung bei uns eingezogen war, entweder *Uriah Heep* oder *Deep Purple*. Aber auch *Return to Forever* lief, was ich wiederum ganz entspannend fand, wenn ich wieder einmal an der Buchhaltung sitzen musste.

Was ich wirklich hasste, war die Zeit an den Wochenenden, wenn die Band schon ihre Backline aufgebaut hatte und jeder, der daran vorbeikam, irgendeine Improvisation auf dem Schlagzeug spielen wollte. Paul nahm gern diese Gelegenheit zu sogenannten „Workshops" wahr. Da half es auch nicht, wenn ich ihm klarzumachen versuchte, dass bei allem sozialen Engagement es nicht seine Aufgabe war, praktische Musikerfahrung allen jenen nahezubringen, die noch nie ein Instrument in der Hand gehalten hatten.

Abgesehen davon waren die persönlichen Beziehungen in unserer Gruppe erstaunlich gut. Wir hielten zusammen, egal was kam.

Natürlich gab es Momente, wo die Gruppendynamik auf eine harte Probe gestellt wurde. Das waren manchmal so kleine Dinge wie die Sache mit der Spraymaske. Jerry hatte in der Hagelberger aus Pappe fein säuberlich den Fraktur-Schriftzug unseres Namens aus Pappe ausgeschnitten, was eine sehr komplexe Maske ergab. Mittels Spraydose sollten wir überall Werbung machen können. Das schien eine gute Idee. Damit waren wir wie mit fast allem zehn Jahre zu früh, und schien überhaupt der Grund für unsere ständigen Schwierigkeiten zu sein.

Die Maske lag also fertig auf dem Tisch inklusive des Abfalls davon. Jerry ging daraufhin frohgemut zum Bäcker, um sich nach dieser Nachtarbeit ein kleines Frühstück zu gönnen. Als er zurück kam, war Elfi schon wach, Das war sehr erstaunlich für diese Zeit. Noch erstaunlicher war aber, dass sie aufgeräumt hatte.

„Wo hast du denn meine Spraymaske hingetan?", fragte Jerry, Böses ahnend.

„Den ganzen Schnippelkram? In den Müll natürlich!", gab sie entrüstet zurück, weil schon sein Tonfall böse Ahnungen hervorrief.

Jerry hechtete fast zum Mülleimer, dann kam er mit ein paar Teilen zurück.

„Du hast sie zerrissen!"

„Natürlich! Passte ja so nicht mehr in die Tüte!"

Sie hatte es sehr ordentlich getan. Es gab keine Sprayaktion. Vielleicht war das auch ganz gut so.

Schwieriger war in unserer Gruppe ein Vorgang zu bearbeiten, der sozusagen von außen, ganz ohne wirkliche Schuld von jemandem, an uns herangetragen wurde. Oder, besser gesagt, durch unsere Toleranz gegenüber Leuten gefördert wurde, die in vielen Dingen einfach nicht aufpassten.

Die Genese der ganzen Geschichte konnte tatsächlich aufgeklärt werden und möge anderen als lehrreiches Beispiel dienen:

Eines Nachts im Sommer 1970 schlief Wuč, der einmal meine Wohnung übernommen hatte, bei Klapps, der so hieß, weil niemand seine überaus einfachen Schlussfolgerungen im täglichen Leben ertragen konnte. Was er nicht wusste: Klapps hatte zuvor ein schwedisches Mädchen zu Gast gehabt, das schon seit Wochen auf der Straße war und ihm neben ganz viel Liebe auch Kopfläuse gab. Die Reproduktionsfähigkeit dieser Spezies ist hinlänglich bekannt und Grund für den weiteren Ablauf. Auch in Schweden war man überrascht, wie ungeheuer dynamisch die Natur ist, jedenfalls stand es in der Zeitung.

Im Herbst übernachtete dann Elfi bei Wuč und es dauerte nicht lange, dann war die Krabbelpopulation über sie auch zu Jerry übergelaufen. Bald hatten es alle in der Hagelberger. Etzel entkam am 4. Januar noch, indem er nach Erkenschwick trampte. Aber die Plage holte ihn ein. Ehe es uns richtig zu Bewusstsein kam, waren auch Sigi, Gitte und Lisa befallen. Und dann Heidi und weitere Mädchen und Jungen.

Geradezu verzweifelt begann der Abwehrkampf. Dazu benutzten wir das Mittel *Cuprex,* das eigentlich für die Entlausung von Hunden vorgesehen war, furchtbar stank, aber in jeder Apotheke frei verfügbar. Leider machten alle Betroffenen die Haarkur nacheinander, sodass es immer eine Möglichkeit für die Tiere gab, ihrem Armageddon zu entkommen. Ende Februar aber war es soweit. In einem verzweifelten, konzertierten Schlag bei allen Betroffenen gleichzeitig konnten wir die Armee der Quälgeister vernichtend schlagen. Paul und ich schlossen uns im Kino ein. Die Anzahl der Läuseleichen war beachtlich, aber das hatten wir erwartet. Schließlich konnten wir die Tierchen schon mit bloßen Händen fangen.

Dieser Erfolg schmiedete uns weiter zusammen, auch wenn das Schicksal weitere Unverschämtheiten auf Lager hatte.

Drogen, Sex und was nicht alles!

Das Unheil nahte mit leisen Schritten. Es gab Anzeichen. Wir hörten Gerüchte, dass sich einige Eltern der Stadt zusammengesetzt hatten. Ausschlaggebend dabei waren vermutlich jene, deren Kinder wir zum Jugendamt gebracht hatten. Dann fand die Band *Embryo*, die am ersten Märzwochenende ein grandioses Konzert bei uns ablieferte, ihren Bus mit zerstochenen Reifen vor. Und weil sie ihn wegen einer Nachfrage vor der Disko *Metro* in Marl stehen gelassen hatten, unserem direkten Konkurrenten, dem mehr und mehr die Leute wegblieben, war für uns die Sache klar. Prinzipiell fühlten wir uns dafür verantwortlich und hätten ihnen gern den Schaden ersetzt, doch wovon?

„Ihr seid einfach zu billig!", sagte Ulli Hofmann, der Kopf der Band. „Wenn ihr morgen 2 Mark Eintritt nehmt, wird das kaum jemanden verärgern!"

Er behielt recht. Wir machten einen Zettel an die Kasse, auf dem wir das Problem schilderten und niemand murrte. 700 Leute zahlten brav und waren über das Konzert hinterher völlig aus dem Häuschen. Bemerkungen zum Eintritt gab es nicht mehr.

In dieser Euphorie widerfuhr uns ein weiteres Zeichen. Aus irgendeinem Grund, womöglich mühsam gesucht, gab es plötzlich Terror von zwei der stadtbekannten Schlägertypen. Nachdem wir sie des Hauses verwiesen hatten, kamen sie mit acht Freunden wieder.

Sie besetzten den Vorraum, schwangen mitgebrachte Stöcke und rasselten mit einer Kette. Nachdem ich die Kasse, die ich gerade bediente, jemand anderem übergeben hatte, versuchte ich die Situation auf dem Verhandlungsweg zu lösen. Das war aber nicht ihr Plan gewesen, und so verlief die Diskussion vollständig fruchtlos. Als ich so mit Etzel den Unholden gegenüberstand, kam auch noch Paul herunter und versuchte ebenfalls, die gewaltbereiten Besucher zu beschwichtigen. Die Antwort war eindeutig. Einer der Jungs zog ihm eine Kette über die Nase.

Das verlangte nach einer für diese Leute verständlichen Antwort. Etzel stürzte sich zunächst einmal auf den Kettenträger und hielt nach kurzer Zeit ein großes Teil der Waffe in der Hand, die er nun seinerseits einsetzte. Im Gedränge des Vorraums, in dem sich die zehn Leute selbst behinderten, gelang es uns, sie hinauszuschubsen, zu treten oder was man sonst noch so tat.

Paul leerte das ganze Magazin seiner Gaspistole, was die Luft aber auch für uns nicht sehr erträglich machte. Irgendjemand hatte inzwischen die Polizei gerufen, aber die ließ sich zunächst nicht sehen. Unsere Widersacher verlegten sich inzwischen darauf, uns mit Flaschen und Steinen zu bewerfen. *Knack!* machte eine der Scheiben in der Tür.

Dann zogen sie ab. Kurze Zeit später kam mit Blaulicht ein Einsatzwagen gebraust und man vernahm uns, als wären wir die Täter. Das hätte uns schon zu denken geben sollen.

Der darauffolgende Sonntag verlief ruhig. 300 Leute erlebten wieder eine Sternstunde des deutschen Jazzrocks, wie man diese Musik inzwischen nannte.

Nun hätten wir gern Anzeige erstattet, aber die Polizei beharrte darauf, dass wir Atteste vorlegten und die Namen der Beschuldigten offenlegten. Das war nicht so einfach. Am Dienstag gelang es Paul, einen Arzt aufzusuchen. Der schickte ihn jedoch, vielleicht wegen Überlastung, wieder weg und empfahl ihm, Donnerstag noch einmal vorzusprechen.

„Bis dahin ist doch gar nichts mehr festzustellen!", errichtete sich Paul und er hatte recht.

Wir hätten die Zeichen lesen sollen. Vielleicht hätte es geholfen, den Laden prophylaktisch ein paar Tage zu schließen.

Abends fuhr Paul zu einer Besprechung beim WDR, deren Grund und Sinn mir leider nicht mitgeteilt wurde. Paul hielt sich da oft sehr schwammig. Aber dennoch wollte Hacky unbedingt mit.

„Ich will doch mal sehen, wie Paul das macht: Leute kennenlernen!", sagte er kurz vor der Abfahrt.

Er erfuhr es. Er lernte einige nette Leute kennen, darunter Werner Höfer und die Vertriebschefs von *Neckermann* und *Sony Deutschland*. Aha, dachte ich, darum drehte sich also die Besprechung. Paul wollte nämlich einen Musikfilm machen und versuchte, vorher die Vertriebsstrukturen zu recherchieren.

Inzwischen hatten wir im Kino neue Durchbrüche in die Wand des Vorführraums gemacht, um bequem mit einem Schmalfilmprojektor arbeiten zu können. Dazu hatte ich mal schnell noch die beiden oberen Räume tapeziert.

Das Drogenproblem eskalierte weiter. Dagegen war der erneute Zwischenfall mit ein paar betrunkenen Stadtschlägern eine Kleinigkeit. Was uns am meisten ärgerte, war, dass sie unsere Geheimwaffen, die Feuerlöscher, aus ihren Halterungen rissen.

Wir warfen sie einfach hinaus und auch dieses Tun hatte keine juristischen Folgen, denn Alkohol war ja keine Droge.

Haschisch dagegen erschien in der öffentlichen Meinung das Böse schlechthin. Und weil Amsterdam nur einen Kurztrip entfernt war, konnten sich alle Interessierten leicht versorgen. Da aber dieser Konsum mit der deutschen Gesetzgebung so gar nicht im Einklang stand und die Leute mit diesem Problem zu uns als Vertrauenspersonen kamen, mussten wir etwas tun. Aus Rücksicht auf unseren Betrieb gingen die Leute hinaus, um zu rauchen. Das war aber genau der Weg, wie man das Ganze in die Öffentlichkeit bringt, denn Vorübergehende konnten so den süßlichen Rauchschwaden kaum ausweichen. Und weil wir genau gegenüber vom Rathaus lagen, kamen da schon einige Leute vorbei.

Zum Jugendamt hatten wir inzwischen einen guten Draht. Deshalb wollten wir auch Ammon, einen Jungen, der von zu Hause ausgerissen war und sogar schon gespritzt hatte, dorthin bringen. Nun lag dieses Amt aber in Recklinghausen und der Weg dorthin führte über einige Erkenschwicker Straßen. Es schien, als hätte die Polizei ihnen aufgelauert, denn kaum war Paul mit dem Jungen im Auto, wurden sie auch schon aufgegriffen. Die sozialpsychologische Komponente interessierte die Polizei überhaupt nicht und Pauls Einlassungen zur Sachlage sowieso nicht. Nach der Vernehmung brachte man Ammon zu den Eltern, und die gaben uns die Schuld an der Misere, denn wenn wir nicht gewesen wären, so ihre Logik, wäre ihr Kind auch nicht auffällig geworden.

Ein weiteres Problem ergab sich daraus, dass wir einen Filmfan kennenlernten, der Mitglied in der DKP [62] war. Er brachte uns einen Film, in dem die Entstehung des Zweiten Weltkriegs und besonders die Schrecken der Schlacht um Stalingrad aufgezeigt wurden. Nachhinein denke ich, dass wir auch damit das örtliche Volksempfinden störten. Bei dem unglücklichen Geschehen in dieser russischen Stadt wurde von Zuschauern in erster Linie der Umstand der deutschen Niederlage als Schmach für unser großes Volk gesehen. Zu einer Diskussion über den Sinn von Kriegen kam man erst gar

---

[62] Deutsche kommunistische Partei, damals noch erlaubt.

nicht mehr. Vielleicht hätten wir lieber *Grün ist die Heide* zeigen sollen, um uns mit der Elterngeneration zu versöhnen. Aber Versöhnung war damals nicht angesagt, die 70er Jahre mit all ihren alternativen Lebensversuchen standen gerade erst bevor.

Gerade hatten die ersten Musikgruppen sich einen Bauernhof gekauft, um neue Sozialformen ungestört ausprobieren zu können. Dort wurden später sogar Studios gebaut und Platten produziert. Wir erfuhren das aus erster Hand, denn diese Gruppen bewarben sich in großer Zahl um einen Auftritt bei uns. Die Musiker von *Embryo* hatten nach ihrem Konzert eifrig von uns herumerzählt.

In dieser undurchschaubaren Situation riefen die Umstände mich wieder nach Berlin. Obwohl wir nun einen Wagen hatten, musste ich trampen, denn der Wagen gehörte zum Kino.

Paul brachte mich zur angeblich „göttlichen" Auffahrt Castrop-Rauxel, wo ich eine ganze Stunde auf die Göttlichkeit eines Lifts wartete, bis ich schließlich wenigstens bis Rhynern wegkam. Zum Glück trifft man ja überall Berliner, und so kam ich bis Helmstedt. Sie hätten mich in ihrem VW-Bus auch bis Berlin mitgenommen, aber der Wagen war bis oben hin mit Büchern und Zeitschriften vollgepackt. Das bedeutete wahrscheinlich eine längere Filzung an der Grenze mit anschließendem Verhör, das wollte ich mir nicht antun. Wenn man Pech hatte, wurden Druckwaren komplett konfisziert und wenn man mehrere Nummern der *Bravo* dabei hatte, riskierte man sogar eine Strafe wegen der Absicht der Volksverhetzung. Es wurde unterstellt, dass man diese Zeitschriften an einer Raststätte einem Einwohner der DDR hatte übergeben wollen.

In der Hagelberger sah es katastrophal aus. Schon lange hatte niemand mehr saubergemacht. Alle schienen außerdem verkracht zu sein. Und Nofi war ausgezogen, vermutlich mit Gabi irgendwohin. Und es schien auch so, als ob Gabi erheblich Stimmung gegen mich gemacht hätte. Kurz dachte ich darüber nach, ob man sie vielleicht nicht doch lieber in Erkenschwick hätte behalten sollen. Aber nein … dieses Unglück wäre größer gewesen.

Außerdem hatte ich den Auftrag, zu überprüfen, ob Nofi inzwischen das *Revox*-Tonbandgerät, dass er vor einem halben Jahr Etzel abgekauft hatte, endlich auch bezahlt hatte. Auch hier kein Erfolg. Nach einem Streitgespräch, in das schließlich auch sein Vater und ein Anwalt hineingezogen wurden, klappte es endlich. Es immer unangenehm, wenn man als Rechtsgehilfe zwischen die Fronten gerät.

Besonders unangenehm war das Ganze, weil Etzel noch einen Kredit zu laufen hatte, den er mit dem Geld teilweise abbezahlen wollte. Und weil die Zahlungsfristen schon um einiges überzogen waren, blieb mir nichts anderes übrig, als einzuspringen und für ihn zu bürgen. Man sieht, der Druck von allen Seiten nahm zu. Und weil er seit seiner „Indienfahrt"[63] auch keinen Wohnsitz mehr hatte, brachten wir meine Mutter dazu, ihn als Untermieter aufzunehmen.

Diese Ereignisse vergällten mir den Berlin-Aufenthalt ziemlich. Wenigstens konnte ich mit Sigi noch einen netten Abend im *Quartier Latin* verbringen, wo *XHOL*, eine Band, die demnächst bei uns spielen sollte, einen furiosen Auftritt hatte. Ich lernte sie auch als sehr nette Leute kennen und machte mich fröhlich wieder auf den Weg nach Erkenschwick.

Es war Donnerstag, der 18. März 1971. Vormittags konnte noch die Angelegenheit mit Nofis Anwalt friedlich geregelt werden. Um 13 Uhr stellte ich mich an die Straße und kam irgendwann gegen Abend an.

Der Laden war voll, aber eine merkwürdige Stimmung hing über der Szenerie. Noppi, der inzwischen auch zu uns nach Erkenschwick gekommen war, saß in Pauls Citroen DS, einem wahren Schiff von Auto, das er von seinem Vater bekommen hatte.

Und Noppi hörte Polizeifunk.

„Was ist denn hier los?", fragte ich.

„Da soll heute eine Razzia bei uns sein!", antwortete er langsam, während er noch konzentriert den Sprechern lauschte. „Ich will bloß wissen, wann die kommen!" Und er wandte sich wieder dem Radio zu, einem jener Geräte, die einen erweiterten UKW-Bereich hatten, womit man gerade am äußersten Ende der Skala die polizeiinterne Kommunikation abhören konnte. Diese Geräte wurden später verboten.

Als ich in den Saal kam, machte Paul gerade eine Ansage.

„Liebe Leute, wir wissen, dass in allernächster Zeit, vielleicht schon heute, eine Razzia stattfinden wird. Bitte, erleichtert den Beamten ihre Aufgabe und bringt eure Personalausweise mit."

Daraufhin leerte sich der Saal zügig um einiges.

Ich rannte hoch in den Vorführraum und wollte auch von Paul wissen, was hier gerade gespielt wurde, denn Musik war es hörbar nicht.

„Nichts Besonderes", antwortete er. „Heute ist Razzia."

---

[63] Die bereits in der Türkei endete ...

Da kam auch schon Noppi herein. „Da sind ein paar Herren, die möchten alle hier ganz gern sprechen."

Die Herren drängten sich hinter ihm auch gleich herein.

Ich sah nach draußen. Ringsum blinkten blaue Lichter, das Haus war von einer Hundertschaft umstellt. Sogar Absperrgitter hatte man herangekarrt, wie ich später feststellen konnte. Der leitende Beamte fragte nach Paul und händigte ihm ein Papier aus. Es war ein Haussuchungsbefehl. Darin wurde der Polizei gestattet, die Aufenthaltsräume von ihm und sein Auto zu durchsuchen. Wegen des Verdachts des Rauschgiftbesitzes und Drogenhandels, denn wer selbst etwas nimmt, dealt ja bekanntlich auch. Von Razzia stand eigentlich nichts in dem Dokument.

„Bitte", meinte Paul und machte eine Handbewegung, die den wieder ziemlich unaufgeräumten Projektionsbereich umriss, „dann machen Sie sich doch den Spaß!"

Wir anderen standen amüsiert herum und frotzelten noch ein bisschen, besonders, als man auf Pauls schmutzige Socken stieß, die er in der Ecke deponiert hatte.

Da aber wurden die Beamten sehr energisch. Weil „Gefahr im Verzug war", wurden wir zunächst eingehend nach Waffen untersucht, jeder vorsorglich in einer Ecke.

Leider waren weder in unseren Unterhosen noch in Pauls Socken Haschisch, Heroin oder Sturmgewehre zu finden. Der Grund war einfach: Wir hatten so etwas nicht. Selbst in der Hagelberger hätten sie zu dieser Zeit kein Dope gefunden.

Aber das war ja das Verdächtige daran. Deshalb nahmen sie erst einmal alles, was herumlag, und Paul selbst auch mit. Natürlich in die Hauptdienststelle nach Recklinghausen.

Und die anwesenden Berliner Noppi, Etzel und ich wurden auch gleich abgeführt. Als wir nach unten in den Saal kamen, sahen wir, dass man auch hier ganze Arbeit geleistet hatte. Alle Anwesenden waren gründlich untersucht worden und mussten sich teilweise vor den anderen ausziehen. Ob Junge oder Mädchen spielte dabei keine Rolle. Weibliche Polizisten waren auch nicht zu sehen. Solche Umstände wurden von den Betroffenen zwar angemerkt, aber die Beamten und später die Behörden winkten auf Nachfrage lässig ab.

Stattdessen präsentierte man einige Dinge, die sorgfältig in Plastiktüten gesteckt und säuberlich beschriftet waren. Darunter waren zwei oder drei

Pfeifen, viele der herumliegenden Zigarettenstummel und ein Plastikdings, mit dem vor ein paar Tagen ein paar Kinder wiederholt Wasser auf uns gespritzt hatten, bis wir es ihnen abnahmen.

Als nächstes wurde ich sehr unsanft in einen Bus geschubst und ebenfalls abgefahren. Auf der Wache traf ich die anderen wieder: Noppi, Etzel, Korti und einige, die ich mehr oder weniger kannte.

Natürlich wurden wir einzeln vernommen.

Ich war für die Beamten besonders interessant, weil ich nominell der Inhaber des Kinos war. Etzel und Noppi konnten deshalb bald gehen. Mit mir aber glaubten sie, einen großen Fang gemacht zu haben. Eine erneute Untersuchung begann.

„Was woll'n Sie denn? In meiner Unterhose haben doch schon andere gewühlt!", versuchte ich einen Hinweis, vergebens.

Die folgenden vier Stunden waren für mich sehr interessant, blieben für die Beamten allerdings ein doch sehr bescheidener Erfolg. Aber immer wieder versuchten sie, belastende Details aus mir herauszupressen.

Als erstes legten sie mir die eingetüteten „Beweismittel" vor. Ich musste erstmal erleichtert lachen, was in dieser Szene aber überhaupt nicht ankam.

„Und das hier?" Damit hielt der Beamte anklagend das Kinderspritzdings hoch. Jetzt erkannte ich, worauf er hinaus wollte. Es war eine kleine Einmalspritze, wie man es für wenige Pfennige in jeder Apotheke kaufen konnte. Und es befand sich keine Nadel daran. Kunststück, die Spritze war nur als Wasserpistole benutzt worden. Fröhlich erklärte ich die Zusammenhänge.

Das konnten sie natürlich nicht glauben und präsentierten mir ihre Sicht des „Falles". Ich sei ein ganz gefährlicher Oberdealer, der seine Konkurrenten dadurch außer Gefecht setzen wollte, dass er sie zum Jugendamt brachte.

„Oh!", meinte ich erstaunt, „das waren alles Dealer? Dann haben sie bisher schon einen guten Fang gemacht!"

Natürlich wusste ich durch die Buschtrommel, dass es völlig anders gewesen war. Aber die Beamten gaben nicht nach.

„Nun gestehen Sie endlich!", herrschte mich tatsächlich einer an, sodass ich schon erwartete, auch noch geschlagen zu werden. Aber die Taktik war anders.

„Wir haben ja Verständnis für Sie! Was macht denn Ihre arme Mutter?",
säuselte der zweite Kriminalbeamte.

Ich war völlig irritiert. Was für ein Verständnis meinten sie? Ich hatte
ihnen doch den Sachverhalt erklärt, und der befand sich meilenweit von
ihrer Version der Geschehnisse. Und was meine Mutter anging, die war
vermutlich zu dieser Zeit schlafen gegangen, weil sie eine ordentliche Frau
war, die den Schlaf vor Mitternacht am Wichtigsten fand.

Besonders verdächtig war dann, dass ich pinkeln musste. Seit ich in Berlin losgetrampt war, hatte ich keine Gelegenheit gehabt, eine Toilette zu
benutzen. Nach einigen Wortwechseln durfte ich dann endlich austreten
gehen, natürlich in schärfster Bewachung. Einer der Beamten stellte sich
auch so hin, dass er genau sehen konnte, was ich aus der Hose holte und
was ich damit machte.

Ich fragte mich dabei, aus welcher geheimen Tasche ich nun noch etwas
noch Geheimeres hätte wohin auch immer loswerden sollen. Pinkelbecken
haben nun einmal nur kleine Löcher als Abfluss und Beamten hatten mich
doch vorher schon zum zweiten Mal eingehend untersucht.

Vielleicht, fiel mir später ein, nahmen sie ja an, dass ich ständig etwas im
Enddarm mit mir herumtrug, das ich bei Gelegenheit von dort entnehmen
und Interessenten verkaufen konnte.

Dann ging die Vernehmung weiter. Die Wiederholungen von völlig aus
der Luft gegriffenen und aus meiner Sicht auch unrealistischen Vorstellungen vom Drogengewerbe brachten mich fast zur Verzweiflung. Ich konnte
mir nun gut vorstellen, wie es politischen Gegnern in totalitären Staaten
erging, und wenn man es genau betrachtet, waren wir auch so etwas wie
Dissidenten der herrschenden Weltanschauung. Irgendwann gaben die
Beamten dann doch auf. Es sah ganz so aus, als wären sie selbst müde geworden und wollten nach Hause.

Wie ich später erfuhr, hatten sie bei der Razzia absolut nichts gefunden,
und das auch schon in einer schnellen Untersuchung selbst festgestellt. Lediglich in einer Jacke, die in der Garderobe hing, fanden sich drei Gramm
Haschisch. Wer sich in den Größenordnungen auskennt, weiß, dass drei
Gramm ein ziemlich kleines Stückchen sind. Man konnte die Jacke auch
eindeutig einem Holländer zuordnen, und so gab es absolut keine beweis-
kräftige Handhabe gegen uns.

Aber das spielte zu diesem Zeitpunkt keine Rolle mehr.

Zunächst jedoch wusste ich das alles nicht und kam nach den vier Stunden Verhör, in dem ich auch nur auf dringende Anfrage ein einziges Glas Wasser bekommen hatte, ziemlich ausgedörrt wieder im Kino an. Dort saßen alle sauer herum und gingen gleich auf mich los.

„Was hast du denn bloß gemacht, du Arsch!"

„Was?" Ich war wirklich nicht im Bilde, was mir jetzt noch vorgeworfen wurde, wo ich doch alle Verdächtigungen der Polizei abgewehrt hatte.

„Na, das Kino zu schließen! Das war doch gar nicht nötig!"

„W-A-S?"

„Ja, hier war ein Typ vom Ordnungsamt, der meinte, wegen eines Mangels an anwesendem Ordnungspersonal müsste er das Kino schließen! Und das wäre in Absprache mit dir geschehen! Du wärst damit voll einverstanden!"

Natürlich war kein „Ordnungspersonal" da gewesen, denn man hatte uns ja alle mitgenommen.

Spätestens in diesem Moment hätte mir klar sein müssen, dass wir keine Chance mehr hatten. Aber ich glaubte noch nicht so recht, dass die ganze Welt schlecht sei. Immerhin antwortete ich, mehr um mein Standing bemüht: „Die arbeiten ja mit ganzschön schmutzigen Tricks, muss ich schon sagen!"

„Hast du was anderes erwartet?", gab Noppi zurück. Und er sollte recht behalten mit seiner Einstellung.

Am nächsten Tag waren natürlich alle Zeitungen voll von der Razzia. Man kann sagen, was man will, wenn man als Aufmacher auf der ersten Seite einer Zeitung steht, und nicht nur einer, das ist schon ein aufregendes Gefühl. Was wir noch spannend fanden, war, wie man auf Seiten der Polizei versuchte, das Gesicht zu wahren, angesichts so niederschmetternder Spurensicherung. Und wir erfuhren auch, wie willfährig oft und gerade damals die Journalisten in der Kleinstadt tatkräftig mithalfen.

„Das ist spannend, so kann man natürlich immer mit missliebigen Leuten, ja ganzen Volksgruppen, umgehen!", meinte Noppi, der zu diesem Zeitpunkt sogar vollständig nüchtern war. „Ich will da gar nicht weiter denken! Hört mal zu: *Lautsprecher warnten Gäste vor Großrazzia!* Also, erstens war es lediglich eine Haussuchung, zweitens hat Paul die Leute nur aufgefordert, ihre Ausweise bereitzuhalten! Aber hört mal weiter! *Die Polizeibeamten, etwa 50 Leute der Kripo und der Schutzpolizei entdeckten bei den etwa 60 Besuchern, darunter ungefähr 15 Mädchen, auch Ha-*

schisch. *Allerdings konnte bei den Lokalinhabern selbst kein Haschisch oder anderes Rauschgift gefunden werden.* Wow! Da kam ja auf jeden Besucher fast genau ein Polizist! Und die drei Gramm von dem Holländer sind ja echt viel!"

„Was mich stört, ist die Beschreibung der Toiletten und der sonstigen Verwahrlosung!", gab ich zu bedenken. Das Problem kannten wir zur Genüge, wenn mehrere hundert Leute durch den Saal tobten, war bald der Zustand erreicht, den wir jeden Morgen mit viel Mühe beheben mussten. Aber Paul hätte wenigstens seine Socken nicht herumliegen lassen sollen!

Noppi war noch immer in den Artikel vertieft.

„Und hier, ach du lieber Himmel! Hört euch das an: *Bezeichnend, dass die Inhaber durchaus nicht vom schlechten Gewissen geplagt zu sein scheinen. Beim Stadtjugendring liegt ein Antrag auf Mittel zu Förderung ihrer Arbeit vor.* Was sind wir doch für ein verworfenes Pack! Wusstet ihr eigentlich, dass an der Kasse bei uns auch Haschisch als Eintritt genommen wurde? Hat ein Kripobeamter festgestellt! Steht hier! Und dass sich *auf den überall herumliegenden Matratzen auch Szenen abgespielt haben, die das Sittendezernat mobil machen müssen.* Ich glaube, das wusstet ihr noch nicht, wie? Da wäre ich gern dabei gewesen!"

Dem konnten wir nur zustimmen.

„Auf jeden Fall kommen sie am Ende schon mit ihrer Absicht heraus!", merkte Paul an. „Hier: *... das morsche Stadtkino-Gebäude ist alles andere als eine Zierde für das Stadtzentrum. Der Eigentümer, Spross einer angesehenen Bürgerfamilie aus Erkenschwick, der aber in Essen wohnt, täte gut daran, den gesamten Komplex abreißen zu lassen und neu aufzubauen, wozu die Stadt Oer-Erkenschwick schon aus Gründen der Stadtsanierung alle mögliche Hilfe leisten würde.* Damit ist doch schon alles gesagt!"

Wir ahnten ein wenig, dass er völlig recht hatte und im Hintergrund schon alles abgesprochen. Aber wir waren noch nicht bereit, aufzustecken. Und das kam eigentlich deshalb, weil uns die Mehrzahl unserer Gäste dazu drängte. Es war auf keinen Fall unsere Idee, gleich für das Wochenende eine Großdemonstration anzumelden. Von allen Seiten redeten die Leute auf uns ein.

Immerhin wollten wir genau wissen, wie das Ganze auf juristischer Ebene zu bewerten war. Der Tag nach der Razzia war Freitag, und das hatte Folgen. Nachträglich muss man zugeben, dass die Inszenierung der behördlichen Maßnahmen durchaus von kundiger Hand geleitet wurde.

„Im Prinzip", erläuterte Paul, „haben wir gar nicht geschlossen. Die gestrige Schließung war wegen mangelnden Ordnungspersonals. Das ist ja nun wieder anwesend. Und Schließungen müssen immer noch schriftlich zugestellt werden."

Um 14 Uhr lag dieses Dokument noch nicht unterschrieben im Ordnungsamt herum. Wir vermuteten, dass es kurz vor Feierabend zugestellt werden sollte, damit man nichts mehr dagegen tun konnte. Jetzt wollten wir es genau wissen. Paul fuhr zum Verwaltungsgericht nach Gelsenkirchen, um sich zu erkundigen.

Er wurde in seiner Ansicht voll bestätigt. Das ganze Vorgehen, so sagte man ihm, sei ein Ding der Unmöglichkeit. Wenn die Verfügung zugestellt werden würde, vermutlich kurz vor dem Feierabend des Ordnungsamtes, könnte man dagegen Einspruch einlegen. Und die Richter versprachen, noch eine Stunde zu warten, falls es uns so ergehen würde.

Und so geschah es, genau wie vorausgesagt. Leider kam Paul nicht rechtzeitig wieder nach Gelsenkirchen, denn Freitagnachmittag ist im Ruhrgebiet eine Hölle von Berufsverkehr. Deshalb waren die Richter dann doch schon gegangen, als er das Verwaltungsgericht erreichte. Das ärgerte ihn so sehr, dass er darauf hin sofort zum Polizeipräsidenten in Recklinghausen fuhr und die Demonstration, die um uns herum schon eifrig geplant wurde, offiziell anmeldete.

„Egal, was passiert", sagte er zu uns im Kino in seiner freundlich-zurückhaltenden Art, „ich finde, diese Sache soll sie noch richtig was kosten!" Und mit „sie" meinte er die Verwaltung der Stadt. Denn diese musste zum Beispiel die Polizisten bezahlen, die zur Sicherung einer jeden öffentlichen Demonstration abgestellt werden.

„**Das** gibt Überstunden für die, das verspreche ich euch!", orakelte Paul finster.

Jede Woche Demo

Am Nachmittag nach der Razzia machten wir einfach wieder auf, weil wir die Schließung noch nicht in schriftlicher Form zugestellt bekommen hatten. Der Laden füllte sich sehr schnell. Statt eines Filmprogramms gingen wir aber daran, Spruchbänder für die anstehende Demo zu fertigen. Dazu wurden Tapeten der Länge nach auf dem Boden vor der Bühne ausgerollt. Alle waren eifrig dabei. Natürlich kam auch die Presse wieder vorbei und man machte ungeniert Fotos, erkundigte sich freundlich nach unserem Befinden und ging befriedigt wieder. Sie vermittelten uns den Eindruck, einen schönen Artikel gegen die Schließung schreiben zu wollen. Was dann wirklich daraus wurde, hat mein Verhältnis zur Presse für immer geprägt.

Zunächst aber begaben sich Noppi und ich zum Anwalt, um unsere Vereinseintragung durchführen zu lassen. Es dauerte und dauerte, bis schließlich Paul mit dem Schließungsschreiben hereinkam, um sich sofort nach Gelsenkirchen zum Verwaltungsgericht abzumelden.

Im Kino machten wir dann die Anwesenden darauf aufmerksam, dass sie ab jetzt bei einer privaten Feier anwesend waren. Und prompt erhielten wir auch Besuch von der Polizei. Die betrachtete die Versammlung allerdings als öffentlich, weil unsere Tür nicht abgeschlossen war. Ungeachtet meiner Einwände wurden nun alle Anwesenden mit Tritten und Faustschlägen gewaltsam aus dem Raum entfernt. Die Beamten staunten nicht schlecht, als es immer mehr wurden. So viele Leute hatten sie anfangs nicht gesehen. Des Rätsels Lösung war unsere Hintertür. Dort kamen unsere Gäste immer wieder herein. Einige wurden dreimal aus dem Raum geschleppt.

Dann schlossen wir vorn ab und machten endlich die Transparente fertig. Eigentlich hatten wir befürchtet, dass man eventuell auch in der Hagelberger eine Durchsuchung ansetzen würde, aus welchem Grund auch immer. Deshalb hatte ich früh Gerhard angerufen, um die dort Anwesenden zu warnen.

Der Samstag begann wieder mit Zeitung lesen. Die besten Stellen laut.

„So etwas an Verwahrlosung der Gebäude ist uns nur ganz selten vor gekommen!", wurde ein Polizist zitiert und es gab dazu auch ein Bild, wie

zwei Mädchen von einer Couch aufspringen mit der Unterschrift: *„Flohen, als sie fotografiert werden sollten. "*

Wie man sieht, hatte man damals noch völlig andere Auslegungen von Persönlichkeitsrechten, besonders dem am eigenen Bild.

Das Sofa existierte tatsächlich. Irgendjemand hatte es einmal angefahren, da war es noch wie neu. Nach kaum zwei Wochen sah es aber tatsächlich bejammernswert aus, sodass wir schon überlegten, wie wir es am besten zur Kippe fahren könnten. Allerdings hatten wir keinen Bus oder Lastwagen. So blieb das Ding am Hinterausgang stehen. Die vier kleinen Matratzen, die im Raum unter der Bühne lagen, wo wir immer unsere nächtlichen Abschlussdiskussionen durchführten und Hackys Tee tranken, waren dem Publikum nicht zugänglich. Aber in einem anderen Artikel erfuhren wir die Wahrheit darüber.

„Unter dem Deckmantel, eine „interne Beratungsstelle für Süchtige und Suchtgefährdete" zu sein, sollen die „reinsten Orgien gefeiert worden sein", wie ein Nachbar, der sich bereits vor einiger Zeit beim Ordnungsamt beschwert hatte, zu berichten wusste. "

Genau so stand es in der Zeitung. Wir fanden es sehr interessant, was die hiesigen Anwohner unter „Orgien" verstanden. Noch spannender war aber, wie mithilfe des Konjunktivs nun Gerüchte und Vermutungen abgedruckt und daraufhin Inhalte, die nie existiert hatten, öffentlich diskutiert wurden.

Eine Woche später waren dann auf diese Art aus den Anschuldigungen Fakten geworden, ohne dass sich irgendjemand die Mühe gemacht hätte, nachzufragen.

Aber es gab auch die feinsinnige und absolut hinterhältige Diskreditierung.

„Von allem nichts gewusst: Geschäftsführer Jelinki, Berlin" stand unter einem Bild von mir. Damals war „link" noch kein Internetverweis sondern bezeichnete eine fiese Art der Abzocke.

„Ach du lieber Himmel, da fehlt ja ein „s"! Ja, ja, der Druckfehlerteufel!", schmunzelte man in der Redaktion.

„Da sieht man's, der heißt ja schon so!", urteilten die braven Bürger von Erkenschwick.

Allerdings fanden diese wiederum ihre jugendlichen Nachkommen beinahe vollzählig in unserem Demozug eingereiht, der sich nachmittags auf dem Marktplatz sammelte und friedlich formierte. Unsere Spruchbänder auf Tapetenbasis hatten wir längs der Kinoaußenwand aufgeklebt, sodass man sie vom Rathaus aus gut sehen konnte. Auch im Kino räumten wir mal so richtig auf. Genau in diesem Moment bekamen wir wieder einmal Besuch von der Polizei.

„Wenn ihr heute schön ruhig seid, könnt ihr bald wieder aufmachen!", raunte uns der leitende Grünrock unauffällig zu.

Wir interpretierten das als eindeutigen Wunsch, nicht allzu viele Überstunden schieben zu müssen. Die Offerte selbst war selbstverständlich eine Behauptung, deren Realisierung einer ganz anderen Dienststelle oblag. Soviel Durchblick hatten wir auch.

Während sich das Volk sammelte, tauchten nicht nur die Beamten der Schutzpolizei auf, sondern auch trenchcoatbewehrte Zivilisten, die an ihrem betont unauffälligen Verhalten zu erkennen waren und auch dadurch, dass sie alles, vor allem unsere Hauswand mit den Sprüchen, fotografierten.

„Da schau, K14, die politische Polizei ist auch schon da", kommentierte Paul. „Dann haben wir jetzt dort auch eine Akte."

Wir verteilten die gemeinschaftlich gefertigten Transparente und Papierarmbinden mit der Aufschrift „Ordner", damit auch hier dem formalen Anspruch für Durchführung Genüge getan war.

Dann setzte sich der Zug in Bewegung und nahm seine festgelegte Route durch die Stadt, voran unser Opel, an dem Paul eine kleine rote Fahne befestigt hatte. Wir kamen irgendwann beim Zählen durcheinander und schätzten dann die Zahl der Anwesenden auf über 1000. Die erste Demonstration in Oer-Erkenschwick! Eine Sensation. Und wofür gingen die vielen Leute auf die Straße?

„Öffnet WILMA!", skandierten sie.

Kopfschütteln bei den Bürgern der Stadt.

Am Ende der Demo gab es noch eine Kundgebung. Die DKP hatte uns ihren Lautsprecherwagen zur Verfügung gestellt und Vertreter der Falken, der Jungdemokraten und der DKP sprachen zum Volk. Dann versuchte Paul, auch noch offizielle Personen ans Mikrophon zu holen.

„Ich habe gehört, dass sich ein Herr der CDU ebenfalls äußern möchte!", sprach er und alle sahen auf den ebenfalls anwesenden Bürgermeister Netta. Ich stand zufällig in dessen Nähe.

„Die machen mich doch fertig, wenn ich mich da hineinwage!", sagte er zu einem Begleiter. Ich fand das wenig von Zivilcourage erfüllt, um nicht zu sagen: feige. Paul thematisierte noch eine Weile die zögernde Haltung der Politiker, wenn es um mutige Meinungsäußerung ging.

Zum Abschluss bildeten alle auf dem Marktplatz (direkt vor dem Rathaus) einen großen Kreis und sangen „We shall overcome", weil das damals so üblich war. Alles war sehr friedlich abgelaufen.

Wir beendeten die Veranstaltung, aber die Leute blieben noch und diskutierten weiter.

So konnten wir noch unsere Süßigkeitenvorräte verkaufen.

Und dann hielt plötzlich ein weißer Fiat 124 vor der Tür und ihm entstiegen Sigi, Werner, seine Freundin Christine und Toppi, der seinen neuen Wagen einmal hatte ausfahren wollen.

So wurde es noch ein sehr schöner Abend.

Sigi lernte nun auch selbst die Mädchen kennen, mit denen ich laut Gabi so furchtbar untreu geworden war. Ich weiß noch, wie angeregt Sigi und Connie miteinander ins Gespräch vertieft waren.

„Die ist ja wirklich nett!", sagte Sigi später. Die Mädchen hatten sich sehr gut verstanden und ich überlegte schon ein wenig, ob ich das jetzt auch genau so positiv verstehen sollte. Wenn sich Mädchen einig waren, konnte ich das schon früher schwer deuten. Von der männlichen Seite her kannte ich nur zwei Varianten. Entweder man kämpfte um die Begehrte, was einige Jungs ziemlich handgreiflich verstanden, oder man trat das Territorium an andere ab. Es kam ja auch darauf an, ob eine Liebe erwidert wurde.

Am nächsten Vormittag fuhren Toppi und die Mädchen wieder nach Berlin zurück, nur Werner blieb da, denn wir benötigten noch seine Unterschrift, um die Vereinseintragung abzuschließen. Schließlich sollte der Verein als Träger des Veranstaltungszentrums auftreten.

Die Polizei war auch bald wieder zur Stelle.

„Wenn ihr jemanden ins Kino lasst, holen wir euch aufs Revier, beispielsweise in U-Haft!", teilten sie uns mit. Das war wieder der gewohnte Tonfall. Wir überlegten, ob wir sie der Billigkeit wegen zurück-duzen sollten, verwarfen das aber. Es hätte für Außenstehende so aussehen können, als wären wir mit ihnen inhaltlich und formal auf einer Ebene.

Jemand hatte einen Lautsprecher von der CDU organisiert, den wir auf dem Opel anbrachten. Dazu fuhren wir das Fahrzeug ins Kino hinein.

„Wenn die wüssten, dass ihr Lautsprecher hier ist", informierte uns der Überbringer von den Einzelheiten der Ausleihe.

Eine Gruppe, vermutlich die *Geier* [64], hatte ihre Musikanlage bei uns abgestellt. Paul schob die Orgel in den Eingang und unterhielt so die zahlreich erschienenen Leute. Auch die Süßwaren gingen wieder gut weg.

Der Montag begann wieder mit Zeitung lesen. Die Demo hatte offensichtlich einen starken Eindruck gemacht. Natürlich bekamen wir wieder Besuch von der Polizei, die sich Sorgen um die Verkehrssicherheit des Opel machte und alles fotografierte: den Lautsprecher auf der Motorhaube, den Besenstiel mit der roten Fahne, den Paul an den Türholm gebunden hatte und die Klebebuchstaben „WILMA" an den hinteren Seitenscheiben. Diese Einzelheiten führten später zu einer Anzeige, weil „die Sicht gestört" war und eine „bauliche Maßnahme", nämlich die Fahne, „über den Fahrzeugumriss hinausragte". Ich bin sicher, wäre es eine Deutschlandfahne gewesen, hätte das keinen verkehrstechnischen Anstoß provoziert. 35 Jahre später, zur Fußball-WM 2006 in Deutschland, fuhren unzählige Autos in dieser Art verkehrsgefährdend durch das Land. Das Verwaltungsgericht vertröstete uns.

„Vielleicht in 14 Tagen" würde man die Sache entschieden haben.

„Die haben doch längst auf dem Dienstweg Kontakt zur hiesigen Verwaltung!", sprach Paul aus, was wir alle dachten.

Als der Beschluss dann tatsächlich kam, gab er der Schließung statt. Wie sollte es auch anders sein.

„(...) der Antragsteller hat die Tatsachen, die der Ordnungsverfügung zugrunde liegen, im Wesentlichen bestritten. Es ist aber nicht Aufgabe dieses summarischen Verfahrens, durch eine umfangreiche Beweisaufnahme zu klären, welche der von der Polizei getroffenen Feststellungen letztlich zutreffen. Die Kammer muss sich deshalb darauf beschränken, eine Interessenabwägung vorzunehmen."

Das Gericht ging folglich davon aus, dass die Angaben der Polizei *„eine gewisse Vermutung der Richtigkeit haben"* und weil wir als Antragsteller auch nicht das Gegenteil beweisen konnten, sogar einräumen mussten, dass der eine oder andere Gast eventuell ein Drogenkonsument gewesen sein könnte, wurde der Schließung stattgegeben. Man merkte an, dass un-

---

[64] Später in *Geier Sturzflug* umbenannt, hatten ein paar Jahre später sogar einen Hit: *Bruttosozialprodukt*, falls sich jemand erinnert.

sere Verteidigung nur darin bestand, dass wir „Vermutungen" nicht als „ermittelte Tatsachen" ansahen. In ihren Augen war das eine schwache Verteidigung. Also ging man davon aus, dass *„im Stadtkino Rauschgift gehandelt und konsumiert worden ist, dass die Jugendlichen dort gröblich gegen die Sittlichkeit verstoßen haben und der Antragsteller dies zumindest geduldet hat."*

Und damit wäre alles rechtens.

Jetzt hatten wir amtlich festgestellt bekommen, dass alle Anschuldigungen „Tatsachen" waren. Ich staunte. Nur eine einzige Instanz war nötig gewesen, diesen Gedankensprung zu zementieren.

Das Gericht konnte auch unmöglich echte Beweise gesehen haben, denn es gab keine. Weder wurden uns welche präsentiert, noch bezog sich zu diesem Zeitpunkt oder auch später irgendein Bericht darauf. Alle laufenden Verfahren wurden folgerichtig ein halbes Jahr später ergebnislos eingestellt. Dabei hatte ich mich so auf ein echtes Verfahren gefreut.

An diesem Montag aber kamen wieder viele Leute an unsere Tür. Wir durften sie natürlich nicht reinlassen. Also gingen sie ins Rathaus, bewaffnet mit Bongos und Gitarren.

„Da war's gemütlich und schön warm!", erzählten sie uns später.

Inzwischen eskalierte die Lage so, dass man jeden Morgen Zeitung holen konnte und etwas über uns drin stand. Zunächst einmal schwankte die Einstellung in die Richtung, „dass den Jugendlichen auch geholfen worden sein sollte".

Wir hatten auch tatsächlich in dieser Richtung gewirkt. Aus meiner eigenen Drogenzeit konnte ich auf Erfahrungen zurückgreifen, die allen, die nie auch nur einen Joint durchgezogen hatten, völlig abgingen. Das Hauptproblem war dabei, dass die psychischen Folgen von Alkoholkonsum, dem viele der behördlichen Bearbeiter erlebbar verfallen waren, sich völlig zu denen der weichen und harten halluzinogenen Drogen unterschieden.

Unter Alkoholeinfluss hatte ich übelste Schlägereien gesehen. Oder, wenn es emotionale Verluste gab, auch psychische Deformationen bis hin zum Kleinkindverhalten.

Haschisch führte in manchen Fällen dazu, dass den Leuten schlecht wurde, bei den restlichen 99 Prozent aber zu einer Aufhellung der Stimmungslage[65] und manchmal unglaublich erhöhter Sensibilität. In diesem Zustand beginnt man keinen Streit, schon gar nicht einen, der grob handgreiflich endete. Aber man begann, nachzudenken. Zum Beispiel über politische Verhältnisse und wie Menschen miteinander umgingen.

In der Art, wie Haschisch damals und besonders in Erkenschwick verfolgt wurde, hatte es den Anschein, als wollte die umgebende Gesellschaft genau dieses verhindern. Mit LSD verhielt es sich ähnlich, das konnten wir Professor Leary bestätigen. Unsere Erkenntnis damals war, dass die politisch Mächtigen der Erde sehr wohl wussten, warum sie solche Drogen verfolgen mussten. Würden nämlich zu viele Bevölkerungsteile diese Drogen nehmen, würde ihr Einfluss schwinden.

Man konnte es in den USA wunderbar beispielhaft ablesen, weil durch die dortige Gesellschaftsordnung die Kontraste auch viel eher aufbrach. Auf der einen Seite die Hippies, die aufhörten, leicht zu steuerndes Konsumvieh[66] zu sein, auf der anderen Seite die konsumorientierten Wachstumsgläubigen, die den Umtausch von Zeit und Geld wie eine Wechselstube betrieben ohne dafür mehr menschliche Zuwendung zu bekommen.

Mit Alkohol konnte man da sehr viel leichter umgehen, der führte nämlich zu keiner hinterfragenden Aktivität. Irgendwann war man einfach nicht mehr zurechnungsfähig und der Kater hinterher unterstützte die Pharmaindustrie. Da konnte man Entzugskriminalität und Arbeitsausfälle hinnehmen, das große Ziel wurde davon nicht gefährdet. Und die Krankenkassen konnten die Kosten auf alle umlegen.

Merkwürdigerweise wurde damals kaum über Heroin oder Kokain geredet, Stoffe, die erhebliche körperliche Entzugserscheinungen verursachen und damit eine Qualität an Beschaffungskriminalität, die mich über alle Maßen schockierte. Zum Beispiel nahm einer der Leute, die wir damals in der Hagelberger unterkommen ließen, kurzerhand eine meiner Kameras mit, um sie in Stoff umzusetzen. Soziale Bindungen gingen durch diese Drogen völlig verloren, weil neue Bekanntschaften nur dazu gut waren, Geld für den nächsten Schuss zu beschaffen. Ich habe das leider bei weiteren engen Freunden mit ansehen müssen.

---

[65] THC, der Wirkstoff im Haschisch wird inzwischen medizinisch zur sanften Schmerzlinderung benutzt.
[66] Tatsächlich hörten auch die Leute meines Umfeldes, die solche Drogen nahmen, mit dem Kauf von Konsumgütern auf, die über Essen, Trinken und nötige Bekleidung hinausgingen. Meine eigenen technischen Geräte betrachtete ich auch später immer als „Werkzeug".

Alle diese Erfahrungen hatten auch dazu geführt, dass sich in Marl ein *Arbeitskreis Jugend und Droge* gebildet hatte, mit dem wir uns sehr gut verstanden und auch dessen Vertreter auch im Jugendamt saßen, basisinformierte, sehr verständige Leute. Dort war sogar ein „Stillhalteabkommen" mit der Polizei ausgehandelt worden. In Marl, wohlgemerkt, nicht in Erkenschwick.

Mit unserer Erfahrung konnten wir sehr wohl die Leute aussortieren, die durch ihr Umfeld, auch das elterliche, und ihre eigene Einstellung tatsächlich gefährdet waren. Und weil wir als „Typen" wie alle anderen auch akzeptiert wurden, erfuhren wir sehr schnell von anstehenden Problemen und hatten auch das Vertrauen der Leute. Wenn wir es mit ihnen bis Marl schafften, gab es Chancen für einen hoffnungsvollen Ausgang.

Leider mussten wir bis dahin durch einen großen Teil von Erkenschwick fahren und nach den ersten Vorfällen gewannen wir den Eindruck, als ob uns die Polizei förmlich auflauerte. Dahinter stand, klar erfahrbar, auch die oberste Riege der Erkenschwicker Stadtverwaltung und ein Block von sehr einflussreichen Eltern, die erheblich auf ihr öffentliches Ansehen bedacht waren. Aber, genau wie wir es in den USA vorgeführt bekamen, gerade die waren von der Drogenwelle hart getroffen. Die Erklärung ist einfach. Jugend möchte es generell anders als die Eltern machen. Damals waren Drogen neu und als Mittel der Abgrenzung zur älteren Generation angesagt. Die Kinder aus besserem Hause hatten einfach mehr Geld und Gelegenheit, sich die angesagten Sachen zu beschaffen. Aber das wollte niemand begreifen. Die Ursache der Vertuschung war möglicherweise die Gefahr, dass dann innerfamiliäre Beziehungen zur Sprache gekommen wären. Damals achtete man aber sehr darauf, dass die Familie harmonisch nach außen wirkte, auch wenn intern die Hölle tobte. Wir hatten da ein paar nette Gespräche ...

Immerhin nahmen die Zeitungen Leseräußerungen und auch einen offenen Brief von Michael Maaß, dem Vorstand der Marler Hilfsorganisation so ernst, dass sie sie abdruckten und diskutierten. Es entstand tatsächlich der Versuch, die wahren Probleme von Jugend und Droge zu diskutieren.

Aber dann schrieb der Bürgermeister von Erkenschwick, Heinz Netta, MDL, auch einen Brief, den man selbstverständlich abdruckte.

„Stadt hat die Pflicht, die Jugend zu schützen und zu fördern", knallte uns bereits am Dienstag die Überschrift entgegen. Uns schwante nichts

Gutes. In dem Artikel wurden wieder alle unbewiesenen, erfundenen Vorwürfe sowie aufgeblasene Kleinigkeiten als Realität präsentiert, dass wir uns beim Lesen selbst schon als Abschaum der Menschheit empfanden. Wenn es so gewesen war, wieso hatten wir es nicht mitbekommen? Wo hatten wir uns in dieser Zeit aufgehalten? Sicher nicht am gleichen Ort wie die Zeugen dieses schändlichen Fehlverhaltens.

Ein kleines Beispiel:

„So lag zum Beispiel in der Küche stinkende Wäsche herum. Sicherlich kann es nicht im Interesse der Gesamtbevölkerung liegen, wenn solche Zustände geduldet werden."

Wir hatten gar keine Küche. Wozu auch? Wir boten auch kein Essen an. Die schmutzige Unterhose hatte das Polizeikommando aus einer Plastiktüte gefischt, in der Paul seine Sachen für Lisas Waschmaschine sammelte. Sie befand sich in dem Raum, der an den Vorführraum angrenzte und von dem aus wir Musik und Schmalfilme abspielten. Der unglückliche Umstand war nur der, dass sie erst am nächsten Tag mitgenommen werden sollte.

Allerdings gewannen wir den Eindruck, selbst wenn diese Tüte beizeiten ihren ordnungsgemäßen Weg genommen hätte, wäre den Hütern der Ordnung irgendetwas eingefallen.

Natürlich waren wir auch immer aufs Neue entsetzt, wie mehrere hundert Gäste im Laufe eines Abends die Toiletten ruinieren können, aber Reinigungskolonnen zwischendurch waren komplett illusorisch. Mit diesen Problemen hatten aber auch alle anderen Veranstalter zu kämpfen. Bei jeder Jugendveranstaltung in entsprechender Größenordnung, die ich auch später besuchte, hätte man den Laden aufgrund der damit verbundenen Toilettenverhältnisse schließen können, selbst wenn man jemand mit einem Tellerchen an den Eingang setzte. Besonders die 80er Jahre waren da ein schönes Beispiel.

Ausnehmend lustig fanden wir den Schluss des Briefes.

„Die Stadt hat sich stets bemüht, durch Schaffung von vorbildlichen Gemeinschaftseinrichtungen wie Unesco-Modellbücherei, Stadthalle, Hallenbad, Freizeitstätte Stimbergpark, die vielen Sportanlagen und Förderung von Jugendheimen genügend Tätigkeitsbereiche für die Jugend dieser Stadt zur Verfügung zu stellen."

Da fragte man sich tatsächlich, warum bei soviel Kulturangebot unser Laden von den Leuten regelrecht gestürmt wurde.

Aber dann kam der Killersatz.

„Die Benutzer des Stadtkinos kamen überwiegend von auswärts. Wir haben als Stadt nicht nur die Pflicht, die Jugend zu fördern, sondern vor Rauschgift und Sittenmissbrauch zu schützen."

Klar, es waren immer die anderen, die aus anderen Städten, die nicht so gut erzogen waren wie der Erkenschwicker Nachwuchs.

Unsere Antwort konnte natürlich nur in einer weiteren Wochenenddemonstration bestehen. Da hatten die hiesigen Bürger genug Gelegenheit, zu bestaunen, wie viele aus dieser Stadt sich einreihten.

Wir hatten aber gelernt und meldeten die Demo wieder kurz vor dem freitäglichen Feierabend an.

Ich trampte jedoch erst einmal nach Berlin.

Dort waren die Zustände auch alles andere als erfreulich. Jerry hatte Shit-Micha einquartiert, ausgerechnet einen Dealer und einen, den ich am wenigsten leiden konnte.

„Zahlt der denn auch Miete?", fragte ich.

„Ja, irgendwie schon", meinte Jerry.

„Dann lass uns die jetzt wenigstens rauchen!", schlug ich vor.

Es war nicht zum Aushalten. Wenigstens konnte ich mit Sigi anlässlich ihres Geburtstags zu einem Konzert gehen. *Man, Yes, Family* und *Softmachine*; zu anderen Zeiten hätte mich das sehr gefreut. So verlief der Abend in mäßiger Stimmung.

Am Sonntag rief Noppi an. Die Demonstration wäre ein voller Erfolg gewesen. Drei Anzeigen hätten sie sich eingefangen.

„Wofür denn?", fragte ich zurück, da wurde die Leitung unterbrochen. Offensichtlich war Noppi in einem Münztelefon und das Geld war ihm ausgegangen. Später erfuhr ich, dass man keine Lautsprechergenehmigung gehabt hatte und nun die Polizei deshalb die Geräte beschlagnahmen musste. Wir erinnern uns – sie waren eine „Leihgabe" der CDU.

Am Dienstag trampte ich wieder rüber und landete genau in einer Lagebesprechung. Inzwischen hatte die SDAJ, die sozialistische deutsche Arbeiterjugend[67], die Sache mit den Demonstrationen übernommen und die planten wie kleine Generalstäbler. Es gab sogar Flugblätter. Eines davon war sehr niedlich. Jemand hatte Bilder aus Asterix-Geschichten genommen und einen neuen Text darauf gemacht. Man kann sich unschwer

---

[67] Nicht zu verwechseln mit der Jugendorganisation der SPD, den „Falken".

vorstellen, auf welcher Seite die Gallier standen und wer die römischen Legionäre waren. Und – logisch, wer die Hucke voll bekam.

Weil sie eine eigene kleine Druckmaschine hatten, regneten diese Flugblätter nun zu tausenden auf Erkenschwick herab. Ich bin sicher, jeder, der sich nicht konsequent in sein Zimmer eingeschlossen hatte, musste in den Besitz von einem Exemplar kommen.

Etzel trampte auf meine Bitte hin nach Berlin zurück, um wenigstens die Hagelberger nicht völlig unter die Räder kommen zu lassen.

Dann wurde wieder eine Demo angemeldet.

Inzwischen waren wir so sehr das Stadtgespräch, dass uns die Zeitung sogar den obligatorischen Aprilscherz widmete: *„Haus der offenen Tür im Eilbau – Jane Fonda kommt zur Eröffnung"*

Am Freitag kam es aber auch noch zu einem zweiten großen Hearing im Jugendheim. Alle waren zugegen, auch Mitglieder sozialistischer Organisationen. Was dabei herauskam, war zwar zu erwarten gewesen, aber ich war doch erschüttert, wie man sich auf die Mitwirkung dieser Leute stürzte. In der Zeitung stand dann: *„Demagogie roter Rattenfänger machten Hoffnungen zunichte- kommunistisch gesteuertes Privatunternehmen außerhalb der demokratischen Legalität!"*

Das ist ja wie McCarthy-Ära in Deutschland, dachte ich. Ich hatte noch nie von einem „kommunistisch gesteuerten Privatunternehmen" gehört. Mir war völlig unklar, was das sein sollte. Der abgebildete Tisch der Stadtverwaltung mit Bürgermeister, Verwaltungsdirektor und Stadtkämmerer sah aus wie ein Tribunal, auch wenn darunter stand: *„Sie liehen der Jugend ihr Ohr."*

So gnädig sahen die Honorationen auf dem Foto aber nicht aus. In Wirklichkeit lief es so, dass sie eine Weile zuhörten, dann aber mittendrin der Bürgermeister plötzlich „Ruhe!" rief und dann mitteilte, wie die Angelegenheit zu bewerten war. Seine sorgfältig vorbereitete schriftliche Ausfertigung wurde zum Abdruck an die Journalisten gereicht.

Die Begründung unserer Schließung war letztlich vor allem, wie „Journalistenkollege" Serger dann dieses Handout in der Zeitung auswertete, dass es offenbar Leute gab, die mit „*demokratischen Mitteln die Demokratie stürzen wollen*", deshalb gäbe es „*keine Chance*" für uns. Und das, obwohl, „*woran nicht gezweifelt werden kann, der Wille zum Entgegenkommen durch Bürgermeister Heinz Netta und den Repräsentanten der CDU und SPD vertretenen Rat der Stadt vorhanden war.*"

In einem anderen Artikel erfuhren wir eine ganz genaue unparteiliche Stellungnahme.

„Die infrage kommenden Jugendlichen wären wohl beraten gewesen, sich von politischem Schmierfinkentum zu distanzieren. Man sollte sich nicht für ein Privatunternehmen auf die Barrikaden des Protestes treiben lassen."

Wie der geneigte Leser des 21. Jahrhunderts inzwischen durch eine Unzahl von politischen Affären weiß, geht es eigentlich nur darum, ob das Privatunternehmen zahlungskräftig genug ist, um politische Unterstützung zu erhalten. Und hier erreichten wir eindeutig nicht die gewünschte Messlatte. Da waren andere besser. Das ist knallharte Demokratie, „um die Demokratie zu stürzen".

Dass man uns inzwischen als „Kommunisten" beschimpfte, machte eigentlich die Suppe nicht mehr fett. Leider konnte man aus offensichtlichen Hauteigenschaftsgründen nicht noch „Neger!" hinzufügen, aber wenigstens behandelte man uns amtlicherseits nun so.

Die dritte Demo meldeten wir mit Kundgebung an, sodass wir eine Lautsprechergenehmigung benötigten. Diese benutzten wir, um die Veranstaltung als Open-Air-Festval mit Musikgruppen zu deklarieren, direkt vor dem Kino (und dem Rathaus) auf dem Marktplatz. Ach, so geht das, dachte ich.

Revolution in der Ludwigstraße

Als wir am 1. April abends zusammen saßen, knatterte und dröhnte es plötzlich vor der Tür. Hatten sie jetzt schon die Bundeswehr angefordert, dachte ich verstört. Aber die war doch nur für den Verteidigungsfall. Hatte ich etwas versäumt?

Wir stürmten hinaus.

Dort stand ein riesiger, vorsintflutlicher Trecker und hinter ihm hing ein roter, 24 Meter langer Bauwagen. Peter Zenker von der SDAJ beglückte uns mit ihrer neuesten Errungenschaft: einem Demonstrationswagen. Man konnte drin wohnen und wegen der Länge auch unglaublich viel Transparente anbringen. Paul fuhr noch schnell mit dem erschreckend lauten Trecker eine Ehrenrunde durch die Stadt, dann parkten wir den Bauwagen nach kurzer Diskussion auf dem Marktplatz, vom Kino nur durch die Fahrbahn der Ludwigstraße getrennt.

Diese Nähe ermöglichte uns auch, für den damals horrenden Betrag von 104 DM ein Kabel hinüberzulegen, das den Wagen mit Strom versorgte. Wir trugen die Musikanlage und Lollos Platten hinüber, sowie ein paar Sitzgelegenheiten. Solange der Bauwagen dort stand, hatten wir immer eine Menge Besuch darin und drum herum. Ganz klar, bei uns lief die beste Musik zu dieser Zeit in dieser Stadt.

Auch das Wetter spielte mit. Nur bei der Demo war es kühl und bedeckt. Morgens schon machten wir eine Tour mit dem „dicken Bernhard", wie die Besitzer ihren Wagen liebevoll getauft hatten, vermutlich nach einem verdienten alten Kämpfer mit ziemlicher Leibesfülle. Inzwischen hatten wir auch einen Anwalt mit Namen Michels. Nachmittags kam er mit den Einwilligungen für Bauwagen und Lautsprecher zu uns und redete formaljuristisch mit Ortssheriff und Kollege Weber vom Ordnungsamt, jemand, den wir besonders mochten, weil er einem mit dem schönsten Lächeln die größten Gemeinheiten in einer Ordnungsverfügung ins Gesicht sagen konnte. Zum Glück hatte ich Pauls 16mm-Kamera mit Film bestücken können und filmte die Veranstaltung, ebenso wie die Leute vom K14-Dezernat, die wiederum uns filmten und auch sonst alles fotografierten. Schade, dass sie nicht auf den von mir angebotenen Bildertausch eingingen.

Die musikalische Darbietung kam von den *Geiern* und von der Band *Scarlet Pearmain*, eine mit uns sehr befreundete Gruppe aus Gelsenkirchen. Die *Geier* übten sich schon damals in naiv-frivoler Sozialkritik und trugen ihre vertonten Texte mit einer Unschuld vor, die ihnen die Herzen öffnete – und die Fenster der umliegenden Häuser, damit diese wegen der Lautstärke nicht so klirrten.

Während der Veranstaltung kamen einige Leute auf die Idee, die restlichen Matratzen aus dem Kino zu holen und sich darauf zu hocken und heftig herumzuknutschen.

„Wir haben jetzt mal *WILMA* nach draußen gebracht, damit alle sehen können, wie es war!", erklärte Paul über die Lautsprecheranlage. Bis zum Abend war es ziemlich voll um den Bauwagen herum und darin sowieso.

Und der folgende Sonntag war sehr friedlich. Als ich aufwachte, verspürte ich eine tiefe Leere. Da saßen wir nun auf dem Marktplatz, ließen uns die Sonne auf die Nase scheinen und aus dem Bauwagen lief *Steve Miller 5* oder was Paul sonst noch gerne hörte. Noppi fegte die Reste des gestrigen Tages zusammen und ein paar unserer Freunde waren auch zugegen.

Ulrike wollte unbedingt Mofafahren lernen, kurvte herum und landete schließlich kreischend „Ich kann nicht bremsen!" auf einem Auto. Es gab eine dicke Beule (am Auto), aber der Besitzer war einer unserer Gäste und nahm es nicht so schwer. Ulrike aber lag mit einem Nervenschock auf einer Matratze und wir überlegten schon, einen Arzt zu holen. Aber sichtbare Schäden hatte sie nicht davongetragen und nach einer Weile stand sie wieder auf. Vielleicht hat sie nie wieder ein motorisiertes Zweirad angefasst.

Zum Mittagessen waren wir bei einer Familie direkt über dem *Stern-Kaufhaus* am Platz eingeladen. Es war so gut und reichlich, dass wir versprachen, wiederzukommen, als wir uns aus der Wohnungstür hinausquälten.

Während wir noch im Fresskoma lagen, tauchte Paul auf und erklärte fröhlich: „Wisst ihr was? Jetzt stellen wir einen Antrag auf Wiedereröffnung!"

Wir diskutierten daraufhin neue Konzepte und die Folge davon war, dass sich Noppi daran machte, die gesamten Stuhlreihen abzubauen.

Die Antwort auf unseren Antrag kam prompt: Wir sollten erstmal all diese hässlichen Aufkleber an der Kinowand beseitigen.

Das gelang mithilfe vieler Leute, die wie immer vorbeikamen und sich am Spachtel ablösten. Auch die Zeitungen waren wieder etwas milder gestimmt.

„Open-Air-Festival als Protest gegen die Schließung des Unternehmens WILMA – schon dritte Wochenenddemonstration mit viel Musik" titelten sie. Und im Text fand man den Satz *„Bei der Protestdemonstration konnten nun kaum wesentliche Argumente neu vorgetragen werden, es sei denn, dass es noch einmal offensichtlich wurde, wie groß der Anhang von WILMA ist und wie beharrlich er sich gegen eine Schließung auflehnt."*

Es hat meine Weltsicht sehr beeinflusst, von höherer Stelle gesagt zu bekommen, dass man immer neue wesentliche Argumente vortragen muss, obwohl die alten eigentlich ausreichen würden. Dass die Größe einer Anhängerschar ein Argument sein sollte, fanden wir spontan ausgesprochen einleuchtend.

Jedenfalls lief unsere Verpflegung weiterhin sehr gut.

Ferdie, ein treuer Freund und Kopf einer kleinen Bande, machte einen Streifzug durch die Keller der Ewaldstraße und brachte kistenweise Büchsen und Eingemachtes an. Natürlich wiesen wir ihn darauf hin, dass das ungesetzlich gewesen wäre, aber bevor wir die Sachen mühsam zurückgaben, langten wir lieber hungrig zu. Es war weithin bekannt, dass wir eigentlich pleite waren.

Morgens tauchten immer einige Mädchen auf, die uns mit Frühstück versorgten. Es führte sogar soweit, dass uns zwei, Helga und Heidi, unsere liebste Kassenfrau, Noppi und mich ins Hallenbad einluden. Inklusive Dinner im angeschlossenen Fast-Food-Restaurant.

Noppi stöhnte beim Schwimmen immer „Meine arme Raucherlunge", aber das ließen die Mädchen natürlich nicht gelten.

Durch den Öffnungsantrag war tatsächlich etwas Bewegung in die Geschichte gekommen, die nicht nur alles negativ erscheinen ließ. Noppi besuchte nun auch häufig die entsprechenden Ämter und berichtete, dass es sich erheblich angenehmer mit den Leuten diskutiert, wenn man dabei „einen hebt". Dafür war Noppi unser Experte und wir bekamen noch einmal die Lektion, dass wir uns einfach mit den falschen Drogen beschäftigt hatten.

(Ein Jahr später waren Paul und Noppi mit dem Betrieb einer Musikkneipe in Paderborn sehr erfolgreich, die gemeinhin als „Absturzlokal" bekannt wurde.)

Der Besitzer des Kinogebäudes klinkte sich in die allgemeine Wetterlage ein und schickte einen LKW und Arbeiter, die endlich das kleine Grundstück hinter dem Kino räumten, auf dem die ehrbaren Anwohner seit Jahren ihren Sperrmüll hingekippt hatten, was man ebenfalls uns zur Last legte. Und wo der LKW schon da stand, warfen wir auch alles, was im Kino zu Bruch gegangen war, auf die Ladefläche. Noppi nahm sich dann die Sitzreihen vor und ordnete die Stühle zu kleinen Gruppen, sodass man sich hier zusammensetzen konnte, auch um zu reden. Ortssheriff und Ordnungsamtsleiter kamen ab und zu vorbei und sekundierten sachkundig die Fortschritte. Und dann kam Ostern.

Schon am Karfreitagmorgen traf Manke mit Bernd aus Berlin ein, angemessene Alkoholvorräte im Kofferraum. Verstärkung bekam er kurze Zeit später von Toppi, der Sigi und einen Haufen Fresspakete mitbrachte. Nach kurzer Zeit hatte Noppi mit den anderen Alkoholliebhabern die Gespräche in die angrenzende Gaststätte, den *Erkenschwicker Krug* verlegt.

Das war völlig in Ordnung, denn erstens sahen nun die anständigen Leute, dass wir sehr wohl die gleichen Drogen wie sie nahmen und auch der Wirt, dem wir einige unliebsame Gerüchte zu verdanken hatten, machte mal mit Leuten von uns Kasse. So etwas soll ja auch Meinungen revidieren.

Während alle so beim Bier saßen, meinte Paul, wir sollten „jetzt mal einen Freistaat ausrufen". Den Spaß hätten wir verdient.

Er rief dann auch gleich die britische Botschaft und das Auswärtige Amt an, um sich über das Prozedere zu informieren. Noppi, der noch nicht sehr viele Bier in sich hatte, riet zur Vorsicht. Und ob wir das denn könnten – ohne ihn.

Spät abends kam er dann nach Hause geschwankt und plötzlich hörten wir ein Rumoren auf der Akustikdecke. Dort, hoch oben im Kino hatte man Pappen über einzelne Balken genagelt und just auf diesen kroch Noppi herum. Uns blieb erstmal das Herz stehen, ich sah ihn jeden Moment durchbrechen und fünf Meter herunterstürzen. Eiligst starteten wir eine Rettungsaktion.

Erschwerend kam hinzu, dass Noppi dabei laut und falsch sehr unanständige Lieder sang.

Schließlich hatten wir ihn heil wieder unten und er schlief im Opel, weil sonst alles belegt und er dort relativ sicher war.

Am nächsten Morgen konnte er sich an nichts erinnern. Wir hatten bei der Rettungsaktion aber gesehen, wie viel Gerümpel dort oben lag und jemand kam auf die Idee, das auch noch zu entsorgen. Dabei passierte genau das, was wir bei Noppi befürchtet hatten, einer der Leute trat daneben und brach ein. Nur die Geistesgegenwart eines daneben stehenden Freundes rettete ihn vor dem Sturz. Immerhin konnten wir fortan Ungläubige auf das Loch hoch oben verweisen.

Zum Zeichen unseres guten Willens gaben wir auch noch den Toiletten einen neuen Anstrich. Von der Stadt hörte man, dass man unsere Anträge schnellstmöglich bearbeiten werde. Was das bedeuten könnte, erlebten wir durch eine Polizeipräsenz vor unserer Tür, die jeden Besuch, auch den persönlichen, verhindern wollte. Zum Glück hatten wir noch einen Geheimeingang, der durch den Keller führte. So verging der Tag und Abend ohne größere Belästigung.

Dieses Bewachungskommando fanden wir sehr verwunderlich, immerhin war Samstagabend vor Ostern. Normalerweise fand man die Polizei zu diesen Zeiten ganz woanders. Diese Bewachung hielten sie lange durch, waren aber gerade weg, als es nachts um 2 Uhr im Kino rumorte.

Dort standen zwei der stadtbekannten Schläger, stark angetrunken und wortreich diskutierend, was sie von „diesem Scheißladen als erstes kaputtschlagen" sollten. Sie hatten die Vordertür aufgebrochen und keiner hatte es gemerkt.

Ich eilte hinunter, Sigi starrte ängstlich hinterher. Die Diskussion war kurz und sprachlich sehr einfach gestaltet. Einer der beiden, ein breitschultriger Rocker-Typ, bestand darauf, alles kurz und klein zu schlagen, weil wir so scheiße seien. Das hörten auch noch die anderen, die inzwischen heruntergekommen waren: Toppi, Paul, Lollo, Noppi und Manke.

Ich muss gestehen, manchmal, aber nur manchmal, geht es mit mir durch. In der Schule hatte ich mich genau zweimal geprügelt, einmal in der Grundschule, wo ich den Schläger-Micha über zwei Tische warf, (was mich selbst wohl am meisten erstaunte) und einmal in der Oberschule. Sonst hatte ich eher Angst vor einer Auseinandersetzung, weil auch bei mir etwas kaputtgehen konnte. Aber hier ging es um unser Kino!

Also machte ich mich daran, wie ich ins Tagebuch schrieb, „seine Idee an ihm auszuprobieren", woraufhin einiges deutliche Schäden erlitt: ein

Kinosessel, die Jacke des Rockers, sein Hemd, sein Gesicht, meine Faust und eine Tränengaspatrone. Und dann waren sie plötzlich draußen und standen ratlos herum.

„Der sah ja ziemlich demoliert aus!", sekundierte Paul später.

„Wie gut, dass der Typ besoffen war", dachte ich. Zu normalen Zeiten, wenn nüchtern als „normal" anzunehmen war, hätte ich mit Sicherheit den Kürzeren gezogen.

Als wir so dastanden und zu den beiden etwas bedrippsten Schlägern nach draußen schauten, erschien plötzlich Toppi mit einem Feuerlöscher in der Hand und erklärte gewaltbereit, was er den Burschen angetan hätte. Wenn er sie nur zu fassen gekriegt hätte. Er setzte das Gerät auch kurz in Betrieb, nur um zu zeigen, wie schrecklich das sei.

„Aber das wissen wir doch, Toppi. Bitte, stell ihn wieder weg, wir brauchen ihn noch. Die Typen sind ohnehin schon draußen."

Er erging sich noch in einigen wüsten Beschimpfungen. Wir hatten dann aber doch keine Lust, die beiden noch einmal hereinzulassen, damit er alle seine Versprechungen umsetzen konnte. Hauptsächlich ging es uns um den Feuerlöscher. Der Staub daraus war nämlich sehr schwer zu beseitigen, er drang in alle Ritzen.

Schließlich wurde es noch eine ruhige Nacht.

Auch in Erkenschwick wurden die Feiertage geheiligt. Das ganze Osterfest ging sehr friedlich vonstatten. Wir hatten Zeit, weiter die Ablagerungen unseres Vorgängers aufzuräumen und kleine Reparaturen durchzuführen. Wieder hatte uns einer der Gäste zum Mittagessen eingeladen. Noppi und Manke mit Freund fuhren nach Berlin zurück, aber es blieben noch einige Getränke zurück. Für sie vielleicht Reste, für uns reichte es das ganze Fest über. Wieder hatten wir jede Menge Gäste, und inzwischen lernte Sigi sämtliche Mädchen kennen, mit denen ich auch nur ein Wort mehr als für den Betrieb notwendig, gesprochen hatte. Später beglückwünschten mich alle nacheinander zu meiner „besseren Hälfte", was ich mal unkommentiert so hinnahm.

Ja, es war ein schönes Fest und es wurde auch merklich wärmer. Am Montagabend fuhren alle Berliner Besucher wieder heim, nur Noppi kam zurück – getrampt mit einer Tasche voll hochprozentiger Flaschen und etwas sauberer Unterwäsche.

Die Woche begann ebenfalls sehr unauffällig.

Wir hatten unsere Freistaaterklärungen am Samstag losgeschickt, an das Auswärtige Amt und an die Vertretungen der Besatzungsmächte. Natürlich wurde auch das Erkenschwicker Rathaus unterrichtet. Zusätzlich hatte Paul seine Bekannten beim *Westdeutschen Rundfunk (WDR)* von unseren Erlebnissen berichtet. Gleich am Dienstag kam ein Realisator der damals sehr gern gesehenen Jugendsendung *Baff* vorbei und kopierte sich nach Aufklärung der Lage gleich alle unsere Zeitungsausschnitte.

Am Mittwoch startete Noppi wieder sein beliebtes Ämterlaufen, das er in Anbetracht der Verhältnisse „Ämtersaufen" nannte.

Aber es brachte keine neuen Erkenntnisse. Am gleichen Tag besuchte uns der Eigentümer des *Stadtkinos*. Er machte sich Sorgen, weil wir seinen Pachtvertrag noch immer nicht unterschrieben hatten und wollte vorsichtig fragen, wann wir gedachten, die Miete zu zahlen.

Heidi und Helga luden uns wieder zum Baden ein. Ich habe nie herausgefunden, wen von uns sie am liebsten mochten. Bekanntermaßen war ich in der Begehrlichkeit aus dem Rennen, nachdem sich Sigi mit allen verschwestert hatte. Ab und zu schlief Paul bei Heidi, aber ich glaube, das war eher platonisch.

In Marl wurde inzwischen der Treffpunkt der SDAJ, eine nicht zu große Ladenwohnung, als *WILMA-2* eingerichtet. Da halfen wir natürlich mit. Und als der Freitag heran war, meldete Paul wieder eine Demo an, mittlerweile die vierte. Der Polizeipräsident kannte ihn schon. Diesmal richtig mit Programm: Autokorso, Musikgruppen, Kundgebung. Wir hatten mal überschlagen, was so ein einziger Polizist in einer Überstunde kostete und wollten soviel Tausend Mark wie möglich zusammenbringen.

Den ganzen Freitagabend amüsierten wir uns darüber und die wie immer anwesenden Freunde aus der Stadt mit uns.

Stell dir vor, es ist Samstag, eine Demo ist angemeldet, und keiner geht hin! Wir hatten nämlich durch Buschtrommeln herumgeschickt, dass wir an diesem Abend die *WILMA-2* in Marl eröffnen wollten. Und dass die Demo nur ein Fake wäre.

Eine Weile schauten wir interessiert zu, wie sich die Bereitschaftspolizei in Zugstärke auf dem Marktplatz formierten, dann fuhren wir lieber nach Marl.

Unsere Musikanlage stand dort, es gab Tee und die komplette regionale Presse war zugegen. In guter Stimmung ging der Abend vorüber.

Am nächsten Abend waren wir nicht ganz so fröhlich. Natürlich hatten wir damit gerechnet, dass die Ladeninhaber einen gewissen linkspolitischen Einfluss nehmen würden, aber dass sie diese Einrichtung zu einem regelrechten Rekrutierungsbüro machen würden, fanden wir unangemessen und sagten es ihnen auch. Politischer Einfluss geht anders, meinte auch unser „roter" Paul.

Am Montag dann meldeten Paul und Noppi erneut eine Demo an.

„Der Polizeipräsident hat sich sehr gefreut!", berichteten sie, was ich ihnen allerdings nicht ganz abnahm. Auch wenn wir auf unsere Schutzmachtersuchen hin noch nichts von den alliierten Botschaften gehört hatten, waren wir so zufrieden mit der ganzen Entwicklung, dass wir ein wenig feiern mussten. Schuld daran war auch eine Lieferung Nudeln und Griespudding, die uns Freunde überbrachten. Ich fand diese Kombination kulinarisch etwas gewagt, aber wir waren ziemlich ausgehungert, und so kam, was kommen musste. Wir aßen so viel, dass wir nicht mehr hochkamen und praktisch den ganzen Tag verschliefen. Noppi und ich verpassten so Pauls Abfahrt nach Marl zur *WILMA-2*, und wir mussten dorthin trampen.

Gerade rechtzeitig langten wir an, um einen heftigen Krach mitzuerleben. Ein Mann vom KJVD[68] hatte sich unter die Gäste gemischt und versucht, Anhänger für seine Organisation zu werben. Kurzerhand warf man ihn hinaus.

„Hier wird nicht agitiert!", sagte Zenker, der Mann mit dem Trecker mit Bauwagen.

Irgendwie gingen mir manche Zusammenhänge verloren. Ich merkte an, dass die SDAJ doch selbst hier agitierte, was eigentlich nicht so geplant war und Paul meinte, den Mann einfach rauszuschmeißen, wäre nicht die feine Art. Die Gäste mischten sich nun auch noch in die Diskussion ein und bezogen Stellung – auf unserer Seite. Dieses ganze politisch abgezirkelte Gerede ging ihnen ebenso auf den Keks. Das Resultat des Abends war, das wir unsere Anlage einpackten und abfuhren.

Wir hatten nie jemanden rausgeworfen, nur weil er eine andere Meinung hatte. Sogar Vertreter der FDP waren dagewesen und hatten mit uns friedlich diskutiert, wie dann sogar in der Zeitung abgebildet worden war.

---

[68] KJVD = Kommunistischer Jugendverband Deutschlands

Auf jeden Fall meldeten wir für den nächsten Sonntag wieder eine Demonstration an, denn der Redakteur von *Baff* hatte sich gemeldet und wollte ein Kamerateam schicken.

Eine andere Baustelle war, dass Paul irgendwo polizeilich gemeldet werden musste und deshalb trampten wir los nach Berlin. Paul wollte mir unbedingt wieder zeigen, wie „göttlich" die Auffahrt Castrop-Rauxel war, wo Gitte uns mit ihrem Totalschaden-R4 hinfuhr. Und er behielt recht. Nach relativ kurzer Zeit hielt ein Mercedes.

„Wo fahren Sie denn hin?"

„Nach Berlin natürlich!"

Natürlich. Ich sah Paul an und er grinste. Göttlich. Schon klar.

In der Hagelberger fanden wir noch immer eine ziemliche Unordnung vor.

„Das ist schon viel ordentlicher, als bei meiner Rückkehr!", behauptete Etzel.

Leider konnte meine Mutter Paul nicht leiden, und so wurde es nichts mit der Anmeldung. Am nächsten Tag trampten wir zurück.

Diese Tour verlief nicht so „göttlich". Erst spät in der Nacht kamen wir an der Auffahrt an und mussten bis zum Kino laufen. Die cirka zehn Kilometer kamen uns wie ein Marsch durch halb Westfalen vor. Im Kino war trotzdem noch einiges los. Wir kriegten gerade noch die Ausläufer von Heidis Geburtstagsfeier mit. Diese war zu etwas ausgeartet, was ich durchaus als „Orgie" einstufen musste.

Nachdem sich die Gäste mit allem verfügbaren Essen und Trinken angefüllt hatten, entgleisten die Verhaltensweisen und schließlich kotzte Jürgen das kleine Zimmer voll, in dem Paul jetzt immer schlief.

„Der Geruch ging nicht weg, kannst du dir vorstellen, wie das Einschlafen war!", erzählte er am nächsten Tag.

Noppi teilte uns noch schnell die Neuigkeiten für das Kino mit.

Ein Kamerateam vom WDR war dagewesen und hatte schon mal die Establishing-Shots gedreht. Und sie freuten sich schon auf Sonntag. Zu diesem Event hatte sich nun auch die Band *Sameti* aus München angesagt, Freunde von *Embryo*.

Auch andere Bands wollten kommen, zum Beispiel *Jenseits* aus dem benachbarten Haltern. Vielleicht fanden sie es nett, ins Fernsehen zu kommen.

Am Donnerstag besuchten Paul und Noppi wieder den Kollegen Weber vom Ordnungsamt. Nach dem längeren Plausch kamen sie mit einer schlechten Nachricht zurück.

„Sie haben sowieso keine Chance", hatte der Amtsleiter ihnen vermittelt. „Für solche Veranstaltungen, wo auch geraucht wird, muss die Decke aus Stein bestehen. Deshalb können wir Ihren Anträgen prinzipiell nicht stattgeben."

„Ich habe ja gesagt, wir hätten besser doch das *REX-Kino* nehmen sollen, das hat Steindecke und war auch zu haben."

Da musste ich ihm zustimmen.

„Gut, dann hauen wir hier ab. Aber lass uns noch eine schöne Show machen."

Das war vermutlich auch die beste Entscheidung, denn Paul wurde immer öfter von der Polizei verfolgt, wenn er mit dem Opel losfuhr. Irgendwann hielten sie ihn an und machten eine Verkehrssicherheitskontrolle. Und am nächsten Tag wieder eine.

Am Freitag, mittlerweile der 23. April, kam das Team vom WDR wieder vorbei und erzählten uns von den bisherigen Dreharbeiten.

Beim *Arbeitskreis „Jugend und Droge"* waren sie gewesen und bei unserem Anwalt Michels, der auch ein paar gute Statements abgeliefert hatte.

„Aber euer Bürgermeister, der Netta, das ist ja ein Faselkopf!", schloss der Realisator seinen Bericht. „Den könnte man im Schnitt richtig bloßstellen!"

„Ja, denn macht das mal!", meinte Noppi.

Nachmittags fuhren er und Paul zum Polizeipräsidium nach Recklinghausen, um die Lautsprechergenehmigung abzuholen. Aber diese hatte man schon per Post versandt und wollte auch nicht sagen, was drinstand.

„Das könnte auch ein Verbot sein", mutmaßte Paul und sie fuhren gleich weiter zum Verwaltungsgericht Gelsenkirchen, wo sie noch ein nettes Plauderstündchen mit einem Beamten hatten. Der kramte noch in seinen Gesetzesbüchern und gab noch einige gute Tipps. Sollte der Bescheid abschlägig sein, müssten wir eben nach Feierabend wieder einen Einspruch einwerfen, unter Zeugen natürlich. Das hätte dann aufschiebenden Charakter, allerdings nur, wenn nicht die sofortige Vollziehung angeordnet sei. Das stünde aber nicht zu vermuten, weil die Ausfertiger solcher Dokumente meist auch nicht so gesetzesfest seien und nicht mit solchen Tricks rechneten. Der Leser vermutet richtig, hier in der Provinz waren „die 68er" noch gar nicht angekommen. Mit uns betrat die Verwaltung echtes Neuland.

Und am Sonntag würden wir auch den „dicken Bernhard", den Bauwagen wieder bekommen. Eine gute Basis. Man konnte aufs Dach klettern und hätte dann eine gute Übersicht.

Am Samstag kam tatsächlich die Lautsprechergenehmigung. Mit einigen Passagen, die uns überhaupt nicht in unser Konzept passten, zum Beispiel, dass „die Stärke des Lautsprechers 18 Watt nicht überschreiten" durfte und dass „musikalische Darbietungen – gleich welcher Art – nicht erlaubt" waren. Also verfassten wir einen Einspruch und verfuhren genau so, wie von dem netten Beamten vorgeschlagen, denn es war tatsächlich keine sofortige Vollziehung angeordnet. Ich stellte mir schon vor, dass wir dem Herrn Weber vom Ordnungsamt unsererseits mal eine Rechtsbelehrung zukommen lassen könnten.

Am Abend sollte der lang angekündigte „Beatabend" in der Stadthalle starten, eine nach unserer Schließung von orthodoxen Trägern schnell angesetzte Veranstaltung, um zu zeigen, dass man so etwas doch auch ohne die Hilfe Auswärtiger hinkriegte. Auch *Die Geier* sollten dort spielen. Zufällig hörten wir unter der Hand, dass man ihren Auftritt gehörig sabotieren wollte, weil sie ja mal für uns gespielt hatten. Wir warnten sie natürlich und dann amüsierten wir uns noch über die Werbung zu diesem „Jugendtreff".

„Beatabend"! So nannte man schon seit Jahren keine Veranstaltung mehr, die irgendwie cool sein sollte.

Dann zogen wir uns ins Private zurück. Noppi hatte ein Skatturnier angesetzt und irgendjemand einen Zentnersack Kartoffeln vorbeigebracht. Wir spielten bis halb vier am Morgen, immer unterbrochen von einem erneuten Bratkartoffelmachen auf unserem kleinen elektrischen Zweiplattenkocher, der nach dem Zeitungsartikel auf den schönen Namen „unsere Küche" hörte.

Paul brachte noch den „Dicken Bernhard" und stellte ihn ab, andere holten wieder Bier, aber wir vom Kino waren dann wirklich müde und gingen schlafen.

Am Sonntagmorgen war es noch bedeckt und regnete etwas. Das war kein gutes Wetter für unsere Abschiedsvorstellung. Der Dicke Bernhard stand ziemlich einsam auf dem Marktplatz, als der Nachmittag heraufzog.

Wenigstens hörte es auf, zu regnen. Nun konnte es losgehen. Damit uns nun niemand mehr in die Show pfuschen konnte, legten wir erst jetzt den Widerspruch unter den Augen von drei Zeugen, Norbert H., Ingrid R. und Noppi in den Briefkasten der Polizei Recklinghausen. Es tat gut, dass auch wir eine Rechtsbelehrung unter ein Schriftstück an die Verwaltung setzen konnten: „Ein nach §70 VwGO eingelegter Widerspruch hat nach § 80 VwGO automatisch aufschiebende Wirkung, wenn nicht die sofortige Vollziehung angeordnet ist.“

Unterwegs trafen wir die Musiker von *Sameti* und lotsten sie zum Ort des Geschehens. Während sie aufbauten, füllte sich doch langsam der Platz. Auch das WDR-Team freute sich, es gab schöne Motive zum Filmen. Sie benutzten ein 16mm-Eclair, genau wie Constantin an der DFFB, fuhr es mir durch den Sinn. Aber das hier war ein härterer Dreh. Dachte ich jedenfalls.

Aber alles blieb ruhig. Kein einziger Polizist ließ sich blicken. Hatten sie vom letzten Wochenende noch genug und gedacht, heute passiert auch nichts?

Die Ruhe ermutigte uns jedenfalls, wieder ins Kino zu ziehen. Dort spielten die *Sameti* noch ein Set und auch *Jenseits* kamen zum Einsatz. Und weil alles so schön war, riefen wir jetzt offiziell den „Freistaat Wilma“ aus.

Gern hätten die Leute vom WDR noch heiße Szenen gedreht und blieben extra bis spät in die Nacht, falls es wieder eine Polizeiaktion geben sollte.

Aber es passierte absolut nichts und der Realisator war richtig traurig darüber. *Sameti* dagegen waren fast gerührt: Sie hatten uns ein „Free Concert“ angeboten, aber wir sammelten immerhin 200 Mark fürs Benzin zusammen.

Am nächsten Tag malten wir 70 cm große runde Zollschilder und ein Hinweisschild: „You are leaving Western Germany“.

„Sagt umgehend Bescheid, wenn noch was ist!“, hatte sich der *Baff*-Realisator verabschiedet. Das Einzige aber, was wir bemerken konnten, waren Erkenschwicker Bürger, die verstört stehen blieben, sich die Brillen putzten und dann kopfschüttelnd weitergingen.

Wir schrieben eifrig Briefe an ausländische Botschaften um auf internationaler Ebene Kontakt aufzunehmen.

Der lange Weg nach Hause

Was uns erheblich irritierte, war die Reaktion der Staatsgewalt. Es gab nämlich keine. Um aber den Dicken Bernhard einer eventuellen Beschlagnahme nicht auszusetzen, parkten wir ihn vor dem Kino auf der ohnehin schon sehr engen Straße.

Alles blieb ruhig.

Nur ein Brief vom Stromversorger *VEW* kam. Sie wollen uns den Saft abstellen, wenn wir nicht zahlen. Wir baten um Aufschub.

Weil wir nun nicht mehr zu Deutschland gehörten, brauchte ich auch keine Gewerbe mehr. Also ging ich zum Ordnungsamt, um es abzumelden. Es muss schon alles seine Richtigkeit haben.

Was denn nun geschehen solle, fragte der Kollege Weber. Nun, seine Verwaltungsvorschriften waren nicht mein Problem. Die Frage war jetzt nämlich, wer unter diesen Umständen der Empfänger einer oder mehrerer kommender Ordnungsverfügungen sein sollte. Da konnten wir ihm auch nicht helfen. Unter Umständen Noppi, unser Außenminister. Vielleicht sollte das gerichtlich festgestellt werden. Ja, dachten wir, immer noch mehr Aufsehen, so ist es gut.

Jetzt machten wir wieder wie üblich auf und zeigten Programm. Unser Außenminister stand auch ständig bereit, bilaterale Fragen mit einem kleinen Umtrunk zu regeln.

Am Dienstagnachmittag zeigten wir den „Orpheus" auch mal dem *Arbeitskreis „Jugend und Droge"*, das hatten wir bisher leider nicht auf die Reihe gekriegt. Es lief auch sehr befriedigend. Auf dem Heimweg sagte ich zu Gitte: „Pirsch dich mal vorsichtig ans Kino heran. Kann ja sein, dass sie es wieder umstellt haben!"

Aber nichts war. Wir verbrachten eine sehr ruhige Nacht.

Am Mittwochvormittag kriegte ich noch mit, wie der Vorsteher des Ordnungsamtes einen Besuch abstattete, immer noch auf der Suche nach einem Adressaten. Dann trampte ich wieder nach Berlin. Vorher hatten wir noch eine „Verkehrskontrolle", was besonders ärgerlich war, weil Paul seinen Führerschein im Kino gelassen hatte. Das kostete also wieder 10 DM, denn wir waren auf dem Gebiet der BRD.

Als ich dann an der Auffahrt stand, sah ich eine Reihe Mannschaftswagen der Polizei von der Autobahn herunterkommen. Ob die für uns bestimmt waren? Eine seltsame Beklemmung beschlich mich.

Mühsam kam ich bis um halb sieben über den Umweg Dortmund, Gütersloh und Herford nach Hannover-Garbsen. Als ich so in der hereinbrechenden Dunkelheit herumlungerte, kam die Polizei vorbei und machte eine Personalienüberprüfung. Jetzt nehmen sie dich mit, dachte ich. Aber offenbar stand ich noch in keiner Fahndungsliste. Ich erhielt meinen Ausweis zurück. Nach Mitternacht kam ich schließlich mit einem LKW weg und stieg um 8 Uhr morgens die Stufen zu unserer Fabriketage hinauf. Mein einziger Gedanke war: Schlafen! Viel schlafen!

Das tat gut und ich konnte mich erfrischt um die Berliner Angelegenheiten kümmern.

Spät abends kam ein Anruf von Ferdie.

Wie ich schon bemerkt hatte, war ich eigentlich fast immer dabei, wenn etwas Aufregendes geschah. Fast immer. Manchmal meinte es das Schicksal vielleicht sogar gut mit mir. Zum Beispiel an diesem Abend im *Stadtkino Erkenschwick*, denn da war ich nicht dabei.

„Um viertel vor zehn kamen der Ortssheriff mit viel Begleitschutz", berichtete Ferdie. Und er kolportierte gekonnt den Auftritt.

„Wenn hier nicht in 15 Minuten alles leer ist, machen wir Spaß!" sollte der Oberpolizist gesagt haben.

Natürlich kamen alle Anwesenden dieser Bitte sofort nach. Schließlich hatten wir keinen Verteidigungsminister.

„Um zehn kamen sie dann in doppelter Zugstärke zurück", berichtete Ferdie weiter. „War aber alles verwaist, außer Paul und Noppi. Das hat ihnen offenbar nicht gefallen, denn sie hatten ja gehofft, Spaß zu haben. Zuerst haben sie Noppi verarztet. Erst noch senkrecht, aber als er dann auf den Boden fiel, haben sie zugetreten. Du kennst ja ihre festen Stiefel. Paul hatte sich die Kamera geschnappt und auf sie gerichtet. Dabei rief er immer: ‚Schön! Schön! Weiter so!' Bis sie sich ihn auch gegriffen haben. Dasselbe wie mit Noppi. Und die Kamera haben sie am Stativ genommen und rumgeschleift, keine Ecke ausgelassen, um anzubumsen."

„Wo sind Paul und Noppi jetzt?"

„In U-Haft. Haben sie dann noch mitgenommen, rausgetragen!"

„Wo warst du denn, Ferdie? Woher weißt du das alles?", fragte ich zurück.

Klick.

Wahrscheinlich war sein Geld alle, dachte ich. Etwas Schlimmeres wollte ich mir nicht vorstellen.

Am nächsten Tag konnte ich mit Paul reden. Man hatte sie am Vormittag wieder freigelassen. Im Prinzip war alles richtig, was Ferdie berichtet hatte. Und sie würden jetzt ihre blauen Flecke pflegen und Anzeige erstatten.

Das einzig Betrübliche wäre, dass *VEW* uns nun tatsächlich den Strom abgestellt hätte. Aber das sei auch wieder nicht so schlimm. Sie hätten ein Kabel vom *Erkenschwicker Hof* herübergelegt. Noppi pflegte da jetzt sehr gute Beziehungen.

Am 4. Mai trampte ich wieder hinüber. An der Kontrollstelle Dreilinden sprach ich auf der Tankstelle vor der Grenze wieder Leute an, darunter auch Fahrer von teureren Autos. Einer der Mercedes-Fahrer nahm mich mit und es stellte sich heraus, dass es Curth Flatow war, ein damals bekannter Stückeschreiber für Radio und Fernsehen. Wir unterhielten uns sehr angeregt, ich erzählte vom Kino und vom Film und als wir Rast machten, lud er mich ein. Manchmal, dachte ich, sind Prominente ganz okay.

Die Stimmung im Kino war nicht gar so schlecht, wie ich befürchtet hatte. Paul und Noppi behandelten ihre Hämatome.

Die Kamera, eine *Bolex H-16* mit Federwerk hatte praktisch nichts abbekommen. Nur die Sucherhalterung war etwas verbogen. Nach dem Geraderichten tat sie noch mehrmals brav ihren Dienst für uns, bis ich sie aus den Augen verlor. Vielleicht hat Paul sie noch bis heute.

Ärgerlicher war, dass die Sache mit der Anzeige nicht funktionierte. Noppi und Paul hatten in Recklinghausen vorgesprochen.

„Tut uns leid, dafür sind wir nicht zuständig!", antwortete der Polizeipräsident. „Das müssen wir nach Erkenschwick überweisen."

Dort hieß es dann: „Tut uns leid, das können wir nicht annehmen, denn wir sind offensichtlich befangen. Die Anzeige geht ja gegen uns!"

Eine interessante Verwaltungssache. In den späteren Jahren habe ich noch oft von solchen Schwierigkeiten der Regierungsvertreter gehört, zum Glück immer aus Radio und Zeitung und über andere als uns.

Unsere letzten Tage in Erkenschwick waren teilweise sehr schön. Auf dem Marktplatz hatte die Kirmes aufgebaut. Unglaublich, wie viele Leute uns zu diesem oder jenem einluden, meistens Autoscooter. Und dann gab es noch die DKP-Fete, wo es richtig gut zu essen gab. Das nahmen wir auch noch mit. Um dorthin zu kommen, mussten wir uns mit dem Auto wieder an der Polizei vorbeimogeln. Sie entdeckten uns doch und es gab eine kleine Jagd, bei der wir sie aber abhängen konnten.

Weniger schön war, dass sie am Sonntag in Gruppengröße hereinstürmten.

„Wir suchen …!" Sie nannten irgendeinen Namen.

„Bitte", sagte Noppi, „Sie kennen sich hier ja aus." Leider war die gesuchte Person oben im Vorführraum anwesend und Mannis Freundin.

„Was hat die denn getan?", fragte ich entgeistert.

„Keine Ahnung. Ich glaube, ihre Eltern wollen einfach nicht, dass sie herkommt."

Die Anzeige von Paul und Noppi habe man „inzwischen nach Berlin überwiesen", teilte man uns am Montag mit. Was dort passieren würde, wussten wir genau. Dort würde sie unter Aktenbergen verschimmeln.

Jetzt begannen wir zu packen.

Die letzte Nacht verbrachten wir bei Ferdie. Davor gab es das übliche Versteckspiel mit lauernden Streifenwagen. Langsam wurde es Routine. Neben den Kontrollen wollten sie sicher wissen, wo alle unsere Anhänger wohnten.

Kurz vor der Abfahrt trafen wir unsere Ordnungshüter dann auf einer Tankstelle. Sie schienen glücklich, als wir ihnen mitteilten, dass wir nun abfahren würden. Oder vielleicht waren sie auch traurig, so genau konnte ich das in dem dämmrigen Licht nicht sehen.

Jedenfalls sahen sie von der Anzeige ab, die sie wieder vorbereitet hatten.

Wir mussten nur noch einen Tankdeckel kaufen, den irgendein Opel-Fan wohl an sich genommen hatte. Dann fuhren wir los.

Der Wagen war bis an die Dachkante vollgepackt und lag entsprechend tief. Paul schaute besorgt auf die Federung. Aber damit ging alles gut. Und bis hinter Garbsen, was immer Halbzeit für diese Strecke war, gab es auch keinen Zwischenfall.

Dann aber setzte plötzlich der Motor aus. Wir schafften es gerade noch auf einen Parkplatz.

Dort krempelte Paul die Ärmel hoch und wir machten eine Generalinspektion. Aber nichts, was wir taten, half. Schließlich schleppte uns ein

Entenfahrer[69] bis Zweidorfer Holz. Dort machten wir im Schein der Toilettenbeleuchtung weiter.

„Macht doch Schluss und schlaft erstmal", riet uns der Tankstellenbesitzer. „Morgen früh kommt hier jemand vom AvD vorbei, der bringt euch das schon in Ordnung."

Der Mann hatte recht. Noppi nahm den Schlafsack und legte sich auf die Wiese. Paul und ich schliefen auf den Sitzen vorn. Obwohl schon Mai, war es doch recht kalt.

Unter solchen Bedingungen schläft man nicht lange. Wir wachten früh auf und uns knurrte der Magen. Etwas Grieß war noch da, den weichte ich in Wasser auf. Dazu aß ich Brühwürfel pur. Die anderen schüttelten sich.

Soviel Hunger könne man gar nicht haben, sich hier anzuschließen, sagten sie. Dabei knurrten ihre Mägen gewaltig.

Schließlich kam auch der Techniker vom AvD. Er machte den Vergaser auf und den verklemmten Schwimmer wieder gängig. Paul hatte sich das schon gedacht, war aber zu vorsichtig gewesen, hier selbst einzugreifen.

„Da sind so kleine Röhrchen drin, da kann man leicht was kaputt machen", begründete er es.

Die Reparatur war kostenfrei, weil Paul spontan in den AvD eintrat. Wir gaben dem Techniker von unserem letzten Geld vier Mark als Trinkgeld.

Wir fuhren weiter. Doch der Motor bockte wieder. Am Autobahnrand im Nirgendwo fanden wir schließlich, dass das Benzin aus der Benzinleitung heraussickerte. Ich probierte es mit Klebeband, oft ein probates Mittel. Hier nicht. Nachdem wir kurze Zeit gefahren waren, gab es den gleichen Effekt. Wir schoben den Wagen rückwärts zu einem Parkplatz, den wir gerade passiert hatten. Dabei achtete Noppi nicht auf einen kleinen Baum am Wegesrand und die hintere Tür wurde nach vorn verbogen. Wir kriegten sie gerade noch zu. Zur Strafe musste Noppi nun immer über die Lehne des Vordersitzes klettern, um auf seinen Platz zu kommen. Wir sahen, dass das Klebeband sich wieder gelöst hatte.

Schließlich stellte ich fest, dass man den defekten Teil des Schlauches abschneiden konnte und er dann gerade noch lang genug war.

---

[69] Für Nachgeborene: Ente nannte man einen Citroen 2CV, ein klappriges Billigauto, deren Besitzer sich sehr sozial fühlten und sich überall durch Fingerzeichen grüßten.

Bald konnten wir weiterfahren. In Helmstedt kaufte ich noch eine Zündkerze. Bei unseren Reparaturversuchen hatten wir eine leider ruiniert.

Dann ging es rein in die DDR.

Der erste Reifen platzte kurz hinter Magdeburg. Paul konnte den Wagen gerade noch auf Kurs halten.

In Windeseile brachten wir wieder den defekten Reifen an, den wir schon Zweidorfer Holz ausgewechselt hatten. Wir pumpten ihn von Hand wieder auf. Nun versuchten wir uns von Tankstelle zu Tankstelle zu hangeln, um nicht selbst pumpen zu müssen.

Das ging soweit gut, aber an der Auffahrt zum Berliner Ring platzte dann auch dieser Reifen.

Da standen wir nun und winkten allen Vorüberfahrenden zu, die unsere Radgröße hatten. Schließlich bemerkte uns ein Volkspolizist. Er versprach Hilfe, musste aber erst einen riesigen Lastzug umdirigieren. Als er schließlich zurückkam, schraubten wir gerade den Reifen eines Opel Kadett an.

Frohen Mutes und unsere Radverleiher hinter uns näherten wir uns der Grenze. Da fiel die Lichtanlage aus.

Unsere Helfer merkten das und dirigierten uns bis zum Kontrollpunkt. Dort lauerte das nächste Ungemach. Natürlich glaubte man uns unsere Begründung für die lange Fahrt nicht und ließ uns fast eine Stunde warten, während man versuchte, unsere Angaben zu überprüfen. Damals gab es bei der Einreise in die DDR ein Transitvisum, wo per Datumsstempel die Uhrzeit genau vermerkt war.

Schließlich ließ man uns weiterfahren. Drei Kreuze!

Auf dem Parkplatz Dreilinden gaben wir unseren Helfern ihren Ersatzreifen zurück. Nun hatte er auch einmal etwas von der Welt gesehen.

Dann rief ich Toppi an, damit er uns mit einem Reifen versorgen könnte. Der Opel stand aufgebockt da und die Sonne senkte sich bereits wieder. Wir genossen die letzten Strahlen an einem nahen Abhang, als ich bemerkte, wie sich eine Gestalt konspirativ dem Auto näherte.

„Hände weg!", rief ich von oben. Dann sah ich, dass es ein Polizeibeamter war. Er begann auch sofort, einige Paragraphen zu nennen. Auf jeden Fall sollten wir daneben stehenbleiben und aufpassen, dass kein vorüberlaufendes Kind den Wagen unbedachter Weise umwerfen könnte, um darunter begraben zu werden.

Natürlich fragte ich, immer auf der Suche nach der endgültigen Wahrheit, wie er sich das in der Praxis vorstellte.

Erstens war das kein Parkplatz, an dem Familien nach dem Grenzübertritt Pause machten, sondern nur eine Nothaltebucht, zweitens wollte ich den sehen, der den Wagen so einfach umwarf, denn wir hatten ihn sehr sorgfältig hochgebockt.

Grummelnd verließ er den Ort des Geschehens. Ich brachte einen Amerikaner dazu, mich mit in die Stadt zu nehmen, weil es nicht nötig war, dass wir hier alle auf den Wagen aufpassten.

Schließlich kamen gegen 20 Uhr auch Paul und Noppi in der Hagelberger an, begleitet von unserem guten alten Toppi, der sogar noch nüchtern war.

Wir alle hatten einen Riesenhunger, aber in der Küche fand sich nur eine Packung Haferflocken. Mehr hatte sich Etzel nicht leisten können. Nach über 30 Stunden Heimfahrt erschien uns aber selbst das „göttlich wie Manna".

Es versteht sich von selbst, dass wir noch eine Weile aufblieben und erzählten. So schnell wurde keiner von uns die Anspannung los.

Die nächste Zeit wohnten wir alle wieder in der Hagelberger, riefen aber gelegentlich in Erkenschwick an. Wie es dem Kino so gehe.

„Gar nicht", war die Antwort. „Es steht leer. Ab und zu schlafen ein paar Wohnungslose darin. Und die Bullen gehen da immer wieder Streife."

Ein halbes Jahr später brannte das Kino.

Offiziell wurde die Tat unbekannten Stadtstreichern zur Last gelegt, die wahrscheinlich oben auf der Akustikdecke mit Feuer hantiert hatten. So logisch das erschien, so interessant war auch der Zeitpunkt gewählt.

Der Brand brach genau an jenem Abend aus, als in Recklinghausen das Fernsehspektakel *Spiel ohne Grenzen* stattfand, bei dem viele Einwohner und als Hilfstruppe auch die Feuerwehren der Umgebung versammelt waren. Ehe eines der fahrbereiten Einsatzfahrzeuge aus der weiteren Umgebung zum Ort des Geschehens vordringen konnte, war das Gebäude bereits weitgehend ausgebrannt.

Auch der *Erkenschwicker Hof* musste geräumt werden. Wir fanden das sehr traurig, denn letztlich hatten wir uns mit dem Wirt dort doch noch ganz gut verstanden.

Ein Jahr später besuchten wir auf einer Reise den Ort noch einmal. Seit dem Brand hatte sich noch nichts verändert. Verkohlte Dachsparren ragten wirr in den Himmel. Als wir drinnen waren und nach oben schauten, fühlte sich Jerry, der mit dabei war, an die Aufnahmen in der Ruine zum Film *Die Reise ins Licht* erinnert.

Ja, gewisse Ähnlichkeiten waren nicht von der Hand zu weisen, auch metaphysisch, wenn man so wollte. Wir konnten das Gebäude leicht durch die Kellertür betreten und fragten uns nach all unseren Erfahrungen, wie das angehen konnte. Wenn zum Beispiel Kinder von den herabfallenden Dachbalkentrümmern erschlagen worden wären, gar nicht auszumalen. Aber offenbar war dieser warme Abriss den Obrigkeiten doch etwas zu überraschend gekommen.

Oder sie hatten sich noch nicht einigen können, wie viel der Steuerzahler dem Privatbesitzer unter die Arme greifen sollte, damit das Stadtbild wieder schön werden würde. Jahre später stand an dieser Stelle jedenfalls eine größere *Woolworth*-Filiale.

Auch in Berlin mussten wir die Folgen unseres Abenteuers aufarbeiten. Die noch auflaufenden Kosten teilten wir durch vier, in einer Art, die jeder irgendwie tragen konnte.

Und die Forderungen, die zu begleichen wir absolut keine Lust hatten, beantworteten wir mit einer konkreten Absage, unterzeichnet „mit sozialistischem Gruß!" In fast allen Fällen hörten wir von dem Gläubiger dann nichts mehr.

Schließlich kriegten wir auch noch heraus, woher die Gerüchte um Orgien und Unzucht herrührten. Damals fanden es Plattenproduzenten gerade sehr mutig, orgiastisches Frauengestöhne in die Struktur progressiver Musikdarbietungen einzubinden. Und weil wir die modernste Musik spielten, lief also auch dieses in unserem Programm. Besonders herausragend waren dabei zwei Platten: *Revelation* von der Gruppe *Man* und eine in schreiend buntem Vinyl gepresste Platte mit dem bezeichnenden Namen *Brainticket*.

Und weil wir die Platten natürlich in einer Lautstärke abspielten, die den Wünschen des Publikums entgegen kam, konnte man alles auch sehr gut außerhalb unserer Mauern hören. Und so wurden die Fantasien der Anwohner und der gerade in der Nähe befindlichen Fußgänger beflügelt.

Nie hätten wir gedacht, aus welchem geradezu banalen Grund wir bei der braven Bevölkerung in Ungnade fielen.

Paul fuhr später noch einmal in die Gegend. Erst versuchte er, ein Open Air-Fest zu organisieren, später übernahm er mit Noppi eine Kneipe in Paderborn, das auch nicht gar so weit entfernt liegt.

Aber das ist eine andere Geschichte, genau wie die ganzen Irrungen und Wirrungen der Berliner Musikszene, die wir abbekamen, die Sache mit der Hanfplantage, der beginnenden Independent-Filmszene in Berlin und, nicht zu vergessen, der Beginn der Hausbesetzerszene, der Demos und der Bauwagendörfer.

An diesen Orten kam mir die Idee, dass man unsere Abenteuer eigentlich auf eine einfache Formel reduzieren konnte. Wir waren mit allem, was wir wollten, eben nur zehn Jahre zu früh. Aber gesellschaftspolitisch hatten wir unsere Lektion gelernt. Andere zur gleichen Zeit hatten das anders gesehen und verarbeitet, wie mir ein paar Jahre später, im „Deutschen Herbst", plötzlich klar wurde. Während die Psychologen offiziell an der Sozialisation von Baader-Meinhoff herumrätselten, hätte ich ihnen wertvolle Tipps geben können.

Als wir uns einige Tage nach unserer Rückkehr wieder etwas erholt hatten, meinte Paul wie abschließend zu unserem Abenteuer: „Was wir erlebt haben, würde bei vielen für ihr ganzes Leben reichen. Also kann man sagen: Was jetzt kommt, ist Zugabe!"

Ja, dachte ich, dem könnte man zustimmen.

Ich wusste noch nicht, dass alles bis dahin nur ein Vorspiel war und die Zugabe zum Hauptteil wurde.

Aber mit unserer Heimkehr aus der feindlichen Provinz waren auch für uns „Die 60er Jahre" beendet.

Nachwort: Was bleibt?

Während des Recherchierens und Schreibens durchlebte ich ein heftiges Wechselspiel der Gefühle. Das kann man natürlich als zwangsläufig ansehen, schließlich waren es ja die eigenen Erlebnisse. Aber die persönliche Beziehung zu dem Geschehen verschob sich schon nach kurzer Zeit auf eine Meta-Ebene.

Zunächst einmal stellte ich fest, dass erheblich mehr passiert war, als ich in Erinnerung hatte. Mein Plan war gewesen, aus möglichst vielen Details, von denen ich wusste, dass ich sie damals festgehalten hatte, ein auch übergreifend funktionierendes Bild jener Zeit nicht nur anzureißen sondern auch auszumalen.

Aber die Details wurden immer mehr, und sie wurden bunter.

Schnell merkte ich, dass alles, was ich erinnern konnte, nur ein müder Abklatsch der wahren Geschehnisse war. In den Notizen fanden sich unglaublich viele Dinge, die ich fast wie ein Fremder las. Aber gerade in dieser Unzahl der kleinen Ereignisse versteckte sich oft ein eigenes „Aha", wenn ich sie im Kontext meiner gesamten Lebenserfahrung sah. Und was mich am ärgsten traf: Ich hatte in der Erinnerung viele Erlebisse glattgebügelt, weichgespült und verharmlost. Vielleicht auch deshalb, weil die nachfolgenden Zeiten die Fronten der gesellschaftlichen Auseinandersetzung immer weiter verschoben. Hätte man uns früher die Verhältnisse der 80er Jahre erzählt, uns wäre der Schreck über diese offensichtliche „Anarchie" tief in die Glieder gefahren.

Zu Unrecht, denn die Ansätze waren da. Die Drogenexzesse, die manchmal beinahe stündlich wechselnden Sexualpartner, die fundamentale Kontroverse mit der älteren Generation, die deshalb „außerparlamentarische Opposition", die bei uns sogar in eine formale Unabhängigkeitserklärung mündete, das alles ist uns wirklich passiert und ich stellte erstaunt fest:

1. Diese Ereignisse wären heute für einen Jugendlichen nicht mehr möglich.

2. Heutige Bewertungen und Schlussfolgerungen sind oft völlig unzutreffend und die Meinungsbildung dazu basiert auf erschreckender Unkenntnis der wahren Verhältnisse.

3. Der vielgepriesene „Fortschritt" der Menschheit fand genau besehen kaum statt. Große technische Erfindungen gab es nicht mehr, alles wurde nur verbessert. In diesen Szenarien konnte man sich nicht vorstellen, dass heute noch immer alte Straßenbahnen fahren könnten.

In Ausblicken der 60er Jahre „für das Jahr 2000" erwartete man Raumfahrt zu den anderen Planeten. Gesellschaftlich wurde nur an Symptomen herumgedoktort. Nachdem der Kapitalismus des Westens politisch gesiegt hatte, fielen alle Hemmungen, auch noch die Menschwürde zu vermarkten. Unmoral wurde professionalisiert und die Zahl der Opfer politischer Auseinandersetzungen hat nicht abgenommen, ganz im Gegenteil. Es gibt zwar keinen Weltkrieg mehr, aber überall auf der Welt ist Krieg. Straftaten haben in allen Dimensionen zugenommen und sind globaler geworden.

Die Welt ist nun „offener". Hauptsächlich aber, wenn es um Profitorientierung geht. Geiz ist geil. Gnadenlosigkeit auch. Dogmatisierung und individuelle Drangsalierung des Einzelnen haben auch in den „demokratischen Staaten" zugenommen. Gutmütigkeit ist inzwischen auch in der Kirche uncool.

Die meisten Belastungen, unter denen wir heute stöhnen, gab es damals nicht. Der Ausbau der Kommunikation hat eine Erwartungshaltung geschaffen, die immer mehr Leute nur noch mit einem Burnout beantworten können. Früher gab es das auch schon, kann man einwenden, aber da hieß es Managerkrankheit und betraf nur wenige, eben Menschen in bestimmten Führungspositionen. Heute trifft es alle. Teilweise rührt es auch daher, dass jetzt Leistungen bezahlt werden müssen, die man damals noch gar nicht kannte.

Die Fortschritte der Medizin führten zur Verlängerung des Lebens, aber auch der Leiden, eine Diskussion, die politisch so verbarrikadiert ist, dass sie inzwischen mühsam privat mit „Patientenverfügungen" juristisch komplex geregelt werden muss. Dokumentation und rechtliche Absicherung ersetzt menschliche Zuwendung in der Pflege.

Früher gab es Ziele, die gesetzt wurden. Damit gestand man offen ein, dass es noch viele Unzulänglichkeiten gab. Heute sieht man, dass die Lösungsversuche dazu sie nur verschärft haben. Dieses Versagen muss nun dadurch vertuscht werden, dass man die moderne, „westliche Gesellschaft" mit aller Gewalt schönredet. Es ist genau so weitergeführt worden, wie ich damals in dem Zeitungsartikel „Zu früh zu alt" gelesen hatte.

Früher sagte man „Geh doch in den Osten!", wenn jemand nicht zufrieden war. Heute trifft Kritiker die ganze Verachtung der Karriere anbetenden Hochglanzjournaille.

Wollte Alice Schwarzer, dass jede Frau in einem Aufsichtsrat arbeitet? So viele Arbeitsplätze gibt es da nicht, oder was sagt Herr Murphy? War es klug, parallel dazu den Männern die Anerkennung in sozialen Berufen zu verbauen? (Den Frauen natürlich sowieso. Keine Frau konnte danach noch „der Gesellschaft dienen", denn damit „diente" sie ja auch den Männern!) Hier wurde für lange Zeit das Ansehen der freiwilligen Übernahme einer gesellschaftlich relevanten sozialen Rolle verhindert.

Langsam und aufgrund der Betroffenheit immer weiterer Kreise der Bevölkerung wächst jetzt endlich bei Politikern die Erkenntnis, dass man die Wichtigkeit von Kindergärtnern, Krankenpflegern und ähnlicher Berufe anerkennen muss, sonst wird man nicht mehr gewählt. Auch nicht von leidgeprüften Frauen. Allerdings kann die Genugtuung nicht trösten, dass jene, die diese Entwicklung gefördert haben, auch deren Opfer werden, z.B. in der Altenpflege, die das Endergebnis eines sozialen Fortschritts sein sollte.

Scheinbare Meinungsfreiheit hat zu mehr Zurückhaltung beim persönlichen Beziehen von Positionen geführt. Ja, es könnte schaden, sich mit einer Meinung zu outen. Lieber nichts offen austragen. Aber wo stehen die Leute in der Umgebung überhaupt? Ist Freiheit, wenn man den Mund halten sollte? Eine ganz neue Definition.

Vielleicht ist Freiheit der Besitz eines Offroad-Fahrzeuges? Oder eine Kreuzfahrt im Liegestuhl über alle sieben Meere? Der Besitz von Aktienpaketen? Zum Glück keine Kinder versorgen zu müssen?

Natürlich könnte jemand auf die Frage kommen, ob ich mit diesem Buch nicht lediglich die Absicht habe, „früher war alles besser" mit kunstvoll gedrechselten Worten unter der Wahrnehmungsschwelle hindurch in den Leser zu implantieren. War es nicht meine Generation, die die geforderte positive Entwicklung verschenkt hat? Haben nicht am Ende „die 68er" Schuld?

Schuld an was? Später habe ich mich oft gefragt: Gab es sie überhaupt? „Die 68er" gab es bestimmt nicht. Auch damals schon war die Gesellschaft bunt gemischt. Politisch aktiv waren die Allerwenigsten. An den „Kalten

Krieg" dachte kaum jemand nach Schulschluss und Vietnam fand eben in Vietnam statt, und das war weit weg. Und einen Plan hatte auch kaum jemand, außer einem solchen, der definitiv unrealisierbar war. Rudi, der an der Kasse im *Dorfkrug* saß und seit seiner Jugend in den 30er Jahren Kommunist war, erzählte davon, dass damalige Genossenschaftsversuche nie funktioniert hätten. Und genau so unrealistisch kamen die vielen Einmärsche der KPD/ML[70] in die Vorlesungen, die ich besuchte, herüber. Obwohl sie die zeitweilige Abschaffung der Physikzensuren im Februar 1969 erreichten. Aber nur für das Kleinbiotop unserer Uni!

Und der Rest hatte keinen Plan und oft nicht mal eine Linie. Nachdem die Restriktionen der Krieggeneration abgeschüttelt schienen, fragte man sich: Aufbruch wohin? Keiner kannte die Zukunft, man wollte nur etwas **tun**. Aus heutiger Sicht rutscht das alles an einen ordentlichen Platz.

Und „die Linken" waren sehr, sehr wenige. Höchstens 1 % und die Führer wurden schnell von der noch herrschenden Bourgeoisie „erlegt": Dutschke, Langhans, Teufel.

95 % der Jugendlichen waren Normalos, die nur „etwas werden" wollten. Der Rest füllte die Ritzen überall, die Drogenszene, die Kriminalstatistik und Leute, die nirgendwo ankamen. Veränderer kamen unter die Räder. Letztlich siegten immer wieder die „bestehenden Werte", der „Gang durch die Institutionen" saugte die Leute auf.

Manchmal ist man erstaunt, dass es überhaupt so viele Veränderungen seit dieser Zeit gab. Kamen sie trotz oder vielleicht sogar wegen der mangelnden allgemeinen Reflektion der Gegebenheiten zustande? Wieviele friedliche Ansätze wurden durch Zündeln an den zwischenmenschlichen Beziehungen gekippt?

Wenn man generell gegen den Krieg war, warum musste man den „Krieg der Geschlechter" ausrufen? Es ging zwar auch gegen die herrschende Männerdynastie, aber es verbaute dem Gemeinwohl förderliche Lösungen.

Uschi Obermaier könnte als Ikone der Frauenrechtlerinnen gelten, wenn sie als solche von den Lesbos-Aktivistinnen anerkannt werden würde. Aber es gibt immer Leute, die ihr persönliches Süppchen kochen müssen, wie. z. B. Alice Schwarzer. Leute, die damals Kriegschauplätze ausriefen, die niemand brauchte. Was ist denn schlimm, wenn Frauen

---

[70] Kommunistische Partei Deutschland/Marxisten-Leninisten

selbst bestimmen, mit wem sie wollen? Unbenommen des männlichen Patronats vergangener Zeiten war man gerade geschlechterübergreifend ins Gespräch gekommen, da kam Schwarzers Militanz-Aufruf. Zeiten der Unsicherheit kann man nicht durch Aggressionsaufrufe befrieden.

Genau betrachtet sind „die 68er" eigentlich ein Ergebnis der 70er. Nachdem sich die erste Reihe der Kämpfer um eine Veränderung aufgerieben hatte, kamen die Mitläufer. Alles Leute, die sich erst einmal ansehen wollten, was sich da entwickelte. Und die dann auf eigene Rechnung arbeiteten. Und oft die tatsächlichen Anschauungen korrumpierten. Sie waren es, die den Ausdruck „68er" prägten, weil sie sich auch auf etwas beziehen wollten, so oder so. Erst diese, die nachfolgende Generation hat die Ereignisse in den 60ern nach ihrem Verständnis einem geordneten Konzept zugewiesen. Das es aber definitiv nicht gab.

Man darf selbstverständlich nicht unter den Tisch kehren, dass es auch eine große Rolle spielt, was glaubhaft gemacht werden kann oder sogar muss – im politischen Interesse. Ist man Politiker, muss man schnell bei der Hand sein, die Vergangenheit nach jeweiliger aktueller Notwendigkeit zu beurteilen.

Hat jemand heute eine gesellschaftliche Position zu verteidigen, war es früher schlechter und man hat geholfen, das zu ändern.

In verklärender Erinnerung war es damals besser, und man war in dieser Zeit ein Held. Beide Positionen sind völlig unrealistisch, aber offiziell überwiegt die erstere, denn alles andere würde die heutigen gesellschaftlichen „Errungenschaften" untergraben. Andererseits muss man als Politiker heutige Auswüchse anprangern, auch um sich und seine Arbeit zu legitimieren. Hier zu lavieren ist wirklich nicht einfach, da hilft es, wenn niemand mehr genau weiß, wie es früher war.

Zu viele Leute haben zu lange an der Ausräumung von Ungerechtigkeiten gearbeitet, da muss doch ein Erfolg vorzuweisen sein! Aber wie sollte man dann noch gegen Ungerechtigkeit zu Felde ziehen? Verordnungen müssen her, die zeigen, dass etwas getan wird.

Dass kaum noch jemand in dem wachsenden bürokratischen Irrgarten durchblickt, ist höchstens ein privates Thema. Früher gab es für alles einen Vordruck, darüber wurde gewitzelt. Heute gibt es bücherdicke rechtsrelevante Kommentare und juristische Interpretationen zu Vordruckstapeln. Rechtssicherheit wird allerorten angemahnt, aber keiner blickt mehr durch.

Kinder aufziehen, Rente beantragen, alles ist inzwischen am besten in den Händen von Volljuristen aufgehoben. Und diese Angaben habe ich von fachlich kompetenten Personen.

Früher waren die Konsequenzen einer Handlung während der Sozialisation nicht so gravierend. Das finde ich, ist ein ganz entscheidender Unterschied, der jede Beurteilung determinieren muss.

Ich bin in der glücklichen Lage, sowohl erwachsene als auch kleine Kinder zu haben und werde ständig mit vielen Situationen konfrontiert. Besser oder schlechter als damals ist die falsche Frage, stelle ich fest. Eigentlich ist es so, dass man mögliche Verbesserungen vergeigt hat. Auch wenn man das Gegenteil behauptet.

Früher wie heute war Verlogenheit ein probates Mittel, um Ziele zu erreichen. Früher gab es eine festgefügte gesellschaftliche Moral. („So etwas tut man nicht!") Sittenstrenge und direkte Repression waren die Hilfsmittel, den Staat auf der Bahn zu halten. Jeder wusste, dass sie immer verbogen wurden, sobald es um eigene Interessen ging. Staatsraison.

Kriegsverbrecher wurden gedeckt, wenn es passte. Man musste ja die Republik aufbauen, da benötigte man Fachwissen. So war das mit der Moral.

Gleichzeitig aber war das Leistungsgerangel in der Sozialisation erheblich geringer. Natürlich sollte ein Kind „etwas werden", aber bis auf immer existente unrühmliche Ausnahmen gab es noch keinen Leistungsdruck, wie er uns heute täglich begegnet. Der Begriff „Durchschnittsnote" hatte noch nicht einmal für Medizinstudenten eine gravierende Bedeutung. Wie das Kaninchen auf die Schlange der Anforderungen zu starren, kam dabei niemandem in den Sinn.

Fehltritte konnte man vergessen machen, Leistungsausfälle nachholen. Google war noch ein böser Traum drogenabhängiger Science-Fiction-Autoren. Man hatte zu allen Dingen mehr Zeit und es wurde auch nicht angeprangert, wenn man sie sich nahm.

Heute, finde ich, hat die Verlogenheit gesellschaftlicher Zwänge ein größeres und bedenklicheres, weil umfassend begründetes Ausmaß angenommen.

Ist es da ein Wunder, dass nun „Glücklichsein" bereits als Schulfach angeboten wird?[71] Weil man es sonst nicht mehr lernen kann? Weil es abhanden kam?

Hat sich jemand eigentlich die Auswirkungen moderner Leistungsphilosophie überlegt? Das Vorgehen ist clever, es erscheint wie von langer Hand geplant.

Erst löst man die Bindungen: früh in den Kindergarten, bloß weg mit den Kindern! Eltern finden abends statt und sind müde von der Arbeit. Und morgens, um die Kinder pünktlich aus dem Bett zu werfen, sind sie genervt, gestresst und denken nur daran, alles pünktlich abzuliefern. Liebe findet höchstens gruppendynamisch im Kindergarten statt, wenn Käferlein und Blümelchen unter großem Aufwand gemeinschaftlich aus der Pfütze gerettet werden.

Aber dann kommt das Kind in die Schule und muss von einem Tag zum anderen den Ellenbogen ausfahren. Notendurchschnitt! Besser sein! Sonst hast du später keine Chance! Zu Hause auch keine Entspannung, die Eltern funktionieren genau so.

Betrachtet man heute in Gemeinschaftsschulen die modernen Versuche der Inklusion von Hauptschülern, Immigranten und Behinderten, kann man nur noch sarkastisch auflachen. Wie soll das funktionieren, wenn das oberste Ziel die Karriere ist, die den Kampf gegen ALLE Mitbewerber fordert? Zum Ausgleich verabreicht man dann eine Glücksstunde.

Es gibt in Deutschland eine zweistellige Prozentzahl von Kindern ohne Hauptschulabschluss. Kann sich das eine führende Industrienation überhaupt leisten? Was immer die Ursachen sind, das Ergebnis, gemessen an den vorgetragenen Ansprüchen einer modernen Gesellschaft, erscheint zumindest mir deprimierend. Aber die Suche nach den Gründen beugt sich den Anforderungen der Industrie, dem Wachstum. Damit es nicht so leicht ist, die richtigen zu finden? Haben wir das nötig?

Offenbar ja. Die Essenz dieser Auflistungen kann nur sein, dass unsere aufreibenden sozialen Verhältnisse gewollt sind. Teile und herrsche. Wenn die Angehörigen einer Gesellschaft in ständigem Kampf gegenein-

---

71 Kein Scherz! Seit 2013 an ausgewählten Hamburger Schulen! Eine Studie der Universität Mannheim kam zu dem Schluss, dass ein Fach „Glück" in der Schule „positiven Einfluss auf das subjektive Wohlbefinden der Schüler hat". Seitdem gibt es Unterricht in „Glück" in Heidelberg, Hamburg und an etlichen anderen Schulen.

ander sind, wird ihnen kein Aufruhr in den Sinn kommen. Kampf und Spiele, würde man heute sagen. Brot ist offenbar genug da.

Trotz der politischen Vielfalt gibt es hier einen Zwang zur Zustimmung von Verhältnissen, die offensichtlich ungesund sind.

Ist das der wahre Unterschied zu den 60ern?

Ich werde es nicht endgültig klären können.

Eines fiel mir aber auf, als ich gerade das fertige Skript des Buches abspeichern wollte. „Drogen, Sex und gute Laune" ist der Titel. Wäre das nicht besser eine Überschrift für die heutige Zeit? Und da war er, der kleine Blitz der Erkenntnis, der einen manchmal so tröstlich durchzuckt, wenn man meint, alles verstehen zu können.

Sex und Drogen gibt es heute viel mehr als damals, damit kann man eigentlich nicht mehr werben. Weil es schon alle tun. Aber gute Laune, was ist damit? Ich muss nicht das Radio anschalten, um in ein Kreuzfeuer von Gute-Laune-Duschen zu geraten. Frohe Stimmung ist heute das Mindeste, das jemand verbreiten muss, will er im Leben vorankommen. Zu jeder Zeit wird Comedy von geschulten Aktivisten verbreitet. Manchmal habe ich Gewissensbisse, wenn ich nicht meine täglich verordnete Dosis Lustigkeit einnehme.

Und das war anders.

Die Unbekümmertheit der 60er Jahre, die 30 Jahre anhielt und heute „Naivität" gescholten wird, gab es in all den kriegerischen Jahrzehnten vorher nicht. Man hatte mehr „Gute Laune", weshalb dieser Begriff im Titel genau den Unterschied signalisiert.

Das ist keine Errungenschaft dieser Zeit, sondern eine Lebenseinstellung: „Es geht voran!" Dass dieser Zustand nicht ewig halten kann und kritisch hinterfragt werden muss, ist erst eine Idee der 70er. Man begann zu analysieren und zu polemisieren. Ganz neue Begriffe wurden auf den Markt geworfen, wie zum Beispiel „Problembewusstsein".

Problembewusstsein ist gut, aber es entsteht erst, wenn man bemerkt, dass man Probleme hat. Dann ist die Naivität vorbei und man braucht Glücksstunden, am besten auf Rezept.

Vielen Dank für's Lesen!

Appendix

Die Zeitlinie des Buches

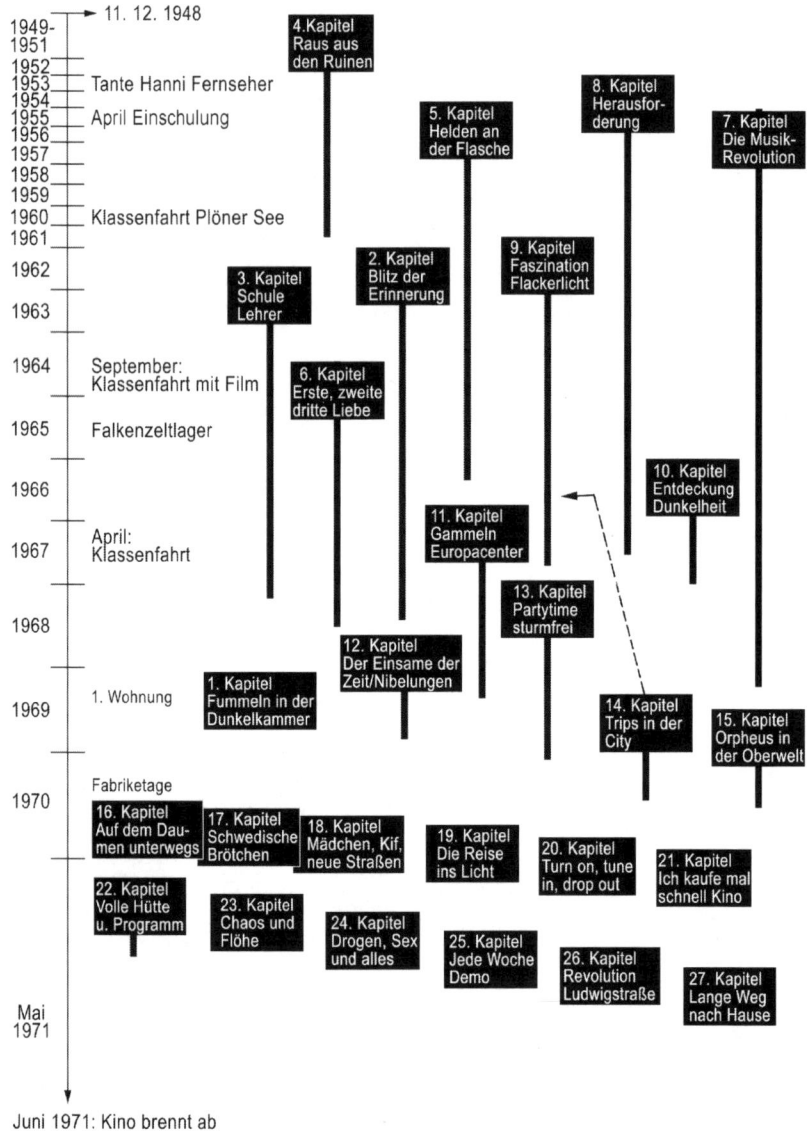

340

Mikrodramen...

1.   Plums
(Ein altdeutsches Gaudi)
Der Zuschauerraum ist gerammelt voll.
Die Ausgänge werden verschlossen.
Alle Bühnenarbeiter sind mit dem Durch
Durchsägen der Dachstützen beschäf-
tigt.Nach spannenden Minuten folgt
dieses den Gesetzen der Schwerkraft.
Ein letzter Aufschrei im Zuschauer
raum.

. Amen (Das Stück ist nicht nur
fürs Theater gedacht)

2. Ein gemütlicher Eheabend
(Drama in x-beliebig vielen Auf-
zügen)
1.Aufzug:
Gemütliches Wohnzimmer.Mann und
Frau sitzen am Tisch.Stille und
Langeweile.
Frau:"Jaja!"
Mann:"Jajaja!"

           Stille

              Vorhang

12

2.Aufzug:
Selbige Dekoration(Gemütliches
Wohnzimmer)Mann und Frau.
Frau:"Jajaja"
Mann:"Jajajaja!"

           Stille
           Vorhang ...   ...

3.Aufzug:
setzt die vorhergehenden in logischer Folge fort usw.

Es empfielt sich,das Stück solange
zu spielen,bis es auch der letzte
Zuschauer verstanden hat und gegangen ist.

3.   Herakles

  (K)Einakter

Erster und letzter Akt:
Herakles kommt mit einer Meute
hungriger Löwen auf die Bühne und lä
läßt sie los.

       Vorhang(nicht nötig)

Garantiert keine schlechten Kri-
tiken..

13

           Picasso

  (Lyrisches Mikrodrama)
1.Akt
274 alte Schuhe hängen von der
Bühnendecke.Sie schweigen bedeu-
tungsvoll.Hinter der Bühne hört
man eine Gießkanne verrosten.

           Vorhang
2.Akt
New York
(Genau nachbauen!)
Oben auf dem Empire State Building
tanzen zwei Gurken einen Shake.
Nicht zu sehen,da zu weit entfernt

           Dunkel

3.Akt
In der Geisterbahn.
Im Vordergrund leuchtet ab und
zu ein Skelett auf.Im Hinter-
grund dudelt ein Radio.
Dann Ansager:"Das könnten Sie
sein!Nehmen Sie täglich Dash!
Dash beruhigt!"
Dann wieder Musik,
La Paloma.

           Vorhang
           Pause
                              21

Wer zu den Toiletten möchte,
wird auf Umwegen auf die Bühne
geführt,die zu diesem Zweck mit
einer halbdurchsichtigen Glas-
wand versehen worden ist.
Am Ende der Pause,falls die
Sittenpolizei noch nicht ein-
geschritten ist,der

4.Akt
Deutsches Freudenhaus,zu erken-
nen an den nicht erkennbaren
Freuden,die durch die Zimmer
flattern.
Ein Papagei krächzt den neusten
Schlager.
Papagei:
   "Das Bett war lange heil,
   doch dann kam er...er...e
   17 Jahr,krauses Haa..."

           Langsam

              Vorhang

              Ende

22

341

Mit diesem Beschluss wurde das Kino durchsucht und die rigorose Personenkontrolle aller Anwesenden begründet:

33 Gs 376/71 Hw.

B e s c h l u s s

In dem Ermittlungsverfahren

g e g e n   den Kraftfahrer Paul   S t u t e n b ä u m e r ,
geboren am 7. 4. 1951 in Beckum, -Geschäftsführer
des Stadtkinos in Oer-Erkenschwick, Ludwigstr. 5,
dort angeblich auch wohnhaft,

w e g e n   Verdachts des Vergehens gegen § 1o Abs. 1 Nr. 1 des
Opiumgesetzes

wird auf den Antrag der Staatsanwaltschaft Münster

gemäß §§ 1o2, 1o3 StPO die Durchsuchung der von dem
Beschuldigten Stutenbäumer bewohnten und benutzten Räume in dem Stadtkino in Oer-Erkenschwick, Ludwigstr. 5,
sowie des Pkw Citroen, amtliches Kennzeichen B-R 9507,
und der dem Beschuldigten Stutenbäumer sonst noch ge-
hörenden Sachen angeordnet, weil zu vermuten ist, daß
die angeordnete Durchsuchung zur Auffindung von Beweis-
mitteln für die Vermutung führt, daß der Beschuldigte
mit Opiaten handelt und sie mit Hilfe des genannten
Pkw befördert.

Etwa vorgefundene Beweismittel sind gemäß §§ 954, 98
StPO sicherzustellen.

Recklinghausen, den 22. Februar 1971
Das Amtsgericht
Dr. Bergmann
Amtsgerichtsrat

AUSGEFERTIGT
Recklinghausen, den 24. Februar 1971
Justizangestellte
als Urkundsbeamter der Geschäftstelle
des Amtsgerichts

342

STADT OER-ERKENSCHWICK

Abs.: Stadt · 4353 Oer-Erkenschwick, Postfach

Herrn
Manfred Jelinski

1 Berlin 61
Hagelberger Str. 7

Ihr Zeichen	Ihre Nachricht vom	Mein Zeichen - 32 -	4353 Oer-Erkenschwick 19.3.71
			Fernruf: 211 und 811

Betrifft: Ordnungsverfügung

Sehr geehrter Herr Jelinski!

Es ist festgestellt worden, dass in dem von Ihnen betriebenen Lichtspieltheater "Stadtkino" in Oer-Erkenschwick, Ludwigstr. 5, Rauschgift
gehandelt und konsumiert wird, sowie der Unmoral Vorschub geleistet
wird (öffentlicher Geschlechtsverkehr vor Kindern und Jugendlichen).
(lt. Feststellung der Polizei)

Ihr Geschäftsführer, Herr Stutenbäumer, leistet diesem Treiben durch
das Bereitstellen von Liegemöglichkeiten Vorschub. Ausserdem besteht
eine erhöhte Brandgefahr, da trotz des bestehenden Rauchverbotes in
dem Kino geraucht wird und Sie und Ihr Geschäftsführer diesem keinen
Einhalt gebieten. Durch die umherliegenden Matratzen und andere vor-
handene, teilweise beschädigte Polstermöbel, wird die bestehende
Brandgefahr noch erhöht.

Der Zustand Ihres Eigentums, Ihr Verhalten und das Verhalten Ihres
Geschäftsführers Stutenbäumer, stört die öffentliche Sicherheit und
Ordnung.

Auf Grund der §§ 1 und 14 des Gesetzes über Aufbau und Befugnisse
der Ordnungsbehörden - Ordnungsbehördengesetz - vom 28.1o.1969
(GV.NW. S. 732) in der zur Zeit gültigen Verfassung wird hiermit die
sofortige Schliessung des von Ihnen betriebenen Lichtspieltheaters

Konten der Stadtkasse: Kreissparkasse Recklinghausen, Hauptzweigstelle Oer-Erkenschwick Nr. 8012 09.
Spar- und Darlehnskasse Oer-Erkenschwick Nr. 7, Postscheckamt Essen Nr. 9737

- 2 -

„Es ist festgestellt worden ..." Diese Schutzformulierung gibt den
Staatsdienern praktisch freie Hand.

"Stadtkino" in Oer-Erkenschwick, Ludwigstr. 5 angeordnet.

Meine mündliche Anordnung, betreffend Schliessung des Lichtspieltheaters, vom 18.3.1971, die gegen 22.15 Uhr ausgesprochen wurde und Ihnen durch die die Durchsuchung durchführende Kripo mitgeteilt wurde, wird hiermit bestätigt.

Gemäss § 8o Abs. 2, Ziff. 4 der Verwaltungsgerichtsordnung (VwGO) vom 21.1.196o (Bundesgesetzblatt BGBL I S. 17) wird hiermit die sofortige Vollziehung dieser Verfügung angeordnet, weil die Massnahme zur Vermeidung des weiteren Handels mit Rauschgiften zur Unterbindung der dort herrschenden unsittlichen Zustände und zur Beseitigung der erhöhten Brandgefahr im öffentlichen Interesse geboten ist.

Gegen diese Verfügung kann innerhalb eines Monats noch Zustellung Widerspruch erhoben werden. Der Widerspruch ist schriftlich oder zur Niederschrift bei der o.g. Behörde -Ordnungsamt- einzulegen. Falls die Frist durch das Verschulden eines von Ihnen Bevollmächtigten versäumt werden sollte, so wird sein Verschulden Ihnen zugerechnet werden.

Das Verwaltungsgericht in Gelsenkirchen kann auf Antrag die durch die Anordnung der sofortigen Vollziehung entfallene aufschiebende Wirkung des Widerspruchs ganz oder teilweise wieder herstellen, oder die Aufhebung der Vollziehung anordnen.

Die Wiederherstellung der aufschiebenden Wirkung kann auf die Leistung einer Sicherheit oder von anderen Auflagen abhängig gemacht werden. Sie kann auch befristet werden.

Der Stadtdirektor

-Sadowski-

Ein spannendes Dokument, wie Gerüchte zu Fakten und zu Grundlagen für Rechtsentscheide werden. Nichts war wahr.

der Polizeibehörde
in Recklinghausen
Schutzbereich VI
Polizeiwache Erkenschwick
- A - 23/71 VI (Er-)

Zur Tatzeit befuhr der Beschuldigte mehrere Straßen in Oer-Erkenschwick, obwohl ihm bekannt sein mußte, daß das Fahrzeug auf Grund von vorgenommenen baulichen Veränderungen, nicht mehr zum öffentlichen Straßenverkehr zugelassen war. Die Betriebserlaubnis war erloschen. An dem Pkw war vorn auf der rechten Fahrzeugseite auf dem Kotflügel ein Lautsprecher angebracht, der ca. 15 cm über den Fahrzeugumriss hinaus ragte. Das Untergestell des Lautsprechers war fest mit dem Fahrzeug verbunden. Durch diese Art der Anbringung wurde der Führer des Pkw in seinem Sichtwinkel zur Fahrbahn und zum Fahrbahnrand nach vorne und zur rechten Seite erheblich beeinträchtigt. Der Lautsprecher war auf einem Untergestell aus Flacheisen in einer Höhe von ca. 20 bis 25 cm angebracht. Durch die scharfkantige, viereckige Form des Lautsprechers stellte dieser eine erhebliche Gefährdung anderer Verkehrsteilnehmer dar.

Ferner war an der rechten Fahrzeugseite ein Stab befestigt, an dem eine ca. 50 x 50 cm große rote Fahne angebracht war. Dieser Stab war außerhalb des Fahrzeugumrisses an dem rechten Türholm befestigt. Die Fahne ragte nach oben ca. 80 cm über den Fahrzeugumriss hinaus. Durch das Flattern der Fahne und die Art der Anbringung, stellte diese eine Gefährdung dar und lenkte die Aufmerksamkeit anderer Verkehrsteilnehmer im erhöhten Maße vom Straßenverkehr ab. Ferner machten Reklameschilder an den Seitenscheiben des Pkw auf den Gewerbebetrieb des Beschuldigten aufmerksam und beeinträchtigten die Sicht nach hinten und zur Seite. Dem Fahrer des Pkw wurde ein Mängelbericht ausgehändigt. Gegen Fahrer und Halter wurde gesondert eine Anzeige erstattet. Nach Überprüfung der Verhältnismäßigkeit wurde von einer Sicherstellung des Fahrzeuges Abstand genommen. In den Nachmittagsstunden hatte der Beschuldigte die baulichen Veränderungen wieder entfernt.

Von den baulichen Veränderungen wurden Fotoaufnahmen gemacht.

– Humpohl, PM –

Wenn Deutschland Fußball-Weltmeister wird, lacht man über diesen Bescheid. In Schätzungen gab man immer noch etwas zu.

Zeugen für den ordnungsgemäßen Einwurf
25.4.'71, 1445

Norbert Hornig 5159 Kerpe
Norbert Hornig Bölckestr. 2
Ingrid Rüffer 4352 Herten
Moltkestr. 13

Ingrid Rußh

Kreis Recklinghausen
Der Oberkreisdirektor
Abt. Straßenverkehrsamt

Norbert Sölter 1 Berlin 61
N. Sил Katzbachstr. 4

(15)151-25   23.4.71   StVo-VwGO 70-80

24.4.71

Betr. Ihr Schreiben: Genehmigung eines Lautsprechers

In Punkt 2 Ihres heutigen Schreibens beschränken Sie
die Wattzahl des Lautsprechers auf 18 Watt.
In Punkt 3 werden Musikalische Darbietungen nicht erlaubt.

Ich lege hiermit gegen diese beiden Punkte den Ihnen am
23. 4. schon mündlich mitgeteilten Widerspruch ein.
In Ihrem Schreiben ist keine sofortige Vollziehung
angeordnet.

Rechtsbelehrung: Ein nach § 70 VwGO eingelegter
Widerspruch hat nach § 80 VwGO automatisch aufschiebende
Wirkung, wenn nicht die sofortige Vollzeihung angeordnet ist.

wilma

Hochachtungsvoll

Paul F. Stutenbäumer

Spannend zum Thema sofortige Vollstreckung und Einspruch.

346

4353 Oer-Erkenschwick
Ludwigstraße 5
1 Berlin 49
Barnetstraße 17
Bank: Comerzbank Oer-Erkenschwick
Konto-Nr. 4012076

Wild Movies Association
Größter deutscher
Jugendfilmclub
Veranstalter der westdeutschen
Jugendfilmtage
Oer-Erkenschwick

wilma

Abschrift

Zeichen   Ihre Nachricht vom   Unser Zeichen

9.4.1971

UNABHÄNGIGKEITSERKLÄRUNG

HIERMIT ERKLÄREN ALLE BEWOHNER DER EHEMALIGEN FLURSTÜCKE
35,36 und 236 (Flur 69) IN OER-ERKENSCHWICK IHRE
STAATLICHE UNABHÄNGIGKEIT! SIE BILDEN EINEN EIGENEN STAAT.
Der Staat steht auf dem Boden der internationalen
Völkerrechte.Alle Genfer Konventionen werden anerkannt.
Der Staat verhält sich neutral gegenüber allen Staaten
und Völkern der Erde.
Eine schriftliche Verfassung gibt es nicht.Über alle
Streitigkeiten entscheidet eine Vollversammlung aller
Bürger.
Die Regierung wird durch die Vollversammlung gewählt,
kann jederzeit durch die Vollversammlung abgewählt
werden und muß wenigstens alle zwei Jahre durch die
Vollversammlung bestätigt werden.
Die Vollversammlung wird einberufen
a)durch die Regierung
b)durch Antrag von mind.15% der Bürger.
Mündlich geschlossene Verträge sind gültig.
Weder der Staat noch einzelne Bürger des Staates haben
das Recht,die Freiheit anderer Bürger einzuschränken.

Diese Erklärung wurde einstimmig angenommen.
Für die durch die Bürgervollversammlung gewählte Regierung

Der Innenminister   Der Außenminister   Der Finanzminister

Am 9. April erklärten wir das Kino zum Freistaat.

347

4353 Oer-Erkenschwick
Ludwigstraße 5
1 Berlin 49
Barnetstraße 17
Bank: Comerzbank Oer-Erkenschwick
Konto-Nr. 4012076

Wild Movies Association
Größter deutscher
Jugendfilmclub
Veranstalter der westdeutschen
Jugendfilmtage
Oer-Erkenschwick

wilma

An
die Britische Botschaft
53 in Bonn
z.Hd.Mr.O'Neill

Ihr Zeichen   Ihre Nachricht vom   Unser Zeichen

26.4.71

Betr.:Schutzmachtersuchen durch Freistaat Wilma

Sehr geehrte Herren!

Wie telefonisch am 9. und 25.4.71 mit Ihnen besprochen,
senden wir Ihnen hiermit ein schriftliches Ersuchen
auf Anerkennung und Schutzmachtstellung durch Ihr Land.
Unser Kleinstaat bildete sich aufgrund des polizeilichen
und behördlichen Verhaltens,das sehr an den Einmarsch
der Warschauer-Pakt-Staaten in die Tschechei erinnerte.
Man versuchte,Andersdenkende mit Gewalt auszuschalten.
Der Beschluß,einen eigenen Staat zu gründen,wurde
von allen Bewohnern der Flurstücke 35.36,und 236 (Flur 69)
in Oer-Erkenschwick b.Recklinghausen,im Bereich der
früheren britischen Besatzungszone,einstimmig gefaßt.
Die Staatsbildung wurde bisher durch die Behörden
der Bundesrepublik respektiert,zumindest geschah
nichts,um die Staatsbildung in Frage zu stellen.
Wir bitten Sie,uns einen Termin zu geben,wann wir
die Angelegenheit mit Ihnen mündlich im Gebäude der
Britischen Botschaft mit Ihnen besprechen können.

Hochachtungsvoll

Paul F.Stutenbäumer   Norbert D.Sölter   Manfred O.Jelinski

Wir benötigen natürlich auch Verbündete, sagte Paul.

348

4353 Oer-Erkenschwick
Ludwigstraße 5
1 Berlin 49
Barnetstraße 17
Bank: Comerzbank Oer-Erkenschwick
Konto-Nr. 4012076

Wild Movies Association
Größter deutscher
Jugendfilmclub
Veranstalter der westdeutschen
Jugendfilmtage
Oer-Erkenschwick

wilma

An das
Auswärtige Amt in Bonn
BRD

Zeichen   Ihre Nachricht vom   Unser Zeichen

Ministerium für auswärtige Angelegenheiten
Der Minister

Sehr geehrte Herren!

Am Freitag,dem 9.4.71 überschritten einige Einwohner
Ihres Landes,und zwar Ordnungsbeamte der Polizei
Ihres Bundeslandes NRW illegal die Grenze zwischen
unseren Staaten und führten illegal Ordnungsbestimmungen
durch,die in unserem Staat jeder gesetzlichen Grundlage
entbehren,vor allem,da Ihre Beamten weder eine Aufenthaltsgeneh-
migung vorweisen konnten,noch in irgendeiner Weise
befugt sind,in unserem selbstständigen Staat einzugreifen.
Wir weisen diese Grenzüberschreitung zurück;und erwarten
eine Entschuldigung von Ihrer Seite.
Wir behalten uns vor,unsere Schutzmächte zu informieren.

Hochachtungsvoll

Der Minister der WILMA für auswärtige
Angelegenheiten

Aus der Postmappe unseres Außenministers ...

Staatsanwaltschaft Bochum

Geschäfts-Nr.:   34 Js 190/71

Bitte bei allen Schreiben angeben !

Bochum,   10.4.1971

Fernruf: 6 09 65

Fernschreiber: 08 25 737

Staatsanwaltschaft 463 Bochum

Herrn
Manfred Oswald Jelinski

1 B e r l i n 49 (Lichtenrade)
Barnetstraße Nr. 17

Das gegen Sie eingeleitete Ermittlungsverfahren wegen Vergehens
gegen das Opiumgesetz, in dem Sie am 18.3.1971 von der Polizeibehörde in Erkenschwick verantwortlich vernommen worden sind,
habe ich gemäß § 170 Abs. II StPO eingestellt.

(Hirsch)
Staatsanwalt

Außer Spesen nichts gewesen ...

Aber einen Denkzettel hatte man uns gegeben. Und tatsächlich
bestimmte der unser weiteres Leben. Wahrscheinlich nur nicht
so, wie gedacht.

Wo sind sie geblieben?

Meine Mutter: verstarb 1992 kurz bevor ich Berlin verließ.

Sigi: lebt seit über 30 Jahren mit ihrem neuen Partner in Lichtenrade.

Angelika, Angelika, Geli und alle anderen Mädchen aus Lichtenrade: zumeist unbekannt.

Lita: ist ein Pseudonym. Sie lebt heute in Süddeutschland.

Klaus Podlowski, unser Klassenlehrer: verstorben 2012.

Noppi: verstorben, Jahr unbekannt.

Wolfgang aus meiner Klasse: wurde Gymnasiallehrer und ist inzwischen pensioniert.

Toppi: verstarb 1975 an Leberzirrhose in Berlin.

Gerhard Behm: schloss seinen Fernsehladen 1978, ging in die Verwaltung und lebt 2016 noch in einem Berliner Pflegeheim.

Molly, seine Frau: verstarb ca. 1990

Manke: lebt noch in Berlin.

Nofi: ist ein Pseudonym. Er wohnt im ehemaligen Ostteil Berlins.

Paul:hat noch immer ein Geschäft für professionelle TV-Produktionsmittel und arbeitet als Kameramann und Produzent.

Disko-Achim: Verbleib unbekannt.

Jonny: wohnt noch immer in Berlin-Kreuzberg

Hajo Thunack: lebt noch in Berlin, will aber nach Österreich ziehen.

Jerry: landete nach vielen familiären Wirren bei einer großen Firma für Messtechnik und jettete viele Jahre dafür durch die Welt. Will Rentner werden.

Soni: machte einen Schmuckladen auf und verstarb 2013.

Etzel: Nickname, ging ca. 1990 nach Frankreich und lebt dort.

Peter, der dritte „Kaufmann": unbekannt.

Peti: wurde Bauingenieur und ist heute Rentner in Berlin.

Udo: wohnt auf einer schwedischen Insel und malt schöne Bilder.

Hacki: lebt noch immer in Oer-Erkenschwick. Der Verbleib der anderen Leute aus der Stadt ist unbekannt.

Wenn nicht anders angegeben, sind die Namen Spitz- oder Rufnamen.

Fotoalbum

1. Kapitel: Fummeln in der Dunkelkammer

Waren die 60er Jahre wirklich so freizügig, wie nachträglich man allgemein erzählt? Nein, es begann ausgesprochen prüde. Ein Auftritt im Bikini grenzte schon beinahe an Pornografie. Und das Zeigen von weiblicher Unterwäsche galt mindestens als sehr pikant.

Die neue Jugendkultur war ein echter Affront.

Mein Fetenkeller, programmatisch mit den "richtigen" Postern ausgestattet. Rechts: Noppi am ersten Standort der Bar. Hinter ihm der Vorhang vor der "Dunkelkammer".

Links: Toppi an seinem Lieblingsplatz. Hier die Bar zum Zeitpunkt des Kapitels. Das Gelbe am rechten Rand ist die Schilfmatte, um die man herum gehen musste, um dann in die hier nicht einsehbare "Dunkelkammer" zu gelangen. Ein zeitraubendes Unterfangen für unangemeldete Personen.

Vor der Haustür mit aktuell modischer Frisur 1969, neben mir unser Schäferhund und eine Freundin meiner Mutter. Zu diesem Zeitpunkt wohnte ich schon im übel beleumundeten Stadtteil Neukölln.

Filmaufnahmen in meinem Fetenkeller: liegend Toppi, der "Überschwere" und Jonny, der schon mal in einem Feld übernachtete. Rechts unten: Noppi und ein Bierkasten, der damals aus Holz war.

Warum meine Mutter sich ausgerechnet vor meiner Stammkneipe fotografieren ließ, lag sicher daran, dass sie von diesem Umstand nichts wusste. Sonst ... und zum Glück kriegte sie auch nicht mit, wieviel Bier und Wein Toppi immer in sich hinein schüttete.

2. Kapitel: Der Blitz der Erinnerung

Jacki, mein bester Freund, ca. 1962, gestorben 1968, einsam im Keller einer Bürofirma an einem epileptischen Anfall.

Die Zufälligkeit des Lebens wurde mir 1962 mit 13 Jahren klargemacht:

Folgendes stand am 13. 8. in der Zeitung:

Auf tragische Weise wurde der 51jährige Bauarbeiter Franz Jelinski aus der Marienfelder Straße 17 Opfer des Orkans. Als er gegen 16 Uhr 40 mit seinem Moped durch die Wehnertstraße von der Arbeit nach Hause fuhr, geriet er unter einen umstürzenden Baum. Kurz danach erlag er im Krankenhaus seinen schweren Verletzungen.

Schweres Leid brachte gestern das Unwetter über eine Familie in Marienfelde: An der Wehnertstraße begrub ein stürzender Baum den 51jährigen Bauarbeiter Franz Jelinski unter sich, als er gerade mit seinem Moped von der Arbeit nach Hause fuhr.

Nur zehn Minuten noch, und er hätte seine 48jährige Ehefrau in die Arme geschlossen, und seinem Sohn Manfred – ein 13jähriger Oberschüler – einen freundschaftlichen Schlag auf die Schulter gegeben, wie es immer seine Begrüßung war. Ungeduldig und ahnungsvoll hatte Frau Jelinski immer wieder aus dem Fenster ihres

Franz Jelinski

schmucken Häuschens an der Marienfelder Straße – ihr Mann hatte es in jahrelanger Arbeit mit eigener Hand gebaut – auf die Straße geblickt.

Aber ihr Mann, mit dem sie 14 Jahre ihres Lebens gemeinsam verbracht hatte, kam nicht. Weinend brach sie im Krankenhaus zusammen, als sie die traurige Gewißheit erhielt. „Was soll ich nun bloß machen", schluchzte sie immer wieder. „Und er sollte doch morgen als Zeuge eines Verkehrsunfalles aussagen!" Schwer vom Leid geprüft ist diese Frau: Schon einmal riß ihr das Schicksal den geliebten Ehegefährten von der Seite: Ihr erster Mann fiel im Krieg.

Mein Hanomag: beinahe die Ursache für mein eigenes frühes Ableben. Hier noch in der Originalfarbe als Bahlsen-Lieferwagen auf der ersten Urlaubsreise.

F 03

"Dieses Jahr machen
wir Urlaub, zum ersten
Mal, und wir fahren im
eigenen Wagen los!",
sagte mein Papa
im Januar 1962.

Im Sommer trug meine
Mutter schwarz und
hatte einen Hund, der
sie beschützen sollte.

"Ach, ich bin euch ja
nur im Weg", sagte
meine Oma und starb
ein Jahr darauf.

Stand alles in meinem
Tagebuch.

Passbild 19(

Mit diesem
Film auf der
Klassenfahrt
fing alles an:
Engtanz und
Knutschen als
schulische
Aufgabe.

Mein erstes Buch
(3x4 cm)

Schmulheftchen (2x3 cm)

In der Schulmannschaft (Pfeil), diesmal Handball

Neue Beatband entdeckt!

Schülerzeitung im Wandel: Nr 1 und Nr. 3

Satire mit Erklärung: Der eingeklebte Kopf gehörte unserer Musiklehrerin Frau Habich (ohne t), die uns mit zerkratzten Mozart-Platten auf einem Billig-Plattenspieler traktierte und damit bei vielen ein Klassik-Trauma schuf.
Popmusik? Auf keinen Fall! Das war, für Außenstehen erklärt, die Brisanz dieses Bildes.

Links: Die Schuluhr, nach der man sich zu richten hatte.
Rechts: Modisch ganz weit vorn: das Op-Art-Hemd, das die Lehrer verwirrte.

F 06

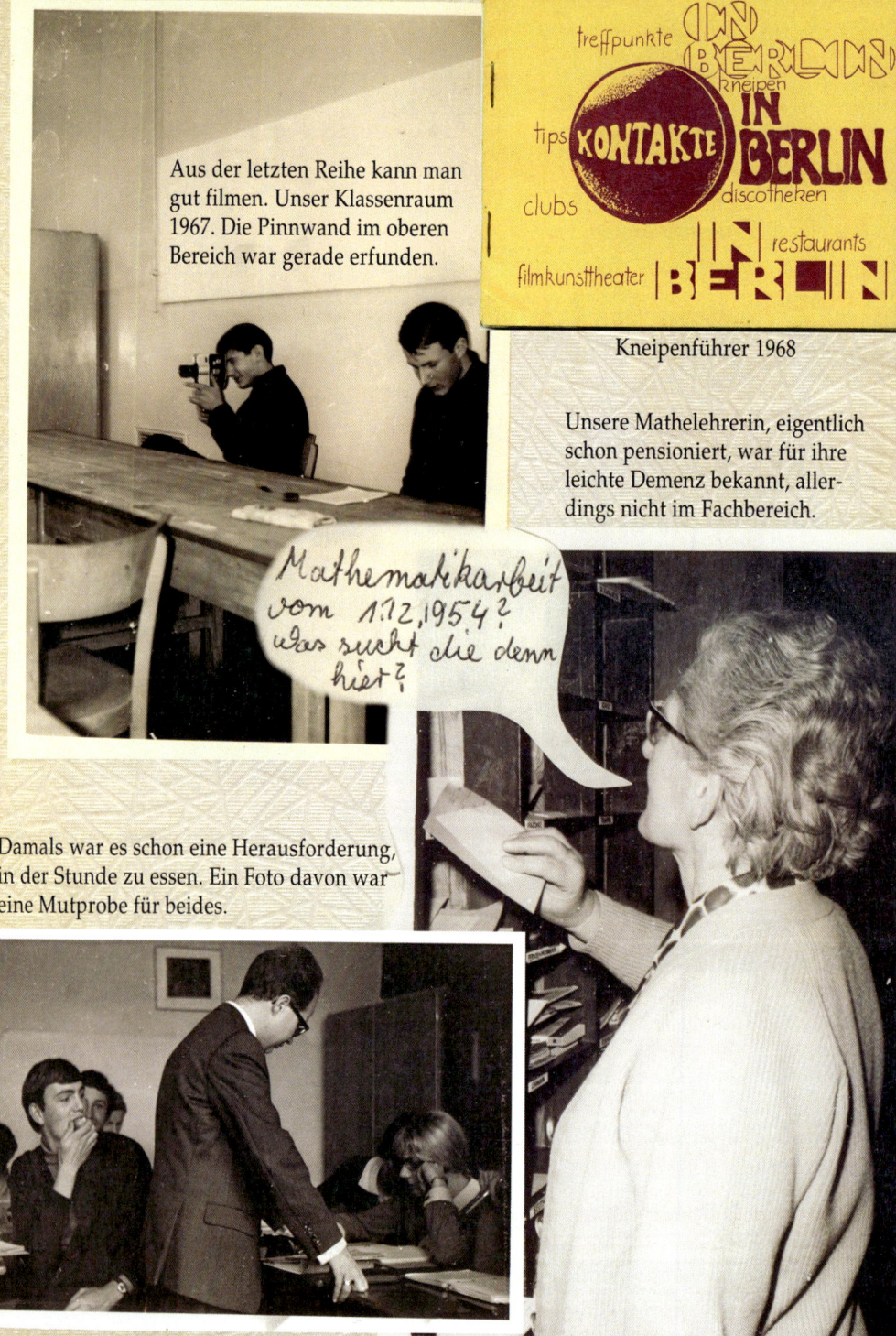

Aus der letzten Reihe kann man gut filmen. Unser Klassenraum 1967. Die Pinnwand im oberen Bereich war gerade erfunden.

Kneipenführer 1968

Unsere Mathelehrerin, eigentlich schon pensioniert, war für ihre leichte Demenz bekannt, allerdings nicht im Fachbereich.

Mathematikarbeit vom 1.12.1954? Was sucht die denn hier?

Damals war es schon eine Herausforderung, in der Stunde zu essen. Ein Foto davon war eine Mutprobe für beides.

F 07

Abseits der persönlichen Erinnerungen
haben alte Eintrittskarten einen allgemeinen Unterhaltungswert, auch ohne das
Tagebuch. Oder alte Fahrscheine.

Unten: Dampferfahrt als "Wandertag".
Wurde natürlich gleich "redaktionell"
bearbeitet.

Eine interessante Phase
der Gastronomie:
Eintritt nur 10 Pfennig,
aber Getränkebons waren
Pflichtabnahme.

Meine alte Schreibmaschine
"Continental" von 1926. Das
"U" wurde von meinem äl-
testen Sohn im Alter von drei
Jahren entfernt. Inzwischen
ruiniert er PC-Tastaturen.

4. Kapitel: Raus aus den Ruinen!

Posieren konnte man schon damals.
Frollein Gimmler 1947 mondän mit
Auto, als sie noch lange nicht meine
Mama war.
Bild unten: zwei Jahre später.

Der Wehrmachts-
führerschein
meines Vaters.

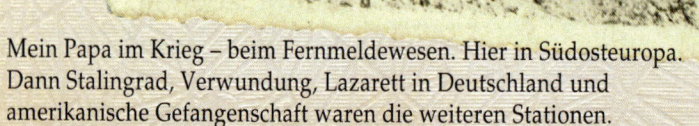

Mein Papa im Krieg – beim Fernmeldewesen. Hier in Südosteuropa.
Dann Stalingrad, Verwundung, Lazarett in Deutschland und
amerikanische Gefangenschaft waren die weiteren Stationen.

Meine Eltern heirateten im Winter 1947/48. Der schwere Mantel, den Papa schon im Krieg trug, begleitete mich 20 Jahre später auf meinen "Trips in der City".

31. Juli 1949: Der erste Spatenstich zum Hausbau

Mein Vater mauerte im Alleingang. Stück für Stück wurde das Haus fertig, Zimmer für Zimmer. Unten: Die Treppe, auf der wir stehen, war später überdacht. Im Herbst 1952 war das Haus fertig.

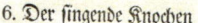

6. Der singende Knochen

s war einmal in einem Land
Klage über ein Wildschwein,
Bauern die Äcker umwühlte,
tötete und den Menschen mi
Bauern den Leib aufriß. Der K
sprach einem jeden, der das L
dieser Würde, ei
und stä
des Waldes wagte, worin es
kannt machen, wer das Wil
seine einzige Tochter zur Ge
Nun lebten zwei Brüder
Mannes, die meldeten sich v
Der älteste, der listig und
jüngste, der unschuldig u
König sagte „damit ihr
von entgegengesetzten S
älteste von Abend und
der jüngste ein Weilche
lein zu ihm, das hiel
sprach „diesen Spieß
gut ist, damit kanns
es wird dir keinen
nahm den Spieß
Nicht lange so er
hielt ihm aber d

Grimms Märchen
waren der beste
Horror! Mit vier
Jahren im prak-
tischen Outfit.
Die Bekleidung
meines Teddys
(ein Jahr jünger
als ich) habe ich
selbst genäht
und gestrickt.

Meine erste Klasse hatte noch 36 Kinder.
Auch bei Fotos: Immer
in der Nähe der
Lehrerin. Besser ist
das! Gefallen hat mir
das natürlich nicht.

Zwei Schultüten sind besser als
eine, das sprach sich auch schon
1954 herum. Damals war noch zu
Ostern Einschulung und wie man
sieht: lausig kalt. Diese "Teufels-
mütze" habe ich immer gehasst.

Sommer 1952: Noch ist das Haus nicht verputzt. Ich klopfte eifrig Putz von gebrauchten Steinen. Mein Roller ähnelt schon sehr stark den Modellen, die später bei Erwachsenen im Stadtverkehr bekannt wurden.

Alles war gut: Weihnachten 1954 haben wir gut lachen. Meine Eltern machten sich an das nächste Projekt: das Haus aufstocken.

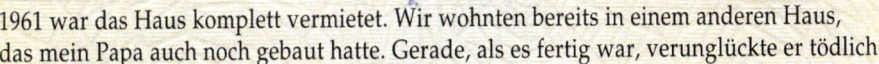

1958 war auch das erreicht. Wir feierten es mit der Familie meines Onkels aus Karlsruhe. Der hatte schon ein Auto.

1961 war das Haus komplett vermietet. Wir wohnten bereits in einem anderen Haus, das mein Papa auch noch gebaut hatte. Gerade, als es fertig war, verunglückte er tödlich.

F 12

Unten: Meine Mutter beim Hühner füttern.
Vom Küken zum Kochtopf: Ich lernte alles kennen.

2. Klasse und belesen. Und, ja, es
waren "richtige" Bücher..

Den brutalen Abschlacht-Roman bekam ich
von den Nachbarn ...

Die "Wahrheit
über die UFOs"
fand ich in der
Staatsbibliothek ...

... dann war ich bereit
für "Groschenhefte",
wie es meine Mutter
nannte. In den folgen-
den Jahren habe ich
diese Literatur
sozusagen studiert.

Deshalb war die Zukunft
für mich schon sehr früh sonnenklar.

F 13

Freibier vor dem Rathaus. Und plötzlich fand man sich in der Zeitung wieder.

Nach dem Stones-Konzert in der Waldbühne: die Demolierung der S-Bahn begann mit dem Abschrauben der beliebtesten Schilder.

Natürlich ging es bei diesem Foto vom Wandertag nur um die Provokation. Unsere Mathelehrerin hatte sich auch gerade verirrt.

F 14

Mein 18. Geburtstag

Der "Gabentisch": sieht nicht nach viel aus, musste aber alles weg!
Das ovale Ding im Hintergrund war übrigens eine an einer Baustelle demontierte Warnlampe, die damals stimmungsfördernde rote oder gelbe Glühbirnen enthielten.

Man trank sich mehr oder minder vorsichtig an einen fröhlichen Zustand heran ...

... sodass einfachstes Ringelreihen nicht mehr peinlich wirkte ...

... und verfiel dann in wildes Befummeln.

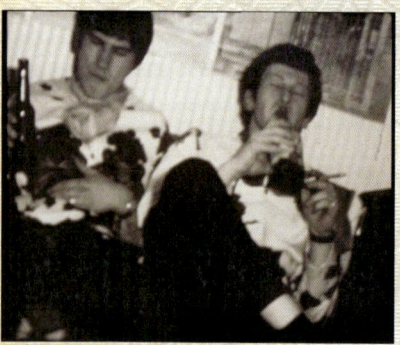

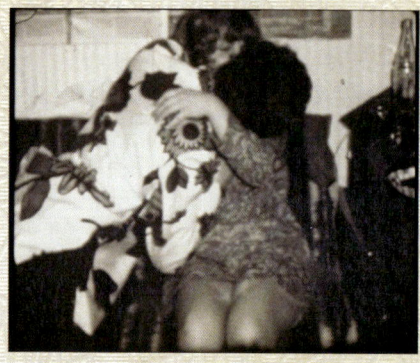

Nachdem die Gäste weg waren, mussten Flipper und ich die Reste aufarbeiten.

Meine Mutter hatte mir zwei Hippie-Hemden aus Gardinenstoff gemacht, von denen eins natürlich mein Freund bekam. Rechts: Die Überhöhung des Trinkens wurde selbstverständlich in einen Film eingebaut: In "Kriemhilds Rache" habe ich mir in meiner Stammkneipe eine Gießkanne füllen lassen.

Zeltlager Scharbeutz
an der Ostsee 1964

Christel
(aus der
Erinnerung
nachge-
zeichnet)
wurde mir
sozusagen

von Gitti
(rechts)
an den
Hals
gedrückt.

Der Strand ist heute erheblich
bevölkerter. Das Bild zeigt die
damalige Hochsaison.

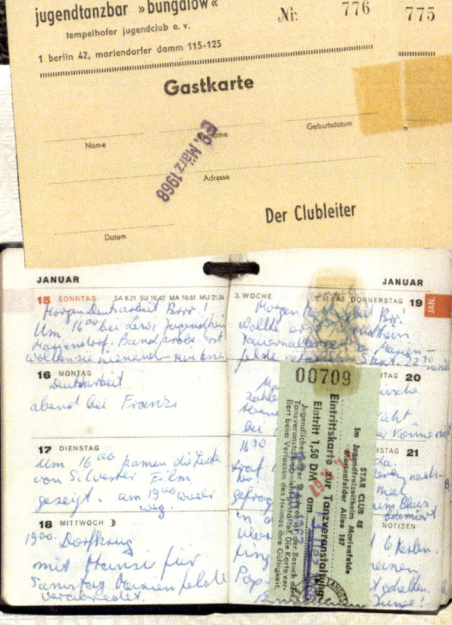

Der "Mädchentrakt" - Zelte waren 1964 noch selten
für Mädchen zugelassen. Von links das vierte Fenster
lauerte mir sozusagen auf und ich wurde eingefangen.

Anrührend sind die Eintrittskarten der nahe
gelegenen Beatschuppen, wie man das nannte.
"Bungalow" und "Star Club 48" waren senatsbetrieben. Der "Star Club" war eigentlich nur
der große Raum des Jugendfreizeitheimes Marienfelde.

Rechts: Mit Geli verbrachte ich viele Abende und halbe Nächte, aber sie war Skorpion.

Meine DC 6B aus Karton, die als "Tresor" fungierte.
Man konnte das Modell in der Mitte auseinanderschieben, Der Rumpf war hohl bis auf schmale Spantenringe.

Das Ende des beeindruckenden Artikels:

Bei sexuellen Verfehlungen aber sind wir entweder ratlos oder wir versuchen durch Absondern, Einsperren usw. eine Wiederholung unmöglich zu machen. Im allgemeinen gilt auf diesem Gebiet: Nichts sehen, nichts hören, nichts wissen. So schlängeln wir uns um eines der schwierigsten Probleme in der Erziehungsarbeit herum: um die Erziehung zur Geschlechtsreife, auch in seelischer Hinsicht.

Der vorliegende Bericht aus Amerika sollte uns aufhorchen lassen! Machen wir nicht den umgekehrten Fehler, daß wir Kinder zwingen, sich ganz in die Heimlichkeit zurückzuziehen! Ein zwölfeinhalbjähriges Mädchen, das in sein Tagebuch schreibt: „Am liebsten möchte ich mich selbst ermorden vor lauter Sehnsucht und Wut", das ist kein Kind mehr. Unser Modell vom Kinde stimmt nicht mehr, genauso wenig, wie wir noch modellhaft für das Erwachsensein schlechthin stehen. Das Kind kann seine Rolle als Kind nicht mehr spielen — und wir spielen die unsere als Erwachsene schlecht.

Selfie 1967

Mit Birgit versuchte ich es sogar zweimal, das Sommerbad war da nicht ganz unschuldig. Man traf sich auf der Decke.

F 17

sonet duo
TESLA

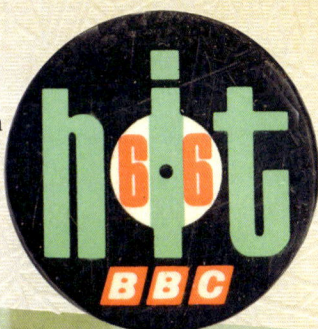

"Hit 66" war die Sendung des BFBS, die uns mit neuesten englischen Hits versorgte. Leider nur einmal in der Woche.

hit
66
BBC

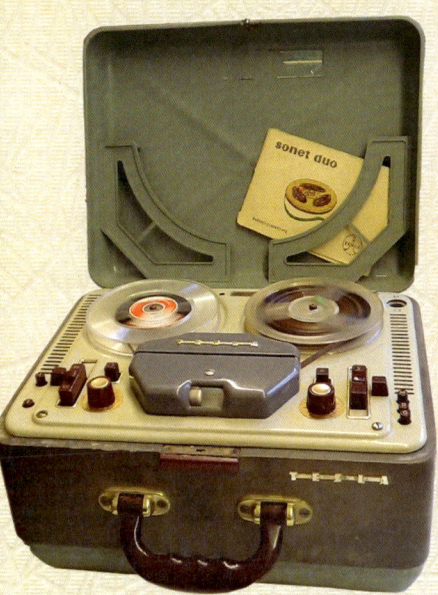

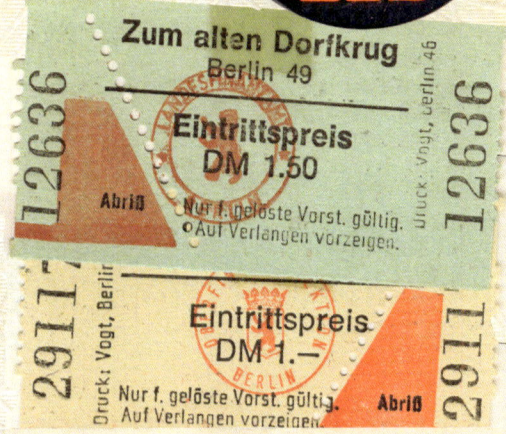

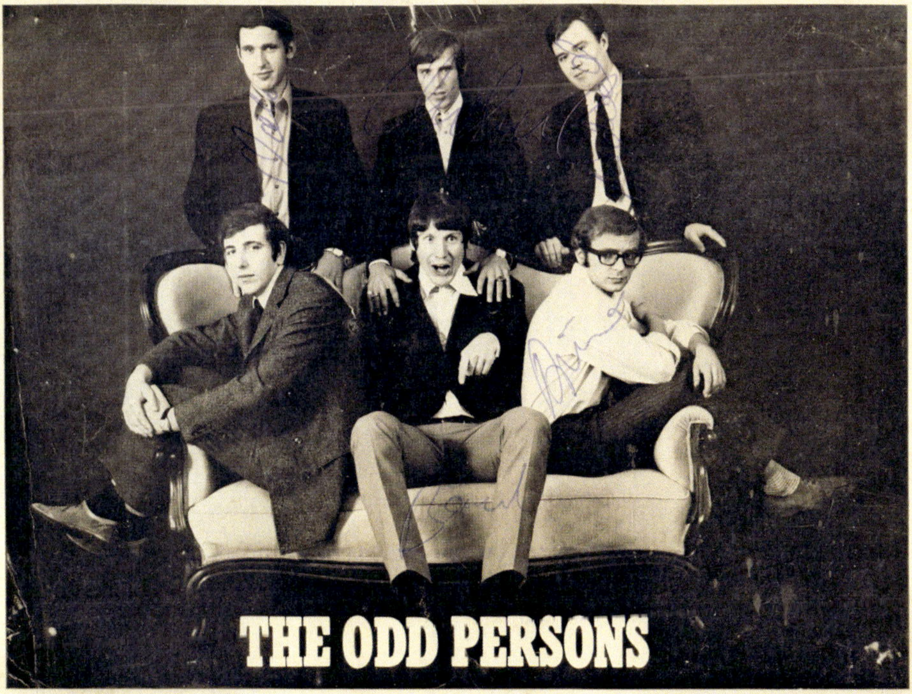

Zum alten Dorfkrug
Berlin 49
Eintrittspreis
DM 1.50
12636
Abriß
Nur f. gelöste Vorst. gültig.
Auf Verlangen vorzeigen.
Druck: Vogt, Berlin 46
12636
2911
Druck: Vogt, Berlin
Eintrittspreis
DM 1.–
Nur f. gelöste Vorst. gültig.
Auf Verlangen vorzeigen.
Abriß
2911

Mein erstes Tonbandgerät 1962, ein "Tesla Sonet Duo", vertrieben von Quelle. Läuft heute noch.

THE ODD PERSONS

Eine meiner Lieblingsbands im "alten Dorfkrug". Ich ließ mir die Karte sogar signieren.

Ich fuhr immer mit der
S-Bahn zu Atzert,
um mir Permaton-
Bänder zu ho-
len, weil die
am billigsten
waren.

Wolfgang hatte die neue Beatles-Platte, die
ich unbedingt aufnehmen musste

Achim, der im
Dorfkrug die
Disko machte,
besaß die besten
Import-Platten

Atzert-Radio, Bln. 61/18 10 18
Selbstbedienungsraum
MWST. von 9,91 % vom Endbetrag!

Heute unerklärlich, wie der Staat
damals mit diesem geringen
Mehrwertsteuerbetrag auskam.

*008.95
*006.30
18APS4190   *01525   To

elektrisch aufgenommen
Gloria
Parlophone
25 cm.
SCHALLPLATTE

Unser
"Musi
truhe"
mit Ra
1956

Berliner
S-Bahn
138
zu einem
der
stufe 2

2567

F 19

8. Kapitel: Die ständige Heausforderung

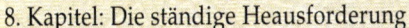

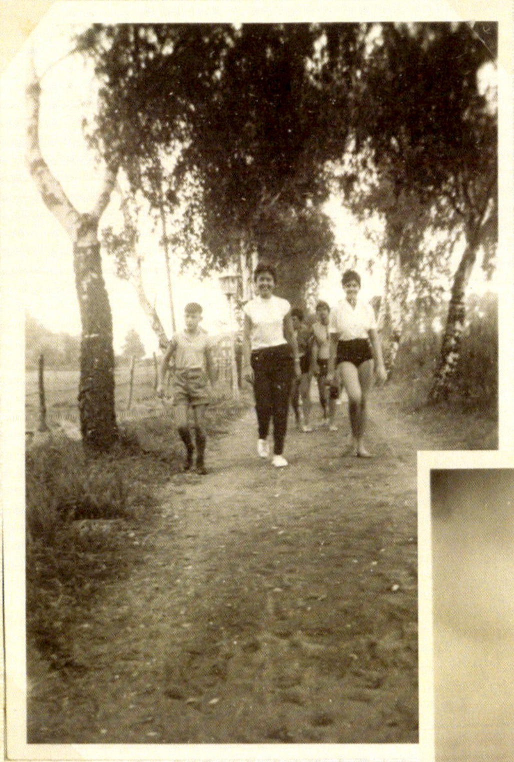

Auf dem Foto nicht gut zu erkennen, aber immerhin voll Schadenfreude fotografiert: Natürlich fiel der kleine Manfred als einziger beim Kühegucken in den Entwässerungsgraben.
Und lief, kniehoch mit dickem, schwarzem Schlamm bedeckt, nach Hause. Frau Henkel, unsere Klassenlehrerin und Karin müssen da natürlich grinsen.
Was sie aber beide nicht wussten: An einigen Tagen und auch nachts "liehen" wir uns ein Boot aus und fuhren hinaus auf den Plöner See.

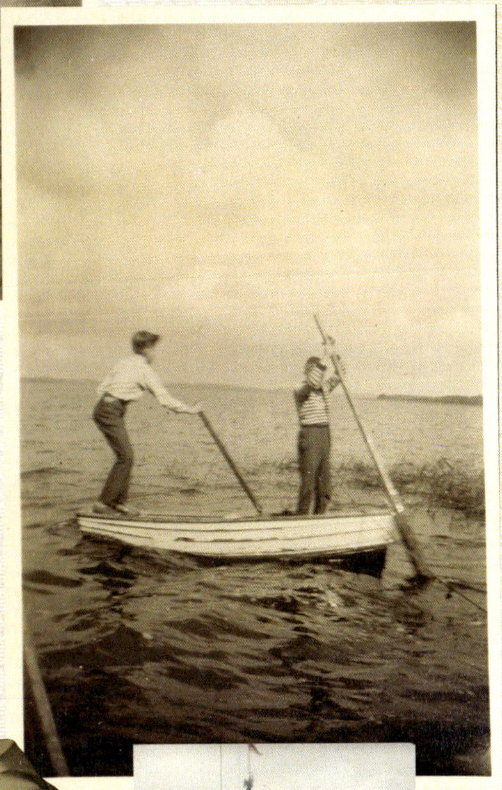

"Du hast einen Volkspolizisten angesprochen!", schimpften meine Eltern mit mir. Heute wäre man froh, wenn in dieser Situation überhaupt jemand da wäre, der amtlich verpflichtet ist. Ich habe nie herausgefunden, ob meine Eltern Angst hatten, die DDR würde mich einkassieren.

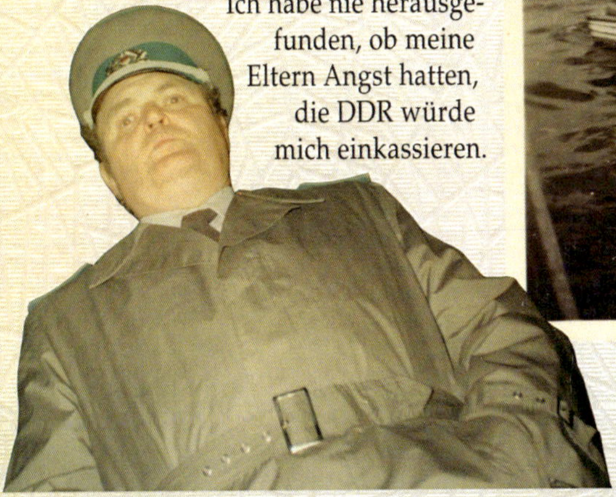

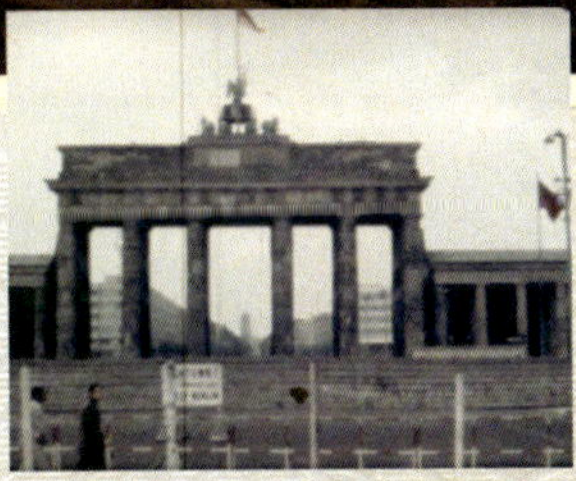

Mein Vater (rechts außen) hatte vier Geschwister, die morgens vor der Schule die Frühstücksbrote prüften, um das Größte herauszufinden. Aber sie wurden alle groß. Vorn "Tante Hanni" und "Tante Hedwig", hinten Mitte Felix.

DIE MAUER befand sich nur 2 km von unserem Haus entfernt. Aber sie spielte sie in unserem Leben kaum eine Rolle. Sie war einfach da. Dahinter war nichts Interessantes, also wandte man sich ab.

Rechts: Die Einfahrt unseres ersten Hauses. Gleich hinter dem Eingang begann links die Kellertreppe, Gegenstand vieler meiner Alpträume als Kind.

Und unten war die Kellertür, in der meine Finger steckten.

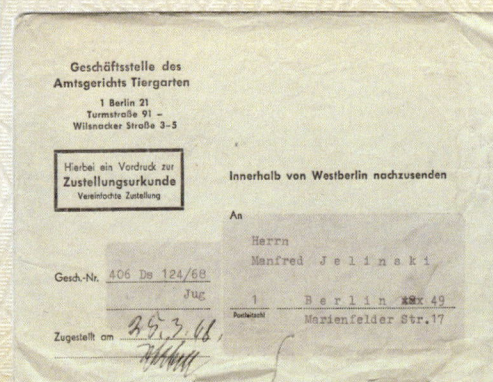

Meine Mutter (hier 1967) hatte den Garten unter Kontrolle und nahm sich sozusagen noch Arbeit mit nach Hause: Alle Fenster waren "Blumenfenster". Als die Vorladung vom Amtsgericht kam, brach für sie eine Welt zusammen. Immerhin bestand ich gleichzeitig das Abitur.

9. Kapitel: Faszination im Flackerlicht

Am Lagerfeuer entstand die Idee zum ersten Film, an dem ich mitmachte. Unser Kunstlehrer hatte eine Kamera und wollte damit unsere Klassenfahrt interessanter machen. Das ist ihm gelungen.

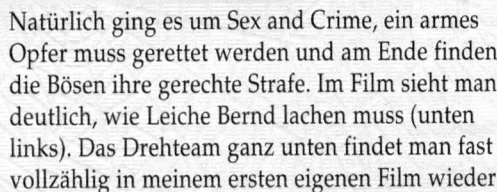

Natürlich ging es um Sex and Crime, ein armes Opfer muss gerettet werden und am Ende finden die Bösen ihre gerechte Strafe. Im Film sieht man deutlich, wie Leiche Bernd lachen muss (unten links). Das Drehteam ganz unten findet man fast vollzählig in meinem ersten eigenen Film wieder.

Ein Ausflug in alte
Filmtechnik-Zeiten:
Meine erste Kamera,
ein Normal-8-Betrachter,
meine erste Klebepresse
und ein 16mm-Projektor
"Siemens 2000" im kleinen
Privatkino des Autors
in Aktion.

So entwickelte sich meine Liebe für den Film:
mit der Klasse einen Agentenfilm drehen,
mit der Film-AG einen Film über das Sportfest,
bei der Klassenfahrt die kleinen Ereignisse bei
Tag und bei Nacht festhalten.

BLICK IN DAS WILDE LEBEN DES MEISTERSPIONS 009

Alle mit Begeisterung da-
bei: Mit meiner (zehnten)
Klasse drehte ich 1965 die Agentenpersiflage "Heiße Papiere".
Der Staragent bewegte sich linkisch, war durch Kindersonnen-
brille mehr als auffällig, aber seine Gegner standen nicht zurück.

Der russische Abwehrchef (mit Stalin-
schnauzbart) wurde von seiner Sekretärin souffliert. Im amerikanischen Spionagezentrum las der Chef "Micky-Maus"-Hefte, trug ein
Hitlerbärtchen und seine Vize entpuppte sich als Alkoholiker. Und
letztlich war der ganze Einsatz umsonst.

Beim Sportfest kamen
natürlich überwiegend
peinliche Leistungen
vor die Linse. Unsere
Lehrer waren aber
ganz entspannt und
zeigten sich ganz natürlich.
Damals war es aber ein Zeichen von Ignoranz des Schulbetriebes, in den Wettbewerbspausen
Comics zu lesen.

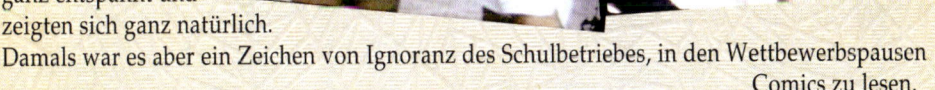

F 24

Die Arbeit in der Film-AG brachte mir ungeahnte Einblicke in Gestaltungstechniken. Es war ein Leichtes, durch geschickte Tonmontagen die gezeigten Bildinhalte lächerlich zu machen. Vorzugsweise natürlich Lehrer.

Unser Gemeinschaftskundelehrer hatte für die letzte Klassenfahrt eine tolle Firmen-Besichtigungstour organisiert, darunter Stadtwerke, Braunkohletagebergbau und auch zwei Brauereien. Jeder Tag ein Erlebnis. Filmkamera immer dabei.

Unsere Deutschlehrerin "Tante Helga" war als Begleitperson auch ein echter Glücksgriff.

Cool aussehen war die Devise ...

Brauereien machten froh.

... und trinken.

Auch nachts gelangen eindringliche Aufnahmen.

10. Kapitel: Die Entdeckung der Dunkelheit

Und so feierte man in den fünfziger Jahren: Wohnzimmerkron-leuchter auf höchste Helligkeit.

Die Droge der 50er Jahre, hier präsentiert von meinem späteren guten Freund Horst.

Zum alten Dorfkrug Herbst 1989

Jeanette, meine heißeste Sommerbad-Liebe.

Die Jugend der 60er Jahre traf sich zunächst in den Diskotheken, in denen die Beleuchtung zumeist auch nicht sehr gedimmt war, oder im Sommerbad. Wie auch immer, man sah, was man bekam. Die Freitreppe vom "Alten Dorfkrug" war oft ein gnadenloser Prüfstein für das Make-up.

Sommer 1967

Es gibt keine Fotos des Inneren, ich habe mich wirklich bemüht. Damals gab es dort noch Intimität, kein Bild erreichte die All-gemeinheit. Deshalb hier zeichnerisch nachgestellt mit der Disko auf der massiven Bühne und den an Samstagen mit weißen Tischdecken versehenen quadratischen Tischen.

F 26

Der nahe Dorfteich mit seinen alleinstehenden Bänken waren ein begehrter Ort für Intimes.

Im Winter fehlte natürlich die Deckung der Begrünung, das einzig Unangenehme war aber die Temperatur. Das Gute war, es wurde früh dunkel.

Waren alle Bänke voll, konnte man natürlich auch auf den nahen alten Friedhof ausweichen Das war aber nicht so bequem.

Wie man aus den Eintritts-karten im Tagebuch sieht, war ich sehr regelmäßig im Club mit den "schönsten Mädchen Berlins".

Für sexuelle Begegnungen waren auch die Zeltlager der "Falken" bekannt. Der Weg zu den "Dörfern" der Mädchen war nicht weit und auch im Dunkeln leicht zu finden.

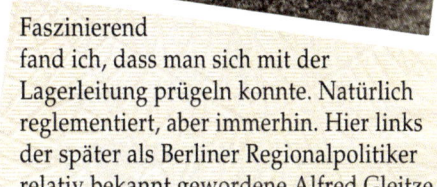

Faszinierend fand ich, dass man sich mit der Lagerleitung prügeln konnte. Natürlich reglementiert, aber immerhin. Hier links der später als Berliner Regionalpolitiker relativ bekannt gewordene Alfred Gleitze.

Sigi und Etzel 1969

Die Matratzen meines Filmclubkellers waren natürlich sehr praktisch, aber sobald Etzel eine eigene Wohnung in der Neuköllner Warthestraße hatte, traf ich mich öfter mit Sigi bei ihm.
Die Tristesse des Kiezes ging völlig an mir vorbei; der in Verruf gekommene Bezirk wurde eher als beschützender Faktor wahrgenommen.

11. Kapitel: Gammeln am Europacenter

Tauentzien und Gedächtniskirche in den 60er Jahren. Rechts: Europacenter von der Kirche aus gesehen. Rechts um die Ecke lagerten wir für unseren "Gammeltest".

Wir trafen uns unter der großen Treppe und Noppi zog los, um Passanten um " 'ne Mark" anzuhauen. Jacki wählte die andere Methode: er hatte ein Coming - Out als Pflastermaler.

"Ihr Faulpelze! Geht doch mal arbeiten!" Besonders ältere Passanten verstanden die Aktion nicht.

Hinterher im tatsächlichen Film begaben wir uns in einsamere Regionen.

Ich schaute mich nach Vorbildern um (oben in Brüssel)und versuchte dann auch selbst cooles Aussehen.

Ohne den Fetenkeller wäre sicher nichts so richtig in Gang gekommen. Bald hatten wir die Darsteller zusammen.

Gunther gewinnt also über einen Trick die schöne Brunhild, die ihm dann im Keller willfährig ist.

Natürlich kriegt Brunhild raus, dass Siegfried geholfen hat, sie zu betrügen. Das ist das Ende für beide.

Wir blenden ab, bevor es losgeht.

Hagen tut ganz un-schuldig, obwohl er der Verräter ist.

Er steckt den Villeneinbruch von Siegfried der Polizei. Kriemhild findet das überhaupt nicht witzig und sinnt auf Rache.

Hagen wird von Kriemhild gestellt:
"Also, was war mit Siegfried?
"Woll'n wir nicht in eine Kneipe gehen und
die Sache in Ruhe besprechen?"
"Nein, dazu habe ich keine Lust mehr!"
Sie drückt ab.

Dietrich von Bern und Hildebrand kommen ihr auf
die Spur (hier Szenenbesprechung), sie flieht aber
und rennt vor ein Auto, das sie dann auch überfährt.

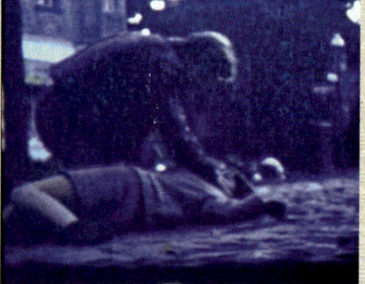

"Schade, dass wir
uns nicht schon
früher getroffen
haben. Laut Dreh-
buch bin ich jetzt
nämlich tot. Treffen
wir uns nach Dreh-
schluss im Café
an der Ecke?"

Einen Teil meines Praktikums machte ich bei Schwartzkopff, was dazu führte, dass ich mit der S-Bahn über Friedrichstraße fuhr, wo man zollfrei im Intershop der DDR einkaufen konnte - Schnaps und Zigaretten.

Wir rauchten damals schwarze Tabake - was nicht jeder mochte und man nicht viel abgeben musste.

Nicht nur Jonny, Toppi und Gratian warb ich in Thunacks Perry-Rhodan-Filmclub ab. Aber er machte auch selbst bei meinen Filmen mit - sogar mit seiner Atlan-Film-Perücke.

Hans-Joachim nahm sogar die Kamera bei mir, wenn Not am Mann war - und ich filmte bei ihm.

F 32

12. Kapitel: Der Einsame der Zeit und die Nibelungen

Links:
Als Thunack seine ersten Trickfilmszenen zeigte, waren wir fasziniert. Das startende Diskus-Raumschiff sah besser aus als das, was wir von "Raumschiff Orion" her kannten.

Dass Thunack sein-en SF-Film in einer Kiesgrube drehte, sah man hinterher nicht mehr.

Aus der "Berliner Morgen;

NACHBARSCHAFT

Unter den Plastik-anzügen herrschte die gleiche Tem-peratur wie auf dem Höllenplane-ten des Romans.

In der Kiesgrube am Teufelsberg wurden viele Szenen für den Perry-Rhodon-Film gedreht.   Foto: Ri

In ihrem utopischen Streifen wird mit Milch-Strahlen geschossen

Tempelhofer Jugendliche drehen wie altgediente Filmemacher

Hier die Kamera, mit der das SF-Epos gedreht werden sollte: eine Normal-8mm-Nizo.

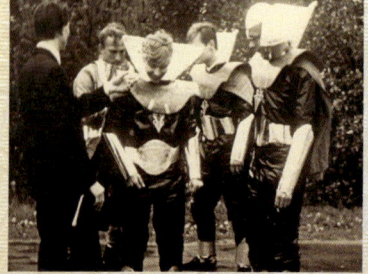

Links: Drehpause. Eine Gruppe der "Antis" in voller Kostümierung. Rechts: Knut spielte in meinem Nibelungen-Film den Giselher.

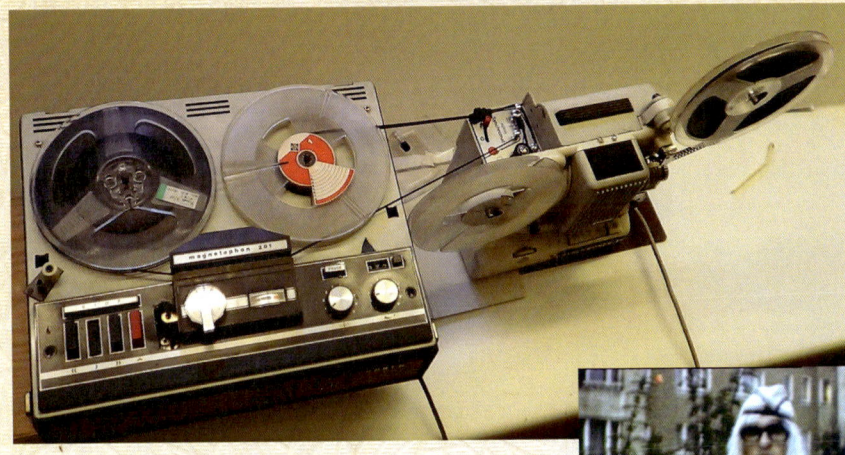

Meine damalige Synchroneinrichtung beim Vertonen wie
beim Vorführen: das Tonband steuert den Projektor über
einen Schiebewiderstand im Innern des Projektors.

Parallel zu seinem
Film half Thunack
bei meinem Film.

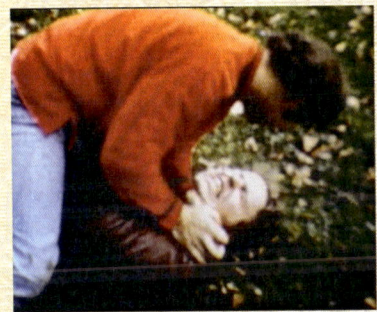

Der erste Perry-Rhodan-Con bei una!
Und es kam, wie ich vorab geunkt
hatte: Zunächst lief auf dem Perry-
Rhodan-Con mein Film. Mit Sicherheit ein Ereignis, das die anwesenden Autoren (v. links)
William Voltz, H.G.Ewers und K. H. Scheer nicht unbedingt erwartet hatten. Aber sie waren
trotzdem fröhlich.

Ich baute
auch ein
paar Mo-
delle zur
Heftserie.

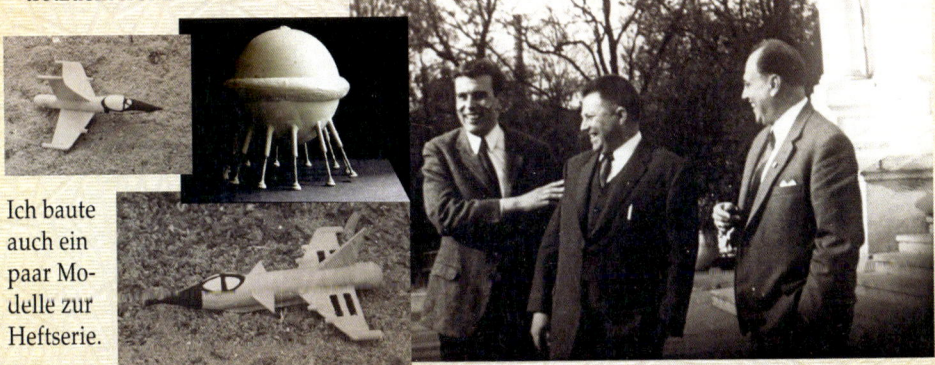

13. Kapitel: Partytime und sturmfreie Bude

Unsere Heimatkneipe, erst "Hertha-Treffpunkt Süd", dann "Zum Rocker". Nach frustrierenden City-Erlebnissen kehrte man gern dort wieder ins "Wohnzimmer" ein. Oben rechts: Heute ist in den Räumen des "Rocker" eine Pizzeria.

Von der Plattenbauaussicht in den Neuköllner Kiez. Von nun an war ich lange in öffentlichen Verkehrsmittel unterwegs.

Rechts: Der "Hochspannungsweg" war um Mitternacht ein hochinteressanter Ort, seine Liebste nach Haus zu bringen. Über einen Kilometer sah man praktisch nichts.

Eine eigene Wohnung war der Start
für alle Arten von Partys, auf die man
im Elternhaus verzichten musste. Man
konnte sich ungestört mit Mädchen
treffen und jede Art von Drogenkonsum
war durch die Wohnungstür gesichert.

Wie die
Wohnung
aussah, war
im Prinzip
egal.

Rechts: Die Küche
von Etzel. Sigi,
Werner und ich
interessieren uns
für den Kochtopf.

14. Kapitel: Trips in der City

Links: Diese Art von Automaten konnten alles enthalten: Blumen, Getränke oder auch Marmorkuchen. In einer Nacht, in der man durch die Stadt kreuzte, willkommener Stoff. Die U-Bahn war öfter mal ein Horror-Trip.

Mit Lita entdeckte ich das Sich-Treiben-Lassen durch die Nacht.

Politik und Demos interessierten uns nur am Rande. Auf dem Bau, wo mich mehrere Studenten-Jobs hinführten, traf ich jedenfalls nicht die Arbeiter, die sich durch den Kapitalismus geknechtet fühlten.

Oben: Ku'damm bei Nacht. Rechts: Wo jetzt das BAUHAUS eine Filiale hat, war früher das "Park", später "Takt". Schwierig, es heute wiederzufinden, weil wir diese Gegend früher nur bei Nacht sahen.

Vermittlungsschein G 32674 ✱
159 8APR 69 003.90
Entgelt

Vermittlungsschein G 34968 ✱
159 8APR 69 001.25
Entgelt

Vermittlungsschein G 34025 ✱
159 8APR 69 004.35
Entgelt

Vermittlungsschein G 35246 ✱
159 8APR 69 003.55
Entgelt

Durch die TUSMA, links Abrechnungen, kam ich wirklich herum in der Arbeitswelt.

15. Kapitel: Orpheus in der Oberwelt

Ein neuer Film mit einem neuem Team, hier an der Gedächtniskirche, wo wir einige Szenen zu drehen gedachten. Aber irgendwie stand diese Produktion unter einem schlechten Stern. Das begann schon damit, dass mich Soni ganz gegen das Drehbuch mit einem Blümchen überraschte, worauf mir spontan nichts einfiel. (Unten)

Es war aber klar, dass wir explizit alles darstellen wollten, was mit dem Filminhalt zu tun hatte, also auch, wie man mit einem Joint umgeht.

Sigi

Jogi

Jeder spielte sich selbst, Sigi kochte natürlich und die neue, große Kamera symbolisierte deutlich unsere Ernsthaftigkeit.

Der neue Ansatz, einen Film über die Drogenszene zu drehen, war vielversprechender. Etzel drehte und wir tauschten die Rollen: Ich war Luzifer, der Dealer, der Bringer des Lichtes und der Erleuchtung. Auch Sigis Eltern spielten mit in der Rolle der Eltern. (Unten)

Es kommt, wie es kommen muss, Luzifer überredet und Orpheus kommt nicht frei. Er schaut immer wieder zurück in die Welt, die er verlassen wollte.

F 39

Wieland verschaffte uns eine Fabriketage, ein "Loft, ist ganz modern jetzt in New York!" Es war ein heruntergekommenes Fabrikgebäude in Kreuzberg 61, sehr günstig gelegen. Der Zustand des Gemäuers störte uns nicht - noch nicht. Von Wieland gibt es nur dieses Standbild aus dem Film "Orpheus in der Oberwelt" mit Strumpfmaske aus der Trip-sequenz.

Links die Eingangsfront, soweit ich davon eine Aufnahme zusammenstückeln konnte. Oben der Blick aus dem Fenster im 4. Stock zur Straße hin, nachdem der Zugang wieder möglich war. Beachten Sie bitte das Autowrack und den Keller-eingang im Vordergrund. Zusammen mit der Baugrube spielte dieses Arrangement noch eine Rolle in der Silvesterparty 1970/71. Ganz oben unser "Wohnzimmer".

16. Kapitel: Auf dem Daumen unterwegs

Der Volvo wippte rhythmisch. Unser Lager auf dem Strohhaufen wurde überraschend zum Livekino-Parkett.

"Wir Deutsche und Dänen müssen zusammenhalten!" Der dänische Schlosser kam mit Frühstück und ohne Begleiterin. Was für ein erster Morgen!

Der zweite Morgen in Esbjerg und ein bildschöner Unfall mit einem Käfer.

Abschied in Bremen. Nun ging es hinaus, am besten mit LKW-Fahrern. Neumünster wurde gerade 100, wir machten aber nur kurz Pause.

F 41

17. Kapitel: Süße schwedische Brötchen

"Smutzige Deutze!", sagte die Politi. Nach einer durchfrorenen Nacht in einem Fahrradstellplatz hat man für die Romantik von "Kopenhagen erwacht" um 4 Uhr 53 nichts mehr übrig. Besonders, wenn im Bahnhof der warme Schlafsack eingeschlossen war.

Der schwedische Zoll hat zwar eine Körpervisitation durchgeführt, aber mein grüner Schlafsack blieb unberührt. Pfadfinder haben den Vorteil einer Uniform. Jedenfalls kochten sie zünftig. Die Nacht auf dem blanken Asphalt vor der Tankstelle werde ich auch nicht vergessen.

Das "Hitlermobil" ist ein beliebtes Landfahrzeug in Schweden. Wenn wir auch oft nur fünf Kilometer vorankamen, von Mücken zerstochen wurden und einregneten, letztlich kamen wir doch in Vimmerby an. Rechts beim Frühstück vor der Ortsbesichtigung.

Udo war total begeistert, dass noch mehr Berliner ihn besuchen kamen. Der Zeltplatz lag sehr idyllisch an einem See und im Hauptgebäude war alles, was man so brauchte.

Unsere Freunde hatten ein Ferienhaus in Västervik gemietet. Davon gab es schon damals ganze Dörfer.

Noppi freute sich wirklich und bot uns gleich zu trinken an. Und dann kamen auch schon die Mädels wegen der Samstagsbowle.

Zehn Liter sind auch mal schnell weggetrunken.

Später sah man die Ferienhäuser aus sehr niedriger Perspektive.

"You can write me!", sagte Yasmin. Nach einer Wäsche in der Hosentasche relativ schwierig.

Vielleicht sind wir, ohne es zu wissen, den Mitgliedern von ABBA über den Weg gelaufen, die sich zu dieser Zeit in Västervik bei einem Grillfest formierten.

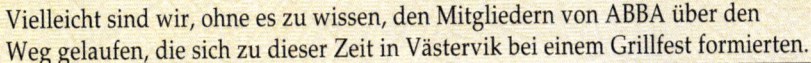

Oben: Pepe und der Schwede vor dem Ferienhaus. Unten: Mein Schlafsack zum Trocknen ausgelegt.

Mancke und Noppi beim Zeltabbau. Als sie alle weg waren, hatten wir den Zeltplatz und die Mädchen für uns.

Unten: Die lange Lotta war einfach nur zu jung.

Schwedenmädchen sind auch nicht viel blonder als bei uns.

Nofi packt noch unser Behelfszelt zusammen.

18. Kapitel: Mädchen, Kif und neue Straßen

Bei einigen Leuten waren wir froh, wieder heil aussteigen zu dürfen. So wie bei diesem Schweden.

In Roskilde verlor ich Nofi aus den Augen. Links der Drohnen-Schlafplatz, unten ein Poncho-Zelt.

Die kleine Schwedin wollte nach Rom mit einem Riesen-Rucksack und einer großen Tasche mit Büchern. Gleich der erste Mitnehmer baggerte sie an. Das "Underground" in Neumünster war schon zu, als wir kamen. Links die Front, rechts von hinten. Die "Wäscheleinen" waren Stromkabel.

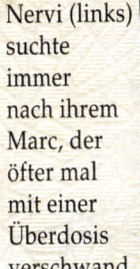

Nervi (links) suchte immer nach ihrem Marc, der öfter mal mit einer Überdosis verschwand.

Inge war sehr süß und warf gern mit ihrer blonden Mähne um sich. Die Clique in Neumünster kam gern und oft zusammen.
Unten: Hätten SIE diesen Tramper gern mitgenommen? Ich vermutlich auch nicht.

19. Kapitel: Die Reise ins Licht

Paul zog bei uns ein, während wir in Schweden waren und hielt uns für Einbrecher, als wir zurück kamen. Später sollte er in "Reise ins Licht" eine Hauptrolle spielen. Besser war dann aber mein alter Kumpel Etzel. (Unten) Paul hatte eine sehr alte Leica dabei und trieb sich viel auf Demos und an der "Kirche" herum und es gelang ihm auch manch nettes Foto, wie das des Bundes-Standers, der unbeachtet im Müll landete.

Stander geklaut

In einen hautnahen "Justizfall" wurde gestern nachmittag Bundesjustizminister Jahn an der Gedächtniskirche verwickelt. Als er mit seinem Wagen langsam am Breitscheidplatz vorbeifuhr, sprang ein Langhaariger unter dem Beifall und Gejohle seiner Freunde auf die Fahrbahn und riß den Stander des Ministers vom Wagen. Er konnte mit seiner Trophäe in der Menge untertauchen.

Karten von weit draußen: Jerry wollte dann doch mit Etzel und Dietmar nach Indien fahren, jedenfalls kamen sie bis

Istanbul. Nach San Diego wäre ich damals auch mal gerne geflogen. Toni war unser beliebtester Dealer.

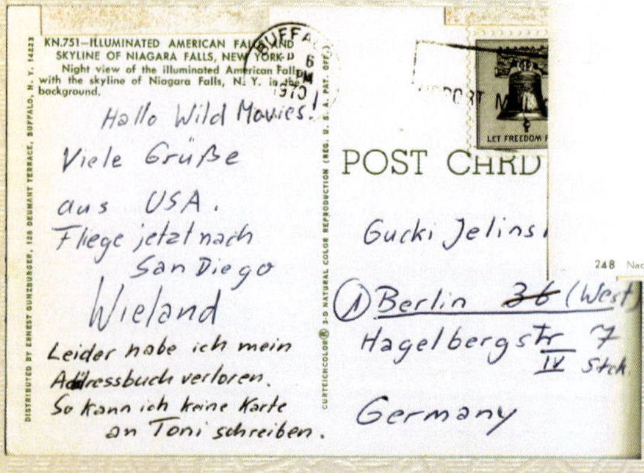

KN.751—ILLUMINATED AMERICAN FALLS AND SKYLINE OF NIAGARA FALLS, NEW YORK
Night view of the illuminated American Falls with the skyline of Niagara Falls, N.Y. in the background.

Hallo Wild Movies
Viele Grüße
aus USA.
Fliege jetzt nach
San Diego
Wieland
Leider habe ich mein
Adressbuch verloren.
So kann ich keine Karte
an Toni schreiben.

POST CHRD

Gucki Jelins
(D) Berlin 36 (West)
Hagelbergstr 7
IV Stck.
Germany

Alpenstadt A 6020 Innsbruck   14. 8. 19??

Deutschland

na jaß Etzel
ist ö sorry
alles klar Dietmar

An
Wild Movies Assoc
M. O. Jelinski
Hagelbergerstr
1 Berlin 61

Bilder aus dem Hagelberger "Loft": Insgesamt hatten wir 200 qm, die sich in zwei große Räume und ein kleines Büro teilten, das Nofi bewohnte. Den vorderen Rasum von ca. 80 qm nutzten wir zum Wäschetrocknen, Tischtennisspielen und für Dreharbeiten. Meine Revox-Anlage machte den Ton und Etzel war zum Glück Klempner.

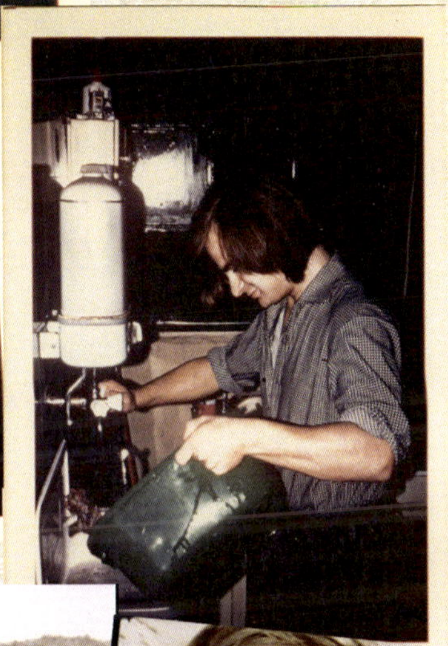

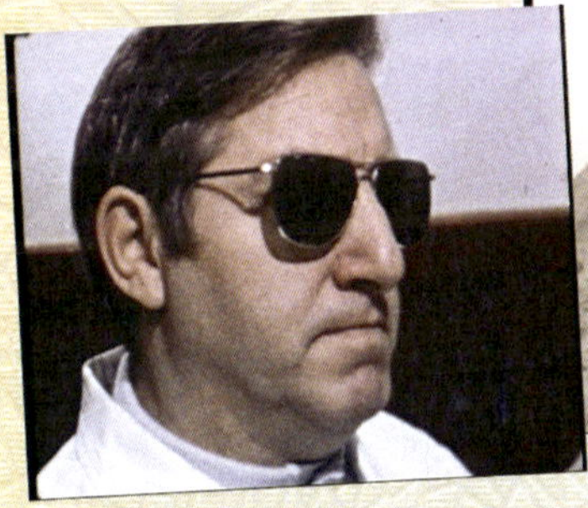

Die Hauptakteure meines Versuchs, einen SF-Film zu drehen:
Gerhard Behm, unser Hifi/TV-Händler, Jerry und Etzel. Der Film wurde tatsächlich fertig und ist sogar auf einer BluRay zu sehen: als Bonusmaterial zu "Der Todesking" von Jörg Buttgereit. Diesmal klappte fast alles, auch die Drehorte waren sehr passend. Und weil die Jerry und Etzel sowieso bei mir in der Fabriketage wohnten, gab es auch keine Probleme mit der Anwesenheit bei Drehbeginn. Manchmal war einer oder mehrere noch auf Trip, aber das störte eher weniger.

Wir kehrten in die Kiesgrube zurück, weil es einfach keinen besseren unwirtlichen Ort gab. Auch das damals noch zerstörte ehemalige Luftfahrtministerium in der Stresemannstraße war ein toller Drehort - allerdings am Rande der Belichtungsmöglichkeit. Dort Kunstlicht aufzustellen war Illusion.

Besser hätte man die Kulisse nicht bauen können, zumal ich in der Uni ein adäquates Pendant im unzerstörten Zustand fand.

Jugendclub „dachluke"
Berlin 61, Mehringdamm 32 - 34

Eintrittskarte
DM 1,50

Nach Verlassen d. Saales verliert die Karte ihre Gültigkeit.

32441   32441   32442

Nebenbei erlebten wir noch Frank Zander beim Start seiner Karriere mit dem Song "Erna".

Baruch Schmidman malte uns dieses Plakat auf A0. Offenbar ist er nicht berühmt geworden.
Ich habe keine Spur von ihm im Internet gefunden.

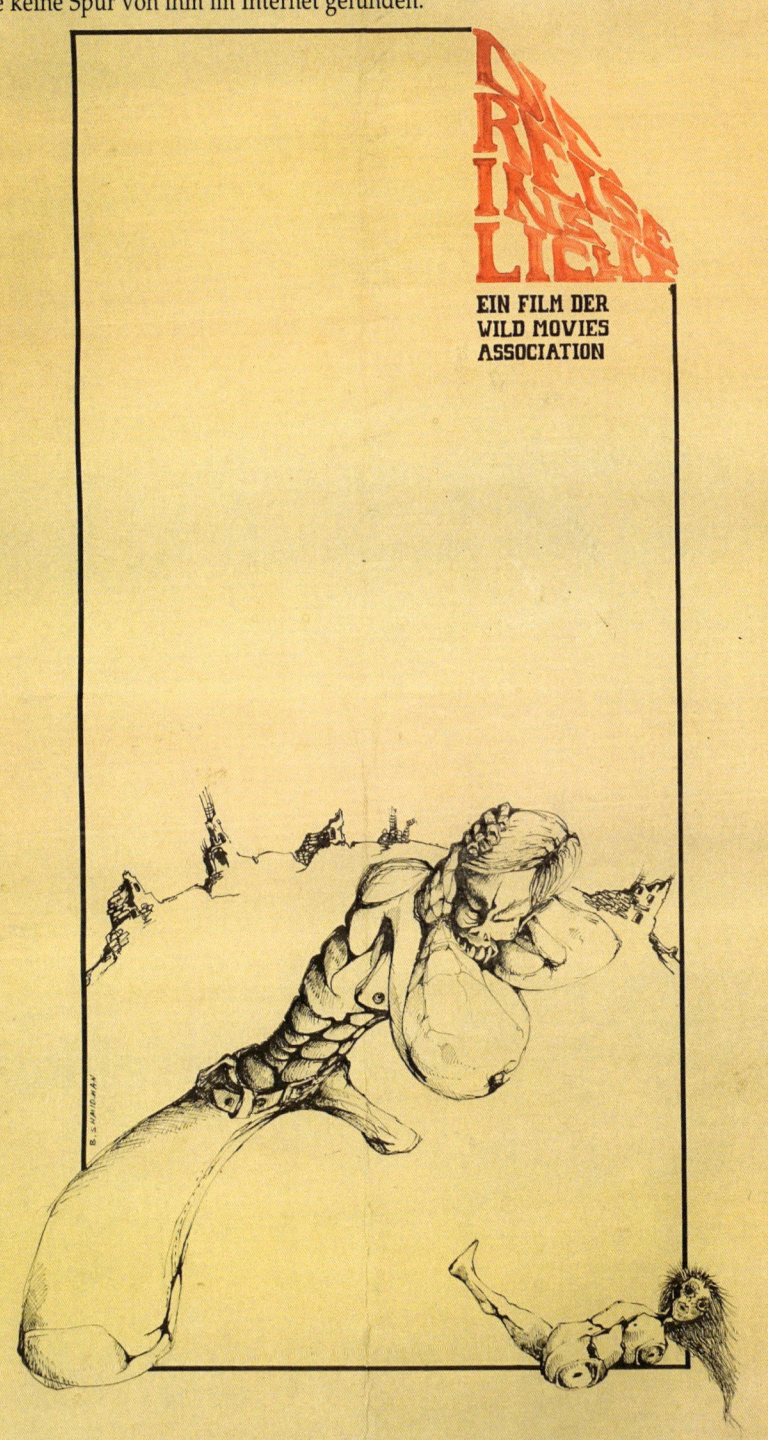

EIN FILM DER
WILD MOVIES
ASSOCIATION

Von unserer Etage unter dem Dach (Bild in der rechten Ecke darunter) konnten wir die Aufräumungsarbeiten einer der letzten Ruinen in Kreuzberg gut mitverfolgen. Dumm nur, dass wir bald weder raus noch rein konnten und auch die Wasserleitung getroffen wurde. Im Hochparterre des rechts gerade noch sichtbaren Nachbarhauses wohnte der Polzist, der immer gern uns den Weg über den Nachbartorweg absperrte.

So mussten wir uns Leitern besorgen, um die Baugrube zu durchqueren. Bemerkenswert, wie lässig damals das Ordnungsamt mit solchen Zuständen umging.

Links: das Logo unserer Filmproduktion, das Jerry versuchte, auszuschneiden.

F 51

20. Kapitel: Turn on, tune in, drop out

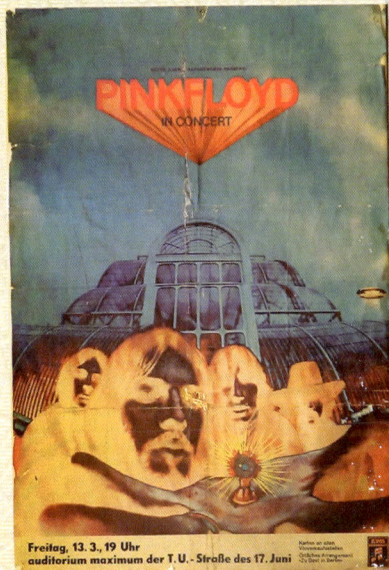

Vermutlich die letzten Plakate, die überlebt haben. Ich schnitt und riss sie von der Litfasssäule, weil es damals so etwas noch nicht als Fan-Artikel zu kaufen gab.

Unten: Toppi in unserer gemütlichen Fabriketage.

An alle Sammler: Plakate sind unverkäuflich

Oben:
Mit Etzel bei der Gartenarbeit bei meiner Mutter. Er trägt eines der bunten T-Shirts, die meine Mutter aus dem Nachlass der Webfabrik nähte.

Frau Sakowski, von der Hausverwaltung als "Vollstrecker" eingesetzt, war uns wohl gesonnen.

In meinen Filmen spielten jetzt auch ältere Leute mit: Sigis Vater, der LKW fuhr, und Rudi Richter, der im Dorfkrug an der Kasse saß, sowie natürlich Gerhard Behm, unser Hifi- und Fernsehhändler. Parallel zur "Reise ins Licht" drehte ich einen Kurzfilm mit Titel "Geliebter Wahnsinn", mittlerweile als Extra auf der BluRay "Der Todesking" von Jörg Buttgereit. Es geht darin um den täglichen Wahnsinn, der niemand mehr zu Bewusstsein kommt. Sigi als Nymphe der Grausamkeit entführt den Zuschauer in die Welt spielend mordender Kinder, der Fußballfans, des Konsumrausches, der Gewalt in der Ehe und der öffentlichenRegelwut.

Kein Wunder, wenn Sigi dabei schlecht wird. - Komisch, der Film ist immernoch aktuell.

Unglaublich schwierig ist es, morgens um sechs oder sieben Uhr an einem Sonntag Aufnahmen auf dem Kreuzberg zu machen, ohne dass jemand vor die Kamera rennt.

21. Kapitel : Ich kaufe mal schnell ein Kino

Da hatten wir uns gerade so schön in der Fabriketage eingerichtet (rechts, mit Sigi und dem von Werner begonnenen Plakat für "Licht"), da kam Paul mit der Idee, ein Kino zu kaufen und ich machte tatsächlich mit. Hier die Anzeigen zu dem Programm, das zu diesem Zeitpunkt dort lief.

STADTKINO ERKENSCHWICK

Sonntag:
Abarten der körperlichen Liebe

Wochenprogramm:
Schreckenskammer

Jugendprogramm: Haut die Pauker in die Pfanne!
Jugendprogramm Mittwoch: GOOFY und seine Spießgesellen
Anfangszeiten: täglich 17.30 u. 20 Uhr, Jugendvorstellung 15 Uhr

Das bisherige Programm (links) hielten wir für bürgerlich. Erstaunt waren wir später, dass man sich über Küssen in der Öffentlichkeit erregte.

Die Künstlerin, unsere Nebenmieterin, hatte ihre Schreckenskammer offenbar schon gefunden, wie ihr Einschreiben deutlich macht.

WES**T**DEUTSCHE
ALLG*E*MEINE
Die größte Tageszeitung des Ruhrgebiets

STADT-Kino Erkenschwick
Ferdinand Nolke
Das Haus der guten Filme

2. Parkett   Als

Nur für die gelöste Vorstell. Eintritts-
lung gültig. Aufbewahren Ausweis
u. auf Verlangen vorzeigen, ungültig.
Blumberg & Co. Linfort, Bez. Düsseldorf

Einschreiben

Mechthild Weisser
1/61, Hagelbergerstr.7
den 9.10.70

Sehr geehrter Herr Jelinski!

Als Nachtrag zu meinem heutigen Besuch: ich habe inzwischen
mit dem Hausverwalter gesprochen. Sollten sich die auf die
Dauer unzumutbaren Geräuschbelästigungen tagsüber, also während meiner Arbeitszeit zwischen 9 und 18 Uhr fortsetzen,
werde ich die nötigen Schritte einleiten, die in diesem
Fall zu verfolgen sind.

Hochachtungsvoll!

Mechthild Wei...

STADTKINO ERKENSCHWICK

Freitag bis Montag:
Töte alle und kehr allein zurück

Sonntag in der Jugendvorstellung: DIE KONFERENZ DER TIERE
Dienstag bis Mittwoch: DER VOLLSTRECKER
Mittwoch große Jugendvorstellung

"Das Haus der guten Filme", wie auf der Karte steht, hat seinen Ursprung sicher Jahrzehnte früher. Rechts: Jerry sah aus wie viele unserer Besucher, manche Anwohner hatten da wohl gemischte Gefühle, aber die Künstlerin störte nur unsere Lautstärke.

Berlin (West), Kontrollpunkt Dreilinden. So musste man sich ein Stück vor dem Kontroll-
gebäude, das über die Straße gebaut war,
als Tramper aufstellen. Besser war es jedoch,
auf der Tankstelle jemanden anzusprechen.

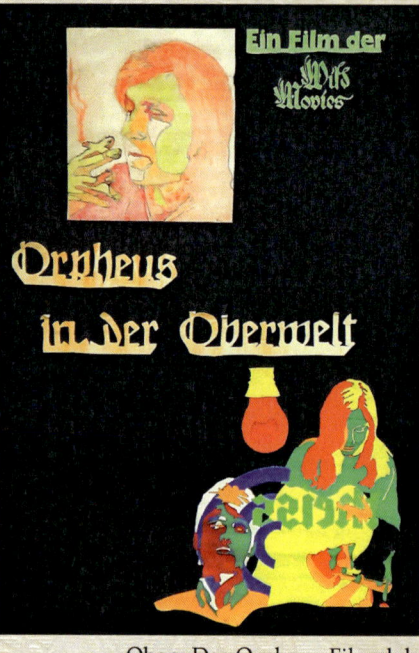

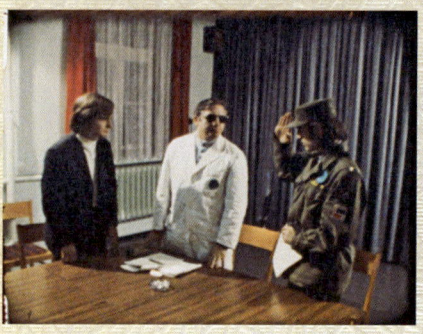

"Ich habe noch eine Kippe für Sie!", sagte
Greenbaum alias Gerhard zu Major
Clanniff alias Jerry, nachdem wir das Anzünden
einer Zigarrette vielfach wiederholen mussten.
Rechts: Dealer Mike tauchte unvermutet in unserem
Kino auf und spielte auch schonmal im Film mit.

Oben: Das Orpheus-Filmplakat
realisiert von Werner.

So ungefähr muss die Vorgeschichte zu jenem
Unfall gewesen sein, der die Sylvesternacht
1970/71 noch einmal extra dramatisch machte.

22. Kapitel: Volle Hütte, volles Programm

Das damalige Prozedere des Transits durch die DDR war das des doppelten Grenzübertrittes und des Antrags auf ein zeitlich begrenztes Visum.

Heiß geht es im ehemaligen Stadtkino her, wenn bei den Veranstaltungen der WILMA gute Bands spielen (Bild oben). Wegen der besonderen Konstruktion der Räumlichkeiten haben die gekommenen Jugendlichen wohl Platz zum Sitzen (Bild unten), der Platz zum Tanzen ist zur Zeit noch kleiner. Doch Geduld: Eigeninitiative haben die Veranstalter und Jugendlichen bisher ja schon entwickelt. (WAZ-Bilder: F. U.)

Das alte Stadtkino erbebte in den Grundfesten, als wir die Bands zum Konzert holten und die Presse berichtete begeistert. Leider, wie man auf der Karte sehen kann, lag das Kino genau gegenüber vom Rathaus.
Oben links: der psychedelische Diaprojektor.
Oben rechts: ein typischer Filmkoffer.

Das Rathaus von Erkenschwick lag im rechten Winkel gegenüber dem Stadtkino. Unten: Der Tower des Flughafens Hannover damals.

Links: Früher war die Post noch kreativ. Wir haben uns alle gewundert, dass der Brief der Düüls bei uns ankam. Auch die Absenderausgabe sieht interessant aus. Rechts: Mein erstes Auto, der Record P2L, der gegen Ende seiner Lebenszeit noch viel erlebte.

Sobald der Opel da war, brachte Paul Werbung an der hinteren Scheibe an. Als er noch eine rote Fahne am Türholm befestigte - in der Art, wie man es später bei Fußball-Weltmeisterschaften überall sah, war die "Betriebserlaubnis erloschen".

NACHRICHTEN AUS DEM VEST

Ehemaliges „Stadtkino" nach Groß-Razzia geschlossen

Viele Gründe für die Schließung maßgeblich angeführt

Nach der Razzia, die eigentlich eine Haussuchung gegen den "Kraftfahrer Paul S. und der von ihm benutzten Räume" war, fanden wir uns auf allen Titelseiten der Zeitungen im weiteren Umkreis. Im Prinzip ging es bei den Gründen für das Verfahren um eine leere Einmalspritze ohne Nadel, die Etzel Kindern weggenommen hatte, weil sie ihn damit immer mit Wasser bespritzt hatten.

Achtung!

Wir haben eine interne Beratungsstelle für Süchtige und Suchtgefährdete. Bedient euch dieser Institution. Die Berater verpflichten sich zur strengsten Diskretion.

Anmeldung: an der Kasse.

DIESES SCHILD scheint keine Farce zu sein, son dern hat bei der gültigen Konstruktion unseres Rechtes durchaus seine Existenzberechtigung. Die Veranstalter von WILMA zeigten den Auskunft heischenden im persönlichen Gespräch die Wege zur Hilfe, ohne dabei die Fragenden dem "Kadi ans Messer zu liefern". (WAZ-Bild: Serger)

Bedrohten und Suchtkranken die Wege zur Heilung zeigen

Im Vordergrund der Mensch – In Verbindung mit Organisationen

Lautsprecher warnten Gäste eines Lokals vor Großrazzia

Ordnungsamt verfügte Schließung / Demonstration geplant

Oer-Erkenschwick. (Eig. Bericht) Mit einer Demonstration vor dem ehemaligen „Stadtkino" will eine Gruppe von Jugendlichen heute nachmittag gegen das Ordnungsamt protestieren, das nach einer Großrazzia der Polizei die Schließung des Lokals verfügt hat.

Bei der Razzia, an der 50 Beamte der Kripo und Schutzpolizei beteiligt waren, wurde bei zahlreichen Besuchern des Lokals Rauschgift entdeckt. Der Zeitpunkt der Razzia war dem Lokalinhaber durch noch nicht geklärte Umstände

bekannt gewesen. Er hatte seine Gäste sogar unmittelbar zuvor durch den Lautsprecher vor der Polizeiaktion gewarnt.

Kripobeamte hatten sich vor der Razzia unter die Gäste gemischt. In einer Pressekonferenz wurde mitgeteilt, daß in einem Falle sogar Haschisch statt Eintrittsgeld angenommen worden sein soll.

Beim Stadtjugendring liegt ein Antrag zur Förderung der „Arbeit" in diesem Lokal vor. Im Lokal selbst weist ein Schild auf eine interne Beratungsstelle für Süchtige und Suchtgefährdete hin.

Gerne knöpften sich Polizeibeamte mal eben ein paar Jugendliche zum Rapport vor.

Ostvest·Anzeiger für Oer-Erkenschwick

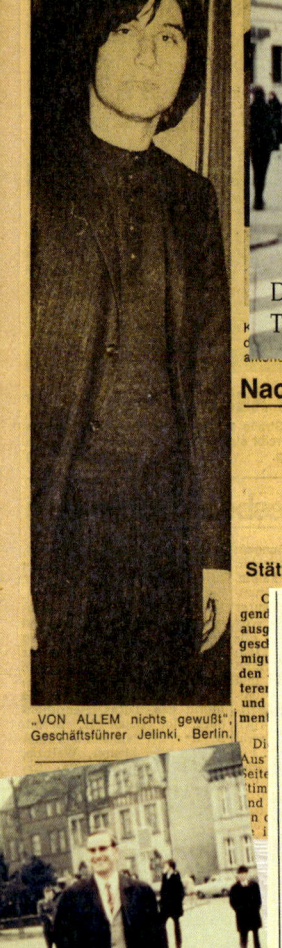

Das Ende des Demonstrationszuges. In der Mitte eine Totalansicht des Kinos, links der "Erkenschwicker Hof".

Nach kurzer Lebensdauer:

Stadtkino schloß erneut die Tore

Stätte der Begegnung der nichtorganisierten Jugend mußte schließen

"VON ALLEM nichts gewußt", Geschäftsführer Jelinki, Berlin.

„Öffnet Wilma!" lautet die Forderung der Jugend in Oer-Erkenwick bei Recklinghausen. „Wilma" ist ein ehemaliges Kino, das von Jugendlichen selbst „zu einer Stätte der Begegnung" umgebaut wurde. Auf dem Programm: Diskussionen über aktuelle Probleme und Freizeitegestaltung in eigener Regie. Das ging den Ordnungshütern zu weit. Mit 50 Polizisten wurde das Lokal gestürmt und mit fadenscheinigen Begründungen geschlossen. Doch inzwischen beginnt sich Gegenwehr zu formieren. An einer ersten Demonstration (unser Bild) gegen die Schließung des Jugendzentrums beteiligten sich 500 Personen. Weitere Aktionen folgen. Foto: UZ

Das Lächeln des Siegers: der Leiter des Ordnungsamtes Erkenschwick. Oben: "Jelinki - ach, haben wir wohl das s vergessen ..."

„Wilma" demonstriert gegen Lokalschließung

Nach mehreren Demos bekamen wir wieder den "Dicken Bernhard", der auf dem Marktplatz abgestellt wurde. Paul trug symbolisch eine rote Fahne hinüber. Wir legten ein Stromkabel vom Kino hinüber, sodass auch die Disko wieder lief. Der Bauwagen mit seinen Transparenten wurde zur Dauerdemo direkt gegenüber vom Rathaus. Während Paul mit dem Trecker herumkurvte, rückte ein Kamerateam vom WDR an. Für die letzte Demo hatte sich die Band "Sameti" eingefunden, um ein Open Air "for free" zu spielen.

Auch die Jugend der Stadt unterstützte uns, wie man auf der Osterpostkarte sieht. Leider konnten wir uns nicht alle Namen merken.

F 60

„Open-Air-Festival" als Protest gegen Schließung des Unternehmens „Wilma"

Schon dritte Wochenenddemonstration / Mit viel Musik

Band spielte nochmals zum Protest auf

"Sameti" hatten ihren ersten Fernsehauftritt - in "BAFF" beim WDR

Die Herren mit den komischen Hüten waren von K14, der politischen Polizei.

Die Bürger vom Amt konnten nun mit eigenen Augen sehen, wie man Liebe auf der Matratze machte.

Immer wieder erstaunlich, wie einem Realsatire von ernsthaften Menschen abgeliefert wird. -->

Hearing im Jugendheim machte jedermann klar:

Wilma-Wiedereröffnung ist nicht zu verantworten

Demagogie roter Rattenfänger machte Hoffnungen zunichte

Kommunistisch gesteuertes Privatunternehmen außerhalb der demokratischen Legalität

Schutz der Jugend und die bautechnische Sicherheit bleiben weiter unabdingbar

„Hearing" um Schließung der Begegnungsstätte „Wilma"

Sprachgebrauch ist oft entlarvend: "Begegnungsstätte" wird nicht erst heute eher für hochgeriatrische Einrichtungen oder Kriegsdenkmäler verwendet.

Alles leer: Langsam machten wir uns zur Abreise fertig.
Leider hatte der Freistaat WILMA keinen Verteidigungsminister. Außenminister Noppi erklärte sich dafür als nicht zuständig. Er ging ein letztes Mal "Ämtersaufen".
Zum Glück waren seine Hämatome aus dem grenzüberschreitenden Eingriff der BRD-Staatsorgane bald wieder verheilt.

Etwa ein Jahr später besichtigte ich die Überreste nach dem großen Brand. Außen sah es noch ganz passabel aus, innen jedoch konnte man sehen, dass das Gebäude nicht mehr zu retten war. Warmer Abriss, munkelte man. Und wieder ein Jahr später hatte man auch den Gasthof abgerissen und ein Woolworth hingestellt.
Immerhin gaben wir noch den Stoff für den Aprilscherz der Stimberg-Zeitung:

„Haus der offenen Tür" im Eilbau Jane Fonda kommt zur Eröffnung

Ei des Kolumbus zur Lösung örtlicher Jugendprobleme

Oer-Erkenschwick. In Fertigbauweise soll so schnell wie möglich

hochqualifiziertes Architektenteam (Jelinski, Stutenbäumer, Sölder, ...) verdient gemacht. Das

Herkunftsnachweise der Bilder
(Alle Bilder, die nicht aus dem Privatarchiv des Autors stammen, mit freundlicher Genehmigung der Rechteinhaber. Einige Herkünfte konnten nach der langen Zeit nicht geklärt werden. Wir bitten ggf. um Meldung. Auszüge aus anderen Medien dienen der historischen Belegführung.)

Kapitel 1
Bild 1,2: Horst Laskowski
Bild 3-10 Privatarchiv
Kapitel 2
Bild 1-8 Privatarchiv
Kapitel 3
Bild 1-11, 13, 16, 18-20 Privatarchiv
Bild 12, 14, 17 Jörg Böttcher
Bild 15 Klaus Sydow
Kapitel 4
Bild 1-26 Privatarchiv
Bild 27: Pabel Verlag
Kapitel 5
Bild 1, 2, 5-11 Privatarchiv
Bild 3 Klaus Sydow
Bild 4 Jörg Böttcher
Kapitel 6
Bild 1, 4-9, 11,12 Privatarchiv
Bild 2, 3, 10, 13 Benny Pamp
Kapitel 7
Bild 1-11 Privatarchiv
Kapitel 8
Bild 1-9 Privatarchiv
Kapitel 9
Bild 1, 3, 5 Jörg Böttcher
Bild 2,4, 6, 8-29, 31-33 Privatarchiv
Bild 7 Werner E. Krätzig
Kapitel 10
Bild 1-2 Horst Laskowski
Bild 3, 4, 7-19 Privatarchiv,
Bild 5+ 6 Benny Pamp
Kapitel 11
Bild 1+2 Ulrike Meyer,
Bild 3-19, 25-31 Privatarchiv
Bild 20-24,32+33 Werner E. Krätzig
Kapitel 12
Bild 1, 9, Hans-Joachim Thunack
Bild 2-8, 10, 18 Gratian Weber
Bild11-13, 15-17 Privatarchiv
Bild 14 Werner E. Krätzig
Kapitel 13
Bil 1-11,16 Privatarchiv
Bild 12-15, Werner E. Krätzig
Kapitel 14
Bild 1+2, 4-7 Privatarchiv
Bild 3 Benny Pamp

Kapitel 15
Bild 1-6, 8 Werner E. Krätzig
Bild 7, 9-19 Privatarchiv
Kapitel 16
Bild 1-9 Privatarchiv
Kapitel 17
Bild 1-28 Privatarchiv
Kapitel 18
Bild 1-19 Privatarchiv
Kapitel 19
Bild 1-2 Paul Stutenbäumer
Bild 3-12,15-28 Privatarchiv,
Bild 13+14 Gratian Weber,
Kapitel 20
Bild 1-17 Privatarchiv
Kapitel 21
Bild 1-11 Privatarchiv
Kapitel 22
Bild 1 Ulrike Meyer
Bild 2 DDR
Bild 3 -7 Privatarchiv
Kapitel 23
Bild 1-4 Privatarchiv
Kapitel 24
Bild 1-6 Privatarchiv
Kapitel 25
Bild1-5 Privatarchiv
Kapitel 26
Bild 1-22 Privatarchiv
Kapitel 27
Bild 1-8 Privatarchiv